Mitzkat
Kaufverhaltensorientierte Gestaltung der Fertigungstiefe

AF211826

GABLER EDITION WISSENSCHAFT
Marketing und Innovationsmanagement
Herausgegeben von Professor Dr. Martin Benkenstein

Die Schriftenreihe „Marketing und Innovationsmanagement" soll drei für die Betriebswirtschaftslehre richtungsweisende Forschungsfelder integrieren: die marktorientierte Unternehmensführung mit Fragen der Kunden- und der Wettbewerbsorientierung, die marktorientierte Technologiepolitik mit allen Fragen des Innovationsmanagements und schließlich das internationale Marketing mit einer speziellen Fokussierung auf den Ostseeraum und Osteuropa. Die Schriftenreihe will dabei ein Forum für wissenschaftliche Beiträge zu diesen Themenbereichen des Marketing-Managements bieten, aktuelle Forschungsergebnisse präsentieren und zur Diskussion stellen.

Markus Mitzkat

Kaufverhaltensorientierte Gestaltung der Fertigungstiefe

Konzeptionelle Grundlagen und empirische Analysen

Mit einem Geleitwort
von Prof. Dr. Martin Benkenstein

DeutscherUniversitätsVerlag

Die Deutsche Bibliothek - CIP-Einheitsaufnahme

Mitzkat, Markus:
Kaufverhaltensorientierte Gestaltung der Fertigungstiefe :
konzeptionelle Grundlagen und empirische Analysen /
Markus Mitzkat. Mit einem Geleitw. von Martin Benkenstein
- Wiesbaden : Dt. Univ.-Verl. ; Wiesbaden : Gabler, 1996
   (Gabler Edition Wissenschaft : Marketing und
   Innovationsmanagement)
      Zugl.: Rostock, Univ., Diss., 1995
   ISBN 978-3-8244-6289-6   ISBN 978-3-322-92415-5 (eBook)
   DOI 10.1007/978-3-322-92415-5

Der Deutsche Universitäts-Verlag und der Gabler Verlag sind Unternehmen der
Bertelsmann Fachinformation.

Gabler Verlag, Deutscher Universitäts-Verlag, Wiesbaden
© Betriebswirtschaftlicher Verlag Dr. Th. Gabler GmbH, Wiesbaden 1996
Lektorat: Claudia Splittgerber

Höchste inhaltliche und technische Qualität unserer Produkte ist unser Ziel. Bei der Produktion
und Auslieferung unserer Bücher wollen wir die Umwelt schonen: Dieses Buch ist auf säurefrei-
em und chlorfrei gebleichtem Papier gedruckt.

Die Wiedergabe von Gebrauchsnamen, Handelsnamen, Warenbezeichnungen usw. in diesem
Werk berechtigt auch ohne besondere Kennzeichnung nicht zu der Annahme, daß solche
Namen im Sinne der Warenzeichen- und Markenschutz-Gesetzgebung als frei zu betrachten
wären und daher von jedermann benutzt werden dürften.

ISBN 978-3-8244-6289-6

Geleitwort

Vor dem Hintergrund zunehmender Turbulenzen und Diskontinuitäten in der Aufgabenumwelt der Unternehmung hat in jüngerer Vergangenheit eine stärkere Außenorientierung im Sinne einer marktorientierten Unternehmensplanung zunehmende Bedeutung erfahren. Die Planungskonzepte setzen dabei vornehmlich an der strategischen Geschäftsfeldplanung an und versuchen, zur Gestaltung des Geschäftsfeldportfolios einer Unternehmung beizutragen. Die Problematik dieser »horizontal« ausgerichteten Ansätze der Unternehmensplanung ist – neben der Vernachlässigung von Synergien zwischen den Geschäftsfeldern – darin zu sehen, daß den »vertikalen« Planungserfordernissen und dabei speziell der »Optimierung« der Fertigungstiefe ein nachrangiger Stellenwert zugeordnet wird.

Überlegungen zur wettbewerbsorientierten Unternehmensplanung und zur in diesem Zusammenhang als Analyseinstrument eingesetzten Wertkette haben allerdings inzwischen dazu beigetragen, daß verstärkt über vertikale Strategien innerhalb der Unternehmung, aber auch zwischen Hersteller und Zulieferer diskutiert wird. Dabei sind speziell Fragen in der betriebswirtschaftlichen Literatur von besonderer Aktualität, die sich mit der Verkürzung der Fertigungstiefe auseinandersetzen. Ebenso ist die betriebliche Praxis um eine Fertigungstiefenverkürzung, häufig auch unter dem Stichwort »Outsourcing« diskutiert, bemüht.

Innerhalb der strategischen Unternehmensführung ist es somit nicht allein von Bedeutung, die »richtigen« Marktfelder und Marktsegmente auszuwählen und die gesamten Unternehmensaktivitäten im Sinne der Wertkette »optimal« auf diese Märkte auszurichten. Zumindest ebenso bedeutsam ist es, sowohl für einzelne Unternehmungen als für vertikale Systeme aus Zulieferern, Herstellern und Absatzmittlern eine wettbewerbsfähige vertikale Struktur zu finden.

Als wettbewerbsfähig ist ein vertikales System immer dann anzusehen, wenn innerhalb des Systems Kostensenkungs- und Differenzierungspotentiale besser genutzt werden als in vertikalen Systemen, die zu dem betrachteten System im Wettbewerb stehen. Die Nutzung von Kostensenkungspotentialen führt letztlich zu Kostenvorteilen, die Differenzierungsvorteile vornehmlich zur Abschöpfung von Umsatzreserven. Bislang wurde in der betriebswirtschaftlichen Forschung,

aber auch in der Unternehmenspraxis die Nutzung von Kostensenkungspotentialen auf der Grundlage einer Reduktion der Fertigungstiefe in den Mittelpunkt
gestellt. Differenzierungsvorteile wurden entweder vernachlässigt, oder als Grund
dafür angeführt, die Fertigungstiefe trotz nachgewiesener Kostenvorteile nicht zu
reduzieren. Dabei wurde jedoch immer wieder die Frage ausgeklammert, wie
eine Veränderung der Fertigungstiefe auf Differenzierungsvorteile einwirkt. Vor
diesem Hintergrund hat sich der Verfasser der vorliegenden Schrift die Aufgabe
gestellt, die Zusammenhänge zwischen der Gestaltung der Fertigungstiefe und
den Verhaltensdimensionen von Konsumenten aufzuarbeiten. Dabei liegt der
Schwerpunkt seiner Überlegungen in einer konzeptionellen, theoriegeleiteten
Diskussion der käuferverhaltenstheoretischen Bezüge einer Fertigungstiefengestaltung. Auf der Basis dieser Diskussion erarbeitet er ein fertigungstiefenbezogenes Prozeßmodell von Kaufentscheidungen. Darüber hinaus prüft er seine Überlegungen zum Einfluß der Fertigungstiefengestaltung auf das Kaufverhalten empirisch an einem Datensatz aus der Automobilindustrie.

Der Verfasser legt eine konsequent entscheidungsorientierte Arbeit vor, die ausgehend von einer detaillierten Analyse des Kaufverhaltens den Einfluß der Fertigungstiefengestaltung auf Differenzierungsvorteile analysiert. Er leistet damit einen beachtlichen Beitrag zur Strukturierung und Analyse eines bislang wenig beachteten Problembereichs im Grenzgebiet zwischen Fertigungstiefengestaltung
und Käuferverhaltenstheorie. Dabei beschreitet er mit sehr eigenständigen Ideen
erfolgreich Neuland auf dem Gebiet vertikaler Strategien. Hervorzuheben ist letztlich, daß die vorliegende Schrift nicht allein auf hohem wissenschaftlichen Niveau
steht, sondern darüber hinaus eine aktuelle und für die betriebswirtschaftliche
Praxis relevante Fragestellung aufgreift. Es ist deshalb zu wünschen, daß die
Schrift in Theorie und Praxis eine entsprechende Aufnahme findet.

Prof. Dr. M. Benkenstein

Vorwort

In den vergangenen Jahren hat die Diskussion um die Gestaltung der Fertigungstiefe von Unternehmen in Forschung und Unternehmenspraxis gleichermaßen an
Bedeutung gewonnen. Angesichts des sich verstärkenden weltweiten Wettbewerbs tritt die Notwendigkeit immer stärker zutage – die bislang vornehmlich ho-
rizontale Orientierung strategische Planungskonzepte – auch um eine vertikale
Ausrichtung und die Analyse von Leistungsstrukturen zu erweitern.

Neben den in der betriebswirtschaftlichen Forschung und Praxis bislang vor allem betonten Kostensenkungspotentialen, die sich in Verbindung mit Fertigungstiefenentscheidungen nutzen lassen, kommt den damit ebenso verbundenen Differenzierungspotentialen bisher nur eine untergeordnete Rolle zu. Weder die pro-
duktions- und investitionstheoretischen »Make-or-Buy«-Modelle, noch die zahlreichen managementorientierten Ansätze zur Fertigungstiefengestaltung oder der
Transaktionskostenansatz der »Neuen Institutionenökonomie« stellen absatzmarktorientierte Überlegungen bei der Gestaltung vertikaler Unternehmensstrukturen
in ausreichendem Maße dar. Angesichts der mit fertigungstiefenpolitischen Veränderungen verbundenen objektiven Produktveränderungen gilt es daher, das Wir-
kungsgefüge von Entscheidungen zur Fertigungstiefe einerseits und den Verhaltensdimensionen von Konsumenten andererseits zu analysieren.

Gegenstand der Arbeit ist zunächst die Entwicklung eines kaufverhaltenstheoretischen Modells, mit dem sich fertigungstiefenpolitische Entscheidungen in ihrer
Wirkung auf den Konsumenten darstellen und analysieren lassen. Dazu wird –
neben dem Involvement, der Wahrnehmung, dem Wissen und den Einstellungen
– insbesondere das Konstrukt der wahrgenommenen Kompetenz verwandt. Es
erscheint in besonderer Weise dazu geeignet, den komplexen Wirkungszusam-
menhang von Fertigungstiefenentscheidungen und Käuferverhalten – gerade bei
komplexen Produkten – abbilden zu können und bildet somit die Grundlage für
eine absatzmarktorientierte Gestaltung der Fertigungstiefe.

Anknüpfend daran lassen sich die kaufverhaltenstheoretischen Konstrukte in ein
herstellerorientiertes Prüfmodell integrieren, das zugleich eine Verbindung zwischen Käuferhalten und wettbewerbsstrategischen Fertigungstiefenentscheidun-

gen herstellt. Zur empirischen Überprüfung der konzeptionellen Überlegungen wurde ein Datensatz aus der deutschen Automobildustrie herangezogen, der 400 Neuwagenkäufer umfaßte.

Eine Erstellung einer solchen Arbeit ist ohne die vielfältige Unterstützung zahlreicher Personen kaum darzustellen: Mein besonderer Dank gilt an dieser Stelle zunächst meinem akademischen Lehrer, Herrn Professor Dr. Martin Benkenstein, der die Anregung für die Themenstellung gab, die Entstehung der Arbeit in allen Phasen umfassend und geduldig förderte, jederzeit als kritischer und konstruktiver Diskussionspartner zur Verfügung stand und auch mit aufmunternden Worten den Entstehungsprozeß begleitete. Herrn Professor Dr. Karl-Heinz Brillowski vom Institut für Produktionswirtschaft danke ich für die Übernahme des Zweitgutachtens. Weiterhin haben Herr Dr. Gerhard Burmann sowie die Deutsche Forschungsgemeinschaft, Bonn, die Entstehung der Arbeit wesentlich unterstützt und gefördert; das Institut für Jugendforschung, München, hat die Erhebung und Erfassung der Daten durchgeführt. Ihnen sei dafür ebenfalls an dieser Stelle gedankt. Nicht zuletzt möchte ich auch allen Kolleginnen und Kollegen am Institut für Marketing & Innovationsmanagement danken, die mich entlastet und die mit wertvollen kritischen Hinweisen den Erstellungsprozeß begleitet haben. Ebenso möchte ich meinen Eltern für das entgegengebrachte Verständnis, die zahlreichen Entlastungen und ihre motivierende Zusprache danken.

Mein ganz besonderer Dank gilt schließlich Frau Inga-Elisabeth Mandel.

Markus Mitzkat

Inhaltsverzeichnis

Abkürzungsverzeichnis

ABS	Anti-Blockier-System
ACEA	Association des Constructeurs Européens d'Automobiles, Bruxelles
CA	Californien
CT	Conneticut
FAZ	Frankfurter Allgemeine Zeitung
FCKW	Fluorchlorkohlenwasserstoffe
FL	Florida
IL	Illinois
IMEDE	International Management Development Institute, Lausanne
MA	Massachussetts
MI	Michigan
NJ	New Jersey
NY	New York
OEM	Original Equipment Manufacturer
o.S.	ohne Seite(-nangabe)
OH	Ohio
PIMS	Profit Impact of Market Strategies
ROI	Return on Investment
SPSS®	Superior Performing Statistical Software (vormals: Statistical Package for the Social Sciences)
TQM	Total Quality Management
TX	Texas
UT	Utah
VDA	Verband der Automobilindustrie e.V., Frankfurt a.M.
VDIK	Verband der Importeure von Kraftfahrzeugen e.V., Bad Homburg
ZfbF	Zeitschrift für betriebswirtschaftliche Forschung
ZFP	Marketing Zeitschrift für Forschung und Praxis
ZgS	Zeitschrift für die gesamte Staatswissenschaft, (jetzt: Journal of Institutional and Theoretical Economics)

Abkürzungsverzeichnis

Abbildungsverzeichnis

Tabellenverzeichnis

Symbolverzeichnis

$\bar{x}$ Mittelwert

b_j mittlerer Diskriminanzfunktionskoeffizient

c   kanonischer Korrelationskoeffizient

χ^2 Chi-quadrat

Γ Eigenwert

Λ WILKS' Lambda

p   Irrtumswahrscheinlichkeit

σ Standardabweichung

A   Die Gestaltung der Fertigungstiefe als Erfolgsfaktor im Wettbewerb

1   Die Bedeutung der Fertigungstiefengestaltung für die Unternehmenspolitik

In der Mehrzahl der westlich geprägten Industrienationen ist die **Wettbewerbssituation** der letzten Jahre von einem kontinuierlich ansteigenden Wettbewerbsdruck gekennzeichnet. Als Ursachen[1] hierfür lassen sich insbesondere die zunehmende Globalisierung und Deregulierung von Märkten, Sättigungstendenzen und gleichzeitig bestehende Überkapazitäten, schnelle Technologiefortschritte und die Abnahme von Know-how-Vorsprüngen durch schnellere Adaption anführen. Insgesamt sind unternehmensrelevante Entwicklungen immer weniger prognostizierbar, gleichzeitig werden die Zusammenhänge zunehmend komplexer.[2]

Damit einhergehend steigt auf wirtschaftspolitischer Ebene die Forderung nach Protektion und Subvention einzelner Industriezweige. Auf Unternehmensebene versucht man den Anforderungen des Wettbewerbs sowohl durch innerbetriebli-

---

1   Vgl. zum weltweiten Wandel der Rahmenbedingungen BARNET, R.J.; CAVANAGH, J. (1994): Global Dreams – Imperial Corporations and the New World Order, New York, NY 1994, S. 5ff.; NAISBITT, J.; ABURDENE, P. (1990): Megatrends 2000. Ten new directions for the 1990's, New York, NY 1990, S. 3ff.; SCHWAB, K.; SMADJA, C. (1994): Power and Policy: The New Economic World Order, in: Harvard Business Review, (72), November-December 1994, S. 40ff.; KENNEDY, P. (1993): In Vorbereitung auf das 21. Jahrhundert, Frankfurt a.M. 1993, S. 68ff.; GIERSCH, H. (1994): Die Industrie und das Beschäftigungssystem im weltweiten Strukturwandel, in: ALFRED HERRHAUSEN GESELLSCHAFT FÜR INTERNATIONALEN DIALOG (Hrsg.), Arbeit der Zukunft, Zukunft der Arbeit, 2. Jahreskolloquium, 17./18. Juni 1994, Frankfurt a.M. 1994, S. 151ff. sowie FRESE, E.; WERDER, A.V. (1994): Organisation als strategischer Wettbewerbsfaktor – Organisationstheoretische Analyse gegenwärtiger Umstrukturierungen, in: FRESE, E.; MALY, W. (Hrsg.), Organisationsstrategien zur Sicherung der Wettbewerbsfähigkeit – Lösungen deutscher Unternehmungen, ZfbF, (46), Sonderheft 33, 1994, S. 3ff.

2   Vgl. dazu HAHN, D. (1991): Strategic Management – Tasks and Challenges in the 1990s, in: Long Range Planning, (24), 1-1991, S. 26ff.; OSTER, S.M. (1990): Modern Competitive Analysis, New York, NY 1990, S. 17ff.; PICOT, A. (1990): Strukturwandel und Wettbewerbsdruck, in: Zeitschrift für betriebswirtschaftliche Forschung, (42), 1990, S. 119ff.; MEFFERT, H. (1988): Strategische Unternehmensführung und Marketing, Wiesbaden 1988, S. 3-6; HARRIGAN, K.R. (1988): Managing Maturing Businesses. Restructuring Declining Industries and Revitalizing Troubled Operations, Lexington, MA 1988; S. 9ff. PORTER, M.E.; MILLAR, V.E. (1985): How Information gives you Competitive Advantage, in: Harvard Business Review, (63), July-August 1985, S. 149ff. Eine umfassende Darstellung des gesellschaftlichen und wirtschaftlichen Wandels liefert DRUCKER, P.F. (1993): Post-Capitalist Society, New York, NY 1993, S. 23ff.

che Veränderungen als auch durch immer stärker zu beobachtende, zum Teil weltweite Fusionen oder Kooperationen zu begegnen.[1]

Bei den auf Kosten- und Leistungsstrukturen[2] ausgerichteten innerbetrieblichen Anpassungen gewinnt die Fokussierung der Unternehmenstätigkeit auf das eigentliche Kerngeschäft immer mehr an Bedeutung.[3] Mit der Konzentration auf Kernkompetenzen gehen zunehmend Überlegungen zur **Neuorganisation der Leistungsprozesse** von Unternehmen einher.[4] Gerade die kostenorientierte Flexibilisierung und Rationalisierung bestehender Leistungsprozesse führen dazu, daß – mit dem Bestreben um Kostensenkungen – die bisherige Leistungsstruktur immer stärker auf ihre Wirtschaftlichkeit überprüft werden muß.[5]

---

1   Vgl. BACKHAUS, K.; PILTZ, K. (1990): Strategische Allianzen – eine neue Form kooperativen Wettbewerbs?, in: BACKHAUS, K.; PILTZ, K. (Hrsg.), Strategische Allianzen, ZfbF, (42), Sonderheft 27, 1990, S. 1ff. sowie OHMAE, K. (1990): Strategic Alliances in the Borderless World, in: BACKHAUS, K.; PILTZ, K. (Hrsg.), Strategische Allianzen, a.a.O., S. 11ff.

2   Vgl. HAYES, R.H.; PISANO, G.P. (1994): Beyond World-Class: The New Manufacturing Strategy, in: Harvard Business Review, (72), January 1994, S. 77ff; BEST, M. (1990): The New Competition. Institutions of Industrial Restructuring, Cambridge, MA 1990, S 3ff.; HAMMER, M.; CHAMPY, J. (1993): Reengineering the Corporation. A Manifesto for Business Revolution, New York, NY 1993, S. 5ff.; DERNBACH, W. (1994): Zurück zu globaler Wettbewerbsfähigkeit, in: Absatzwirtschaft, (37), 9-1994, S. 50ff. und MEFFERT, H.; BOLZ, J. (1994): Internationales Marketing-Management, 2. Aufl., Stuttgart 1994, S. 15ff.

3   Vgl. AAKER, D.A. (1989): Managing Assets And Skill: The Key To A Sustainable Competitive Advantage, in: California Management Review, (32), Winter, 2-1989, S. 91ff.; HAMEL, G.; PRAHALAD, C.K. (1994): Competing for the Future, Boston, MA 1994, S. 27ff.; PRAHALAD, C.K.; HAMEL, G. (1990): The Core Competence of the Corporation, in: Harvard Business Review, (68), 3-1990, S. 79ff.; DAY, G.S. (1990): Market Driven Strategy. Processes for Creating Value, New York, NY 1990, 287ff.; BENKENSTEIN, M.; HENKE, N. (1993): Der Grad vertikaler Integration als strategisches Entscheidungsproblem – Eine transaktionskostentheoretische Interpretation, in: Die Betriebswirtschaft, (53), 1-1993, S. 78; ROMMEL, G. (1991): The Secret of German Competitiveness, in: McKinsey Quarterly, (37), 2-1991, S. 40ff. sowie WINTER, S.G. (1991): On COASE, Competence, and the Corporation, in: WILLIAMSON, O.E.; WINTER, S.G. (Hrsg.), The Nature of the Firm. Origins, Evolution, and Development, New York, NY 1991, S. 179ff.

4   Vgl. dazu STALK, G.; EVANS, P.; SHULMAN, L.E. (1992): Competing on Capabilities: The New Rules of Corporate Strategy, in: Harvard Business Review, (70), March-April 1992, S. 57ff.; HAMEL, G.; PRAHALAD, C.K. (1995): Die Zukunft gestalten – schon heute, in: Harvard Business Manager, (17), 1-1995, S. 36ff.; MEFFERT, H. (1994): Erfolgreiches Marketing in der Rezession: Strategien und Maßnahmen in engeren Märkten, Wien 1994, S. 46f.; HERZIG, H. (1993): Outsourcing – Chancen und Grenzen, in: GEYER, D.; BAUER, A. (Hrsg.), Lean Marketing, Landsberg a.L. 1993, S. 167ff.; HANSER, P. (1993): Marketing-Outsourcing, in: Absatzwirtschaft, (36), 8-1993, S. 35ff.; VENKATESAN, R. (1993): Make Or Buy: Die Stärken des Endprodukts schützen, in: Harvard Business Manager, (14), 2-1993, S. 98ff. sowie WILLIAMSON, O.E. (1991): Strategizing, Economizing, and Economic Organization, in: Strategic Management Journal, (12), 1991, S. 75ff.

5   Vgl. zur Verbindung von Kosten und Leistungsaspekten im wettbewerbsstrategischen Kontext KLEINALTENKAMP, M. (1987): Die Dynamisierung strategischer Marketing-Konzepte – Eine kritische Würdigung des »Outpacing Strategies«-Ansatzes von GILBERT und STREBEL, in: Zeitschrift für betriebswirtschaftliche Forschung, (39), 1987, S. 31ff.; GILBERT, X.; STREBEL, P.J.

Die Diskussion um die Verbesserung der Wettbewerbsfähigkeit ist dabei von einer über die Teilprozesse hinausgehenden Betrachtung gekennzeichnet, die das gesamte inner- und überbetriebliche System der Leistungserstellung in Frage stellt.[1] Unternehmensübergreifende Vernetzung und gleichzeitige Flexibilisierung von bestehenden Strukturen und Prozessen stellen sich dabei gleichermaßen als Chancen im Wettbewerb wie auch als Herausforderungen der Unternehmensführung dar.[2] Damit nimmt die Gestaltung der Fertigungstiefe einen zentralen Stellenwert im Rahmen der Unternehmensführung ein.

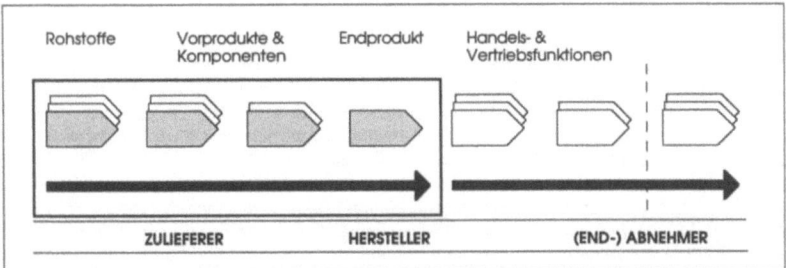

Abb. A-01 Die Fertigungstiefe als Umfang der Transformationsstufen eines Produktes

Quelle: in Anlehnung an HARRIGAN, K.R. (1985): Vertical Integration and Corporate Strategy, in: Academy of Management Journal, (28), 1985, S. 400.

Der Terminus **Fertigungstiefe** wird in der Literatur mit zum Teil unterschiedlichen Inhalten belegt, die sich letztlich im Umfang der einbezogenen Prozesse unterscheiden. Entsprechend der *Abbildung A-01* bezeichnet die Fertigungstiefe eines Unternehmens im folgenden den Umfang der Teilleistungen, der innerhalb

---

(1985): Outpacing Strategies, in: IMEDE – Perspectives for Managers, (9), No. 2, Sept. 1985 sowie GILBERT, X.; STREBEL, P.J. (1987): Strategies to Outpace Competition, in: Journal of Business Strategy, (8), February 1987, S. 28ff.

1 Vgl. beispielsweise ECKHARDT, J. (1994): Das wichtigste Werkzeug ist ein leeres Blatt Papier, in: Handelsblatt, Nr. 252, 30./31.12.1994, S. 40; VOLLMANN, T.; BRAZAS, M. (1993): Downsizing, in: European Management Journal, (11), 1-1993, S. 18ff. sowie ADLER, P.S.; MCDONALD, D.W.; MACDONALD, F. (1992): Strategic Management of Technical Functions, in: Sloan Management Review, (34), Winter 1992, S. 19ff.

2 Vgl. zur Notwendigkeit übergreifender Konzepte ROMMEL, G. (1994): Outsourcing als Instrument zur Optimierung der Leistungstiefe, in: CORSTEN, H. (Hrsg.), Handbuch Produktionsmanagement. Strategie – Führung – Technologie – Schnittstellen, Wiesbaden 1994, S. 209ff.; NEBL, T. (1993): Wettbewerbsfaktor Produktionsorganisation, unveröffentlichtes Vortragsmanuskript, 4. Betriebswirtschaftliche Tage zu Schwerin, Schwerin 1993 sowie MCGRATH, M.E.; HOOLE, R.W. (1992): Manufacturing's New Economies of Scale, in: Harvard Business Review, (70), May-June 1992, S. 94

der Grenzen einer Unternehmung selbst produziert wird.[1] Die Fertigungstiefe umfaßt dabei technologisch trennbare und aufeinander aufbauende Produktionsprozesse sowie auch unmittelbar mit der Produktion in Zusammenhang stehende Abläufe.[2] Wie aus *Abbildung A-02* zu ersehen, ist der Grad der Fertigungstiefe dementsprechend durch die Anzahl der benachbarten Fertigungsstufen bis hin zur Endmontage bestimmt, die innerhalb eines Unternehmen erfolgen.[3] Der Fertigungstiefenbegriff ist gegenüber den in der Literatur häufig zu findenden Begriffen der Betriebs-, der Leistungs- oder der Wertschöpfungstiefe, die auch die sich

---

1　Die Operationalisierung der Fertigungstiefe erfolgt durch Verhältnisbildung aus einer Wertschöpfungskennziffer zu einer Kennzahl, die die Unternehmensleistung widerspiegelt. Die Messung der Fertigungstiefe ist dabei an die Messung des vertikalen Integrationsgrades, beispielsweise den sog. »ADELMANN-Index«, angelehnt, der zur quantitativen Erfassung die Relation von Wertschöpfung zu Umsatz heranzieht. Vgl. dazu ADELMAN, M.A. (1955): Concept and Statistical Measurement of Vertical Integration, in: NATIONAL BUREAU OF ECONOMIC RESEARCH (Hrsg.), Business Concentration and Pricing Policy, Princeton, NJ 1955, S. 281ff.; BENKENSTEIN, M. (1992): Die Reduktion der Fertigungstiefe als betriebswirtschaftliches Entscheidungsproblem. Ein Beitrag zur Planung vertikaler Unternehmensstrategien unter besonderer Berücksichtigung der Quasi-Integration. Unveröffentlichte Habilitationsschrift, Münster 1992, S. 16ff.; DICHTL, E. (1993): Produktionstiefe, in: WITTMANN, W.; KERN, W.; KÖHLER, R.; KÜPPER, H.-U.; WYSOCKI, K.V. (Hrsg.): Handwörterbuch der Betriebswirtschaft, 5. Aufl., Bd. 2, Stuttgart 1993, Sp. 3520; DICHTL, E. (1994): Strategische Optionen im Marketing. Durch Kompetenz und Kundennähe zu Konkurrenzvorteilen, 3. Aufl., München 1994, S. 63; BARNES, I.R. (1955): Comment, in: NATIONAL BUREAU OF ECONOMIC RESEARCH (Hrsg.), Business Concentration and Pricing Policy, a.a.O., S. 322ff.; BURGESS, A.R. (1984): Vertical Integration in Petrochemicals: Part 3. An Analysis of ten Companies, in: Long Range Planning, (17), 1984, S. 54ff.; MADDIGAN, R.J. (1981): The Measurement of Vertical Integration, in: Review of Economics and Statistics, (63), 1981, S. 328f.; RAVENSCRAFT, D.J. (1982): Economics of Integration, Washington, D.C. 1982, S. 4ff.; LAFFER, A.B. (1969): Vertical Integration by Corporations, 1929-1965, in: Review of Economics and Statistics, (51), 1969, S. 91; TUCKER, I.B.; WILDER, R.P. (1977): Trends In Vertical Integration In The U.S. Manufacturing Sector, in: Journal of Industrial Economics, (26), September 1977, S. 83 sowie ECKARD, E.W. (1979): A Note on the Empirical Measurement of Vertical Integration, in: Journal of Industrial Economics, (28), 1979, S. 105ff.

2　Darunter fallen beispielsweise logistische und informatorische Prozesse, die die Produktion unterstützen.

3　Vgl. COENENBERG, A.G. (1967): Möglichkeiten des Wirtschaftlichkeitsvergleichs zwischen Eigenfertigung und Fremdbezug von Vorratsgütern, in: Zeitschrift für Betriebswirtschaft, (37), 1967, S. 268, der die Fertigungstiefe dort ganz allgemein kennzeichnet als »...Zahl der Produktionsstufen, die ein Produkt in demselben Betrieb durchläuft...«. Die hier gewählte Abgrenzung erfolgt in Anlehnung an BENKENSTEIN, M. (1992): Die Reduktion der Fertigungstiefe als betriebswirtschaftliches Entscheidungsproblem, a.a.O., S. 3ff. sowie unter Bezugnahme auf KREIKEN, J. (1980): Effective Vertical Integration and Disintegration Strategies, in: GLUECK, W.F. (Hrsg.), Business Policy and Strategic Management, 3. Aufl., New York, NY 1980, S. 256; DIRRHEIMER, M.J. (1981): Vertikale Integration in der Mineralöl- und Chemischen Industrie, Meisenheim a.G. 1981, S. 2ff.; HONOLD, G. (1989): Vorwärtsintegration. Konzeption und Bewertung marktorientierter Integrationsstrategien, München 1989, S. 2ff. sowie HÜBNER, T. (1987): Vertikale Integration in der Automobilindustrie – Anreizsysteme und wettbewerbspolitische Beurteilung, Berlin 1987, S. 28.

an die Endmontage anschließenden Vertriebs- und Dienstleistungsprozesse mit einbeziehen, somit enger abgegrenzt.[1]

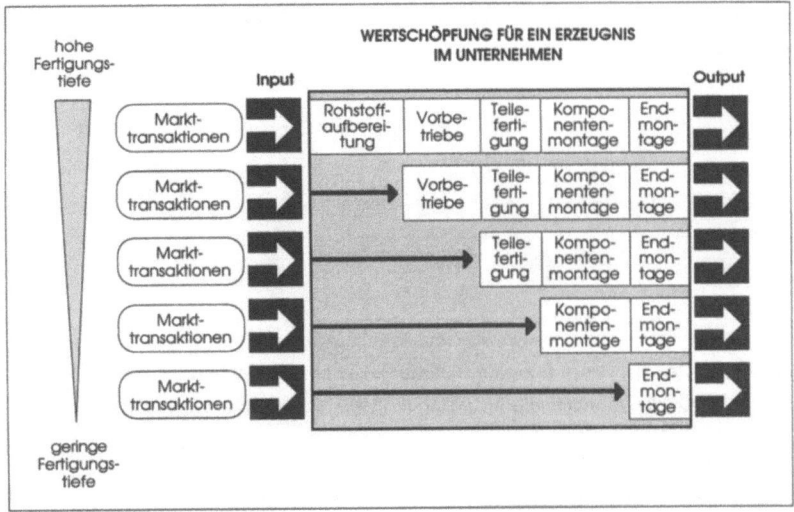

Abb. A-02   Alternative Fertigungstiefengrade eines Unternehmens

Quelle: in Anlehnung an ZÄPFEL, G. (1989): Strategisches Produktions-Management, Berlin 1989, S. 133.

Noch weitergehend wird der Begriff der **vertikalen Integration** verwandt, der die Aktivitäten innerhalb und außerhalb des Unternehmens umfaßt und auf die wirtschaftliche Beurteilung von Beziehungen zwischen Produktionsstufen abzielt.[2] Trotz der Unterschiede zwischen dem prozeßorientierten Begriff der verti-

---

1   Vgl. zu den unterschiedlichen Begriffsinhalten und -abgrenzungen PICOT, A. (1991): Ein neuer Ansatz zur Gestaltung der Leistungstiefe, in: Zeitschrift für betriebswirtschaftliche Forschung, (43), 4-1991, S. 337; IHDE, G.B. (1988): Die relative Betriebstiefe als strategischer Erfolgsfaktor, in: Zeitschrift für Betriebswirtschaft, (58), 1-1988, S. 14f.; BALAKRISHNAN, S.; WERNERFELT, B. (1986): Technical Change, Competition and Vertical Integration, in: Strategic Management Journal, (7), 1986, S. 347; ARMOUR, H.O.; TEECE, D.J. (1980): Vertical Integration and Technological Innovation, in: Review of Economics and Statistics, (62), 1980, S. 473; DAVIES, S. (1987): Vertical Integration, in: CLARK, R.; MCGUINESS, T. (Hrsg.), The Economics of the Firm, Oxford 1987, S. 83; HARRIGAN, K.R. (1983): A Framework for Looking at Vertical Integration, in: Journal of Business Strategy, (3), February 1983, S. 31f.; WARREN-BOULTON, F.R. (1978): Vertical Control with Variable Proportions, Cambridge, MA 1978, S. 4 sowie WILLIAMSON, O.E. (1985): The Economic Institutions of Capitalism. Firms, Markets, Relational Contracting, New York, NY 1985, S. 85ff.

2   HARRIGAN beispielsweise differenziert vertikale Strategien nach verschiedenen Dimensionen. Vgl. dazu Kapitel B 2 dieser Arbeit sowie HARRIGAN, K.R. (1985): Exit Barriers and Vertical Integration, in: Academy of Management Journal, (28), 3-1985, S. 690.

kalen Integration und dem strukturorientierten Fertigungstiefenbegriff sollen beide im folgenden synonym verwandt werden.[1] Bei einer hohen Fertigungstiefe kann von einem hohen Grad der vertikalen Integration gesprochen werden, eine geringe Fertigungstiefe entspricht einem geringen vertikalen Integrationsgrad.[2] Beispielhaft zeigt *Abbildung A-03* alternative Ausgestaltungsformen unterschiedlicher Fertigungstiefengrade.

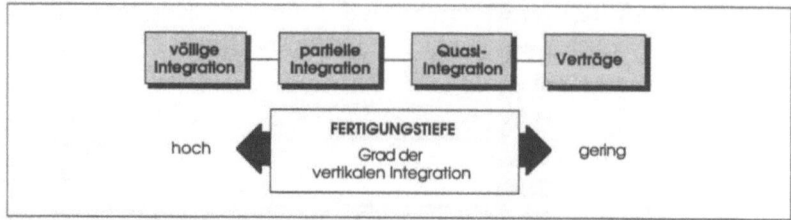

Abb. A-03   Das Spektrum fertigungstiefenpolitischer Gestaltungsalternativen

Quelle: in Anlehnung an ADAM, D. (1993): Produktionsmanagement, 7. Aufl., Wiesbaden 1993, S. 93.

Mit der Entscheidung über die Fertigungstiefengestaltung werden die Strukturen eines Unternehmens grundsätzlich determiniert. Daher ist die Fertigungstiefengestaltung als wesentlicher **Bestandteil der Unternehmensstrategie** anzusehen.[3]

---

1   Entscheidungen über die Fertigungstiefe werden häufig auch synonym als »Make-or-Buy«-Entscheidungen bezeichnet. Im weiteren sollen darunter aber nur die produktionskostentheoretisch ausgerichteten Ansätze zur Vorteilhaftigkeitsentscheidung zwischen Eigen- und Fremdfertigung gefaßt werden. Vgl. PERRY, M.K. (1989): Vertical Integration: Determinants and Effects, in: SCHMALENSEE, R.; WILLIG, R.D. (Hrsg.), Handbook of Industrial Organization, Bd.1, Amsterdam 1989, S. 181ff. sowie HARRIGAN, K.R. (1986): Matching Vertical Integration Strategies to Competitive Conditions, in: Strategic Management Journal, (7), 1986, S. 535ff.

2   Vgl. dazu ADAM, D. (1993): Produktionsmanagement, 7. Aufl., Wiesbaden 1993, S. 92.

3   Über Umsatz, Kosten, Kapitalbedarf und Kapitalstrukturwirkungen können Entscheidungen zur Fertigungstiefe nachhaltig auf den ROI, die Eigenkapitalrentabilität sowie den Gewinn wirken. Die Analysen im Rahmen des PIMS-Programms weisen den vertikalen Integrationsgrad als einen von neun zentralen strategischen Einflußfaktoren auf den Unternehmenserfolg – gemessen am ROI – aus. Daneben können sich Rückwirkungen auf das Know-how und die Innovationsfähigkeit ergeben, die wiederum zu langfristigen Kosten- und Umsatzeinflüssen führen können. Außerdem hat die Fertigungstiefe nachhaltigen Einfluß auf die Flexibilität eines Unternehmens und die Qualitätspolitik. Vgl. zu den ökonomischen Wirkungen im einzelnen BUZZELL, R.D. (1983): Is Vertical Integration Profitable?, in: Harvard Business Review, (61), January-February 1983, S. 92ff.; DICHTL, E. (1991): Orientierungspunkte für die Festlegung der Fertigungstiefe, in: Wirtschaftswissenschaftliches Studium, (20), Februar 1991, S. 54ff.; JAUCH, L.R.; WILSON, H.K. (1979): A Strategic Perspective for Make or Buy Decisions, in: Long Range Planning, (11), 1979, S. 56 sowie BENKENSTEIN, M. (1994): Die Gestaltung der Fertigungstiefe als wettbewerbsstrategisches Entscheidungsproblem – eine Analyse aus transaktions- und produktionskostentheoretischer Sicht, in: Zeitschrift für betriebswirtschaftliche Forschung, (46), 6-1994, S. 484f.

So kommt es beispielsweise einhergehend mit einer stärkeren Konzentration auf Kerngeschäfte und -prozesse zu einer deutlicheren Einbeziehung der Zulieferer in die unternehmenseigene Wertschöpfung[1]. Letztlich folgt daraus, daß die Gestaltung der Fertigungstiefe als eigenständige Größe neben Geschäftsfeld- und Geschäftsprozeßplanung in die strategische Entscheidungsebene mit aufgenommen werden muß.[2] Die Fertigungstiefengestaltung, die Struktur und Umfang der unternehmensinternen Wertschöpfung wesentlich bestimmt[3], steht darüber hinaus in unmittelbarem Zusammenhang mit der angestrebten Wettbewerbsposition eines Unternehmens.

Die mit den Fertigungstiefenentscheidungen angestrebten Wettbewerbsvorteile[4] zielen in der bisherigen **wissenschaftlichen Diskussion** im wesentlichen auf die Erlangung von Kostenvorteilen gegenüber den Wettbewerbern ab.[5] Die Schaffung von Wettbewerbsvorteilen durch die Nutzung von Differenzierungspotentialen wird dagegen in diesem Zusammenhang bislang weitgehend vernachlässigt.[6] Wettbewerbsvorteile entstehen über die relativen Vorteilseinschätzungen einer Unternehmensleistung durch die Konsumenten. Strategische Fertigungstiefenentscheidungen von Unternehmen haben insofern auch eine konsumentenbe-

---

1 Vgl. WOMACK, J.P.; JONES, D.T. (1994): From Lean Production to the Lean Enterprise, in: Harvard Business Review, (72), 2-1994, S. 94ff.

2 Vgl. KAUFMANN, L. (1995): Strategisches Sourcing, in: Zeitschrift für betriebswirtschaftliche Forschung, (47), 3-1995, S. 276.

3 Vgl. PORTER, M.E. (1991): Towards a Dynamic Theory of Strategy, in: Strategic Management Journal, (12), 1991, S. 98ff.

4 Die klassischen, auf PORTER zurückgehenden generischen Wettbewerbsstrategien, umfassen die Kosten- beziehungsweise Preisführerschaft einerseits und die Qualitätsführerschaft andererseits. Vgl. dazu die Ausführungen in Kapitel C 3 der Arbeit sowie PORTER, M.E. (1980): Competitive Strategy. Techniques for Analyzing Industries and Competitors, New York, NY 1980, S. 30ff.; PORTER, M.E. (1985): Competitive Advantage. Creating and Sustaining Superior Performance, New York, NY 1985, S. 11ff.; BOLZ, J. (1992): Wettbewerbsorientierte Standardisierung der internationalen Marktbearbeitung. Eine empirische Analyse in europäischen Schlüsselmärkten, Darmstadt 1992, S. 31ff.; MEFFERT, H. (1994): Marketing-Management. Analyse – Strategie – Implementierung, Wiesbaden 1994 , S. 113ff. sowie KOTLER, P. (1991): Marketing Management. Analysis, Planning, Implementation, and Control, 7. Aufl., Englewood Cliffs, IL 1991, S. 33ff.

5 Vgl. dazu PICOT, A.; REICHWALD, R. (1994): Auflösung der Unternehmung? Vom Einfluß der IuK-Technik auf Organisationsstrukturen und Kooperationsformen, in: Zeitschrift für Betriebswirtschaft, (64), 5-1994, S. 549 sowie DICHTL, E. (1989): Produktauslegung und Fertigungstiefe als Determinanten der Wertschöpfung, in: SPECHT, K.-G.; SILBERER, G.; ENGELHARD, W. H. (Hrsg.), Marketing-Schnittstellen, Stuttgart 1989, S. 88ff.

6 Vgl. ROMMEL, G. (1994): Outsourcing als Instrument zur Optimierung der Leistungstiefe, a.a.O., S. 209ff.

zogene Dimension[1], die in ihrer Bedeutung zunächst grundsätzlich dargestellt werden soll.

2   Die konsumentenbezogene Dimension der Fertigungstiefengestaltung

Für den Markterfolg einer Unternehmung ist entscheidend, ob das jeweilige Leistungsangebot vom Nachfrager subjektiv als den Alternativen gegenüber überlegen eingestuft wird. Ein Hersteller muß sein Leistungsangebot dazu am Markt so plazieren, daß es wahrgenommen, akzeptiert und präferiert wird.

Die Gestaltung der Fertigungstiefe wird deshalb nicht zuletzt davon bestimmt, ob und inwieweit alternative Gestaltungsoptionen die Wahrnehmung, die Akzeptanz und die Präferenzen des Nachfragers beeinflussen. Eine Auseinandersetzung mit der Fertigungstiefengestaltung aus kaufverhaltenstheoretischer Sicht ist vor diesem Hintergrund unabdingbar.

Für die Untersuchung fertigungstiefenpolitischer Einflüsse auf das Konsumentenverhalten sind eher **komplexe** und **modular aufgebaute Produkte** geeignet, da hier überhaupt erst fertigungstiefenpolitische Maßnahmen vom Käufer wahrgenommen werden können. Diese sollen folglich den weiteren Ausführungen zugrunde gelegt werden. Maßnahmen der Fertigungstiefenreduktion führen bei derartigen Produkten zu einer Substitution von bisher selbst gefertigten Teilen oder Komponenten durch Zuliefererprodukte, so daß eine direkte Veränderung des angebotenen Produktes möglicherweise sogar bis in den Produktkern[2] auftritt. In der Regel handelt es sich um Vorleistungen, deren Beschaffenheit die Ei-

---

1   Vgl. ADAM, D. (1993): Produktionsmanagement, a.a.O., S. 102f.

2   Der Produktkern bezeichnet die zentralen Eigenschaften eines Produktes, die sich an den Grundnutzen eines Produktes anlehnen und sich vornehmlich auf objektiv-technische Eigenschaften beziehen. Fertigungstiefenpolitische Veränderungen richten sich nicht nur auf periphäre Aspekte eines Produktes. Anknüpfend an den sogenannten teleologischen Qualitätsbegriff reflektiert ein Qualitätsurteil neben objektiven Eigenschaften auch psychologische Inhalte, die sich mit einem Produkt verbinden und die sich als subjektive Nutzenerwartungen eines Konsumenten darstellen. Vgl. dazu NIESCHLAG, R.; DICHTL, E.; HÖRSCHGEN, H. (1991): Marketing, 16. Aufl., Berlin 1991, S.149; BLEICKER, U. (1983): Produktbeurteilung der Konsumenten, Heidelberg 1983, S. 15ff.; KUPSCH, P.; HUFSCHMIED, P.; MATHES, H.D.; SCHÖLER, K. (1978): Die Struktur von Qualitätsurteilen und das Informationsverhalten von Konsumenten beim Kauf langlebiger Gebrauchsgüter, Forschungsberichte des Landes Nordrhein-Westfalen, Nr. 2777/ Fachgruppe Wirtschafts- und Gesellschaftswissenschaften, Opladen 1978, S. 54ff. sowie KUPSCH, P.; MATHES, H.D. (1977): Determinanten der Qualitätsbeurteilung beim Kauf langlebiger Gebrauchsgüter, in: Jahrbuch der Absatz- und Verbrauchsforschung, (23), 3-1977, S. 233ff.

genschaften des Endproduktes verändert, damit die Leistungsfähigkeit des Endproduktes determiniert und so dessen Markterfolg mitbestimmt.[1] Fertigungstiefenpolitische Entscheidungen haben also Auswirkungen auf die objektive Qualität des Endproduktes eines Unternehmens.

Neben diesen **objektiven** Produktveränderungen ist davon auszugehen, daß auch die **subjektiv** vom Konsumenten wahrgenommenen Produkteigenschaften eine Veränderung erfahren, die die damit einhergehenden Präferenzen beeinflussen und letztlich die Kaufentscheidung mitbestimmen. Man kann weiterhin annehmen, daß der Grad der Einflußnahme auf die Kaufentscheidung dabei weniger durch den quantitativen Umfang der Fertigungstiefenveränderung bestimmt wird als vielmehr von der Beurteilung, die der Konsument den wahrgenommenen qualitativen Produktveränderungen beimißt. Allerdings ist hierbei vorauszusetzen, daß die Bereiche des Endproduktes, auf die sich eine Fertigungstiefenveränderung bezieht, auch vom Konsumenten identifiziert und von anderen Teilen und Komponenten differenziert werden können.

Letztlich ist entscheidend, wie stark das Verhalten der Konsumenten von den wahrgenommenen fertigungstiefenpolitisch induzierten Produktveränderungen beeinflußt wird.

Dies trifft auf **Markenprodukte** des aperiodischen, höherwertigen Bedarfs in besonderer Weise zu. Hier hat der Konsument über ein anonymes Produkt hinaus die Möglichkeit, ein ganz spezifisches Vorstellungsbild über ein Produkt zu entwickeln.[2] Die Markenidentität eines Produktes stellt dabei das psychologische »Bild« einer Marke in der Vorstellungswelt des Konsumenten dar. Sie gründet sich gleichermaßen auf objektiv-technische wie auch psychologische Eigenschaften, die ein Konsument einer Marke beimißt und steht in engem Zusammenhang zur jeweiligen Wettbewerbsposition des Produktes.[3] Bei einem modular gestalteten Produkt – beispielsweise Computer, Automobile oder auch Fahrräder – kann diese Markenidentität durch den Fremdbezug von teilweise ebenfalls markierten Zulieferleistungen, die integrativer Bestandteil des Endproduktes sind, verändert werden. Es sind hierbei sowohl die ursprüngliche Markenidentität stärkende als auch schwächende Auswirkungen denkbar. Markierungsvorteile der Zulieferermarke können eventuell auch Markierungsnachteile des Endproduktes aufheben. Dementsprechend eröffnet die variabel zu gestaltende »Konstellation« der Marke

1   Vgl. BENKENSTEIN, M. (1992): Die Reduktion der Fertigungstiefe als betriebswirtschaftliches Entscheidungsproblem, a.a.O., S. 73 und 272ff.

2   Vgl. zu Rolle und Funktion von Marken in diesem Zusammenhang HÄTTY, H. (1989): Der Markentransfer, Heidelberg 1989, S. 5ff. und 14ff.

3   Vgl. zum Begriff der Markenidentität KAPFERER, J.N. (1992): Strategic Brand Management – New Approaches to Creating and Evaluating Brand Equity, London 1992, S. 44ff.

aus vom Hersteller selbstgefertigten und von Zulieferern fremdbezogenen Leistungen Ansatzpunkte zur Stärkung von Markenpositionen im Wettbewerb, die – über reine Kostenaspekte hinausgehend – auch Potentiale für dauerhafte Differenzierungsvorteile bieten können.

Einige Beispiele mögen diesen Sachverhalt verdeutlichen und die Auswirkungen auf das Konsumentenverhalten veranschaulichen:[1] Der Erfolg der weltweiten Werbekampagne »intel® inside« des Halbleiterproduzenten INTEL steht als eindrucksvoller Erfolg eines Zulieferers am Endverbrauchermarkt.[2] Der relativ abstrakte Prozessor eines Personal Computers ist im Rahmen dieser langjährigen Kampagne in den Mittelpunkt des Konsumenteninteresses gerückt. Die Verbraucher achten in zunehmendem Maße auf den »richtigen« Prozessor in ihrem Personal Computer. Die Wahl eines anderen Mikroprozessorproduzenten soll das Endprodukt in gewisser Weise abwerten, die übrigen Bestandteile und die Marke des Endproduktherstellers selbst treten zunehmend in den Hintergrund. Ein Computerproduzent kann folglich seine Marke stärken und den Absatz seiner Produkte durch die Integration dieses Bauteiles der Firma INTEL fördern.[3]

Eine vergleichbare Stellung hat der Zulieferer SHIMANO für Gangschaltungen von Fahrrädern erlangt. Die Bekanntheit des Zulieferers beim Konsumenten ist außerordentlich hoch und ein Markenhersteller kann auch hier durch die Verwendung dieser Komponenten die Qualität seiner Marke unterstreichen. Ebenfalls zu nennen sind GORE-TEX®, TEFLON® von DUPONT, TRINITRON®-Bildröhren der Firma SONY sowie als Gesamtunternehmensstrategie auch die Markenpolitik der Firma 3M. Sie alle haben aus einer Zuliefererposition heraus durch eine »vertikale« Marken- und Präferenzpolitik eine Profilierung im Endverbrauchermarkt erfolgreich realisiert.

---

1 Allerdings wurden hier keine auf einen einzelnen Endprodukthersteller bezogenen Markierungsvorteile erreicht, sondern alle Abnehmer dieser Zuliefererleistung gleichermaßen begünstigt.

2 Vgl. MEIER, F.; WULFF, M. (1994): Computerindustrie – Faktisch Geiseln, in: Wirtschaftswoche, (48), Nr. 43, 21.10. 1994, S. 65f.

3 Damit ist es der Firma INTEL gelungen, als Zulieferer eine »Pull«-Strategie erfolgreich umzusetzen. Das Grundprinzip dieses Konzeptes besteht darin, durch eine starke Endverbraucherwerbung den Verbraucher so zu mobilisieren, daß er durch aktive Nachfrage gleichsam einen »Sog« auslöst, der das Produkt in die nachgelagerten Absatzkanäle »hineinsaugt«. Als klassisches Markenartikelkonzept ist dieser Begriff insbesondere im Verhältnis zwischen Hersteller und Handel gebräuchlich. Hier bezieht es sich auf das Verhältnis zwischen Zulieferer und Endprodukthersteller. Vgl. zum Konzept und zum Verwendungszusammenhang AHLERT, D. (1985): Distributionspolitik, Stuttgart 1985, S. 161; BECKER, J. (1992): Marketing-Konzeption, 4. Aufl., München 1992, S. 524 sowie MEFFERT, H. (1986): Marketing. Grundlagen der Absatzpolitik, 7. Aufl., Wiesbaden 1986, S. 429f.

Insgesamt wird somit deutlich, daß – zumindest bei modularen Markenprodukten des aperiodischen, höherwertigen Bedarfs – durch die Gestaltung der Fertigungstiefe die Markenprofilierung verändert und somit das Kaufverhalten beeinflußt werden kann. Vor diesem Hintergrund erscheint es erforderlich, die Auswirkungen fertigungstiefenpolitischer Entscheidungen sukzessive auf den einzelnen Stufen des Kaufentscheidungsprozesses zu analysieren und zur Ableitung von zielgerichteten gestalterischen Maßnahmen zu nutzen. Im Bestreben, Neukunden zu gewinnen sowie die bereits vorhandenen Kunden möglichst langfristig zu halten, ist es deshalb erforderlich, mehr über die Wirkungszusammenhänge zwischen fertigungstiefenpolitischen Entscheidungen einerseits und dem Kaufverhalten des Konsumenten andererseits in Erfahrung zu bringen und für unternehmerische Entscheidungen zu nutzen. Dies gilt es im folgenden zu untersuchen.

3   Zielsetzung und Gang der Untersuchung

Ausgehend von der Definition und Einordnung der Entscheidungen zur Fertigungstiefengestaltung in den gesamtunternehmerischen Zusammenhang besteht die **Zielsetzung** dieser Arbeit darin, die Bedeutung der Fertigungstiefengestaltung im Hinblick auf ihre konsumentenbezogenen Wirkungen aufzuzeigen und daraus eine Konzeption zur Gestaltung der Fertigungstiefe unter Berücksichtigung kaufverhaltenstheoretischer Zusammenhänge abzuleiten.

Diese generelle Zielsetzung läßt sich anhand der folgenden **Teilziele** konkretisieren:

(1) Die bisherigen **Forschungsansätze** zur Fertigungstiefengestaltung sind daraufhin zu analysieren, inwieweit sie einen Erklärungsbeitrag für die hier zu untersuchende Fragestellung zu leisten vermögen.

(2) Weiterhin ist ein fertigungstiefenbezogenes **Prozeßmodell** zur Kaufentscheidung theoriegeleitet zu entwickeln. Ausgehend von den Totalmodellen zum Konsumentenverhalten sind dazu sowohl bestehende Konstrukte der Kaufverhaltensforschung mit einzubeziehen, als auch das Konstrukt der wahrgenommenen Kompetenz einzuführen. Auf der Basis dieses vereinfachten Prozeßmodells soll anschließend ein entscheidungsorientiertes **Prüfschema** für eine konsumentenorientierte Fertigungstiefengestaltung aus Sicht eines Herstellers abgeleitet werden. Das Entscheidungsmodell soll dabei eine Verbindung von Kaufverhalten und Wettbewerbsstrategien herstellen.

(3) Auf der so geschaffenen theoretischen Grundlage soll die Prüf- und Entscheidungskonzeption **operationalisiert** und anhand eines Datensatzes aus der

Automobilindustrie **empirisch überprüft** werden. Der isolierten Analyse der einzelnen Konstrukte soll sich – aufgrund der möglichen Wechselwirkungen zwischen den Komponenten des Modells – eine integrierte Analyse des Gesamtmodells anschließen. Darüber hinaus kann so die unterschiedliche Stärke und Bedeutung der einzelnen Konstrukte in ihren Erklärungsbeiträgen vergleichend aufgezeigt werden.

(4) Vor dem Hintergrund der Untersuchungsergebnisse sollen schließlich **Implikationen** zur marktorientierten Gestaltung der Fertigungstiefe für Hersteller und Zulieferer dargestellt sowie der weitere Forschungsbedarf aufgezeigt werden.

Mit der Darstellung der verfolgten Zielsetzung ist der **Gang der Untersuchung** im wesentlichen bereits vorgezeichnet:

Im **Teil B** werden zunächst die theoretischen Forschungsansätze zur Fertigungstiefengestaltung vorgestellt. Neben den produktionskostentheoretischen Ansätzen zum »Make-or-Buy« werden dazu die managementorientierten Ansätze sowie der Transaktionskostenansatz als theoretisch-konzeptionelle Ausgangspunkte jeweils kurz dargestellt und mit Blick auf den Untersuchungsgegenstand beurteilt.

Im **Teil C** erfolgt die Entwicklung und Erörterung eines prozeßualen Kaufentscheidungsmodells zur Untersuchung fertigungstiefenpolitischer Einflüsse. Vor dem Hintergrund bestehender Totalmodelle des Käuferverhaltens – insbesondere unter Bezugnahme auf das Totalmodell von HOWARD und SHETH – werden zur Analyse des Kaufverhaltens geeignete Konstrukte zur Darstellung und Analyse von Fertigungstiefenveränderungen konzeptionell abgeleitet, ausgewählt und in einem vereinfachten Kaufentscheidungsmodell zusammengeführt. Im Anschluß daran werden die einzelnen Konstrukte im Hinblick auf ihre fertigungstiefeninduzierte Bedeutung für das Kaufverhalten diskutiert. Besonderes Gewicht wird dabei auf das Konstrukt der wahrgenommenen Kompetenz gelegt. Das vereinfachte Kaufentscheidungsmodell wird schließlich in ein herstellerorientiertes Prüf- und Entscheidungsschema zur Fertigungstiefengestaltung überführt. Dabei wird eine Verbindung zwischen der Ebene des Kaufverhaltens und der strategischen Unternehmensführung geschaffen.

Der sich im **Teil D** anschließenden zweigeteilten empirischen Analyse wird zunächst die Darstellung der Automobilindustrie als besonders geeignetem Untersuchungsobjekt fertigungstiefenpolitischer Fragestellungen vorangestellt. Aussagen zum Datensatz sowie eine Beschreibung der Stichprobe und der statistischen Auswertungsverfahren leiten die empirische Untersuchung ein. In einem ersten Analyseschritt werden die kaufverhaltensrelevanten Konstrukte jeweils operationalisiert und auf ihren Beitrag zur Abbildung, Erklärung und Prognose des Kauf-

verhaltens isoliert untersucht. Den zweiten Schritt bildet die integrierte empirische Analyse über alle Konstrukte. Unter methodischen Gesichtspunkten wird
dabei insbesondere auf die Diskriminanzanalyse zurückgegriffen.

Im **Teil E** werden die wesentlichen Ergebnisse der Arbeit zusammengefaßt dargestellt und Implikationen für die marktorientierte Unternehmenspolitik mit Blick
auf die Fertigungstiefengestaltung zur marktorientierten Unternehmensführung
von Herstellern und Zulieferern abgeleitet. Anregungen für weitere Forschungs-
aufgaben im Rahmen der Fertigungstiefengestaltung stehen schließlich am Ende
der Arbeit.

B Forschungsansätze zur Gestaltung der Fertigungstiefe

Mit Fragen der vertikalen Integration haben sich Wissenschaft und Forschung seit langem auseinandergesetzt.[1] Dabei dominierten lange Zeit produktions- und kostentheoretisch begründete »Make-or-Buy«-Modelle. Weitergehend sind die relativ heterogenen und pragmatisch ausgerichteten managementorientierten Ansätze, die vor allem die unternehmensstrategische Bedeutung der Fertigungstiefengestaltung herausstellten. In jüngster Vergangenheit ist die wissenschaftliche Diskussion darüber hinaus insbesondere von der »Neuen Institutionenökonomie« beeinflußt worden[2], deren Aussagen zur Analyse der vertikalen Integration auf der mikroökonomischen Transaktionskostentheorie basieren. Die genannten Forschungsparadigmen haben eine Vielzahl empirischer Studien zur Fertigungstiefe angeregt.[3]

---

1   Vgl. BESTE, T. (1933): Die optimale Betriebsgröße als betriebswirtschaftliches Problem, Leipzig 1933 sowie auch CULLITON, J.W. (1942): Make or Buy: A Consideration of the Problems Fundamental to a Decision Whether To Manufacture or Buy Materials, Accessory Equipment, Fabricating Parts, and Supplies, Research Paper, Harvard Business School, Boston MA 1942.

2   Dies ist unter anderem durch das seit den 70er Jahren stetig steigende Interesse der betriebswirtschaftlichen Forschung an diesem Kernansatz der »Institutional Economics« begründet. Ein Überblick findet sich bei FOSS, N.J. (1993): Theories of the Firm: Contractual and Competence Perspectives, in: Evolutionary Economics, (3), 2-1993, S. 127ff.

3   Eine synoptische Übersicht findet sich im Anhang A1. Auf eine genauere Darstellung der Studienergebnisse wurde dabei verzichtet, die Angaben sind auf Quellen sowie Untersuchungsobjekte beschränkt. Ähnliche Darstellungen finden sich bei WILLIAMSON, O.E. (1989): Transaction Cost Economics, in: SCHMALENSEE, R.; WILLIG, R.D. (Hrsg.), Handbook of Industrial Organization, a.a.O., S. 173ff.; BAUR, C. (1990): Make-or-Buy-Entscheidungen in einem Unternehmen der Automobilindustrie. Empirische Analyse und Gestaltung der Fertigungstiefe aus transaktionskostentheoretischer Sicht, München 1990, S. 127f.; FISCHER, M. (1992): Der Transaktionskostenansatz und vertikale Integration, Arbeitspapier Nr. 4 aus dem Forschungsprojekt »Marketing und ökonomische Theorie« des Lehrstuhl für Betriebswirtschaftslehre, insbesondere Marketing, Universität Frankfurt, Frankfurt a.M. 1992, S. 36ff. sowie PICOT, A; FRANCK, E. (1993): Vertikale Integration, in: HAUSCHILDT, J.; GRÜN, O. (Hrsg.), Ergebnisse empirischer betriebswirtschaftlicher Forschung. Zu einer Realtheorie der Unternehmung. Festschrift für EBERHARD WITTE, Stuttgart 1993, S. 190ff.

1   Die produktionskostentheoretischen Ansätze zum »Make-or-Buy«

Im Mittelpunkt der »Make-or-Buy«-Ansätze steht die Entwicklung und Diskussion von kurz- und langfristigen praktisch-normativen Entscheidungsgrundsätzen und -rechnungen über den Umfang an Eigenerzeugung und Fremdbezug.[1] Ziel ist die Ableitung einer eindeutigen Vorteilhaftigkeitsentscheidung darüber, ob Unternehmensleistungen entweder selbst zu erbringen (»make«) oder aber fremd zu beziehen (»buy«) sind.

Der traditionelle »Make-or-Buy«-Ansatz differenziert nach der **Fristigkeit** der Entscheidungen und der **Auslastung** der Eigenfertigungsbereiche eine Reihe unterschiedlicher Verfahren, die – auf der Grundlage von kosten- oder investitionsrechnerischen Informationen – zu einer eindeutigen Antwort über die »optimale« Wahl von Eigenfertigung oder Fremdbezug führen sollen.[2] In der Regel werden dabei die Fremdbezugskosten den entscheidungsrelevanten Kosten der Eigenfertigung gegenübergestellt. Lassen sich die Fremdbezugskosten relativ klar über die entsprechenden Marktpreise ermitteln, fließen in die Bestimmung der Kosten der Eigenerstellung je nach Bedingungslage unterschiedliche, jeweils genau zu spezifizierende Kostenbestandteile ein.[3]

---

1   Vgl. MÄNNEL, W. (1981): Die Wahl zwischen Eigenfertigung und Fremdbezug. Theoretische Grundlagen – Praktische Fälle, 2. Aufl., Stuttgart 1981, S. 89ff. sowie GAMBINO, J.A. (1980): The Make-or-Buy Decision, New York, NY 1980, S. 6ff.

2   Für kurzfristige Entscheidungen wird eine gegebene Gesamtkapazität unterstellt, bei langfristigen Entscheidungen bleibt die Frage der Kapazität dagegen offen, gegebenenfalls stehen Kapazitäten insgesamt zur Disposition. Vgl. MÄNNEL, W. (1971): Grundfragen des Kostengleichs zwischen Eigenfertigung und Fremdbezug, Teil I, in: Kostenrechnungspraxis, 4-1971, S. 153 sowie RIEBEL, P. (1964): Die Umgestaltung des Produktionsbereiches in wachsenden Industrieunternehmungen, in: Zeitschrift für betriebswirtschaftliche Forschung, (16), 4/5-1964, S. 211f.; COENENBERG, A.G. (1967): Möglichkeiten des Wirtschaftlichkeitsvergleichs zwischen Eigenfertigung und Fremdbezug von Vorratsgütern, a.a.O., S. 268ff.; EVERLING, W. (1967): Der Vergleich zwischen Eigenfertigungs- und Fremdbezugskosten, in: Zeitschrift für das gesamte Rechnungswesen, (13), 2-1967, S. 31ff.; MÄNNEL, W. (1969): Grundprobleme der Wahl zwischen Eigenfertigung und Fremdbezug im Industriebetrieb, in: Betriebswirtschaftliche Forschung & Praxis, (21), 1969, S. 76ff.; KILGER, W. (1969): Entscheidungskriterien zur Wahl zwischen Eigenerstellung und Fremdbezug, in: BUSSE VON COLBE, W. (Hrsg.), Das Rechnungswesen als Instrument der Unternehmensführung, Bielefeld 1969, S. 75ff.; KRUSCHWITZ, L. (1971): Eigenfertigung oder Beschaffung? Eigenverwendung oder Absatz? Zweckmäßige Optimierungsmethoden für industrielle Entscheidungsalternativen, Berlin 1971, S. 78f.; RIEBEL, P. (1981): Eigen- oder Fremdtransport. Die Antwort aus betriebswirtschaftlicher Sicht, 2. Aufl., Frankfurt a.M. 1981, S.32 sowie HEINEN, E.; DIETEL, B. (1991): Kostenrechnung, in: HEINEN, E. (Hrsg.), Industriebetriebslehre. Entscheidungen im Industriebetrieb, 9. Aufl., Wiesbaden 1991, S. 1290ff.

3   Im Grunde genommen sind diese Kostenvergleichsrechnungen eine Übertragung der aus der Absatzplanung bekannten Verfahren zur Entscheidung über die Aufnahme oder Ablehnung

Abbildung B-01 führt die verschiedenen Entscheidungstatbestände sowie die sich daraus ergebenden unterschiedlichen kostenrechnerischen Verfahren der »Make-or-Buy«-Ansätze im Überblick zusammen.

ENTSCHEIDUNGS-SITUATION	BESCHÄFTIGUNGSSITUATION		
	bei freien Kapazitäten	bei Engpaß • ein Engpaß	• mehrere Engpässe
Kurzfristig	Kostenvergleich: Fremdbezugskosten und zusätzliche kurzfristig variable Kosten der Eigenfertigung	Kostenvergleich unter Einbeziehung engpaßbezogener Opportunitätskosten	Simultane Beurteilung mit Verfahren der mathematischen Optimierung (z.B. lineare Programmierung)
Langfristig	Kostenvergleich: Fremdbezugskosten und zusätzlich anfallende kurz- und langfristig entscheidungsabhängige (variable) Kosten der Eigenfertigung (Break-Even-Analyse, Nutzenschwellenanalysen) Bei zusätzlichen Investitionen: Dynamische Investitionsrechnungsverfahren		

Abb. B-01 Entscheidungshorizont und Kapazitätsauslastung determinieren die Wahl des kostenrechnerischen Verfahrens von »Make-or-Buy«-Entscheidungen

Für **kurzfristige** Entscheidungen und bei freien Kapazitäten sind nur die zusätzlich entstehenden variablen Kosten heranzuziehen.[1] Liegt hingegen ein Engpaß vor, müssen darüber hinaus auch die engpaßbezogenen Opportunitätskosten mit in den Vergleich einbezogen werden. Bestehen mehrere Engpässe, kann nur eine simultane Beurteilung mit Hilfe von Verfahren der mathematischen Optimierung zu aussagefähigen Ergebnissen führen.[2]

Für **langfristige** Entscheidungen sind neben den kurzfristigen beschäftigungsvariablen Kosten auch alle langfristig entscheidungsabhängigen Kosten in einer Vergleichsrechnung mit zu berücksichtigen.[3] Dabei geht es aber nicht um die

---

von Zusatzaufträgen. Vgl. MEFFERT, H. (1986): Marketing. a.a.O., S. 401f.; NIESCHLAG, R.; DICHTL, E.; HÖRSCHGEN, H. (1991): Marketing, a.a.O., S. 296ff.

1 Diese Vorgehensweise wird häufig auch als »Grenzkostenrechnung« bezeichnet. Unterstellt man einen – für den industriellen Produktionsbereich typischen – linearen Gesamtkostenverlauf, stimmen variable Stückkosten und Grenzkosten überein.

2 Vgl. MÄNNEL, W. (1990): Entscheidungsorientierte Kostenvergleichsrechnungen für den kurzfristigen Übergang von der Eigenfertigung zum Fremdbezug, in: Kostenrechnungspraxis, 3-1990, S. 187ff. Ein erweitertes Beispiel findet sich bei KILGER, W. (1969): Entscheidungskriterien zur Wahl zwischen Eigenerstellung und Fremdbezug, a.a.O., S. 86ff.

3 Vgl. KREMEYER, H. (1982): Eigenfertigung und Fremdbezug unter finanzwirtschaftlichen Aspekten, Wiesbaden 1982, S. 89ff. sowie das Fallbeispiel für ein langfristiges »Make-or-Buy«-

Aufstellung einer Vollkostenkalkulation, sondern um eine entsprechend differenzierte Kostenbetrachtung, denn die Gesamtheit der Fixkosten sind i.d.R. nicht ursächlich auf eine »Make-or-Buy«-Entscheidung allein zurückzuführen. Um das Problem transparenter werden zu lassen und Entscheidungen genauer fundieren zu können, wird in der Literatur – neben der Anforderung einer exakten Kostenspaltung – auf Break-Even-Analysen und Nutzenschwellen- sowie auf Sensitivitätsanalysen verwiesen.[1] Eine weitere Alternative stellt die Prozeßkostenrechnung[2] dar, die insbesondere den veränderten Wettbewerbs-, Fertigungs- und Kostenstrukturen Rechnung zu tragen versucht.[3] Bei langfristigen Entscheidungen mit gegebenenfalls erforderlichen zusätzlichen Investitionen werden – auf Basis von Ein- und Auszahlungen – Verfahren der dynamischen Investitionsrechnung zur Entscheidungsfindung vorgeschlagen.[4] Somit läßt sich der unterschiedliche zeitliche Anfall von Kosten und Leistungen berücksichtigen. Auch können mögliche steuerliche Vorteile, die beispielsweise im Zusammenhang mit Gestaltungsspielräumen beim Wertansatz selbst erbrachter Leistungen bestehen, auf diese Weise Eingang in entsprechende Entscheidungsrechnungen finden.

Problem, S. 269ff., bei dem allerdings qualitative Aspekte bereits im Rahmen der Prämissen explizit ausgeschlossen sind.

1   Vgl. MÄNNEL, W. (1983): Wenn sie zwischen Eigenfertigung und Fremdbezug entscheiden müssen..., in: io Management Zeitschrift, (52), 1983, S. 305.

2   Vgl. MILLER, J.G.; VOLLMAN, T.E. (1985): The Hidden Factory, in: Harvard Business Review, (55), 5-1985, 142ff.

3   Als Fortentwicklung der Grenzplankosten- und Deckungsbeitragsrechnung versucht die Prozeßkostenrechnung direkte Bezugsgrößen auch auf fertigungsunterstützende Bereiche anzuwenden, um Anhaltspunkte für Kosten und Leistungen kostenstellenübergreifender Vorgänge zu gewinnen. Neben der Entscheidung über Produktkalkulationen, wird sie auch zur Fundierung von Entscheidungen über Eigenerstellung oder Fremdbezug genutzt. In der Literatur wird dieser Ansatz, der vor allem in der US-amerikanischen Literatur breiten Niederschlag gefunden hat, auch als »Activity Accounting«, »Transaction Costing« oder »Activity-Based Costing« bezeichnet. Für einen Überblick mit Beispiel vgl. COENENBERG, A.G.; FISCHER, T.M. (1991): Prozeßkostenrechnung – Strategische Neuorientierung in der Kostenrechnung, in: Die Betriebswirtschaft, (51), 1-1991, S. 21ff.; FRANZ, K.-P. (1990): Die Prozeßkostenrechnung im Vergleich mit der Grenzplankostenrechnung, in: HORVÁTH, P. (Hrsg.), Strategieunterstützung durch das Controlling: Revolution im Rechnungswesen?, Stuttgart 1990, S. 196ff.; RIEDLINGER, P. (1989): Activity Accounting – Kostenrechnung für die moderne Fabrik, in: WILDEMANN, H. (Hrsg.), Die modulare Fabrik – Kundennahe Produktion durch Fertigungssegmentierung, 2. Aufl., München 1989, S. 49ff.; COOPER, R.; KAPLAN, R.S. (1988): How Cost Accounting Distorts Product Costs, in: Management Accounting, (69), 4-1988, S. 20ff. sowie COOPER, R.; KAPLAN, R.S. (1988): Measure Costs Right: Make the Right Decisions, in: Harvard Business Review, (66), 5-1988, S. 96ff.

4   Vgl. BUZZELL, R.D.; CHUSSIL, M.J. (1985): Managing for Tomorrow, in: Sloan Management Review, (26), Spring 1985, S. 3ff. sowie KÜPPER, H.-U. (1985): Investitionstheoretische Fundierung der Kostenrechnung, in: Zeitschrift für betriebswirtschaftliche Forschung, (37), 1-1985, S. 39.

Trotz der zahlreichen und genau auf die jeweiligen Entscheidungssituationen ausgerichteten Entscheidungskalküle bestehen dennoch eine Reihe von **Kritikpunkten** an diesen Verfahren:[1]

Betrachtet man zunächst die einbezogenen Entscheidungskriterien, wird deutlich, daß hierbei lediglich quantifizierbare Kostengrößen in die Vorteilhaftigkeitsentscheidung einfließen. Qualitative sowie insbesondere absatzmarktbezogene Gesichtspunkte, die damit einhergehend auch abgeleitete quantifizierbare Wirkungen haben können, bleiben dabei ausgeklammert. Unter absatzmarktbezogenen Aspekten sind hierbei vorstellbare konsumentengerichtete Wirkungen zu subsumieren, zum Beispiel andere Qualitätseinschätzungen des Endproduktes durch die Integration isoliert wahrnehmbarer Komponenten, die in diesen Verfahren explizit nicht berücksichtigt werden. Somit lassen sich auch kaufverhaltensorientierte Auswirkungen von Fertigungstiefenentscheidungen nicht mit diesem Ansatz untersuchen und Hinweise für die Gestaltung der Fertigungstiefe ableiten.[2]

Darüber hinaus beschränkt die Dichotomie »Eigenfertigung versus Fremdbezug« die Entscheidung auf die Extrempunkte eines tatsächlichen Kontinuums. Die komplexe Aufgabe der Fertigungstiefengestaltung geht weit über die Entscheidung über Eingliederung oder Ausgliederung bestimmter Leistungserstellungsphasen hinaus. Die nicht zuletzt auch in der Unternehmenspraxis zunehmend an Bedeutung gewinnenden Zwischenformen von Unternehmenskooperationen bleiben aber bei den Entscheidungskalkülen des »Make-or-Buy« von vornherein ausgeklammert.[3]

Im Zentrum der Kritik steht auch der Umstand, daß eigentlich in ihrer Wirkung langfristig zu untersuchende Entscheidungen in kurzfristige »Teilentscheide« zer-

---

1 Vgl. zum folgenden RAMSER, H.J. (1979): Eigenerstellung und Fremdbezug von Leistungen, in: KERN, W. (Hrsg.), Handwörterbuch der Produktionswirtschaft, Stuttgart 1979, Sp. 443ff.; BRINK, H.-J. (1983): Strategische Beschaffungsplanung, in: Zeitschrift für Betriebswirtschaft, (53), 2-1983, S. 1097; JOHNSTON, H.T.; KAPLAN, R.S. (1987), Relevance Lost: The Rise and Fall of Management Accounting, Boston, MA 1987, S. 233ff.; BENKENSTEIN, M. (1992): Die Reduktion der Fertigungstiefe als betriebswirtschaftliches Entscheidungsproblem, a.a.O., S. 33ff.; REICHWALD, R.; DIETEL, B. (1991): Produktionswirtschaft, in: HEINEN, E. (Hrsg.), Industriebetriebslehre, a.a.O., S. 425f.; PICOT, A. (1992): Marktorientierte Gestaltung der Leistungstiefe, in: REICHWALD, R. (Hrsg.), Marktnahe Produktion. Lean Production – Leistungstiefe – Time to Market – Vernetzung – Qualifikation, 1992, S. 108f.

2 Zu diesem Ergebnis kommen auch andere Autoren, vgl. beispielsweise WEILENMANN, P. (1984): Make or Buy, in: Die Unternehmung, (59), 1984, S. 207ff. sowie FISCHER, M. (1993): Make-or-Buy-Entscheidungen im Marketing. Neue Institutionenlehre und Distributionspolitik, Wiesbaden 1993, S. 23.

3 Vgl. dazu PICOT, A. (1991): Ein neuer Ansatz zur Gestaltung der Leistungstiefe, a.a.O., S. 341. Zu den zahlreichen Kooperationsformen, vgl. SCHRADER, S. (1993): Kooperation, in: HAUSCHILDT, J.; GRÜN, O. (Hrsg.), Ergebnisse empirischer betriebswirtschaftlicher Forschung. a.a.O., S. 221ff.

legt werden.[1] Aufgrund der kurzfristigen Planungsperspektive werden dabei die Gesamtkosten der Eigenerstellung oftmals als zu gering eingeschätzt und der vermeintlich nicht entscheidungsrelevante Teil der Kosten – die »sunk costs« – als viel zu hoch bewertet.[2] Das Entscheiden über langfristig wirkende Sachverhalte auf der Grundlage kurzfristiger Daten führt letztlich zu einer Konservierung einmal aufgebauter Fertigungsstrukturen und damit zu einer systematischen Verstärkung der Fähigkeit zur Eigenerstellung. So übernimmt ein Lieferant oftmals die Gewährleistung für ungenügende Qualität oder Lieferverzug, während diese Kosten bei Eigenerstellung meist unberücksichtigt bleiben. Ebenfalls zu den erst auf lange Sicht wirksam werdenden Faktoren gehören die erwähnten konsumentenbezogenen Wirkungen, bei denen man davon ausgehen kann, daß sich die Wahrnehmung durch den Konsumenten und die Relevanz für die Kaufentscheidung nicht unmittelbar einstellen, sondern erst mit zeitlicher Verzögerung auftreten und in ihren Auswirkungen für den Endprodukthersteller ebenso erst im Zeitablauf deutlich werden.

Problematisch ist weiterhin, daß die zugrundegelegten Input-Daten der »Make-or-Buy«-Rechnungen sowohl in Hinsicht auf die Fremdbezugspreise als auch mit Blick auf die Bestimmung der Eigenerstellungskosten keinesfalls frei von Subjektivität, Unvollständigkeit und Unsicherheit sind.[3]

Der Preis fremd zu beziehender Leistungen unterliegt oftmals einem hohen Maß an Unsicherheit. Insbesondere bestehen nachvertragliche Risiken, die nicht immer vorab zu ermessen sind und den zunächst scheinbar sicheren Einkaufspreis einer Fremdleistung relativieren können. Aus einer »normalen« Lieferanten-Hersteller-Beziehung kann – aufgrund von im Laufe der Zeit gewonnenen Leistungs- oder Informationsvorteilen des Lieferanten – eine sehr »spezifische« Verbindung entstehen, die als »fundamentale Transformation« bezeichnet wird.[4] Der Auftraggeber hat dann nicht immer die Möglichkeit zu einer Wiederaufnahme der Eigenfertigung oder einem kurzfristigen Lieferantenwechsel, ohne dabei erhebliche Kosten aufbringen oder Know-how-Nachteile hinnehmen zu müssen.[5] Dieselbe

---

1   Vgl. WILLIAMSON, O.E. (1985): The Economic Institutions of Capitalism, a.a.O., S. 152.

2   Vgl. JOHNSTON, H.T.; KAPLAN, R.S. (1987), Relevance Lost: The Rise and Fall of Management Accounting, a.a.O., S. 233f., die dort feststellen, daß »...these decisions turn out to involve the comittment of the firm's capacity resources and should be made in the light of the long-term, not the short-term, variability of costs«.

3   Vgl. REICHWALD, R.; DIETEL, B. (1991): Produktionswirtschaft, a.a.O., S. 424f.

4   Zum Begriff der »fundamentalen Transformation« vgl. WILLIAMSON, O.E. (1985): The Economic Institutions of Capitalism, a.a.O., S. 61ff.

5   Daneben haben verhaltensbezogene Aspekte unterschiedlicher Abteilungsinteressen und soziale Beziehungsgefüge in Unternehmungen Einfluß auf die Subjektivität der Datengrundlage. So scheinen sich bereichsneutrale Entscheidungsträger – beispielsweise Gesamtvorstände oder übergreifende Gremien – in der Praxis bewährt zu haben. Vgl. WILLIAMSON, O.E. (1975):

Wirkung besteht auch vor dem Hintergrund einer auf den Konsumenten gerichteten Betrachtungsweise: Gerade wenn Leistungen eines Lieferanten als integrierter Bestandteil des Endproduktes für den Konsumenten im Rahmen der Kaufentscheidung an Bedeutung gewinnen, kann die eingegangene Lieferbeziehung zu Abhängigkeiten führen.

Schließlich werden Aspekte der Flexibilität, der Machtverteilung oder auch der Leistungsqualität im Rahmen der Lieferanten-Hersteller-Beziehung nicht erfaßt.[1] Die Beschränkung auf Produktionskosten grenzt den zunehmend wichtiger werdenden Teil der Transaktionskosten aus. Wettbewerbsstrategische Gesichtspunkte, wie die Bestimmung von Kern- und Randleistungen oder die Möglichkeit der Erlangung von Differenzierungsvorteilen durch qualitätsorientierte Betrachtungen, werden im Rahmen der »Make-or-Buy«-Ansätze überwiegend vernachlässigt.[2]

Zusammenfassend läßt sich feststellen, daß die Analyseverfahren des »Make-or-Buy« zur Entscheidung über den Grad der Fertigungstiefe allenfalls im Bereich kurzfristiger Entscheidungen – aufgrund der geringeren Komplexität von Teilproblemen – als Entscheidungsgrundlage dienen können. Die methodische Vorgehensweise der fast ausnahmslos auf kosten- beziehungsweise investitionsrechnerischen Informationen basierenden Verfahren – die eine eindeutige Quantifizierung des Entscheidungsproblems gewährleisten sollen – sind aus theoretischer Sicht unter einer längerfristigen Entscheidungsperspektive dem Entscheidungsproblem keinesfalls gewachsen. Die strategischen Entscheidungen der Fertigungstiefengestaltung sollen mit operativen Entscheidungsmethoden einer Lösung näher gebracht werden. Die Strukturmängel fertigungstiefenpolitischer Entscheidungen, die von ADAM als Defizite bezeichnet werden[3], stehen aber einer umfassenden Lösung im Sinne der »Make-or-Buy«-Ansätze entgegen.

Markets and Hierarchies: Analysis and Antitrust Implications. A Study in the Economics of Internal Organization, New York, NY 1975, S. 119f.

1 Vgl. MÄNNEL, W. (1976): Beachtung der Qualität bei Entscheidungen zwischen Eigenfertigung und Fremdbezug, in: Die Betriebswirtschaft, (29), 1976, S. 1075ff.

2 Vgl. HAYES, R.H.; ABERNATHY, W.J. (1980): Managing our Way to Economic Decline, in: Harvard Business Review, (58), April 1980, S. 72f.; SHANK, J.K.; GOVINDARAJAN, V. (1988): Making Strategy Explicit in Cost Analysis: A Case Study, in: Sloan Management Review, (30), Fall 1988, S. 19ff.; SCHNEIDER, D. (1989): Strategische Aspekte für das Controlling von Eigenfertigung und Fremdbezug, in: Controller Magazin, (14), 3-1989, S. 153; OETINGER, B.V. (1989): »Make or Buy«: Flexibilität durch Wertschöpfungspartnerschaften, in: HESS, W.; TSCHIRKY, H.; LANG, P. (Hrsg.), Make or Buy: Neue Dimensionen der strategischen Führung, a.a.O., S 148ff. sowie RAMSER, H.J. (1975): Fremdbezug oder Eigenfertigung als intertemporales Entscheidungsproblem, in: Zeitschrift für Betriebswirtschaft, (45), 1975, S. 407f.

3 Je nachdem, auf welche Merkmale einer Entscheidung sich diese Defekte beziehen, lassen sich lösungs-, wirkungs-, bewertungs- und zielsetzungsdefekte Problemsituationen unterscheiden. Die Zerlegung eines in der Regel schlecht strukturierten Problems in Teilentscheide ist insbesondere für lösungsdefekte Situationen typisch. Die gefundene Lösung ist jedoch im

Für die ausdrückliche Betrachtung **konsumentenbezogener Wirkungen** im Rahmen von fertigungstiefenpolitischen Entscheidungen sind die »Make-or-Buy«-Ansätze nur von geringer Bedeutung. Sicherlich sind in den Zahlungsreihen der investitionsrechnungsorientierten Modelle Annahmen über das Konsumentenverhalten implizit mit eingeschlossen. Die bislang mangelnde Einbeziehung qualitativer Aspekte sowie die erst in Ansätzen vorhandene Einbindung strategischer Gesichtspunkte begrenzen aber die absatzmarktgerichteten Anwendungsmöglichkeiten der »Make-or-Buy«-Ansätze. Eine markt- und konsumentenbezogene Analyse der Fertigungstiefengestaltung kann allerdings kaum unter Bezug auf diese quantitative und unternehmensintern geprägte Betrachtungsweise erfolgen, sondern muß das Verhalten des Konsumenten explizit zum Gegenstand der Untersuchung machen.

Wenngleich bisher in der Literatur nur andeutungsweise diskutiert, so ist eine zumindest teilweise Erfassung des Konsumentenverhaltens über den Ansatz von Opportunitätskosten und -erlösen in die Entscheidungsrechnungen denkbar. So lassen sich konsumentenbezogene Wirkungen beispielsweise darüber erfassen, daß ein durch den Konsumenten wahrgenommener und positiv gewerteter Fremdbezug von Teilen direkte Absatzwirkungen[1] mit sich bringt, die sich theoretisch über die bei Eigenfertigung anstehenden Opportunitätskosten mit in die Entscheidungsrechnung einbeziehen lassen.[2] Problematisch ist jedoch die genaue Quantifizierung der Wirkungen, was letztlich die Voraussetzung zur Anwendung der »Make-or-Buy«-Verfahren darstellt. Daneben sind weitere denkbare Wirkungen wie beispielsweise Imagegewinne oder -verluste, die sich sogar auf andere Produkte desselben Unternehmens erstrecken könnten, quantitativ kaum vollständig erfaßbar.

Hinblick auf das ursprüngliche Problem nicht notwendigerweise optimal. Vgl. dazu ausführlich ADAM, D. (1983): Kurzlehrbuch Planung, 2. Aufl., Wiesbaden 1983, S. 13ff.

1   Solche Absatzwirkungen können beispielsweise ein erhöhter Absatz bei gleichen Preisen, die Möglichkeit der Preiserhöhung sowie die Veränderung der Preisabsatzfunktion zugunsten des Endproduktanbieters sein. Vgl. dazu MÄNNEL, W. (1981): Die Wahl zwischen Eigenfertigung und Fremdbezug, a.a.O., S. 297.

2   Den umgekehrten Fall bildet das Beispiel der Einführung des PORSCHE 924 mit AUDI-Motor. Die wahrgenommenen Produktveränderung gegenüber den »üblichen« PORSCHE-Produkten führten zu Absatzeinbußen und letzten Endes sogar zur Einstellung der Produktion.

2   Die managementorientierten Ansätze zur Fertigungstiefengestaltung

Unter den managementorientierten Ansätzen wird eine relativ heterogene Gruppe von überwiegend neueren Ansätzen subsumiert, denen eine pragmatische Ausrichtung gemein ist.[1]. Es handelt sich um zahlreiche Partialansätze, die lediglich Ausschnitte der strategischen Entscheidungsproblematik behandeln. Durch die Vielzahl der gewählten Perspektiven haben diese Ansätze zweifellos wesentliche Beiträge zur Untersuchung der Fertigungstiefengestaltung geliefert.[2] Die hier gewählte Darstellung versucht sich primär an einer zeitlichen Abfolge der Entstehung dieser Beiträge zu orientieren.

Bereits die von ANSOFF[3] entwickelte Lückenplanung diskutiert Möglichkeiten der **vertikalen Integration** im Rahmen möglicher Wachstumsstrategien. Für Unternehmen bedeutet die vertikale Integration dabei die Diversifikation in neue »Produkt-Markt«-Bereiche. Die angestrebten Synergiepotentiale im Zusammenhang mit solchen vertikalen Diversifikationsstrategien sind allein aber nur in relativ geringem Umfang in der Lage, die strategischen Lücken zu schließen, die aufgrund des mangelnden Zielerreichungsbeitrages bisher verfolgter Strategien entstanden sind.[4]

---

1   Insbesondere die Arbeiten angelsächsischen Ursprungs sind – in bezug auf ihren theoretischen Hintergrund – mehr oder weniger alle von der Schule der »INDUSTRIAL ORGANISATION« geprägt. Vgl. NEUMANN, M. (1979): Industrial Organization. Ein Überblick über die quantitative Forschung, in: Zeitschrift für Betriebswirtschaft, (49), 7-1979, S. 645ff. sowie BORCHERT, M.; GROSSEKETTLER, H. (1985): Preis- und Wettbewerbstheorie, Stuttgart 1985, S. 115ff.

2   Neuere Veröffentlichungen, die auch zur Frage der vertikalen Integration Stellung nehmen, sind beispielsweise HARMON, R.L.; PETERSON, L.D. (1990): Reinventing the Factory. Productivity Breakthroughs in Manufacturing Today, New York, NY 1990; HARMON, R.L. (1992): Reinventing the Factory II. Managing the World Class Factory, New York, NY 1992; HAMMER, M.; CHAMPY, J. (1993): Reengineering the Corporation, a.a.O.; PINE II, B.J. (1993): Mass Customization. New Frontier in Business Competition, Boston, MA 1993; PINE II, B.J.; VICTOR, B.; BOYNTON, A.C. (1993): Making Mass Customization Work, in: Harvard Business Review, (71), September-October 1993, S. 108ff. sowie HESS, W.; TSCHIRKY, H.; LANG, P. (Hrsg.) (1989): Make or Buy: Neue Dimensionen der strategischen Führung, a.a.O., S. 3ff.

3   ANSOFF diskutiert »vertikale Diversifikationen«, die aber von ihrer Definition her mit der vertikalen Integration identisch sind. Vgl. dazu ANSOFF, H.I. (1958): A Model of Diversification, in: MS, (4), 1958, S. 392ff. sowie ANSOFF, H.I. (1966): Management-Strategie, München 1966, S. 152ff.

4   Auf den Überlegungen von ANSOFF aufbauende empirische Untersuchungen kommen zu teilweise widersprüchlichen Ergebnissen über den Erfolgsbeitrag vertikaler Integrationen, vgl. RUMELT, R.P. (1982): Diversification Strategy and Profitability, in: Strategic Management Journal, (2), 1982, S. 359ff.; RUMELT, R.P. (1974): Strategy, Structure, and Economic Performance,

VORTEILE vertikaler Integration	NACHTEILE vertikaler Integration
• Know-How Zugangssicherung für zukunftssichernde Technologien	• Eventuelle Kostennachteile aufgrund fehlender Größenvorteile
• Produktdifferenzierungsmöglichkeiten	• Reduktion der Unternehmensflexibilität
• Ausbau der Marktmacht	• Anstieg des Kapitalbedarfs
• Verbesserte Kontrollmöglichkeiten & Sicherung von Absatz- und Beschaffungsmarktzugang	• Kapazitätsabstimmungsprobleme verbunden mit erhöhtem Koordinationsaufwand
• Kosteneinsparungspotentiale durch Umgehung des Marktes	• Erschwerter Zugang zu externem Know-How

Abb. B-02   Zentrale Vor- und Nachteile vertikaler Integrationsstrategien aus der unternehmensstrategischen Literatur

Daneben werden bei der Diskussion der **strategischen Wettbewerbsvorteile** vertikaler Strategien in der Literatur oftmals empirisch abgeleitete Chancen und Risiken sowie mögliche Vor- und Nachteile aufgeführt – exemplarisch faßt *Abbildung B-02* die am häufigsten in der Literatur genannten Argumente zusammen – und oftmals zu Bewertungsprofilen verdichtet.[1] Dabei kommen auch Punktbewertungsverfahren zur Anwendung, die unter Einbeziehung von Gewichtungsfaktoren eine umfassende Entscheidungsgrundlage liefern sollen.[2] »Allerdings sollten keinesfalls auch kostenmäßige Vorteile...in solche Punktbewertungsverfahren mit einbezogen werden, weil dadurch diese quantifizierbaren Vorteile mit den übri-

---

Cambridge, MA 1974, S. 71f.; BÜHNER, R. (1983): Rendite- und Risikovorteile der Auslandsdiversifikation, in: Zeitschrift für betriebswirtschaftliche Forschung, (37), 1985, S. 1019ff.

1   Vgl. dazu D'AVENI, R.A.; RAVENSCRAFT, D. (1994): Economics of Integration versus Bureaucracy Costs: Does Vertical Integration improve Performance?, in: Academy of Management Journal, (37), 3-1994, S. 1167ff.; MALONEY, G.J. (1992): The Choice of Organizational Form, in: Strategic Management Journal, (13), 1992, S. 559ff.; HARRIGAN, K.R. (1986): Matching Vertical Integration Strategies to Competitive Conditions, a.a.O., S. 535ff. und DICHTL, E. (1991): Orientierungspunkte für die Festlegung der Fertigungstiefe, a.a.O., S. 54ff. Vgl. zu den Bewertungsprofilen beispielsweise ANDERSON, E.M.; WEITZ, B.A. (1986): Make-or-Buy Decisions: Vertical Integration and Marketing Productivity, a.a.O., S. 7ff.

2   Vgl. QUINN, J.B.; HILMER, F.G. (1995): Strategic Outsourcing, in: McKinsey Quarterly, (41), 1-1995, S. 48ff.; MÄNNEL, W. (1973): Die wirtschaftliche Bedeutung qualitativer Unterschiede zwischen Eigenfertigung und Fremdbezug, in: MÄNNEL, W. (Hrsg.), Entscheidungen zwischen Eigenfertigung und Fremdbezug in der Praxis, Berlin 1973, S. 63ff. sowie MÄNNEL, W. (1980): Produktions- und absatzwirtschaftliche Konsequenzen qualitätspolitischer Entscheidungen im Rahmen der Beschaffung, in: Zeitschrift für betriebswirtschaftliche Forschung, (32), 1980, S. 1110ff.

gen, im Grunde stets nur subjektiv erfaßbaren möglichen Vorteilen beider Bereit-
stellungsalternativen auf gleiche Ebene gestellt würden«[1].

Allgemeingültige Strategieempfehlungen lassen sich in diesem Zusammenhang
aber nur kontextabhängig geben: So kommt beispielsweise dem jeweiligen Le-
benszyklusstadium einer Industrie eine wichtige Bedeutung zur Erklärung der Er-
folgswirkung fertigungstiefenpolitischer Strategien zu.[2] Verbunden mit dieser
Überlegung ist die Annahme, daß gerade in reifen oder stagnierenden Märkten
ein hoher Druck in Richtung auf einen Preis- und Verdrängungswettbewerb besteht und Technologien immer weniger Ansatzpunkte für dauerhafte Wettbewerbsvorteile liefern. Die ausgeprägte Kostenorientierung führt dabei unmittelbar
zu Überlegungen über eine Verkürzung der Fertigungstiefe.[3] In Wachstumsmärk-
ten dagegen besitzen Fragen der Marktzugangssicherung und des Technologie-
vorsprungs höhere Priorität, so daß es in diesen Märkten tendenziell eher zur
Verlängerung der Fertigungstiefe kommt.[4] Relativiert werden diese Aussagen
ebenso durch die jeweilige Branchen- und Wettbewerbssituation.[5]

Die **empirisch** gestützten Untersuchungen über den Zusammenhang zwischen
vertikalem Integrationsgrad und Rentabilität kommen dementsprechend auch zu
keinen einheitlichen und eindeutigen Resultaten: Aus den Ergebnissen der Analysen auf Basis der PIMS-Daten von BUZZELL und GALE, die in *Abbildung B-03* dargestellt sind, aber auch in der Studie von BOWMAN, läßt sich beispielsweise ein
positiver Zusammenhang zwischen sehr hoch als auch sehr niedrig vertikal integrierten Geschäftsfeldern und dem ROI nachweisen.[6] Die Vorteile der jeweiligen

---

1 MÄNNEL, W. (1983): Wenn sie zwischen Eigenfertigung und Fremdbezug entscheiden müssen..., a.a.O., S. 305.

2 Vgl. dazu STIGLER, G.J. (1951): The Division of Labor is Limited by the Extent of the Market,
   in: Journal of Political Economy, (59), 1951, S. 185ff.

3 Die Entwicklung der letzten Jahre innerhalb der Automobil- und Maschinenbauindustrie können als Beispiele angeführt werden.

4 Beispielsweise lassen sich dazu die Informations- und Kommunikationstechnologie nennen,
   die neben einem weltweiten Wachstum auch in immer stärkerem Maße zusammenwachsen.

5 Vgl. BUZZELL, R.D. (1983): Is Vertical Integration Profitable?, a.a.O., S. 92ff.; HARRIGAN, K.R.
   (1983): A Framework for Looking at Vertical Integration, a.a.O., S. 30ff.; HARRIGAN, K.R.
   (1985): Vertical Integration and Corporate Strategy, in: Academy of Management Journal, (28),
   2-1985, S. 397ff.; HARRIGAN, K.R. (1986): Matching Vertical Integration Strategies to Competitive Conditions, a.a.O., S. 535ff.

6 Die Ergebniswirkungen müssen allerdings immer auch situationsspezifisch beurteilt werden.
   Neben der Marktposition hat beispielsweise auch die Investitionsintensität erheblichen Einfluß
   auf den Erfolgsbeitrag vertikaler Strategien. Darüber hinaus sind die Ergebnisse der PIMS Studie zur vertikalen Integration aufgrund der Betrachtung strategischer Geschäftseinheiten und
   der gewählten Kennziffer »adjusted value added/sales« für fertigungstiefenpolitische Fragestellungen nur begrenzt aussagefähig, denn konzerninterne Lieferbeziehungen zwischen Geschäftseinheiten lassen sich beispielsweise mit dem gewählten Ansatz gar nicht erfassen. Vgl.

Strategien kommen demnach offensichtlich immer dann besonders gut zum Tragen, wenn die Potentiale der Fertigungstiefengestaltung konsequent umgesetzt werden.

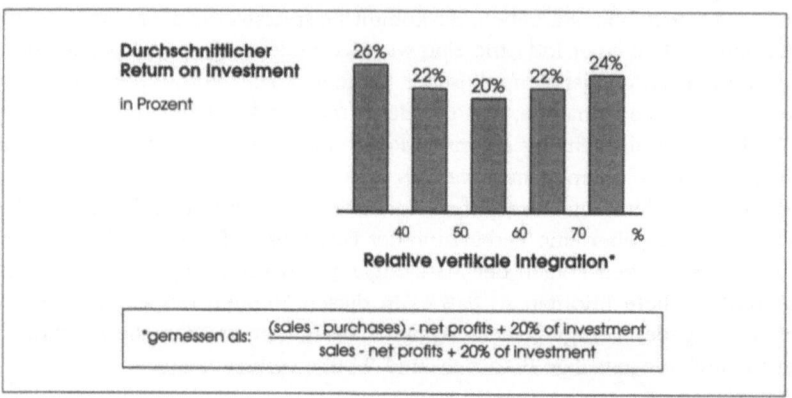

Abb. B-03   Zusammenhang zwischen vertikalem Integrationsgrad und ROI nach PIMS
Quelle: BUZZELL, R.D.; GALE, B.D. (1987): The PIMS Principles. Linking Strategy to Performance, New York, NY 1987, S.172.

Dagegen kommen zahlreiche andere Studien zu konträren beziehungsweise weniger eindeutigen Ergebnissen: In der Studie von HÜBNER wird ein grundsätzlich positiver Zusammenhang konstatiert, während BURGESS zu einem negativen Einfluß der vertikalen Integration auf die Rentabilität kommt.[1] LEVIN erkennt zwar keine Signifikanz im Zusammenhang, er stellt jedoch einen sich verstetigenden Effekt auf die Gewinne durch vertikale Integrationsstrategien fest.[2] Die Untersuchung von RUMELT ermittelt für Unternehmen, deren Diversifikationsstrategie von

---

in einzelnen BUZZELL, R.D. (1983): Is Vertical Integration Profitable?, a.a.O., S. 93ff. und BOWMAN, E.H. (1978): Strategy, Annual Reports and Alchemy, in: California Management Review, (21), Spring 1978, S. 70 sowie BENKENSTEIN, M. (1989): PIMS-Based Strategic Planning – Academic Experience, in: MEFFERT, H.; WAGNER, H. (Hrsg.), PIMS as a Concept of Strategic Management, Dokumentation des Workshops vom 07. Juni 1989, Dokumentationspapier Nr. 54 der Wissenschaftlichen Gesellschaft für Marketing und Unternehmensführung e.V., Münster 1989, S. 46ff.

1   Vgl. HÜBNER, T. (1987): Vertikale Integration in der Automobilindustrie, a.a.O., S. 188ff. sowie BURGESS, A.R. (1984): Vertical Integration in Petrochemicals: Part 3, a.a.O., S. 54ff.

2   Vgl. LEVIN, R.C. (1981): Vertical Integration and Profitability in the Oil Industry, in: Journal of Economic Behavior and Organization, (2), 1981, S. 215ff.; BATTEYRI, P.Y. (1988): The Concept of Impartition Policies: A Different Approach to Vertical Integration Strategies, in: Strategic Management Journal, (9), 1988, S. 507ff. sowie MILES, R.; SNOW, C. (1986): Organizations, New Concepts and New Forms, in: California Management Review, (29), Spring, 3-1986, S. 62ff.

vertikalen Integrationsaspekten dominiert waren, vergleichsweise geringe Erfolge, die nur noch von Mischkonzernen mit stark unterschiedlichen Tätigkeitsfeldern »unterboten« wurden.[1]

Der von BUZZELL und BOWMAN erkannte Zusammenhang läßt sich auch anhand des Konzeptes der PORTERschen U-Kurve, das eine klare strategische Profilierung entweder durch einen hohen oder niedrigen vertikalen Integrationsgrad als überlegen ansieht[2], unterstreichen.

Wieder andere Arbeiten legen ihren Schwerpunkt auf den Aspekt von **Wertschöpfungs-Systemen**.[3] Stand dabei lange Zeit insbesondere die Maximierung der Wertschöpfungsquote eines Unternehmens im Mittelpunkt der Betrachtung, haben die ebenfalls von PORTER in die Diskussion gebrachten konzeptionellen Arbeiten auf Grundlage der Wertkette einen wichtigen Anstoß zur weiteren Untersuchung vertikaler Strategien gegeben. Mit dem Wertkettenkonzept liefert PORTER dazu ein Instrumentarium, mit dessen Hilfe sich die ökonomischen Vertikalbeziehungen innerhalb einer und zwischen verschiedenen Wertketten – auch über Unternehmensgrenzen hinweg – analysieren lassen. Mit dieser stärkeren Wettbewerbsorientierung einhergehend ist auch die stärkere Außenorientierung

---

1   Vgl. RUMELT, R.P. (1974): Strategy, Structure, and Economic Performance, a.a.O., S. 121ff.; RUMELT, R.P. (1982): Diversification Strategy and Profitability, in: Strategic Management Journal, (2), 1982, S. 367; ROMMEL, G. (1991): The Secret of German Competitiveness, a.a.O., S. 40ff.; ROMMEL, G.; BRÜCK, F.; DIEDRICHS, R.; KEMPIS, R.-D.; KLUGE, J. (1993): Einfach überlegen. Das Unternehmenskonzept, das die Schlanken schlank und die Schnellen schnell macht, Stuttgart 1993, S. 57ff.; ROMMEL, G.; KEMPIS, R.-D.; KAAS, H.-W. (1994): Does Quality Pay?, in: McKinsey Quarterly, (37), 1-1991, S. 51ff. sowie BRÜCK, F. (1995): Make versus Buy: The Wrong Decisions Cost, in: McKinsey Quarterly, (41), 1-1995, S. 28ff.

2   Vgl. PORTER, M.E. (1980): Competitive Strategy, a.a.O., S. 34ff.

3   Vgl. zu den Wertschöpfungs-Konzeptionen BÜHNER, R. (1985): Strategie und Organisation – neuere Entwicklungen, in: Zeitschrift für Organisation, (58), 1989, S. 223ff.; SCHEURING, H. (1983): Make or Buy?, in: io Management Zeitschrift, (52), 11-1983, S. 434ff.; DAY, G.S.; FAHLEY, L. (1988): Valuing Market Strategies, in: Journal of Marketing, (52), 3-1988, S. 45ff. sowie DAY, G.S. (1984): Strategic Market Planning: The Persuit of Competitive Advantage, St. Paul, MN 1984, S. 111f. Darüber hinaus sind andere Einzelaspekte wie der technologieorientierte Ansatz von PFEIFFER oder verhaltenswissenschaftlich geprägte Arbeiten der Kooperationsforschung zu nennen. Vgl. beispielsweise PFEIFFER, W.; DÖGL, R. (1990): Das Technologie-Portfolio-Konzept zur Beherrschung der Schnittstelle Technik und Unternehmensstrategie, in: HAHN, D.; TAYLOR, R. (Hrsg.), Strategische Unternehmensplanung – Stand und Entwicklungstendenzen, 5. Aufl., Heidelberg 1986, S. 254ff. sowie LAUX, H. (1988): Optimale Prämienfunktionen bei Informationsasymmetrie, in: Zeitschrift für Betriebswirtschaft, (58), 1988, S. 588ff.

der strategischen Unternehmensführung zu sehen, die zu einer differenzierteren
Analyse vertikaler Strategien geführt hat.[1]

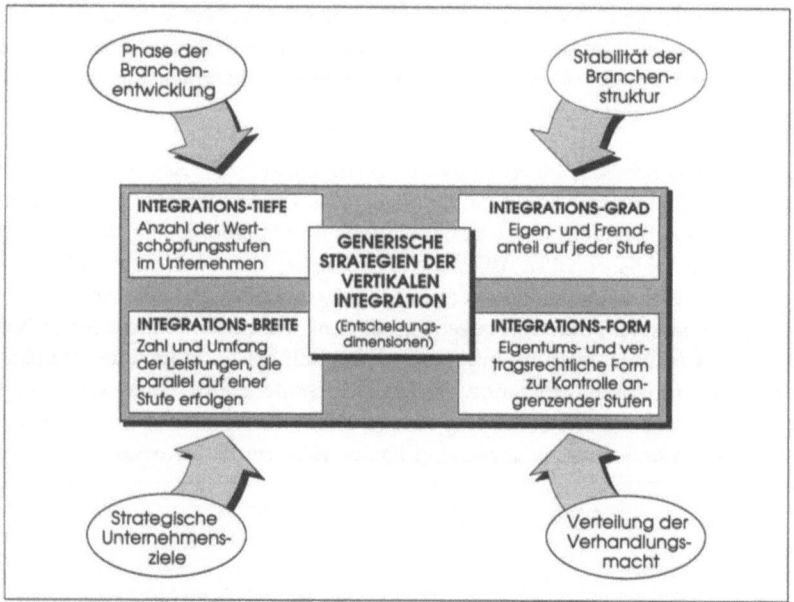

Abb. B-04   Exogene und endogene Variable der vertikalen Integration im Modell von
HARRIGAN

Quelle: HARRIGAN, K.R. (1983): Strategies for Vertical Integration, Lexington, MA
1983, S. 10.

Besonders hervorzuheben sind die umfangreichen Arbeiten von HARRIGAN, die
im Sinne eines **kontingenztheoretischen Ansatzes** Merkmale und Vorausset-

---

1   Vgl. PORTER, M.E. (1985): Competitive Advantage, a.a.O., S. 33ff.; MEFFERT, H. (1990): Klassi-
    sche Funktionenlehre und marktorientierte Führung – Integrationsperspektiven aus Sicht des
    Marketing, in: ADAM, D. BACKHAUS, K.; MEFFERT, H.; WAGNER, H. (Hrsg.) (1990): Integration
    und Flexibilität. Eine Herausforderung für die Allgemeine Betriebswirtschaftslehre, 51. Wis-
    senschaftliche Jahrestagung des Verbandes der Hochschullehrer für Betriebswirtschaftslehre
    e.V. 1989 in Münster, Wiesbaden 1990, S. 391ff.; BALAKRISHNAN, S.; WERNERFELT, B. (1986):
    Technical Change, Competition and Vertical Integration, a.a.O., S. 347ff.

zungen einer erfolgreichen vertikalen Strategie entwickelt.[1] Vor- und Nachteile sowie Chancen und Risiken vertikaler Integrationsstrategien werden dabei aus vier empirisch ermittelten exogenen Einflußfaktoren heraus bestimmt: Der Entwicklungsphase der Branche, der Branchenstruktur, der Verhandlungsmacht und den strategischen Unternehmenszielen. Daneben wird die strategische Entscheidung zur vertikalen Integration in einzelne Dimensionen aufgespalten. Die vorangegangene *Abbildung B-04* zeigt das Modell im Überblick.

Insbesondere durch die Einbeziehung verschiedenster Integrationsformen wird die herkömmliche »Make-or-Buy«-Auffassung erweitert. Aus der Kombination der Einflußfaktoren mit den Strategiealternativen wird dann ein Entscheidungsinstrument zur Bestimmung der »optimalen« vertikalen Integrationsstrategie entwickelt. Die Kritik an diesem Ansatz richtet sich vor allem auf die nicht weiter spezifizierten Einflußgrößen der von HARRIGAN angeführten Faktoren, die ihre Argumentation im wesentlichen stützen.[2]

Daneben entstanden neuere, ursprünglich **technologieinduzierte Ansätze** wie das »Total Quality Management« und das »Reengineering«, die dazu beitragen sollten, die strategische Flexibilität von Unternehmen sowie die Kundenorientierung zu verbessern. Sie haben wachsenden Einfluß auf die managementorientierten Ansätze erlangt.[3]

Unter «Total Quality Management» versteht man einen funktionsübergreifenden, alle Unternehmensteile umfassenden Ansatz mit der Zielsetzung einer kontinuierlichen Verbesserung der Unternehmensleistung.[4] Jede angestrebte Veränderung

---

1 Vgl. dazu HARRIGAN, K.R. (1983): Strategies for Vertical Integration, Lexington, MA, 1983, S. 41ff.; HARRIGAN, K.R. (1985): Exit Barriers and Vertical Integration, a.a.O., S. 686ff.; HARRIGAN, K.R. (1986): Quick Change Strategies for Vertical Integration, in: Planning Review, (14), September 1986, S. 32ff.; HARRIGAN, K.R. (1988): Managing Maturing Businesses, a.a.O., S. 27ff. sowie HINTERHUBER, H.H.; VOGEL, A.A. (1986): Die strategische Analyse der vertikalen Integration und der Diversifikation, in: Journal für Betriebswirtschaft, (36), 2-1986, S. 52ff.

2 So wird zum Beispiel einerseits hervorgehoben, daß durch Eigenerstellung wichtiges Knowhow gesichert und aufgebaut werden kann, andererseits wird aber die Gefahr betont, sich auf diese Weise den Zugang zu externem Know-how zu versperren. Zur Kritik vgl. BAUR, C. (1990): Make-or-Buy-Entscheidungen in einem Unternehmen der Automobilindustrie, a.a.O., S. 30ff.

3 Vgl. dazu IHDE, G.B. (1988): Die relative Betriebstiefe als strategischer Erfolgsfaktor, a.a.O., S. 13ff.; WILDEMANN, H. (Hrsg.) (1993): Lean Management, Frankfurt a.M. 1993, S. 72ff.; ALSHULER, A.; ANDERSON, M.; JONES, D.; ROOS, D.; WOMACK, J.P. (1984): The Future of the Automobile. The Report of MIT's International Automobile Program, Cambridge, MA 1984, S. 4ff. sowie WOMACK, J.P.; JONES, C.T.; ROOS, D. (1992): Die zweite Revolution in der Automobilindustrie. Konsequenzen aus der weltweiten Studie des MASSACHUSETTS INSTITUTE OF TECHNOLOGY, 7. Aufl., Frankfurt a.M. 1992, S. 23ff.

4 Vgl. WILDEMANN, H. (1992): Unter Herstellern und Zulieferern wird die Arbeit neu verteilt, in: Harvard Manager, (14), 2-1992, S. 82ff.; WOMACK, J.P.; JONES, D.T. (1994): From Lean Pro-

der Unternehmensleistung kann aber letztlich nur dann eine Verbesserung be-
deuten, wenn sich dies auch in der Einschätzung der Konsumenten vollzieht. Insofern wird mit dem »Total Quality Management« eine grundlegende, am Kunden
ausgerichtete Veränderung der Geschäftsprozesse angestrebt. Dabei setzen die
Veränderungen sowohl im Bereich der Kosten- als auch insbesondere der Quali-
tätsverbesserung an.[1]

Dieser Ansatz erhebt den Anspruch eines unternehmensweit gültigen Manage-
ment-Konzeptes.[2] Teilaspekt dieser Konzeption ist aufgrund des ganzheitlichen
Anspruches auch die Frage, wie Fertigungsprozesse – idealtypischerweise kun-
denorientiert – zu organisieren und letztendlich auch die Fertigungstiefe zu gestalten sind.[3]

Allerdings bleiben die Aussagen – nicht nur – zur Fertigungstiefengestaltung
weitgehend unscharf. Darüber hinaus ist der Ansatz in hohem Maße praxisorien-
tiert und geprägt von Prinzipien, Checklisten und Handlungsanweisungen, die

---

duction to the Lean Enterprise, a.a.O., S. 93ff. sowie DYER, J.H. (1994): Dedicated Assests: Japan's Manufacturing Edge, in: Harvard Business Review, (72), November-December 1994, S.
178.

1   Vgl. ZINK, K.J. (Hrsg.) (1992): Qualität als Managementaufgabe. Total Quality Management, 2.
Aufl., Landsberg a.L. 1992, S. 35ff.; WILDEMANN, H. (1992): Qualitätsentwicklung in F& E,
Produktion und Logistik, in: Zeitschrift für Betriebswirtschaft, (62), 1-1992, S. 17ff.; WITTE, A.
(1993): Integrierte Qualitätssteuerung im Total Quality Management, Münster 1993, S. 13ff.;
MACHARZINA, K. (1993): Unternehmensführung. Das internationale Managementwissen. Konzepte – Methoden – Praxis, Wiesbaden 1993, S. 589ff.; WILDEMANN, H. (1982): Qualität – Das
Ergebnis einer detaillierten Planung: Das japanische KANBAN-System, in: STAUDT, E.; BIET-
HAN, J. (Hrsg.), Der Betrieb im Qualitätswettbewerb, Berlin 1982, S. 87ff. sowie GARVIN, D.A.
(1987): Competing on the Eight Dimensions of Quality, in: Harvard Business Review, (57),
1987, S. 173ff. Neben der »Total Quality Management«-Konzeption ist die Diskussion zuneh-
mend unter dem Stichwort »Lean Management«, als zunächst rein fertigungsprozeßorientierte
Auseinandersetzung, in der Literatur der letzten Jahre zu finden. Vgl. KRAFCIK, J.F. (1988):
Triumph of the Lean Production System, a.a.O., S. 41ff.; DAUM, M.; PIEPEL, U. (1992): Lean
Production – Philosophie und Realität, in: io Management Zeitschrift, (61), 1-1992, S. 40ff.;
HENTZE, J.; KAMMEL, A. (1992): Lean Production: Erfolgsbausteine eines integrierten Management-Ansatzes, in: Das Wirtschaftsstudium, (21), 8/9-1992, S. 631ff.; PFEIFFER, W.; WEISS, E.
(1992): Lean Management. Grundlagen der Führung und Organisation industrieller Unternehmen, Berlin 1992, S. 45ff. und SEGER, F. (1992): Die schlanke Produktion (Lean Production),
a.a.O., S. 411ff.

2   Vgl. OAKLAND, J.S. (1993): Total Quality Management. The Route to Improving Performance,
2. Aufl., Oxford 1993, S. 16ff.; FEIGENBAUM, A.V. (1991): Total Quality Control, 3. Aufl., New
York, NY 1991, S. 6 sowie STAUSS, B. (1994): Total Quality Management und Marketing, in:
Marketing ZFP, (16), 3-1994, S. 149ff.

3   Vgl. WILDEMANN, H. (1992): Unter Herstellern und Zulieferern wird die Arbeit neu verteilt,
a.a.O., S. 82ff. sowie WOMACK, J.P.; JONES, D.T. (1994): From Lean Production to the Lean
Enterprise, a.a.O., S. 93ff.

mit plausiblen Begründungen gestützt werden.[1] Eine theoretische Fundierung
und Einbindung in den betriebswirtschaftlichen Theoriezusammenhang steht dagegen noch aus. Insgesamt ist der Ansatz sehr stark von objektiv-technischen Inhalten und Zielgrößen dominiert, die in ähnlicher Form auch den Optimierungs-
ansätzen zugrunde liegen.[2] Darüber hinaus ist er – seiner Herkunft entsprechend
– stark von produktionswirtschaftlichen Einflüssen gekennzeichnet und in erster
Linie unternehmensintern ausgerichtet.[3] Die Integration unterschiedlichster sekto-
raler Konzepte innerhalb des »Total Quality Management«-Konzeptes überzeugt
insofern nicht.[4] Die Aussagen über vertikale Unternehmensbeziehungen bleiben
weit hinter denen anderer Ansätze zurück.[5]

Die gleiche **Kritik** wie für das »Total Quality Management« läßt sich ebenfalls auf
das bereits erwähnte »Reengineering« übertragen. Beim »Reegineering« sollen gegenüber dem »Total Quality Management« keine kontinuierlichen Verbesserungs-
prozesse erfolgen, sondern Verbesserungssprünge realisiert werden. Ein völliges
Infragestellen und eine Veränderung der bisherigen Zielrichtungen der Unternehmenstätigkeit beziehungsweise der Prioritäten steht dabei im Vordergrund. Gegebenenfalls führt dies sogar bis zu völligen Restrukturierungen ganzer Unternehmen. Die Beurteilung in bezug auf die Erfolgswirksamkeit dieser Maßnahmen,
die auch Gestaltungsentscheidungen zur Fertigungstiefe umfassen können, steht
allerdings noch aus.

Seit Anfang der 80er Jahre wird immer häufiger auf die unternehmensstrategische
Dimension der Gestaltung der Fertigungstiefe verwiesen. Die Perspektive muß

1   Vgl. beispielsweise dazu JURAN, J.M.; GRYNA, F.M. (Hrsg.) (1988): JURAN'S Quality Control
    Handbook, 4. Aufl., New York, NY 1988, S. 5ff.

2   Vgl. FEIGENBAUM, A.V. (1991): Total Quality Control, a.a.O., S. 3ff.

3   Vgl. KORDUPLESKI, R.E.; RUST, R.T.; ZAHORICK, A.J. (1993): Why Improving Quality Doesn't
    Improve Quality or Whatever Happened to Marketing?, in: California Management Review,
    (36), Spring 1993, S. 82ff.

4   Vgl. DERNBACH, W. (1994): Zurück zu globaler Wettbewerbsfähigkeit, a.a.O., S. 54.

5   Diese Diskrepanz zwischen dem Anspruch und der Realität der Konzeption wird auch von
    mehreren Untersuchungen über den Umsetzungserfolg von »Total Quality Management«-Kon-
    zepten gestützt und hält die anfängliche Euphorie über diesen Ansatz in Grenzen: Mehr als
    zwei Drittel der »TQM«-Programme, die in den letzten zwei Jahren begonnen worden sind,
    wurden aus Mangel an Erfolg abgebrochen. Die Unternehmensberatung ARTHUR D. LITTLE
    stellt dazu in einer Studie über 500 Unternehmen fest, daß nur 36% der Firmen tatsächlich an
    wettbewerbspositionsverbessernde Wirkungen ihrer Programme glauben. Auch in Deutsch-
    land bestehen Zweifel an der Wirtschaftlichkeit von Qualitätsmanagementsystemen. Insbeson-
    dere unterbleibt in vielen Unternehmen der Versuch, die Vorteile der Systeme tatsächlich zu
    quantifizieren. Vgl. DAY, G.S. (1994): The Capabilities of Market-Driven Organizations, in:
    Journal of Marketing, (58), 4-1994, S. 46 sowie KAMINSKE, G.F.; MALORNY, C. (1994): Nutzef-
    fekte können nur vermutet werden, in: FAZ, Nr. 225, 27.09.1994, Verlagsbeilage: Qualität, S.
    B8.

dazu aber über eine Betrachtung von Kosten- und Erfolgsbeiträgen solcher Entscheidungen hinausgehen. JAUCH und WILSON kommen in diesem Zusammenhang sogar zu der Überzeugung, »that strategic considerations should outweigh technical and conventional approaches to make or buy decisions«[1]. Entsprechend der inhaltlichen Ausrichtung der Mehrzahl dieser Ansätze zur Gestaltung der Fertigungstiefe entstammen die Beiträge der strategischen Literatur und betonen – im Gegensatz zum »Make-or-Buy«-Ansatz – vor allem die qualitativen Aspekte der vertikalen Integration. Ihren Ursprung haben diese Ansätze fast ausnahmslos im anglo-amerikanischen Raum.[2]

Obgleich die managementorientierten Arbeiten in ihrer Gesamtheit die Vielfalt strategischer Implikationen der Fertigungstiefengestaltung aufzeigen, liegen ihnen häufig spezifische Forschungsparadigmen zugrunde, die die Möglichkeit der Übertragbarkeit und Verallgemeinerung der Ergebnisse in Frage stellen. So lassen sich immer wieder jeweils geeignete Argumente für oder gegen verschiedene Strategiealternativen anführen.[3] Außerdem erfolgt in der Regel keine systematische Analyse der zwischen Eigenfertigung und Fremdbezug liegenden Formen der Unternehmenskooperation. Schließlich werden die Aspekte eventueller Differenzierungspotentiale, die sich mit der Frage der Fertigungstiefengestaltung verbinden lassen, zwar von einigen Autoren erwähnt, allerdings nicht differenzierter ausgearbeitet.[4]

Die Vielzahl von entscheidungsrelevanten Kriterien, die zur Beurteilung der Fertigungstiefengestaltung entwickelt und herangezogen werden, führen weiter als die eindimensionale Zielorientierung der »Make-or-Buy«-Ansätze. Aufgrund der fehlenden Systematik und der nicht hinreichenden Operationalisierung der Zieldimensionen erscheinen die managementorientierten Ansätze aber nur zu einer globalen Vorauswahl von Strategiealternativen geeignet.[5] So wichtig sie als Bausteine der Analyse vertikaler Integration sind, fehlt ihnen insgesamt eine breite und grundlegende theoretische Basis eines integrierten Ansatzes, der die zahlrei-

1   JAUCH, L.R.; WILSON, H.K. (1979): A Strategic Perspective for Make or Buy Decisions, a.a.O., S. 56.

2   Einen guten Überblick bietet der Reader von WEITZ, B.A.; WENSLEY, R. (1988) (Hrsg.): Readings in Strategic Marketing. Analysis, Planning, and Implementation, Chicago, IL 1988.

3   Vgl. CHATTERJEE, S. (1991): Gains in Vertical Acquisitions and Market Power: Theory and Evidence, in: Academy of Management Journal, (34), 1991, S. 43ff. sowie D'AVENI, R.A.; ILINITCH, A.Y. (1992): Complex Patterns of Vertical Integration in the Forest Products Industry: Systematic and Bankruptcy Risks, in: Academy of Management Journal, (35), 3-1992, S. 596ff.

4   Vgl. PORTER, M.E. (1980): Competitive Strategy, a.a.O., S. 304ff.; PORTER, M.E. (1985): Competitive Advantage, a.a.O., S. 33ff. sowie PINE II, B.J. (1993): Mass Customization, a.a.O., S. 131ff.

5   Vgl. BENKENSTEIN, M. (1992): Die Reduktion der Fertigungstiefe als betriebswirtschaftliches Entscheidungsproblem, a.a.O., S. 40.

chen Perspektiven und Erkenntnisse zusammenführt und in einem allgemeinen Ansatz zur vertikalen Integration vereint.[1] BUZZELL und GALE kommen in diesem Zusammenhang zu dem Schluß, daß »…consultants and academic authorities on strategic planning and strategic management…have little to say about vertical integration, beyond suggesting lists of possible advantages and risks.«[2]

Allerdings fehlt hier neben einer geschlossenen inhaltlichen Systematik ebenfalls eine genaue **kaufverhaltenstheoretische** und abnehmerorientierte Betrachtung. Einzig über die Wettbewerbsorientierung werden Konsumenten implizit zu einem Bestandteil dieser Betrachtungen, wobei hier lediglich auf kostenorientierte Wettbewerbsvorteile abgehoben wird. Die zahlreichen Profilierungsmöglichkeiten durch Produktdifferenzierungen, die zu einer stärkeren Abnehmerorientierung und zur Einbeziehung des Kaufverhaltens führen müßten, werden nicht explizit untersucht. Gleichwohl wird die konsumentenorientierte Perspektive, wenn auch nur als Teil der Aussagen zur Wettbewerbsfähigkeit, sehr viel deutlicher als bei anderen Ansätzen erkennbar.

Die managementorientierten Ansätze sind demzufolge grundsätzlich für die vorliegende Fragestellung von Bedeutung. Allerdings erschwert die Vielzahl der in den Untersuchungen betrachteten Einzelfaktoren sowie die fehlende Theoriebasis eine eindeutige Aussage zur Entscheidung über den Grad der Fertigungstiefe. Die explizite Einbeziehung des Konsumentenverhaltens innerhalb der Fertigungstiefenentscheidung und die Integration grundlegender verhaltenswissenschaftlicher Erkenntnisse fehlt völlig, der Konsument wird lediglich implizit in den Aussagen berücksichtigt.

3 Der Transaktionskostenansatz der »Institutional Economics«

Die »Institutional Economics«[3] verstehen sich als Weiterentwicklung der neoklassischen Theorie, deren traditioneller Analyserahmen zur Erklärung des Marktgleichgewichtes als zu eng und realitätsfern erachtet wird.[4]

---

1 Vgl. ANDERSON, P.F. (1982): Marketing, Strategic Planning and the Theory of the Firm, in: Journal of Marketing, (44), Spring 1988, S. 15ff., der einen Ansatz zur Entwicklung eines theoriegestützten Modells der Fertigungstiefengestaltung erarbeitet.

2 BUZZELL, R.D.; GALE, B.D. (1987): The PIMS Principles. Linking Strategy to Performance, New York, NY 1987, S. 163.

3 Neben dem Transaktionskostenansatz umfaßt die »Neuen Institutionenökonomie« noch die »Principal-Agent«-Theorie, die sich mit den Folgen ungleicher Informationsverteilung zwischen

Im Mittelpunkt des Transaktionskostenansatzes steht die Frage nach der effizien-
ten **Koordination von wirtschaftlichen Austauschbeziehungen** arbeitsteili-
ger Leistungsprozesse.[1] Wäre diese Koordination völlig kostenlos, so wäre auch
die Frage des Integrationsgrades von Unternehmen irrelevant. Entstehen im Rahmen der Koordination hingegen Kosten, ist diejenige Form vorzuziehen, die mit
den geringsten Kosten verbunden beziehungsweise am »effizientesten« ist.[2]

Den Ausgangspunkt der Transaktionskostentheorie bildet die Erkenntnis, daß der
Allokationsmechanismus des Marktpreises Kosten verursacht.[3] Diese Transaktionskosten lassen sich durch die Abwicklung von Austauschbeziehungen inner-

Wirtschaftssubjekten und der Gestaltung von zielkonformen Strukturen befaßt sowie den
»Property-Rights«-Ansatz, der das Verhalten wirtschaftlicher Akteure unter verschiedenen Ei-
gentumsordnungen zum Gegenstand hat. Dabei wird der als exogen betrachtete Datenkranz
institutioneller Rahmenbedingungen explizit endogenisiert. Vgl. zur »Principal-Agent«-Theorie
STIGLITZ, J.E. (1987): Principle and Agent, in: EATWELL, J.; MILGATE, M.; NEWMAN, P. (Hrsg.),
The New Pulgrave: A Dictionary of Economics, Bd. 3, London 1987, S. 966ff.; JENSEN, M.;
MECKLING, W. (1976): Theory of the firm: Managerial behavior, agency costs, and ownership
structure, in: Journal of Financial Economics, (3), October. 1976, S. 305ff., FAMA, E.F.; JENSEN,
M. C. (1983): Separation of Ownership and Control, in: Journal of Law and Economics, (26),
June 1983, S. 301ff. und zum »Property-Rights«-Ansatz FURBOTN, E.G.; PEJOVICH, S. (1972):
Property Rights and Economic Theory: A Survey of Recent Literature, in: Journal of Economic
Literature, (10), 4-1972, S. 1137ff. und KAULMANN, T. (1987): Property Rights und Unterneh-
menstheorie. Stand und Weiterentwicklung der empirischen Forschung, München 1987, S. 9ff.

4   Vgl. COASE, R.H. (1937): The Nature of the Firm, in: Economica, New Series, (4), S. 386-405,
    zitiert aus: COASE, R.H. (1988), The Nature of the Firm, in: COASE, R.H., The Firm, the Market,
    and the Law, Chicago 1988, S. 33ff. sowie WILLIAMSON, O.E. (1985): Reflections on New Insti-
    tutional Economics, in: Journal of Institutional and Theoretical Economics (ZgS), (141), 1985,
    S. 188. Neben COASE und WILLIAMSON sind als »Wegbereiter« der Transaktionskostentheorie
    noch JOHN R. COMMONS, HERBERT SIMON und die sogenannte »Carnegie School« sowie
    KENNETH J. ARROW zu nennen. Vgl. COMMONS, J.R. (1931): Institutional Economics, in: Ame-
    rican Economic Review, (21), 1931, S. 648ff.; SIMON, H.A. (1945): Administrative Behavior,
    New York, NY 1945 sowie ARROW, K. J. (1974): The Limits of Organization, New York, NY
    1974.

1   Vgl. WILLIAMSON, O.E. (1975): Markets and Hirarchies: Analysis and Antitrust Implications,
    a.a.O.; WILLIAMSON, O.E. (1985): The Economic Institutions of Capitalism, a.a.O. sowie WIL-
    LIAMSON, O.E. (1986): Economic Organization. Firms, Markets and Policy Control, New York,
    NY 1986.

2   Vgl. COASE, R.H. (1988): The Firm, the Market, and the Law, in: COASE, R.H., The Firm, the
    Market, and the Law, Chicago 1988, S. 14f.; COASE, R.H. (1988): The Nature of the Firm,
    a.a.O., S. 34ff

3   COASE sieht den Grund darin, daß »...in order to carry out a market transaction it is necessary
    to discover who it is that one wishes to deal with, to inform people that one wishes to deal
    and on what terms, to conduct negotiations leading up to a bargin, to draw up the contract,
    to undertake the inspection needed to make sure that the terms of the contract are being ob-
    served, and so on«. COASE, R.H. (1988): The Problem of Social Cost, in: COASE, R.H., The
    Firm, the Market, and the Law, Chicago 1988, S. 114. DAHLMANN unterteilt die Transktionsko-
    sten in »search and information cost, bargening and decision cost, policy and enforcement
    costs«, DAHLMANN, C.J. (1979): The Problem of Externality, in: Journal of Law and Economics,
    (22), 1-1979, S. 148.

halb von Unternehmen vermeiden. Mit zunehmender Integration steigen aber auch die Kosten einer unternehmensinternen Koordination. Auf diesen Zusammenhang wird das Substitutionsprinzip der Neoklassik angewandt, so daß Unternehmen Transaktionen solange integrieren, bis sich interne und externe Grenzkosten der Koordination entsprechen.[1]

Darauf aufbauend hat WILLIAMSON seinen erweiterten Transaktionskostenansatz zur Erklärung und Analyse von Austauschbeziehungen formuliert. Im Mittelpunkt steht dabei die komparative Analyse alternativer Institutionen zur Koordination bestimmter Transaktionen.[2]

Transaktionen werden von WILLIAMSON beschrieben als »...when a good or service is transferred across a technologically seperable interface. One stage of activity terminates and another begins«[3]. Transaktionskosten werden demnach als »Friktionen« beim Übergang von einer Produktionsstufe auf eine andere definiert. Der Transaktionskostenbegriff bezieht sich aber nicht auf den physischen Leistungstausch, sondern richtet sich vielmehr auf den Tausch sogenannter »property rights«, die den Verfügungsanspruch über Güter und Leistungen übertragen. Transaktionskosten entstehen im Rahmen der Bestimmung, Übertragung, Durchsetzung und Anpassung dieser Verfügungsrechte. Neben monetären Kostengrössen beinhalten sie auch andere, nur schwer quantifizierbare Komponenten, wie beispielsweise Zeit und Risiken bei der Informationsbeschaffung.[4]

---

1   Vgl. COASE, R.H. (1988): The Nature of the Firm, a.a.O., S. 55. Die Bedeutung der Arbeiten liegt darin begründet, daß sie die Existenz von Transaktionskosten aufzeigen und einer ökonomischen Betrachtungsweise öffnen. Einige der gegen COASE angeführten Vorwürfe, es sei beispielsweise nicht erklärt, warum bestimmte Transaktionen über den Markt, andere dagegen im Unternehmen koordiniert werden sowie der Vorwurf Begriffe seien nicht ausreichend präzisiert worden, werden durch die Arbeiten von WILLIAMSON weitgehend aufgearbeitet. Zur Kritik an COASE vgl. ALCHAIN, A.A.; DEMSETZ, H. (1972): Production, Information Cost and Economic Organization, in: American Economic Review, (62), 1972, S. 783; WILLIAMSON, O.E. (1985): The Economic Institutions of Capitalism, a.a.O., S. 4 sowie CHEUNG, S.N.S. (1983): The Contractual Nature of the Firm, in: Journal of Law and Economics, (26), 1983, S. 4.

2   Der Begriff der Institution wird sehr weit interpretiert und umfaßt Märkte und Unternehmen sowie Normen, Verfassungen, Vertragsformen oder Verfügungsrechte. Vgl. PICOT, A.; DIETL, H. (1990): Transaktionskostentheorie, in: Wirtschaftswissenschaftliches Studium, (19), 4-1990, S. 178 sowie SAUTER, F. (1985): Transaktionskostentheorie der Organisation, München 1985, S. 5ff.

3   WILLIAMSON, O.E. (1985): The Economic Institutions of Capitalism, a.a.O., S. 1.

4   Vgl. zur umfangreichen Diskussion um die Bestandteile und Einteilung von Transaktionskosten CHEUNG, S.N.S. (1969): Transaction Cost, Risk Aversion, and the Choice of Contractual Arrangements, in: Journal of Law and Economics, (12), 1969, S. 23; KAPPICH, L. (1989): Theorie der internationalen Unternehmenstätigkeit, München 1989, S. 91ff.; WINDSPERGER, J.

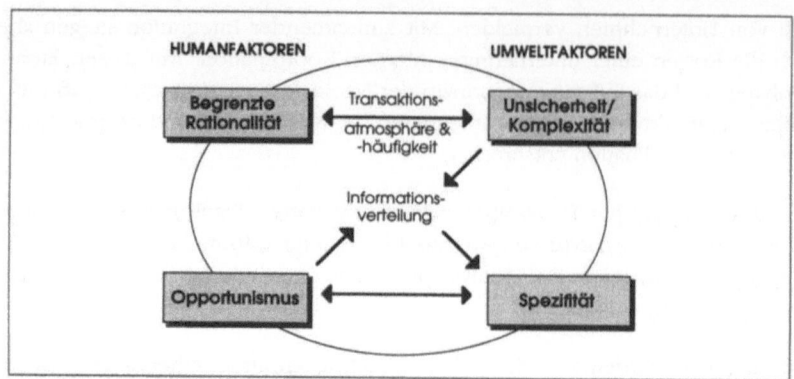

Abb. B-05   Das erweiterte Markt-Hierarchie-Paradigma des »Organizational Failures
Framework«

Quelle: WILLIAMSON, O.E. (1975): Markets And Hierarchies. Analysis and Antitrust
Implications, New York, NY 1975, S. 40.

Wie in *Abbildung B-05* dargestellt, wird die Entstehung von Transaktionskosten
anhand eines kontexttheoretischen Aussagesystems – dem sogenannten »Organizational Failures Framework« – durch das Zusammenspiel von Umwelt- und Humanfaktoren sowie unter Berücksichtigung der Möglichkeit asymmetrischer Informationsverteilung, der jeweiligen sozialen und technologischen Rahmenbedingungen und der Transaktionshäufigkeit erklärt.[1]

Die **Humanfaktoren** umfassen in diesem erweiterten Markt-Hierarchie-Paradigma die Verhaltensannahmen der begrenzten Rationalität[2] und des opportunisti-

---

(1983): Transaktionskosten in der Theorie der Firma, in: Zeitschrift für Betriebswirtschaft, (53),
1983, S. 890; PICOT, A.; LAUB, U.; SCHNEIDER, D. (1989): Innovative Unternehmensgründungen: Eine ökonomisch-empirische Analyse, Berlin 1989, S. 160f.; KLEIN, B.; CRAWFORD, R.G.;
ALCHAIN, A.A. (1978): Vertical Integration, Appropriable Quasi-Rents, and the Competitive
Contracting Process, in: Journal of Law and Economics, (21), 1978, S. 300; KLEIN, B. (1991):
Vertical Integration as Organizational Ownership: The FISHER BODY – GENERAL MOTORS Relationship, in: WILLIAMSON, O.E.; WINTER, S.G. (Hrsg.), The Nature of the Firma, a.a.O., S.
200.

1   Vgl. WILLIAMSON, O.E. (1975): Markets and Hierarchies, a.a.O., S. 20ff. Analog dazu hat OU-
CHI einen »Market Failures Framework« entwickelt, vgl. OUCHI, W.G. (1980): Markets, Bureaucracies, and Clans, in: Administrative Science Quarterly, (25), 1980, S. 132ff.

2   Dem Rationalitätskonzept von SIMON folgend, wird unterstellt, daß der Mensch zwar nach Rationalität strebt, dies jedoch nur in begrenztem Maße gelingt. SIMON definiert begrenzte Rationalität als »The capacity of the human mind for formulating and solving complex problems
is very small compared with the size of the problems whose solution is required for objecti-
vely rational behavior in the real world«. Als Ursachen werden physiologische Voraussetzun-
gen einer nur begrenzten Informationsverarbeitung sowie sozial bedingte Kommunikations-
probleme angeführt. Damit verbindet sich die Konsequenz, daß Verträge nicht allumfassend
formuliert werden können. Vgl. SIMON, H.A. (1957): Models of Man, New York, NY 1957, S.
197ff.; WINDSPERGER J. (1983): Transaktionskosten in der Theorie der Firma, a.a.O., S. 200;

schen Verhaltens der Transaktionspartner[1]. Die **Umweltfaktoren** beinhalten die Unsicherheit[2] und Komplexität sowie die Spezifität von Leistungsbeziehungen[3]. Im Zusammenspiel dieser Kontextfaktoren kann es zum Versagen des marktlichen Koordinationsmechanismus kommen, und im Rahmen der Bewältigung dieser Situation treten Transaktionskosten auf.

Die komparativen Vorteile der Koordination in Unternehmen setzen an den Schwächen der marktlichen Koordination an.[4] Mit zunehmender interner Koordination nehmen diese Vorteile – bei konstanter Organisationsform – aber ab und es kommt zu Ineffizienzen.

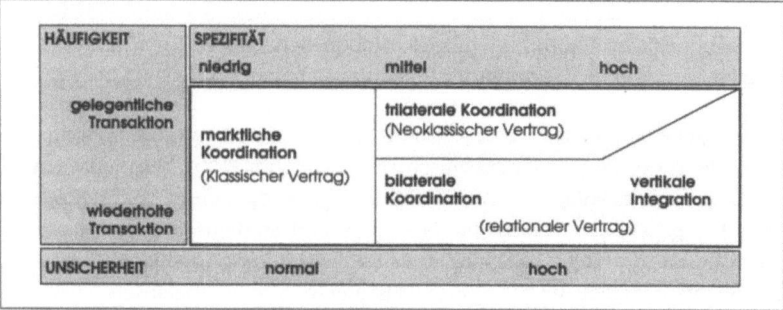

Abb. B-06 Die zentralen Kontextfaktoren determinieren die Wahl der transaktions-kosteneffizienten Vertragsform

Quelle: WILLIAMSON, O.E. (1985): The Economic Institutions of Capitalism. Firms, Markets, Relational Contracting, New York, NY 1985, S. 79.

KLEIN, B. (1980): Transaction Cost Determinants of »Unfair« Contractual Arrangements, in: American Economic Review, Papers & Proceedings, (70), 1980, S. 356 sowie NEUMANN, J.V.; MORGENSTERN, O. (1953): Theory of Games and Economic Behavior, 3. Aufl., Princeton, NJ 1970, S. 125.

1 Opportunistisches Verhalten bedeutet, daß die Tauschpartner eigennützig handeln und ihre Interessen gegebenenfalls auch zum Nachteil anderer und unter Mißachtung sozialer Normen zu realisieren versuchen. WILLIAMSON nennt dies »self-interest seeking with guile«. Vgl. WILLIAMSON, O.E. (1975): Markets and Hirarchies, a.a.O., S. 26.

2 Vgl. AKERLOF, G.A. (1970): The Market for »Lemons«: Qualitative Uncertainty and the Market Mechanism, in: Quarterly Journal of Economics, (84), 1970, S. 488ff. sowie WILLIAMSON, O.E. (1985): The Economic Institutions of Capitalism, a.a.O., S. 56ff.

3 Vgl. WILLIAMSON, O.E. (1985): The Economic Institutions of Capitalism, a.a.O., S. 95f.; PICOT, A.; DIETL, H. (1990): Transaktionskostentheorie, a.a.O., S. 179f. sowie KAAS, K. P.; FISCHER, M. (1993): Der Transaktionskostenansatz, in: Wirtschaftsstudium, (22), 8/9-1993, S. 687f.

4 Vgl. WILLIAMSON, O.E. (1975): Markets and Hirarchies, a.a.O., S. 117ff. sowie WILLIAMSON, O.E. (1985): The Economic Institutions of Capitalism, a.a.O., S. 68ff.

Die anfängliche Dichotomie zwischen Markt und Unternehmung ist innerhalb der weiteren Entwicklung des Ansatzes aufgelöst und durch eine Vertragstypologie, die auch Hybridformen beinhaltet, ersetzt worden.[1] Wie *Abbildung B-06* zeigt, werden der klassische Vertrag, der neoklassische Vertrag und der relationale Vertrag unterschieden. Die Transaktionskosten stellen sich demnach als eine Funktion der gewählten Koordinations- beziehungsweise Vertragsform und der entsprechenden Ausprägungen der Kontextfaktoren dar. Mit Blick auf die Fragestellung der vertikalen Integration, gilt es für ein Unternehmen, die einzelnen Transaktionsprozesse durch entsprechende Koordinationsformen transaktionskostenminimal zu gestalten.[2]

Erweitert werden diese Aussagen insbesondere von PICOT, der im Anschluß an empirische Untersuchungen weitere Kontextdimensionen als Einflußgrößen auf die Transaktionskostenhöhe identifiziert: Neben der strategischen Relevanz von Transaktionen nennt er Barrieren der Fertigungstiefenänderung.[3]

Die strategische Relevanz richtet sich auf im Wettbewerbsumfeld wichtige Leistungen, die in der Regel sehr spezifisch sind. So nennt PICOT beispielsweise die spezielle Motorelektronik eines Automobilherstellers, die einem Unternehmen einen Wettbewerbsvorteil verschafft.[4] Daneben sind strategisch bedeutsame Leistungen oftmals nur intern zu schützen. Diese Erweiterung ist sinnvoll, denn strategisch wichtige Teilleistungen sind im allgemeinen auch spezifisch, aber nicht jede spezifische Leistung auch von strategischer Relevanz. Als Barrieren fließen Rahmenbedingungen wie die Verfügbarkeit von Know-how oder Kapital mit in die Betrachtung ein.

Um letztendlich auch Unternehmensstrategien auf der Grundlage der Transaktionskostentheorie ableiten zu können, müssen neben den Transaktionskosten-

---

1   Die gewählte Typologie geht zurück auf den Rechtssoziologen IAN R. MACNEIL, der zwischen klassischen, neoklassischen und relationalen Verträgen differenziert. Vgl. MACNEIL, I.R. (1988): Contract Remedies. A Need for Better Efficiency Analysis, in: Journal of Institutional and Theoretical Economics (ZgS), (144), 1988, S. 8ff.; GLOBERMANN, S. (1980): Markets, Hierarchies, and Innovation, in: Journal of Economic Literature, (16), S. 978 sowie WILLIAMSON, O.E. (1985): The Economic Institutions of Capitalism, a.a.O., S. 68ff.

2   Vgl. PICOT, A. (1991): Ein neuer Ansatz zur Gestaltung der Leistungstiefe, a.a.O., S. 344 sowie GERHARDT, T.; NIPPA, M.; PICOT, A. (1992): Die Optimierung der Leistungstiefe, in: Harvard Manager, (14), 3-1992, S. 136ff.

3   Vgl. PICOT, A. (1991): Ein neuer Ansatz zur Gestaltung der Leistungstiefe, a.a.O., S. 345ff.; PICOT, A. (1991): Ökonomische Theorien der Organisation – Ein Überblick über neuere Ansätze und deren betriebswirtschaftliches Anwendungspotential, in: ORDELHEIDE, D.; RUDOLPH, B.; BÜSSELMANN, E. (Hrsg.), Betriebswirtschaftslehre und ökonomische Theorie, Stuttgart 1991, S. 143ff. sowie BENKENSTEIN, M. (1994): Die Gestaltung der Fertigungstiefe als wettbewerbsstrategisches Entscheidungsproblem, a.a.O., S. 487.

4   Vgl. PICOT, A. (1991): Ein neuer Ansatz zur Gestaltung der Leistungstiefe, a.a.O., S. 346ff.

auch Produktionskostenveränderungen mit in die Betrachtung einbezogen werden.[1] Es hat sich aber gezeigt, daß die Produktionskosten ebenfalls aus der Ausprägung der Kontextfaktoren heraus für alternative Koordinationsformen abzu-
schätzen und als Opportunitäten mit in die Transaktionskostenbetrachtung einzubeziehen sind, so daß eine eigenständige Erfassung nicht erforderlich ist.[2] Als
einfaches heuristisches Modell läßt sich die Fertigungstiefenentscheidung auf
Grundlage der Transaktionskostentheorie, wie in *Abbildung B-07* schematisch
dargestellt, abbilden: Im Bereich bis K_1 ist die Koordination über Märkte zu wählen, zwischen K_1 und K_2 hingegen stellen die zahlreichen »Hybridformen« der
zwischenbetrieblichen Kooperation die effizienteste Organisationsform dar. Ab K_2
sind hierarchische Koordinationsformen, also die Internalisierung im Unternehmen, zu wählen.[3]

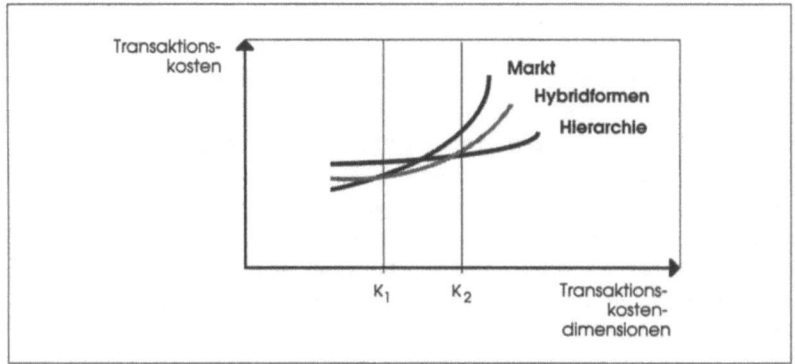

Abb. B-07   Ein vereinfachtes heuristisches Entscheidungsmodell zur Effizienz alternativer Koordinationsformen

Quelle: in Anlehnung an WILLIAMSON, O.E. (1991): Comparative Economic Orga-
nization. Vergleichende ökonomische Organisationstheorie: Die Analyse diskreter
Strukturalternativen, in: ORDELHEIDE, D.; RUDOLPH, B.; BÜSSELMANN, E. (Hrsg.),
Ökonomische Theorie und Betriebswirtschaftslehre, Stuttgart 1991, S. 24.

---

1   Eine umfassende Analyse der Zusammenhänge zwischen Transaktions- und Produktionsko-
    sten findet sich bei RIORDIAN, M.H.; WILLIAMSON, O.E. (1985): Asset Specificity and Econo-
    mic Organization, in: International Journal of Industrial Organization, (3), 1985, S. 366ff.

2   Zur Erfassung von Produktionskosten und der Ableitung von Strategien vgl. BAUR, C. (1990):
    Make-or-Buy-Entscheidungen in einem Unternehmen der Automobilindustrie, a.a.O., S. 112ff.

3   Vgl. WILLIAMSON, O.E. (1991): Comparative Economic Organization. Vergleichende ökonomi-
    sche Organisationstheorie: Die Analyse diskreter Strukturalternativen, in: ORDELHEIDE, D.;
    RUDOLPH, B.; BÜSSELMANN, E. (Hrsg.), Ökonomische Theorie und Betriebswirtschaftslehre,
    a.a.O., S. 24.

Zusammengefaßt erscheint der Ansatz der Transaktionskostentheorie zunächst sehr gut zur Analyse der vertikalen Integration geeignet. Er stellt ein theoretisch fundiertes Instrumentarium zur Verfügung, das kein starres Konzept ist, sondern erweitert und stärker ausdifferenziert werden kann, ohne daß seine Aussagekraft darunter leidet. Darüber hinaus werden verschiedene Perspektiven zu einem ganzheitlichen Ansatz zusammengeführt. Schließlich ist er als heuristisches Konzept zu verstehen, das auch forschungspragmatischen Gesichtspunkten gegenüber offen ist.

Die »Neue Institutionenökonomie« enthält »realitätsnahe« Verhaltensaspekte, vor deren Hintergrund Aussagen mit Blick auf die Erklärung der Entstehung, des Wandels und des Verschwindens von Organisationen und Organisationsformen abgeleitet werden. Sie hat insofern allgemeine menschliche Verhaltensaspekte als grundlegende Annahmen mit einbezogen, aber keine speziell **kaufverhaltenstheoretischen** Aspekte aufgegriffen. Dies resultiert aus dem spezifischen Erklärungsziel der Transaktionskostentheorie. Die Kaufverhaltensforschung untersucht demgegenüber das Verhalten des Konsumenten in seiner Rolle als Käufer, sowie die jeweiligen Determinanten und Wirkungszusammenhänge. Der transaktionskostentheoretische Ansatz liefert hingegen keine Begründungen für das Kaufverhalten, sondern legt den Aussagen lediglich Verhaltensannahmen zugrunde, auf deren Basis die weiteren Ausführungen abgeleitet werden. Selbst in der betriebswirtschaftlichen Erweiterung von PICOT wird der Konsument letztendlich nur implizit mit in die Betrachtung einbezogen. Ein kaufverhaltenstheoretisch fundierter Einfluß der Fertigungstiefe auf die Markenwahlentscheidung von Konsumenten bleibt ausgeklammert.[1]

Der Transaktionskostenansatz trägt also weniger die Züge einer vom Absatzmarkt ausgehenden Konzeption. Dementsprechend bildet auch der Transaktionskostenansatz nur einen globalen theoretischen Bezugsrahmen für diese Untersuchung, auf dessen Ergebnisse nur am Rande Bezug genommen werden kann.

Die Darstellung der drei **Forschungsansätze zur Fertigungstiefengestaltung** läßt deutlich werden, daß jeder einzelne Ansatz für sich relevante Teilaspekte der Fertigungstiefenentscheidung behandelt. Alle drei Ansätze stellen aber eine jeweils andere Art der Betrachtung in den Mittelpunkt ihrer Analysen. Vor allem für

---

1 Vgl. PICOT, A.; REICHWALD, R. (1994): Auflösung der Unternehmung?, a.a.O., S. 547ff.; PICOT, A. (1991): Ein neuer Ansatz zur Gestaltung der Leistungstiefe, a.a.O., S. 354ff.; PICOT, A. (1982): Transaktionskostenansatz in der Organisationstheorie: Stand der Diskussion und Aussagewert, in: Die Betriebswirtschaft, (42), 1982, S. 267ff.; PICOT, A. (1989): Zur Bedeutung allgemeiner Theorieansätze für die betriebswirtschaftliche Information und Kommunikation: Der Beitrag der Transaktionskosten und Principal-Agent-Theorie, in: KIRSCH, W.; PICOT, A. (Hrsg.), Die Betriebswirtschaftslehre im Spannungsfeld zwischen Generalisierung und Spezialisierung, Wiesbaden 1989, S. 361ff.

die »Make-or-Buy«- sowie insbesondere die managementorientierten Ansätze gilt dabei, daß sie dem Gesamtproblem der Entscheidungen zur Fertigungstiefe nur partiell gerecht werden. Der Transaktionskostenansatz ist demgegenüber ein sehr viel grundlegenderer Ansatz, der auf eine umfangreiche theoretische Basis zurückgreifen kann. Für ihn gilt aber, ebenso wie für die beiden anderen Ansätze, daß sie keinerlei kaufverhaltenstheoretische Fundierung der absatzmarktgerichteten Wirkungen der Fertigungstiefengestaltung aufweisen. Der Konsument ist allenfalls indirekt, über die Annahme grundsätzlich preiselastischen Nachfrageverhaltens, mit in die Betrachtungen einbezogen.

C Konzeptionelle Grundlagen einer kaufverhaltenstheoretisch begründeten Gestaltung der Fertigungstiefe

1 Totalmodelle des Kaufverhaltens als Bezugsrahmen für eine konsumentenorientierte Fertigungstiefengestaltung

Für die Ableitung kaufverhaltensrelevanter Konstrukte soll zunächst auf die sogenannten **Strukturmodelle** des Kaufverhaltens zurückgegriffen werden. Diese am S-O-R-Paradigma des Neobehaviorismus[1] ausgerichteten Modelle versuchen, den inneren Prozeß der Kaufentscheidung im Detail zu rekonstruieren und abzubilden und auf diesem Wege dessen Struktur genauer zu ergründen, als es von einzelnen Erklärungsansätzen geleistet werden kann. Die Gesamtmodelle integrieren dazu meist induktiv die zahlreichen verhaltenswissenschaftlichen Einzelbefunde und können insofern als »Leitlinien« für ganzheitliche Erklärungen und als Bezugsrahmen für Analysen des Kaufverhaltens dienen.[2]

Dabei implizieren sie in der Regel eine extensive Kaufentscheidung, verbunden mit einem hohen Involvement der Konsumenten, umso den Prozeß in seinen zahlreichen Einzelelementen und Wechselwirkungen aufzeigen zu können. Bei geringem Involvement könnten Umfang und Komplexität der postulierten Wir-

---

1 Das S-O-R-Paradigma besagt, daß Individuen auf die sie erreichenden Reize in bestimmter Weise reagieren. Die Reaktionen können sowohl motorischer als auch psychischer Art sein. Die Art und Weise der Reaktion wird von situativen Einflußgrößen, das heißt von auf ein Individuum zur Zeit der Reizaufnahme einwirkenden psychologischen und sozialen Faktoren, beeinflußt. Vgl. MEFFERT, H. (1992): Marketingforschung und Käuferverhalten, 2. Aufl. Wiesbaden 1992, S. 25ff.

2 Wenngleich die Isomorphie der Stufen- und Prozeßmodelle mit dem realen Verhalten bislang nicht oder nicht eindeutig ermittelt werden konnte, so bilden sie gleichwohl den konzeptionellen Rahmen für eine verhaltenswissenschaftliche Analyse des Konsumentenverhalten. Unter dem Aspekt der empirischen Relevanz kommt den Partialmodellen die vorrangige Bedeutung zu. Empirische Tests von Totalmodellen scheitern demgegenüber vor allem an der Komplexität der Variablenbeziehungen. Vgl. BACKHAUS, K.; ECHTERHAGEN, K.; FECHNER, H.; FISCHER-WINKELMANN, W.F.; SIEDT, H.G. (1979): Die allgemeine Theorie der Kaufentscheidung – Konzeption und empirischer Test, Opladen 1979, S. 36ff.

kungszusammenhänge auf wenige Größen vereinfacht und der Kaufentscheidungsprozeß darüber hinaus insgesamt wesentlich verkürzt werden.[1]

Ein erstes, relativ einfach strukturiertes **Grundmodell** stammt aus der verhaltenswissenschaftlich ausgerichteten Werbewirkungsforschung und versucht, den gesamten Kaufentscheidungsprozeß als Stufenmodell darzustellen: Im sogenannten
»wirkungshierarchischen« Modell von LAVIDGE und STEINER[2] wird das Kaufverhalten insbesondere durch Inhalte des Langzeitgedächtnisses bestimmt. Das Kaufverhalten konkretisiert sich über mehrere Stufen von Gedächtnisreaktionen, die
im wesentlichen über die Sequenz »Bekanntheit - Einstellung - Kaufabsicht« beschrieben werden. In der folgenden *Abbildung C-01* ist das Modell im Überblick
dargestellt.

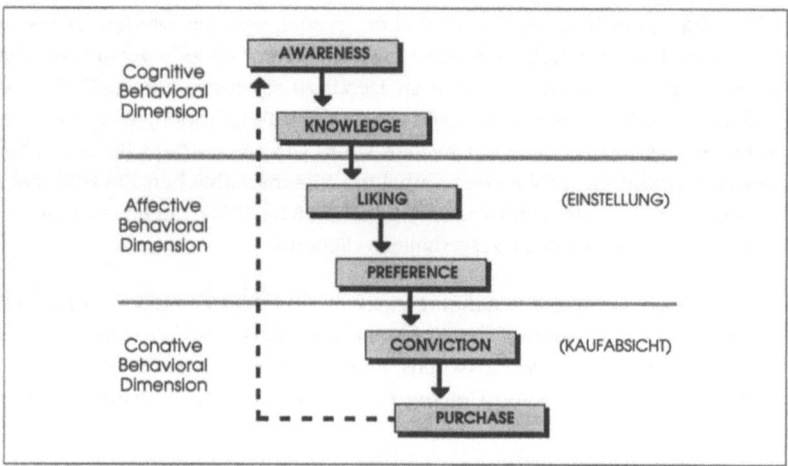

Abb. C-01   Das »Hierarchy-of-Effects«-Modell nach LAVIDGE und STEINER

Quelle: In Anlehnung an LAVIDGE, R.J.; STEINER, G.A. (1961): A Model for Predictive Measurements of Advertising Effectiveness, in: Journal of Marketing, (25),
1961, S. 61.

Im Mittelpunkt des auf die klassische Lernhierarchie zurückgehenden Konzeptes
steht die Frage, in welcher Reihenfolge und in welchem Ausmaß kaufverhaltens-

---

1   Vgl. MEFFERT, H. (1992): Marketingforschung und Käuferverhalten, a.a.O., S. 99f.; WEINBERG,
    P. (1981): Das Entscheidungsverhalten der Konsumenten, Paderborn 1981, S. 68ff.; MÜLLER-
    HAGEDORN, L. (1986): Das Konsumentenverhalten. Grundlagen für die Marktforschung, Wies-
    baden 1986, S. 21ff.

2   Vgl. LAVIDGE, R.J.; STEINER, G.A. (1961): A Model for Predictive Measurements of Advertising
    Effectiveness, in: Journal of Marketing, (25), 1961, S. 59ff.

theoretische Konstrukte für das beobachtbare Kaufverhalten wirksam werden. Die zentrale Aussage des Modells ist, daß sich Einstellungen erst im Anschluß an eine Reihe anderer Konstrukte bilden können. Zunächst steht die Markenbekanntheit als Verbindung von Wahrnehmung und Wissen am Anfang dieses Prozesses. Die Einstellungsbildung erfolgt danach, und erst über die Präferenzbildung kommt es zur Kaufabsicht, die in das tatsächliche Kaufverhalten mündet.

Den einzelnen Konstrukten wird dabei eine unterschiedliche Prognoserelevanz für das Realverhalten zugesprochen. Während von der Markenbekanntheit ein nur geringer Einfluß auf das Kaufverhalten ausgeht, haben Einstellungen und Kaufabsicht eine vergleichsweise höhere Bedeutung.[1]

Das Modell von LAVIDGE und STEINER ist zwar als Werbewirkungsmodell konzipiert, kann aber in diesem Zusammenhang durchaus neben die allgemeineren Totalmodelle des Kaufverhaltens gestellt werden, da es als ein frühes Modell des Kaufverhaltens auch die Basis verschiedener umfassenderer prozeßorientierter Totalmodelle zum Kaufverhalten bildet.[2] Darüber hinaus wird das Kaufverhalten stufenweise auf wenige Basisvariable zurückgeführt und ist insofern relativ einfach strukturiert.

Insbesondere in den später formulierten **Totalmodellen**, beispielsweise von ROGERS, von NICOSIA, von HOWARD und SHETH, von KOTLER sowie von ENGEL, KOLLAT und BLACKWELL wird der Kaufverhaltensprozeß weitaus differenzierter dargestellt.[3] Diese komplexen Modelle des individuellen Kaufverhaltens berücksichti-

1 Vgl. beispielsweise WEBER, A. (1993): Ein Zwei-Stufen Modell der Marktreaktion. Ein Instrument zur Analyse und Planung des Marketing-Mix-Einsatzes im wettbewerblichen Umfeld, Frankfurt a.M. 1993, S. 23ff.; STEFFENHAGEN, H. (1979): Theorien des Käuferverhaltens und Absatztheorie – Probleme der Integration verhaltenswissenschaftlicher und traditioneller Konzepte, in: MEFFERT, H.; STEFFENHAGEN, H.; FRETER, H. (Hrsg.), Konsumentenverhalten und Information, Wiesbaden 1979, S. 482f.; MACKENZIE, S.B.; LUTZ, R.J.; BELCH, G.E. (1986): The Role of Attitude toward the Ad as a Mediator of Advertising Effectiveness: A Test of Competing Explanations, in: Journal of Marketing Research, (23), May 1986, S. 130ff. sowie AXELROD, J.N. (1968): Attitude Measures that Predict Purchase, in: Journal of Advertising Research, (8), 1-1968, S. 4ff.

2 Vgl. HOWARD, J.A.; SHETH, J.N. (1969): A Theory of Buyer Behavior in: KASSARJIAN, H.H.; ROBERTSON T.S. (Hrsg.), Perspectives in Consumer Behavior, 1. Aufl., Glenview, IL 1969, S. 532 sowie ANDRITZKY, K.; MERKLE, E. (1976): Neuere Ansätze zur Messung des Werbeerfolgs unter besonderer Berücksichtigung verhaltenswissenschaftlicher Aspekte, in: Zeitschrift für Betriebswirtschaft, (46), 1976, S. 575f.

3 Vgl. dazu im einzelnen ROGERS, E.M. (1983): Diffusion of Innovations, 3. Aufl., New York, NY 1962, S. 165ff.; ROBERTSON, T.S. (1967): The Process of Innovation and the Diffusion of Innovations, in: Journal of Marketing, (31), 1-1967, S. 14ff.; NICOSIA, F.M. (1968): Consumer Decision Processes – Marketing and Advertising Implications, Englewood Cliffs, NJ 1968, S. 118ff.; HOWARD, J.A.; SHETH, J.N. (1969): The Theory of Buyer Behavior, New York, NY 1969, S. 24ff.; HOWARD, J.A.; SHETH, J.N. (1969): A Theory of Buyer Behavior in: KASSARJIAN, H.H.; ROBERTSON T.S. (Hrsg.), Perspectives in Consumer Behavior, a.a.O., S. 515ff.; KOTLER,

gen Wechselwirkungen zwischen den einzelnen Modellgrößen und beziehen zahlreiche zusätzliche psychische Konstrukte mit in das Erklärungsmodell ein. Sie liefern insofern eine wertvolle Orientierungshilfe im Sinne eines verhaltenswissenschaftlichen Bezugsrahmens.

Exemplarisch für die unterschiedlichen Ansätze, ein Gesamtmodell des Kaufverhaltens zu konzipieren, soll das in *Abbildung C-02* vereinfacht dargestellte Modell von HOWARD und SHETH herausgegriffen[1] und für die Ableitung kaufverhaltenstheoretisch relevanter Größen im fertigungstiefenpolitischen Kontext zugrunde gelegt werden Dieses vergleichsweise komplexe Modell versucht, den Kaufentscheidungsprozeß für eine bestimmte Marke aus einer Menge alternativer Marken zu erklären. Es eignet sich daher für die hier zu untersuchenden Fragestellungen in besonderer Weise. So bezieht sich die fertigungstiefenorientierte Analyse des Kaufentscheidungsverhalten ebenfalls auf Auswahlentscheidungen von Produkten einer Produktkategorie. Außerdem setzt die Erklärung im Rahmen des Totalmodells von HOWARD und SHETH vorrangig an den interdependenten Wirkungsstrukturen der verschiedenen Einflußgrößen an, berücksichtigt aber gleichermaßen auch den prozessualen Charakter der Kaufentscheidung.

Zur Darstellung des Kaufverhaltens werden insgesamt fünf Variablengruppen herangezogen:[2] Zwischen die Input- und Outputvariablen sind Wahrnehmungs- und Lernkonstrukte als Variable eingeschoben, die die inneren Vorgänge im Konsumenten abbilden und sein Verhalten erklären sollen. Unter exogenen Bestimmungsgrößen werden relevante Umweltfaktoren subsumiert, die das zu erklärende Kaufverhalten zwar mitbestimmen, im Rahmen des Modells aber als gegeben betrachtet werden.

P. (1971): Marketing Decision Making. A Model Building Approach, New York, NY 1971, S. 510ff. sowie ENGEL, J.F.; BLACKWELL, R.D.; MINIARD, P.W. (1993): Consumer Behavior, 7. Aufl., Orlando, FL 1993, S. 46ff. Einen umfassenden und kritischen Überblick zu den Modellen des Kaufverhaltens gibt insbesondere MAZANEC, J. (1978): Strukturmodelle des Konsumverhaltens. Empirische Zugänglichkeit und praktischer Einsatz zur Vorbereitung absatzwirtschaftlicher Positionierungs- und Segmentierungsentscheidungen, Wien 1978, S. 27ff.

1   Auf eine ausführliche Diskussion soll an dieser Stelle verzichtet werden und stattdessen – neben den Originalquellen – auf die zahlreichen Darstellungen des Modells von HOWARD und SHETH in der Literatur verwiesen werden. Vgl. dazu beispielsweise SCHULZ, R. (1972): Kaufentscheidungsprozesse des Konsumenten, Wiesbaden 1972, S. 70ff.; MEFFERT, H. (1992): Marketingforschung und Käuferverhalten, a.a.O., S. 99f. sowie MÜLLER-HAGEDORN, L. (1986): Das Konsumentenverhalten, a.a.O., S. 73ff.

2   Die Konstruktauswahl ist keinesfalls nur im Modell von HOWARD und SHETH zu finden, sondern durchaus häufig in der kaufverhaltenstheoretischen Literatur, so beispielsweise auch im Modell von KOTLER, anzutreffen. Vgl. KOTLER, P. (1971): Marketing Decision Making, a.a.O., S. 510ff.

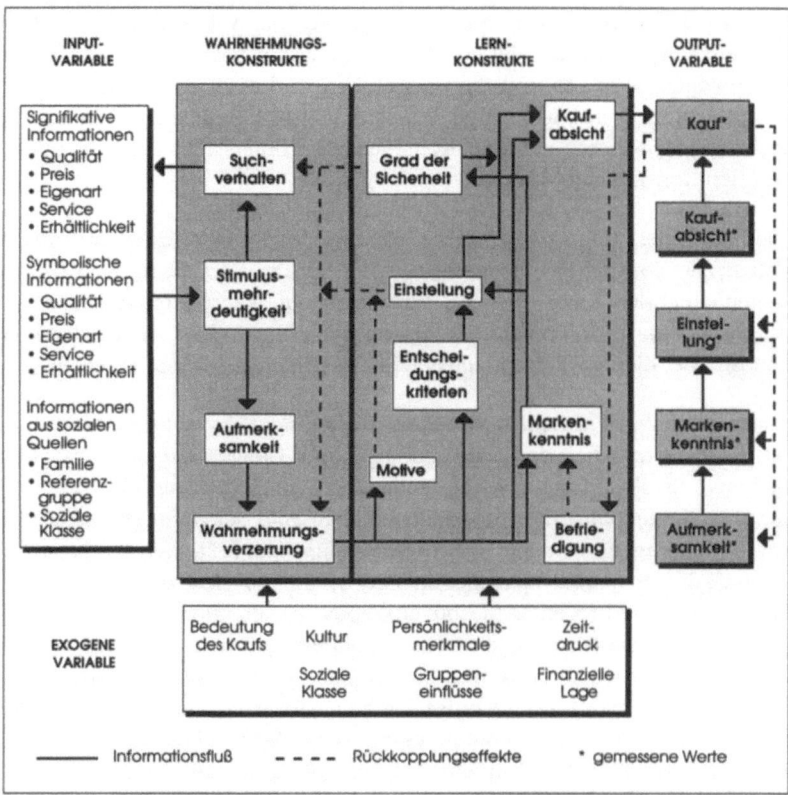

Abb. C-02 Das vereinfachte Strukturmodell zum Kaufentscheidungsverhalten nach HOWARD und SHETH

Quelle: HOWARD, J.A.; SHETH, J.N. (1969): The Theory of Buyer Behavior, New York, NY 1969, S. 30.

Zunächst unterschieden HOWARD und SHETH drei Arten von **Inputvariablen**: In einem ersten Schritt differenzieren sie nach dem Absender der Stimuli zwischen kommerziellen und sozialen Reizen. Anstelle einer an der physiologischen Reizaufnahme orientierten weiteren Untergliederung, trennen HOWARD und SHETH die kommerziellen Stimuli in einem zweiten Schritte in signifikative und symbolische Reize.[1] Während die signifikativen Reize direkt vom Produkt und seinen technisch-physikalischen Eigenschaften ausgehen, beziehen sich die symboli-

---

1 Zur Begründung der gewählten Untergliederung vgl. HOWARD, J.A.; SHETH, J.N. (1969): The Theory of Buyer Behavior, a.a.O., S. 332ff. sowie HOWARD, J.A.; SHETH, J.N. (1969). A Theory of Buyer Behavior in: KASSARJIAN, H.H.; ROBERTSON T.S. (Hrsg.), Perspectives in Consumer Behavior, a.a.O., S. 524ff.

schen Reize auf Informationen, beispielsweise die vom Anbieter mit einer Marke verbundenen Markenbilder, die im übertragenen Sinn mit dem Produkt in Verbindung stehen. HOWARD und SHETH sprechen in diesem Zusammenhang von Reizkonstellationen, um deutlich zu machen, daß im allgemeinen nicht nur einzelne Reizarten, sondern vielmehr Kombinationen unterschiedlicher Stimulusarten auf den Konsumenten wirken.

Die Stimuli treffen auf das sogenannte Insystem des Konsumenten, das über elf hypothetische Konstrukte charakterisiert wird. Bei der Darstellung werden zwei Variablenkategorien unterschieden: Zum einen die Wahrnehmungskonstrukte, die die Funktion der Informationsaufnahme übernehmen und zum anderen die Lernkonstrukte, die den sich anschließenden Verarbeitungsprozeß abbilden.[1]

An erster Stelle der **Wahrnehmungskonstrukte** steht die Aufmerksamkeit, die die Aufnahmebereitschaft des einzelnen gegenüber Umweltreizen zum Ausdruck bringen soll. Es übernimmt quasi die Rolle eines »gatekeeper« und bestimmt den Umfang der aufgenommenen Informationen. Der Grad der Aufmerksamkeit wird neben Einstellungen vor allem von der Stimulus-Mehrdeutigkeit bestimmt. Als »lack of clarity of neutral messages incited by the physical object or event... which are permitted to enter the buyer's body via attention«[2] aktiviert es den Konsumenten mehr oder weniger stark. Sowohl ein sehr hohes als auch geringes Ausmaß der Mehrdeutigkeit führen zu geringer Aufmerksamkeit. Stimuli zwischen diesen Extrema dagegen werden mit hoher Wahrscheinlichkeit vom Individuum beachtet.[3] Während die Aufmerksamkeit die Wahrnehmung von Informationen determiniert, ist die Wahrnehmungsverzerrung ein »complex process consisting of the perceptual and cognitive devices by which the buyer qualitatively distorts or selects information that he has already taken into his nervous sy-

---

1 Für die Konzeption der hypothetischen Konstrukte beziehen sich HOWARD und SHETH auf verschiedene psychologische Theorien, die in ihrem Totalmodell integriert werden. Dies sind insbesondere die Lerntheorie von HULL, die kognitive Theorie von OSGOOD sowie die Theorie des explorativen Verhaltens von BERLYNE. Vgl. dazu HOWARD, J.A.; SHETH, J.N. (1969): A Theory of Buyer Behavior in: KASSARJIAN, H.H.; ROBERTSON T.S. (Hrsg.), Perspectives in Consumer Behavior, a.a.O., S. 524ff.; HULL, C.L. (1952): A Behavior System: An Introduction to Behavior Theory Concerning the Individual Organism, New Haven, CT 1952; OSGOOD, C.E. (1957): A Behavioristic Analysis of Perception and Language as Cognitive Phenomena, in: BRUNER, J.S. (Hrsg.), Contemporary Approaches to Cognition, Cambridge, MA 1957, S. 75ff. sowie BERLYNE, D.E. (1963): Motivational Problems Raised by Exploratory and Epistemic Behavior, in: KOCH, S. (Hrsg.), Psychology: The Study of a Science, Bd. V, New York, NY 1963, S. 284ff.

2 HOWARD, J.A.; SHETH, J.N. (1969): The Theory of Buyer Behavior, a.a.O., S. 156.

3 Gerieng Stimulus-Mehrdeutigkeit löst keine ausreichende Aktivierung des Konsumenten aus, häufigkeitentigkeit erschwert es dem einzelnen, den Stimulus zu verstehen und zu interpre-

stem«[1]. Es bestehen dabei zahlreiche Wechselwirkungen zu anderen Konstrukten.[2] Die aktive Informationssuche des Käufers, als letztes Wahrnehmungskonstrukt, ist dann zu erwarten, wenn die bislang vorhandenen Informationen für eine Kaufentscheidung nicht als ausreichend empfunden werden.[3]

Die gewonnenen Informationen wirken auf die **Lernkonstrukte**, deren Ausgangspunkt die Motive bilden. HOWARD und SHETH gehen von einer hierarchischen Struktur der Motive aus[4], jede Ebene enthält jedoch eine die Aufmerksamkeit aktivierende Komponente. Im Zusammenhang mit Produktklassen haben sie darüber hinaus ein richtungsweisendes und Verhalten aktivierendes Element. Mit der Markenkenntnis bringen die Konsumenten ihr deskriptives Wissen über Eigenschaften einzelner Marken zum Ausdruck, allerdings ohne wertende Aussagen zu formulieren. Ist der Konsument mit einer Produktklasse in diesem Sinne »vertraut«, besitzt er ein »evoked set« von Alternativen.[5] Mit den Entscheidungskriterien, anhand derer die einzelnen Marken beurteilt werden, werden die alternativen Marken und die Motive eines Konsumenten verbunden. Zugleich dienen sie im Rahmen der Bewertung auch zur Einstellungsbildung gegenüber einzelnen Marken, »so that a brand with the greatest favorable attitude is potentially most satisfactory«.[6] Einstellungen – als gelernter Zustand definiert – dienen dazu, eine Präferenzordnung der im »evoked set« enthaltenen Alternativen zum Ausdruck zu bringen.[7] Die kognitiven Bestandteile sind darüber hinaus weitgehend in der Markenkenntnis zusammengefaßt, so daß den Einstellungen vor allem die Funktion der Alternativenbewertung anhand der unterschiedlichen, aus den Motiven

---

1   HOWARD, J.A.; SHETH, J.N. (1969): The Theory of Buyer Behavior, a.a.O., S. 168.

2   Vgl. dazu MÜLLER-HAGEDORN, L. (1986): Das Konsumentenverhalten, a.a.O., S. 141ff.

3   Vgl. HOWARD, J.A.; SHETH, J.N. (1969): The Theory of Buyer Behavior, a.a.O., S. 156ff.

4   Vgl. dazu auch die Bedürfnishierarchie von MASLOW. Die speziellen untergeordneten Motive stehen dabei mit den übergeordneten Motiven in einer Mittel-Zweck-Beziehung. Vgl. MEFFERT, H. (1992): Marketingforschung und Käuferverhalten, a.a.O., S. 53f.

5   Das von NARAYANA und MARKIN entwickelte Modell des »evoked set« versucht, das Markenwahlverhalten von Konsumenten innerhalb einer Produktgruppe zu erklären. Das »evoked set« ist eine Auswahl von Marken oder Produkten gleicher Güterkategorie, die ein Käufer zum Zeitpunkt des Kaufs in die Menge seiner engeren Entscheidungsalternativen einreiht. Diese Auswahl ist eine Teilmenge aller vom Entscheidungsträger wahrgenommenen Marken und Produkte einer Kategorie. Vgl. NARAYANA, C.L.; MARKIN, R.J. (1975): Consumer Behavior and Product Performance: An Alternative Conceptualization, in: Journal of Marketing, (39), 4-1975, S. 1ff.; MEFFERT, H. (1992): Marketingforschung und Käuferverhalten, a.a.O., S. 41f. sowie kritisch zu diesem Konzept MAZANEC, J. (1978): Strukturmodelle des Konsumverhaltens, a.a.O., S. 167ff.

6   HOWARD, J.A.; SHETH, J.N. (1969): The Theory of Buyer Behavior, a.a.O., S. 34.

7   Der Konsument prüft dabei, inwieweit eine Marke im Vergleich zu anderen geeignet ist, seine Motive zu befriedigen. Vgl. HOWARD, J.A.; SHETH, J.N. (1969): The Theory of Buyer Behavior, a.a.O., S. 127 und 416 sowie SCHULZ, R. (1972): Kaufentscheidungsprozesse des Konsumenten, a.a.O., S. 75f.

abgeleiteten Kriterien zukommt.[1] Je höher die positive Einstellung gegenüber einer Marke ausfällt, umso größer ist die Erwartung des Konsumenten, daß diese Marke zur Befriedigung der relevanten Motive beiträgt. Der über Einstellungen erfolgte Bewertungsvorgang mündet schließlich in der Absicht, eine bestimmte Marke zu kaufen oder nicht. Die Kaufabsicht, als eigenständiges Konstrukt, steht dabei als Bindeglied zwischen Einstellungen und Kauf. Die Beurteilung wird allerdings nicht nur von produkt- und markenbezogenen Informationen geprägt, sondern ist insbesondere auch vom Grad der Sicherheit beeinflußt. Gegebenenfalls entsteht entweder weiterer Informationsbedarf oder es wird diejenige Marke gewählt, die gemäß den gebildeten Einstellungen zu kaufen wäre. Ob es zu Wiederholungskäufen kommt, hängt insbesondere vom Ausmaß der Befriedigung durch den Ge- oder Verbrauch der gewählten Alternative ab.

Als gedankliche Fiktionen sollen die hypothetischen Wahrnehmungs- und Lernkonstrukte helfen, die Konsumentenreaktion auf entsprechende Stimuli zu erklären. Soweit die beobachtbaren Ergebnisse dieser inneren Prozesse als operationalisierte Größen der beteiligten psychischen Konstrukte aufgefaßt werden, sind sie – nun als intervenierende Variablen bezeichnet – neben dem tatsächlich beobachtbaren Kaufverhalten als sogenannte »response outputs« auch auf der rechten Seite des Modells aufgeführt. Als prozeßorientierte Sequenz der **Outputvariablen** »Aufmerksamkeit - Markenkenntniss - Einstellung - Kaufabsicht - Kauf« unterscheiden sie sich aber insoweit von den hierarchischen Modellen der Werbewirkung, als daß »because of feedback conditions a change in a preceding variable is not even a necessary, much less a sufficient condition for change in the subsequent variable«.[2] Einzig das tatsächliche Kaufverhalten steht in dieser Abfolge ohne Pendant bei den hypothetischen Konstrukten und bildet den Abschluß des Kaufentscheidungsprozesses.

HOWARD und SHETH unterscheiden schließlich sieben Gruppen **exogener Variablen:**[3] Die Bedeutung des Kaufs stellt auf die Bedürfnisstärke ab und ist für die Ordnung von Produktklassen nach den Bedürfnissen des Konsumenten relevant. Sie steht damit zwar in inhaltlicher Nähe zum Involvementkonstrukt, wird allerdings nicht – wie das Involvement – als Teil der inneren Vorgänge gesehen. Die Persönlichkeitsmerkmale umfassen »...those characteristics that account for diffe-

---

1   Im Gegensatz zu der von einigen Autoren geäußerten Auffassung steht die Konzeption von Einstellungen dabei nicht im grundsätzlichen Widerspruch zur kaufverhaltenstheoretischen Literatur. Vgl. SCHULZ, R. (1972): Kaufentscheidungsprozesse des Konsumenten, a.a.O., S. 75 und MÜLLER-HAGEDORN, L. (1986): Das Konsumentenverhalten, a.a.O., S. 89ff.

2   HOWARD, J.A.; SHETH, J.N. (1969): The Theory of Buyer Behavior, a.a.O., S. 59.

3   Vgl. zum folgenden MÜLLER-HAGEDORN, L. (1986): Das Konsumentenverhalten, a.a.O., S. 152ff.

rences among people and that are predictive of their behavior«[1] und wirken insbesondere auf die Motive einer Person. Als sozial orientierte Variablen gehen neben der sozialen Schicht und verschiedenen Referenzgruppeneinflüssen auch die Kultur als Rahmenbedingung in das Modell ein. Der Zeitdruck und das Haushaltsbudget schließen die Gruppe der exogenen Variablen ab.

Das hier nur äußerst komprimiert dargestellte Modell von HOWARD und SHETH bietet sich als Orientierungsrahmen für die kaufverhaltenstheoretische Analyse von Fertigungstiefenentscheidungen an, gleichzeitig ist es aber nicht erforderlich, das gesamte Modell zu verwenden. Vielmehr können einzelne Elemente vernachlässigt, andere Teile des Modells für die fertigungstiefenorientierte Analyse modifiziert und das Gesamtmodell auf den – unter empirischen Aspekten relevanten – Kern beschränkt werden.

So sind die Motive, die im Modell von HOWARD und SHETH eine zentrale Größe darstellen, für die hier zu untersuchende Frage der Bedeutung der Fertigungstiefe nicht relevant, da Motive in der Regel nicht markenspezifisch wirksam werden und insofern ausgeklammert werden können.[2] Ebenso wird die nach dem Kauf anzusiedelnde Zufriedenheitseinschätzung des Konsumenten hier nicht betrachtet, da sich diese Analyse nur auf das Zustandekommen der einzelnen Kaufentscheidung beschränkt und als Folge der Entscheidung entstehende psychische Wirkungen nicht mit berücksichtigt.

Andererseits tritt das Involvement – wenn überhaupt – im Modell von HOWARD und SHETH nur indirekt über die Erfassung der Bedeutung des Kaufs im Rahmen der exogenen Variablen in Erscheinung. Das Involvementkonstrukt soll im weiteren allerdings, als prädisponierende Variable betrachtet, an den Anfang der Konstruktfolge gestellt werden. Eine eigenständige Erfassung der Aufmerksamkeit, wie bei HOWARD und SHETH, entfällt dabei beziehungsweise wird zwischen Involvement und Wahrnehmung aufgeteilt. Die Kaufverhaltensabsicht soll demgegenüber für die weitere Analyse nicht mehr als erklärende Variable betrachtet, sondern stattdessen zur Operationalisierung der Kaufentscheidung herangezogen werden.

Vor diesem Hintergrund ist die unter den Outputvariablen des Modells von HOWARD und SHETH dargestellte Konstruktabfolge als Grundlage der weiteren Ausführungen anzusehen. Unter Bezug auf die empirische Analyse läßt sich das Mo-

---

1 HOWARD, J.A.; SHETH, J.N. (1969): The Theory of Buyer Behavior, a.a.O., S. 75.

2 Vgl. SCHULZ, R. (1972): Kaufentscheidungsprozesse des Konsumenten, a.a.O., S. 74 sowie zur Problematik des Allgemeinheitsgrades von Motiven TROMMSDORFF, V. (1993): Konsumentenverhalten, 2. Aufl., Stuttgart 1993, S. 113.

dell auf diese Sequenz der Outputvariablen reduzieren, weil diese Konstrukte als operationalisierte und zugleich meßbare Größen fungieren.

2   Ein fertigungstiefenorientiertes Stufenmodell zum Kaufentscheidungsprozeß des Konsumenten

2.1   Kennzeichnung und Elemente des Modells

Der Kaufentscheidungsprozeß wird im weiteren über die erklärenden Konstrukte Involvement, Wahrnehmung, Wissen, Einstellung und wahrgenommene Kompetenz abgebildet. Mit Ausnahme der wahrgenommenen Kompetenz finden sich diese Größen sowohl bei HOWARD und SHETH als auch in den meisten Strukturmodellen zum Konsumentenverhalten, unabhängig davon, wie unterschiedlich die Detailkonstruktion und Intention der verschiedenen Modelle im übrigen sein mag.[1]

Dieses Grundmodell, das der Analyse als formale Systematik zugrunde liegt, wird in *Abbildung C-03* noch einmal im Zusammenhang dargestellt. Als **intervenierende Variable** sind die dargestellten Konstrukte Involvement, Wahrnehmung, Wissen und Einstellung in ihrer Struktur und ihren Wirkungszusammenhängen bekannte und akzeptierte Konstrukte, die grundsätzlich geeignet sind, das Kaufverhalten zu operationalisieren. Fraglich ist aber, ob sie ausreichen, die inneren Vorgänge des Kaufentscheidungsverhaltens unter besonderer Berücksichtigung von Fertigungstiefenveränderungen zu beschreiben. In diesem Zusammenhang wird das Konstrukt der wahrgenommenen Kompetenz eingeführt. Es leitet sich aus dem Beurteilungsvergleich zwischen dem Hersteller des Endproduktes und alternativen Lieferanten einzelner Teile oder Komponenten ab und stellt in dieser Hinsicht ein über die allgemeine Einstellung hinausgehendes Konstrukt dar, mit dessen Hilfe sich die Hersteller- und Zulieferereinstellungen verbinden lassen. Vor dem Hintergrund der besonderen Problematik von Fertigungstiefenverände-

---

1   Dies gilt gleichermaßen für die relativ einfachen Strukturmodelle von LAVIDGE und STEINER oder KROEBER-RIEL als auch für die komplexen Totalmodelle von ENGEL, BLACKWELL und MINIARD oder HOWARD und SHETH. Vgl. dazu unter anderem LAVIDGE, R.J.; STEINER, G.A. (1961): A Model for Predictive Measurements of Advertising Effectiveness, a.a.O., S. 59ff.; KROEBER-RIEL, W. (1990): Konsumentenverhalten, 4. Aufl., München 1990, S. 623ff.; WEINBERG, P. (1981): Das Entscheidungsverhalten der Konsumenten, a.a.O., S. 70ff.; TROMMSDORFF, V. (1993): Konsumentenverhalten, a.a.O., S. 29; ENGEL, J.F.; BLACKWELL, R.D.; MINIARD, P.W. (1993): Consumer Behavior, a.a.O., S. 82ff.; HOWARD, J.A.; SHETH, J.N. (1969): A Theory of Buyer Behavior in: KASSARJIAN, H.H.; ROBERTSON T.S. (Hrsg.), Perspectives in Consumer Behavior, a.a.O., S. 467ff. sowie ASSAEL, H. (1984): Consumer Behavior and Marketing Action, 2. Aufl., Boston, MA 1984, S. 172ff.

rungen soll es als relatives, da vergleichendes Konstrukt, in die Untersuchung einbezogen werden.

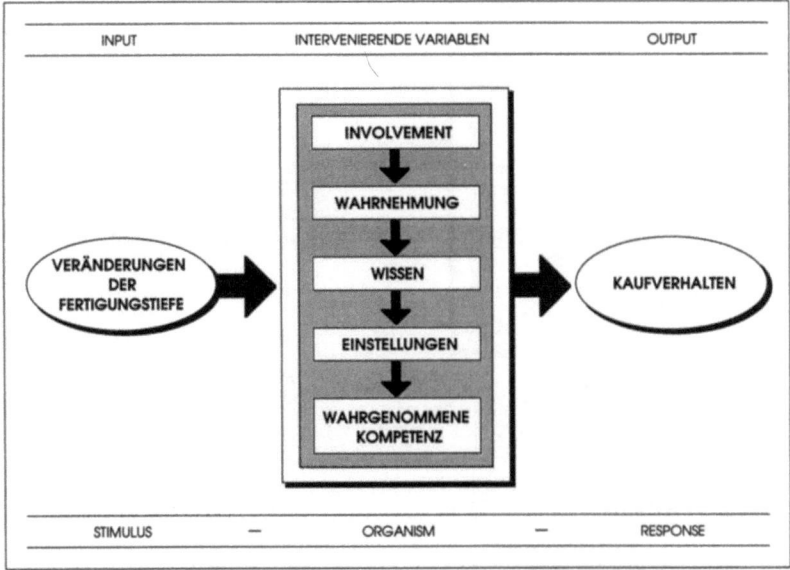

Abb. C-03   Vereinfachtes Stufenmodell als theoretischer Bezugsrahmen

Als **Outputvariable** sollen – wie in *Abbildung C-04* zu sehen – die fertigungstiefenabhängige Nutzenbeurteilung und die geäußerte Kaufabsicht herangezogen werden. Sie stehen – insbesondere bei hoher emotionaler Beteiligung – eng mit dem tatsächlichen Kaufverhalten in Zusammenhang:[1] Die Nutzenbeurteilung bringt dabei die aus der Beurteilung präferenzbildender und kaufrestriktiver Attribute resultierende Handlungstendenz eines Konsumenten zum Ausdruck. Sie gibt an, inwieweit die Produktwahl eine weitgehende Bedürfnisbefriedigung zu verschaffen verspricht. Während die Nutzenbeurteilung noch relativ abstrakt und indirekt auf den Kauf schließen läßt, ist die Kaufabsicht bereits konkretisierter und entspricht einer unmittelbar geäußerten Verhaltensabsicht. Sie ist der Nutzenbeurteilung insoweit häufig »nachgelagert«.

---

1   In der Kaufverhaltensforschung wird davon ausgegangen, daß die psychologische Konstellation und das Verhalten des Einzelnen konsistent sind beziehungsweise ein möglichst hohes Maß an Konsistenz anstreben. Dabei haben sich insbesondere Einstellungen als besonders re-

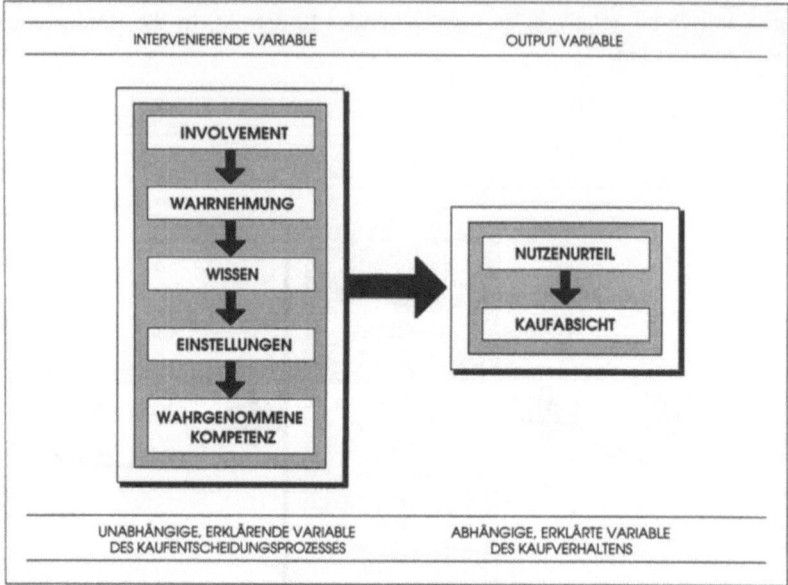

Abb. C-04   Vereinfachtes psychologisches Modell zur empirischen Analyse des Kaufentscheidungsverhalten

Gleichwohl werden beide Konstrukte als zu erklärende Outputgrößen zur Operationalisierung des tatsächlichen Kaufverhaltens herangezogen. Sie dienen innerhalb der empirischen Untersuchung als Zielgrößen, die es, unter Bezugnahme auf die Gestaltung der Fertigungstiefe, über die ausgewählten psychischen Konstrukte zu erklären gilt.

Die Abfolge der Konstrukte dient – in Form eines vereinfachten Stufenmodells[1] – zur Gliederung der vielschichtigen Teilprozesse. Sie bauen aufeinander auf und wirken gleichzeitig – jede für sich – auf die zu untersuchenden Zielgrößen. Der hierarchischen Prozeßabfolge liegt die Annahme zugrunde, daß die Komplexität der Konstrukte, ihre kognitive Anreicherung und ebenso die Nähe zu Nutzenbeurteilung und Kaufabsicht im Prozeßverlauf steigen.[2]

---

levant für Verhaltensprognosen erwiesen. Vgl. zu dieser sogenannten »Einstellungs-Verhaltens-Hypothese« KROEBER-RIEL, W. (1990): Konsumentenverhalten, a.a.O., S. 167ff.

1   Stufenmodelle beinhalten zwar mehrere Variable, enthalten jedoch – im Gegensatz zu Systemmodellen – nur einseitig gerichtete Beziehungen der Variablen untereinander. Vgl. zu dieser Abgrenzung MAZANEC, J. (1978): Strukturmodelle des Konsumverhaltens, a.a.O., S. 29ff.

2   Vgl. zum folgenden ZEITHAML, V.A. (1988): Consumer Perception of Price, Quality, and Value: A Means-End Model and Synthesis of Evidence, in: Journal of Marketing, (52), 3-1988, S.

Die gewählte Darstellung eines **Prozeßmodells** erleichtert die Integration von unterschiedlichen Theorien und kommt einer entscheidungsorientierten Analyse entgegen. Den Vorteilen bei der Anwendung von Prozeßmodellen steht der Nachteil gegenüber, daß Prozeßmodelle in ihrer Gesamtheit kaum falsifiziert werden können.[1] Deshalb steht an dieser Stelle weniger das Modell insgesamt, sondern die Bedeutung und Struktur der einzelnen Konstrukte im Mittelpunkt der Analyse.

Vor der empirischen Analyse zur Kaufverhaltensrelevanz der ausgewählten Konstrukte sollen die einzelnen intervenierenden Variablen zunächst, unter Einbeziehung partialanalytischer Erkenntnisse, im Hinblick auf ihre Relevanz für Fertigungstiefenentscheidungen diskutiert sowie ihre Bedeutung im Rahmen der Erklärung und Prognose des Kaufverhaltens theoriegeleitet dargestellt werden.

2.2 Fertigungstiefeninduzierte Bedeutung des Involvement für das Kaufverhalten

Jede Art des menschlichen Verhaltens bedarf eines Auslösers. In der Psychologie wird dies im allgemeinen mit dem Begriff der Aktivierung umschrieben.[2] Sie ist als Spannungszustand – im Sinne der inneren Erregung eines Menschen – die Grunddimension aller Antriebskräfte. Physiologisch vereinfacht betrachtet versetzt die Aktivierung den Organismus durch Energiezufuhr in die Lage, Hirn- und Körperfunktionen auszuführen. Diese wiederum bestimmen die Leistungsfähigkeit des einzelnen, die sich gleichermaßen auf physikalische wie psychische Lei-

---

14 sowie BALDERJAHN, I. (1993): Marktreaktionen von Konsumenten. Ein theoretisch-methodisches Konzept zur Analyse der Wirkung marketingpolitischer Instrumente, Berlin 1993, S. 25ff. Alternative Konzeptionen finden sich bei KROEBER-RIEL, W. (1990): Konsumentenverhalten, a.a.O., S. 402ff.; TROMMSDORFF, V.; BLEICKER, U.; HILDEBRANDT, L. (1980): Nutzen und Einstellung, in: Wirtschaftswissenschaftliches Studium, (9), 1980, S. 275; NIESCHLAG, R.; DICHTL, E.; HÖRSCHGEN, H. (1991): Marketing, a.a.O., S. 280 sowie BÖCKER, F. (1986): Präferenzforschung als Mittel marktorientierter Unternehmensführung, in: Zeitschrift für betriebswirtschaftliche Forschung, (38), 1986, S. 564.

1   Obgleich die Zweckmäßigkeit dieser Modelle in der Wissenschaftstheorie häufig in Frage gestellt wird, ist ein Erkenntnisgewinn ohne Verwendung solcher Modelle kaum möglich.

2   Dabei wird in der Literatur zwischen unspezifischer und spezifischer Aktivierung unterschieden. Während erstere den Organismus insgesamt stimuliert, führt letztere nur zu ganz bestimmten Funktionsstimulierungen . Vgl. dazu SCHANDRY, R. (1989): Lehrbuch Psychophysiologie, 2. Aufl., Weinheim 1989, S.49ff. sowie KROEBER-RIEL, W. (1990): Konsumentenverhalten, a.a.O., S. 49ff

stungen beziehen kann. Dementsprechend ist die Aktivierung als »Antrieb« Voraussetzung jeglicher psychischer Prozesse.[1]

In der Konsumentenverhaltensforschung wird für die Kennzeichnung der Aktivierung das Basiskonstrukt des **Involvement** verwandt.[2] Es läßt sich als Aktivierungsgrad zu einer objektgerichteten Informationssuche, -aufnahme, -verarbeitung und -speicherung definieren und umfaßt die »Ich-Beteiligung« beziehungsweise das Engagement einer Person, sich für bestimmte Sachverhalte oder Objekte zu interessieren und einzusetzen.[3] In diesem Zusammenhang stellt es vor allem eine psychische Konstellation des Konsumenten dar.[4]

Das Involvement ist darüber hinaus durch zwei Bestandteile gekennzeichnet: Neben den als Aktivierung genannten inneren Erregungszustand tritt eine Verhaltenskomponente, die objektgerichtet ist.[5]

Die Bedeutung des Involvement liegt in seinem prädisponierenden Charakter in bezug auf komplexere Vorgänge aktivierender und kognitiver Prozesse.[6] Es bestimmt Intensität und Richtung des Verhaltens und beeinflußt dabei die »Verarbeitungstiefe« kognitiver Abläufe.[7] Das Involvement ist in diesem Zusammenhang

---

1   Vgl. dazu KROEBER-RIEL, W. (1990): Konsumentenverhalten, a.a.O., S. 47f. sowie BEHRENS, G. (1991): Konsumentenverhalten, 2. Aufl., Heidelberg 1991, S. 53ff.

2   Auf die sozialpsychologischen Arbeiten von SHERIF und CANTRIL sowie den Begriff der Aktiviertheit zurückgehend, hat das Involvement-Konstrukt insbesondere durch einen Beitrag von KRUGMAN Eingang in die verhaltenswissenschaftliche Marketing-Forschung gefunden. Vgl. SHERIF, M.; CANTRIL, H. (1947): The Psychology of Ego-Involvement, New York, NY 1947, S. 17ff.; KRUGMAN, H.E. (1965): The Impact of Television Advertising: Learning without Involvement, in: Public Opinion Quarterly, (29), 1965, S. 349ff. sowie KRUGMAN, H.E. (1977): Memory without Recall, Exposure without Perception, in: Journal of Advertising Research, (17), 4-1977, S. 7-12.

3   Vgl. KROEBER-RIEL, W. (1990): Konsumentenverhalten, a.a.O., S. 377ff.; TROMMSDORFF, V. (1989): Konsumentenverhalten, a.a.O., S. 41ff. sowie MEFFERT, H. (1992): Marketingforschung und Käuferverhalten, a.a.O., S. 66.

4   Verbunden mit den unterschiedlichen Definitionen, die sich in der Literatur finden, ist die Diskussion, ob der Begriff des Involvement als Zustandsvariable oder als Prozeßkonstrukt verwandt werden sollte. In dieser Arbeit wird eine statisch orientierte Definition gewählt. Vgl. DEIMEL, K. (1989): Grundlagen des Involvement und Anwendung im Marketing, in: Marketing ZFP, (11), 3-1989, S. 153 sowie MITCHELL, A.A. (1979): Involvement: A Potentially Important Mediator of Consumer Behavior, in: WILKIE, W.L. (Hrsg.), Advances in Consumer Research, (VI), AnnArbor, MI 1979, S. 194.

5   Vgl. TROMMSDORFF, V. (1989): Konsumentenverhalten, a.a.O., S. 53.

6   Vgl. KAPFERER, J.N.; LAURENT, G. (1985): Consumer's Involvement Profile: New Empirical Results, in: HIRSCHMANN, E.C.; HOLBROOK, M.B. (Hrsg.), Advances in Consumer Research, Vol. XII, Provo, UT 1985, S. 290ff. sowie DEIMEL, K. (1989): Grundlagen des Involvement und Anwendung im Marketing, a.a.O., S. 153ff.

7   Das Involvement bestimmt demnach durch die Bereitstellung kognitiver Kapazitäten in ganz wesentlichem Maße, ob Informationen überhaupt dauerhaft aufgenommen werden. Vgl

auch als eine Variable zu sehen, die das Ausmaß der Beziehung eines Stimulus zu zentralen persönlichen Werten angibt.[1] Folglich läßt es sich als intervenierende Variable im Sinne der neobehavioristischen Theorie interpretieren.[2]

Obwohl die Ausprägung des Involvement kontinuierlich ist, wird das Konstrukt häufig dichotom interpretiert und so vor allem zur Kategorisierung und Charakterisierung von Kaufentscheidungen benutzt: Sogenannte **High-Involvement**-Käufe haben für den Konsumenten einen besonders hohen Stellenwert, so daß sich die Kaufentscheidung als komplexer Entscheidungsprozeß darstellt. Für die sorgfältige Auswahl der Produktalternativen wird in der Regel relativ viel Zeit und Energie vom Konsumenten aufgewandt. Es erfolgt eine aktive Informationssuche unter Einbeziehung zahlreicher Informationsquellen. Dabei werden insbesondere sachliche Produktinformationen aufgenommen. Die Kaufentscheidung selbst ist häufig Ergebnis eines aufwendigen Beurteilungsprozesses, der letztendlich Kaufentschluß ist von vorab gebildeten Produkturteilen bestimmt. **Low-Involvement**-Käufe sind dagegen weniger wichtig für den Konsumenten.[3] Im Rahmen eines begrenzten Entscheidungsprozesses werden Zeit und Energie für die Kaufentscheidung oftmals eher zufällig und in nur geringem Umfang verwandt. Informationen werden eher unkritisch und nur sehr begrenzt genutzt[4] Die Produktbeurteilung erfolgt bei Low-Involvement-Käufen ohne kompliziertere Beurteilungsmodelle, und der Kaufentschluß selbst ist weniger durch vorab gebildete Urteile gesteuert, sondern kommt vielfach impulsiv zustande.

Das Involvement steuert auf sehr allgemeiner Ebene den psychischen Aufwand, den der Konsument bei der Auseinandersetzung mit seiner Umwelt betreibt.[5] Aufgrund seiner vielschichtigen Determinanten und den mittelbaren und unmittelbaren umfassenden Konsequenzen des Involvement auf den gesamten Kauf-

---

KROEBER-RIEL, W. (1990): Konsumentenverhalten, a.a.O., S. 379f.; ALBA, J.A.; HUTCHINSON; LYNCH JR., J.G. (1991): Memory and Decision Making, in: KASSARJIAN, H.H.; ROBERTSON, T.S. (Hrsg.), Perspectives in Consumer Behavior, 4. Aufl., Englewood Cliffs, NJ 1991, S. 1ff.

1   Inhaltlich ähnlich ist auch der in diesem Zuammenhang in der Literatur angeführte Begriff der »Vertrautheit«. Vgl. beispielsweise PARK, C.W. (1976): The Effects of Individual and Situation-related Factors on Consumer Selection of Judgement Models, in: Journal of Marketing Research, (13), May 1976, S. 150ff.

2   Vgl. ROTHSCHILD, M.L. (1979): Advertising Strategies for High and Low Involvement Situations, in: MALONEY, J.C.; SILVERMAN, B. (Hrsg.), Attitude Research Plays for High Stake, 8th Attitude Research Conference of the American Marketing Association, Chicago, IL 1979, S. 75ff.

3   Vgl. KASSARJIAN. H.H. (1981): Low Involvement: A second Look, in: MONROE, K.B. (Hrsg.), Advances in Consumer Research, (8), 1981, AnnArbor, MI 1981, S. 31ff.

4   Vgl. MEFFERT, H. (1992): Marketingforschung und Käuferverhalten, a.a.O., S. 66f.

5   Vgl. BEHRENS, G. (1991): Konsumentenverhalten, a.a.O., S. 64.

entscheidungsprozeß, bildet es ein Schlüsselkonstrukt für die Analyse des Kaufverhaltens.[1]

Das Involvement basiert insbesondere auf der subjektiven Wahrnehmung, daß
ein Gegenstand oder eine Aktivität dazu dient, starke persönliche Motive zu befriedigen.[2] Hinter diesen Motivationen stehen in der Regel Werthaltungen, mit denen sich der einzelne identifiziert und für die er sich einsetzt. Das Involvement
ist aber nicht nur als Ergebnis persönlicher Motivation zu sehen, sondern wird
insgesamt noch von einer Vielzahl, teilweise auch stimulusspezifischer Einflußfaktoren mitbestimmt.[3] Als solche Involvementfaktoren werden diejenigen Größen
bezeichnet, mit denen das Involvement variiert. Es lassen sich vor allem perso-
nen-, produkt-, medien-, botschafts- und situationsspezifische Involvementfaktoren unterscheiden.[4]

Das **Produktinvolvement** bildet die am meisten beachtete Komponente des Involvement. Es ergibt sich aus der Art eines Produktes und der individuellen Bedeutung seiner Produktcharakteristika sowie der persönlichen Bindung an eine
Produktmarke.[5] Daneben werden als weitere wesentliche Einflußgrößen auf die

---

1   Vgl. ROBERTSON, T.S. (1976): Low – Commitment Consumer Behavior, in: Journal of Adverti-
    sing Research, (16), 1976, S. 19ff.; KASSARJIAN. H.H. (1981): Low Involvement: A second
    Look, in: MONROE, K.B. (Hrsg.), Advances in Consumer Research, a.a.O., S. 31ff; KAPFERER,
    J.N.; LAURENT, G. (1985): Consumer's Involvement Profile: New Empirical Results, a.a.O., S.
    290; DEIMEL, K. (1989): Grundlagen des Involvement und Anwendung im Marketing, a.a.O.,
    S. 153ff.; MITCHELL, A.A. (1979): Involvement: A Potentially Important Mediator of Consumer
    Behavior, a.a.O., S. 194 sowie COSTLEY, C.L. (1987): Meta Analysis of Involvement Research,
    in: HOUSTON, M. (Hrsg.), Advances in Consumer Research, Vol. XV, Provo, UT 1987, S. 554ff.

2   Einhergehend mit dem Wandel der Werte ändern sich im Laufe der Zeit auch die Motive und
    das davon abhängige Involvement eines Konsumenten gegenüber bestimmten Sachverhalten.
    Vgl. dazu KROEBER-RIEL, W. (1988): Strategie und Technik der Werbung, Stuttgart 1988, S. 98.

3   Neben einer Vielzahl weiterer Parameter, die das Involvement ebenfalls mehr oder weniger
    stark beeinflussen können, wird insbesondere dem wahrgenommenen Risiko ein entschei-
    dender Einfluß auf das empfundene Involvement zugesprochen. Vgl. TROMMSDORFF, V.
    (1993): Konsumentenverhalten, a.a.O., S. 52f., BLEICKER, U. (1983): Produktbeurteilung der
    Konsumenten, a.a.O., S. 139ff.; KROEBER-RIEL, W. (1988): Strategie und Technik der Wer-
    bung, a.a.O., S. 98ff.; DEIMEL, K. (1989): Grundlagen des Involvement und Anwendung im
    Marketing, a.a.O., S. 153ff. sowie JECK-SCHLOTTMANN, G. (1987): Anzeigenbetrachtung bei
    geringem Involvement, in: Marketing ZFP, (10), 1987, S. 33ff.

4   Vgl. TROMMSDORFF, V. (1993): Konsumentenverhalten, a.a.O., S. 51ff.

5   Vgl. MEFFERT, H. (1992): Marketingforschung und Käuferverhalten, a.a.O., S. 68; TROMMS-
    DORFF, V. (1993): Konsumentenverhalten, a.a.O., S. 52f. sowie KROEBER-RIEL, W. (1986): Die
    inneren Bilder des Konsumenten, in: Marketing ZFP, (8), 1986, S. 81ff.

Stärke des Produktinvolvement das soziale und funktionale Risiko, der Preis und die Unterscheidbarkeit der Alternativen angeführt.[1]

PRODUKTINVOLVEMENT-DETERMINANTEN	
produktbezogen...	personenbezogen...
Lebenszyklusphase	Produktinteresse
Ausmaß psychischer Produktdifferenzierung	Verstärkung/Spaß/Belohnung beim Entscheiden/Konsumieren
Anzahl kaufentscheidender Merkmale	Identifikation/persönliche Ausdrucksmöglichkeit
Umfang ausgeprägter Einstellungen	empfundenes Kaufrisiko und Risikowahrscheinlichkeit
empfundenes Kaufrisiko	Risikokosten

Abb. C-05   Beispiele empirisch ermittelter Determinanten des Produktinvolvement

Die empirischen Untersuchungen zur Ermittlung von Involvementdeterminanten[2] machen deutlich, daß das Produktinvolvement zwar in mancherlei Hinsicht auf rein produktbezogenen Eigenschaften beruhen kann, die Mehrzahl der in der Literatur angeführten empirisch ermittelten Kriterienkataloge belegen aber die inhaltliche Nähe von Produktcharakteristika und situations- und vor allem personenspezifischen Einflußgrößen.[3] *Abbildung C-05* zeigt zwei Beispielkataloge solcher jeweils weitgehend unabhängiger Kriterien, mit deren Hilfe eine primär

---

1   Vgl. KAPFERER, J.N.; LAURENT, G. (1985): Consumer's Involvement Profile, a.a.O., S. 291; LASTOVICKA, J.W. (1979): Questioning the Concept of Involvement Defined Product Classes, in: WILKIE, W.L. (Hrsg.), Advances in Consumer Research, a.a.O., S. 174 sowie ZAICHKOWSKY, J.L. (1987): Involvement and the Price Cue, in: HOUSTON, M. (Hrsg.), Advances in Consumer Research, a.a.O., S. 323ff.

2   Vgl. dazu LASTOVICKA, J.W.; GARDNER, D.M. (1979): Components of Involvement, in: MALONEY, J.C.; SILVERMAN, B. (Hrsg.), Attitude Research plays for High Stakes, a.a.O.; S. 53ff.; JECK-SCHLOTTMANN, G. (1987): Anzeigenbetrachtung bei geringem Involvement, a.a.O., S. 7ff. sowie JAIN, A.K.; SRINIVASAN, N. (1990): An Empirical Assessment of Multiple Operationalizations of Involvement, in: GOLDBERG, M.E.; GORN, G.; POLLAY, R.W. (Hrsg.), Advances in Consumer Research, Vol. XVII, Provo, UT 1990, S. 594

3   Vgl. ZAICHKOWSKY, J. L. (1985): Measuring the Involvement Construct, in: Journal of Consumer Research, (12), 1985, S. 341ff, KAPFERER, J.N.; LAURENT, G. (1985): Consumer's Involvement Profile: New Empirical Results, a.a.O., S. 291f.; BEHRENS, G. (1991): Konsumentenverhalten, a.a.O., S. 63; LASTOVICKA, J.W. (1979): Questioning the Concept of Involvement Defined Product Classes, a.a.O., S. 174f. sowie KROEBER-RIEL, W.; TROMMSDORFF, V (1973): Markentreue beim Kauf von Konsumgütern − Ergebnisse einer empirischen Untersuchung, in: KROEBER-RIEL, W. (Hrsg.), Konsumentenverhalten und Marketing, Opladen 1973, S. 57ff.

produktorientierte Einordnung in High- oder Low-Involvement-Produktgruppen ermöglicht wird.[1]

Aus diesen Kriterien lassen sich Nutzen- und Kosten-Dimensionen ableiten, die dann als ein einfaches zweidimensionales Involvementkonzept ebenfalls zur Typologisierung von Produkten verwandt werden können.[2]

Ist zum Beispiel das Automobil – wie durch zahlreiche empirische Untersuchungen bestätigt[3] – tendenziell als ein typisches High-Involvement-Produkt, wie in *Abbildung C-06* dargestellt, anzusehen, kann es dennoch zu mehr oder weniger starken Unterschieden beim Involvement kommen. Die Ursache dafür liegt im sogenannten **personenspezifischen Involvement**. Diese Größe, die sich aus verschiedenen persönlich geprägten Einflußfaktoren ergibt, kann relativierend auf den Kaufentscheidungsprozeß wirken und die grundsätzlichen Aussagen zum Produktinvolvement erheblich einschränken.[4] Die Ursachen für ein unterschiedliches persönliches Involvement liegen in persönlichen Eigenschaften des jeweiligen Konsumenten, wie beispielsweise seinem Wissen über bestimmte Produkte, Erfahrungen mit sowie Einstellungen zu einem Produkt begründet. Je stärker ein Objekt die zentralen persönlichen Eigenschaften berührt, umso höher ist demzufolge das Involvement.[5]

---

1   Vgl. ZAICHKOWSKY, J. L. (1985): Measuring the Involvement Construct, a.a.O., S. 347ff. sowie KAPFERER, J.N.; LAURENT, G. (1985): Consumer's Involvement Profile: New Empirical Results, a.a.O., S. 293f

2   Dabei wird unterstellt, daß subjektive Kosten und subjektiver Nutzen kumulativ auf das Involvement wirken: Bei hoher (niedriger) Nutzen- und geringer (hoher) Kostenausprägung sind Produkte mit einem mittleren Involvementgrad zu finden. Hoher Nutzen und hohe Kosten kennzeichnen »High-Involvement«-Produkte, der umgekehrte Fall trifft auf »Low-Involvement«-Produkte zu. Vgl. TROMMSDORFF, V. (1993): Konsumentenverhalten, a.a.O., S. 53f.

3   Vgl. zum Beispiel BLEICKER, U. (1983): Produktbeurteilung der Konsumenten, a.a.O., S. 173 und die dort aufgeführten Studien.

4   Vgl. LASTOVICKA, J.W. (1979): Questioning the Concept of Involvement Defined Product Classes, a.a.O., S. 174ff.

5   Vgl. NEWMAN, L.M.; DOLICH, I.J. (1979): An Examination of Ego-Involvement as a Modifier of Attitude Changes Caused from Product Testing, in: WILKIE, W.L. (Hrsg.), Advances in Consumer Research, a.a.O., S. 180ff.; MITCHELL, A.A. (1979): Involvement, a.a.O., S. 191ff. sowie KASSARJIAN. H.H. (1981): Low Involvement, a.a.O., S. 31ff.

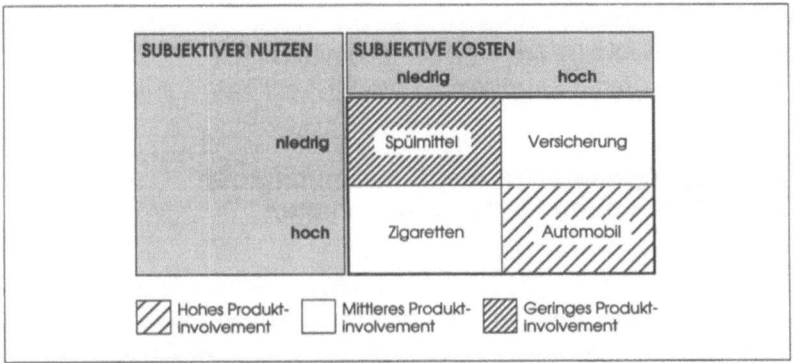

Abb. C-06 Involvementabhängige Klassifikation von Produkten

Quelle: In Anlehnung an TROMMSDORFF, V. (1993): Konsumentenverhalten, 2. Aufl., Stuttgart 1993, S. 54.

Aufgrund seiner den weiteren Kaufentscheidungsprozeß prägenden Rolle ist das Involvement deshalb für die Diskussion **fertigungstiefenpolitischer Auswirkungen** auf das Kaufverhalten als notwendige Voraussetzung zu betrachten. Damit ein Konsument die Fertigungstiefe und deren Veränderungen überhaupt erkennt und in seinen Beurteilungs- sowie den weiteren Entscheidungsprozeß mit einfließen läßt, ist ein hoher Grad an Involvement erforderlich.

Allerdings ist ein hohes Involvement noch keine hinreichende Bedingung für die Relevanz der Fertigungstiefengestaltung im Rahmen der Kaufentscheidung. Es umfaßt zunächst nur die Bereitschaft einer Person, einem Objekt Aufmerksamkeit zukommen zu lassen und Informationen aufzunehmen. Der Konsument beachtet somit eher auch die Details eines Produktes. Die Bereitschaft zur aktiven Auseinandersetzung mit dem Kaufobjekt bildet die grundsätzliche Voraussetzung, um fertigungstiefenpolitisch induzierte Produktveränderungen überhaupt wahrnehmen zu können.

Zugleich ist die Aufnahme und Verarbeitung von Informationen aber davon abhängig, ob sie vom Konsumenten subjektiv erkannt und mit dem Objekt auch in Verbindung gebracht werden kann. Insofern sind die Auswirkungen des Involvement von der Wahrnehmung und dem Wissen des Konsumenten mitbestimmt. Werden Informationen nicht wahrgenommen oder sind sie, aufgrund mangelnden Wissens, nicht einzuordnen, kann sich die aktivierende Wirkung des Involvement gar nicht erst entfalten. Denkt man beispielsweise an chemische Produkte, kann zwar das Involvement und damit die Bereitschaft zur Auseinandersetzung relativ hoch sein. Die Verarbeitungstiefe ist aber, aufgrund nicht vorhandener Wahrnehmungs- und Differenzierungsmöglichkeiten der einzelnen Komponenten des Produktes und eines in der Regel nicht vorhandenen Basiswissens, von vornherein begrenzt, so daß die Frage der Fertigungstiefe bei solchen Produkten im allgemeinen für den Konsumenten irrelevant ist.

2.3 Fertigungstiefeninduzierte Bedeutung der Wahrnehmung für das Kaufverhalten

Als kognitive Determinante steht die Wahrnehmung von Produkten und ihren Eigenschaften als Bindeglied zwischen Umweltstimuli und Individuum. Sie bestimmt über die Informationsaufnahme den weiteren, in die Kaufentscheidung mündenden Verarbeitungsprozeß.[1]

Wahrnehmung läßt sich als ein Prozeß der Informationsaufnahme und -verarbeitung beschreiben. Die Informationen werden dabei vor dem Hintergrund vorhandener Erfahrungen, Kenntnisse und Fähigkeiten aufgenommen, interpretiert, geordnet, verknüpft und bewertet.[2] Neben der reinen Aufnahme von Informationen tritt dabei auch die vergleichende Beurteilung.[3] Charakteristisch für das Verständnis der Wahrnehmung sind die Begriffe der Subjektivität, der Aktivität sowie der Selektivität.[4]

---

1 Vgl. dazu BEHRENS, G. (1982): Das Wahrnehmungsverhalten des Konsumenten, Frankfurt a.M. 1982, S. 4ff.; NIESCHLAG, R.; DICHTL, E.; HÖRSCHGEN, H. (1991): Marketing, a.a.O., S. 115ff. sowie KROEBER-RIEL, W. (1990): Konsumentenverhalten, a.a.O., S. 276.

2 Vgl. zur Diskussion alternativer Abgrenzungen BEHRENS, G. (1982): Das Wahrnehmungsverhalten des Konsumenten, a.a.O., S. 2ff. In der Literatur werden mit der Diskussion von Wahrnehmungen in der Regel auch grundlegende physiologische Darstellungen verbunden. Dabei steht das sogenannte »Drei-Speicher-Modell« im Mittelpunkt: Die von den Sinnesorganen aufgenommenen Reize werden danach zunächst im Ultrakurzspeicher aufgenommen. Aufgrund nur sehr begrenzter Verarbeitungskapazitäten werden sie anschließend selektiv in den Kurzzeitspeicher weitergeleitet. Hier werden sie kognitiv vor dem Hintergrund vorhandener Erfahrungen, Kenntnisse und Assoziationen verarbeitet und bleiben im Langzeitspeicher langfristig verfügbar. Vgl. dazu ausführlich KROEBER-RIEL, W. (1990): Konsumentenverhalten, a.a.O., S. 220ff.; TROMMSDORFF, V. (1993): Konsumentenverhalten, a.a.O., S. 228ff.; HAJOS, A. (1973): Wahrnehmungspsychologie, Stuttgart 1973, S. 527ff.; LOUDON, D.L.; DELLA BRITTA, A.J. (1993): Consumer Behavior. Concepts and Applications, 4. Aufl., New York, NY 1993, S. 353ff. sowie ENGEL, J.F.; BLACKWELL, R.D.; MINIARD, P.W. (1993): Consumer Behavior, a.a.O., S. 415ff.

3 Die Beurteilung umfaßt nicht die Auswahlentscheidung zwischen Alternativen, sondern bedeutet vielmehr, daß die Informationen unter Rückgriff auf unterschiedliche sogenannte »kognitive Programme« zueinander in Beziehung gesetzt und interpretiert werden müssen, um weiterverarbeitet und gegebenenfalls gespeichert werden zu können. Vgl. ausführlich KROEBER-RIEL, W. (1990): Konsumentenverhalten, a.a.O., S. 277ff. sowie PETER, J.P.; OLSON, J.C. (1993): Consumer Behavior and Marketing Strategy, 3. Aufl., Homewood, IL 1993, S. 59ff.

4 Vgl zum folgenden KROEBER-RIEL, W. (1990): Konsumentenverhalten, a.a.O., S. 267ff. sowie MEFFERT, H. (1992): Marketingforschung und Käuferverhalten, a.a.O., S. 61.

Das Verhalten wird nicht durch die objektive Realität bestimmt, sondern ist das Ergebnis der wahrgenommenen Umwelt. Wahrnehmung ist demnach immer individuell und insofern **subjektiv** geprägt. Die eigene Wahrnehmung der Umwelt unterscheidet sich mehr oder weniger stark von derjenigen anderer. Eine objektive und »richtige« Wahrnehmung gibt es dabei nicht, sondern jeder Mensch schafft sich ein eigenes individuelles »inneres Bild« seiner Umwelt.

Die Wahrnehmung ist darüber hinaus keine passive oder zufällige Rezeption von Reizen, denen der einzelne ausgesetzt ist, sondern sie ist vielmehr als ein **aktiver Vorgang** der Informationsaufnahme und -verarbeitung gekennzeichnet, durch die der Mensch seine Umwelt erlebt.[1] Der Konsument wählt dazu aktiv aus, was er »behalten« will und was nicht. Neben der formalen Prägnanz, nach der beispielsweise bestimmte optische Reize leichter aufgenommen werden, wird die Wahrnehmung auch durch inhaltlich Prägnanz erleichtert, wenn Informationen und Eindrücke zum Beispiel Anknüpfungspunkte in den kognitiven Strukturen und den Erfahrungen eines Konsumenten haben und der »Nutzen« für den Konsumenten leicht erkennbar ist.[2] So wird ein technisch interessierter Konsument sehr viel detailliertere Informationen über technische Einzelheiten von komplexen Produkten, zum Beispiel Computern oder Automobilen, aufnehmen als ein Laie.

Angesichts einer – in fast jeder Produktkategorie – nahezu unübersehbaren Produkt- und Markenvielfalt ist die Wahrnehmung schließlich ein Mittel zur Komplexitätsreduktion, bei der das Individuum aus der Vielfalt an Informationen und Eindrücken aus seiner Umgebung diejenigen auswählt, die für ihn anhaltende Bedeutung haben. Eine **selektive Vorgehensweise** ist notwendig, denn einer Vielzahl von möglichen Informationen und Eindrücken der Umwelt stehen nur begrenzte physische und psychische Verarbeitungskapazitäten gegenüber.[3]

---

1   Daneben gibt es experimentelle Untersuchungen zur »unterschwelligen Wahrnehmung«, also der unbewußten Aufnahme von Reizen, die Bedürfnisse aktivieren. Es ist aber fraglich, ob diese beobachteten Phänomene auch geeignet sein können, Bedürfnisse auf bestimmte Produkte auszurichten und insoweit Relevanz für das Marketing haben. Vgl. KROEBER-RIEL, W. (1990): Konsumentenverhalten, a.a.O., S. 273f. sowie BEHRENS, G. (1982): Das Wahrnehmungsverhalten des Konsumenten, a.a.O., S. 168ff.

2   Dies umfaßt sowohl angenehme als auch unangenehme, insbesondere warnende Umweltreize, die häufig gleichermaßen gut wahrgenommen werden. Vgl. MORGAN, C.T.; KING, R.A. (1971): Introduction to Psychology, 4. Aufl. New York, NY 1971, S. 284; GRUNERT, K.G. (1983): Die Ermittlung entscheidungsrelevanter Produktmerkmale beim Automobilkauf, in: DICHTL, E.; RAFFÉE, H.; POTUCEK, V. (Hrsg.), Marktforschung im Automobilsektor, Frankfurt a.M. 1983, S. 40 sowie ROSENSTIEL, L.V.; NEUMANN, P. (1982): Einführung in die Markt- und Werbepsychologie, Darmstadt 1982, S. 60.

3   Die begrenzte Speicher- und Verarbeitungsfähigkeit wird deutlich, wenn man sich vor Augen führt, daß der Mensch nur etwa sieben Informationseinheiten im Kurzzeitspeicher gleichzeitig

Diese Kennzeichen der Wahrnehmung sind für konsumentenorientierte Unternehmensentscheidungen wesentlich, unterstreichen sie doch, daß beispielsweise für die Beurteilung eines Produktes nicht etwa die objektiven Merkmale, sondern vielmehr die subjektiv vom Konsumenten wahrgenommenen Produkteigenschaften für die Kaufentscheidung wichtig sind. Bezogen auf die Analyse fertigungstiefenpolitischer Entscheidungen bedeutet dies, daß der Konsument die mit solchen Maßnahmen verbundenen objektiven Produktveränderungen, beispielsweise etwa den Wechsel von der Eigenerstellung zum Fremdbezug einzelner Teile, zuerst einmal wahrnehmen muß, um sie in seinen weiteren Kaufentscheidungsprozeß überhaupt einfließen und somit berücksichtigen zu können.

Zugleich wird aber auch deutlich, daß die Wahrnehmung ein komplexer kognitiver Vorgang ist, der eng mit anderen kognitiven Prozessen in Zusammenhang steht. Die Wahrnehmung ist immer in ein komplexes psychologisches Beziehungsgefüge eingebettet, innerhalb dessen Übergänge zu anderen Teilprozessen fließend sind.[1]

Für die Produktwahrnehmung ist charakteristisch, daß der Konsument bei der Wahrnehmung zu Vereinfachungen neigt.[2] So schließt er von wenigen wahrgenommenen Eigenschaften häufig bereits auf das Gesamtprodukt.[3] Solche **Schlüs-**

vorhalten kann. Vgl. dazu und zum Begriff der »Informationsüberlastung« MILLER, G.A. (1956): The Magic Number Seven, Plus or Minus Two: Some Limits on our Capacity for Processing Information, in: Psychological Review, (63), 2-1956, S. 81ff.; JACOBY, J.; SPELLER, D.E.; KOHN, C.A. (1974): Brand Choice Behavior as A Function of Information Load, in: Journal of Marketing Research, (11), 1974, S. 63ff. sowie JACOBY, J. (1984): Perspectives on Information Overload, in: Journal of Consumer Research, (10), 1984, S. 432ff.

1   Die kognitive Wahrnehmungsforschung, die auch der hier gewählten Definition zugrundeliegt, grenzt die Wahrnehmung selten als eigenständigen Begriff ab, da sie kaum von anderen psychologischen Prozessen abzutrennen ist. Stattdessen wird sie häufig unter dem Oberbegriff der Kognitionen abgehandelt. Dennoch soll sie in der vorliegenden Untersuchung, selbst unter Inkaufnahme einer inhaltlichen Reduktion des Begriffs, als ein für die Fragestellung besonders wichtiger Teilaspekt des Konsumentenverhaltens, einzeln betrachtet werden. Vgl. LINDSAY, D.B.; NORMAN, D.A. (1977): Human Information Processing. An Introduction to Psychology, 2. Aufl., New York, NY 1977, S. 2ff.; NIESSER, U. (1974): Kognitive Psychologie, Stuttgart 1974, S. 19 sowie KROEBER-RIEL, W. (1990): Konsumentenverhalten, a.a.O., S. 270.

2   Vgl. WEINBERG, P. (1980): Vereinfachungen von Kaufentscheidungen bei Konsumgütern, in: Marketing ZFP, (2), 2-1980, S. 87ff. sowie WRIGHT, P. (1975): Consumer Choice Strategies: Simplifying vs. Optimizing, in: Journal of Marketing Research, (12), 1975, S. 61ff.

3   In der Literatur werden in diesem Zusammenhang »Irradiationen« sowie der sogenannte »Halo-Effekt«, als Beispiele für vereinfachende und objektiv nicht begründbare Verallgemeinerungsvorgänge angeführt. Vgl. MEFFERT, H. (1992): Marketingforschung und Käuferverhalten, a.a.O., S. 62; NIESCHLAG, R.; DICHTL, E.; HÖRSCHGEN, H. (1991): Marketing, a.a.O., S. 118 sowie KROEBER-RIEL, W. (1990): Konsumentenverhalten, a.a.O., S. 295f. Ebenso hat der Preis oftmals die Funktion eines Qualitätsindikators. Vgl. GARDNER, D.M. (1971): Is there a Generalized Price/Quality Relationship?, in: Journal of Marketing Research, (8), 5-1977, S. 241ff.; ZEITHAML, V.A. (1988): Consumer Perception of Price, Quality, and Value, a.a.O., S. 2ff. sowie TOLLE, E. (1994): Informationsökonomische Erkenntnisse für das Marketing bei Qualitäts-

selinformationen sind für die Beurteilung eines Produktes besonders wichtig. Sie werden als hinreichende Produktinformationen gewertet und führen zur Bündelung oder der Substitution weiterer Informationen. Als Schlüsselinformationen – in der Literatur zum Wahrnehmungsverhalten auch als »information chunk« bezeichnet – wird neben dem Preis vor allem der Markenname genannt.[1] Diese Merkmale wirken entlastend, da sie Vertrauen schaffen, ohne daß der Konsument genauere Produktkenntnisse besitzt.

Wurde bereits darauf hingewiesen, daß der Konsument ein modulares Produkt wie das Auto differenziert erfassen muß, damit sich **fertigungstiefenpolitische Entscheidungen** in seiner Kaufentscheidung niederschlagen, wird an dieser Stelle deutlich, daß diese Teile natürlich besonders gut zu identifizieren sind, wenn sie auch markiert sind. Der Konsument erhält damit eine Orientierung, die es ihm erlaubt, im Sinne von »information chunks« spezifische Teile und Komponenten zu identifizieren und wieder zu erkennen. Die Markierung ist auch im fertigungstiefenpolitischen Zusammenhang als eine Voraussetzung zu sehen, die eine Differenzierung zwischen selbsterstellten oder fremdbezogenen Produktkomponenten erleichtert.[2]

Neben der Gesamtwahrnehmung steht demnach vor allem die differenzierte Wahrnehmung einzelner Teile und Komponenten im Vordergrund. Um über die Gestaltung der Fertigungstiefe konsumentenorientiert zu entscheiden, muß zunächst ermittelt werden, ob aktuelle und potentielle Käufer, Teile eines Produktes, die fremdgefertigt werden sollen, überhaupt als eigenständige Teile wahrnehmen. Die ohnehin selektive Wahrnehmung der Umwelt muß sich daher notwendigerweise auch auf die Erfassung der einzelnen Produktkomponenten erstrecken. Ist dies nicht der Fall, ist anzunehmen, daß die Fertigungstiefenentscheidung vereinfachend allein unter Kostenaspekten getroffen werden kann.

---

unsicherheit der Konsumenten, in: Zeitschrift für betriebswirtschaftliche Forschung, (46), 11-1994, S. 926ff.

1   Vgl. zur Relevanz von Markennamen JACOBY, J.; SZYBILLO, G.J.; BUSATO-SCHACH, J. (1977): Understanding Customer Expectations of Service, in: Journal of Consumer Research, (3), March 1977, S. 209ff.

2   Die Markierung als Kennzeichnung eines Produktes ist eine der zentralen Funktionen von Markenartikel. Bereits MELLEROWICZ definiert eine die Herkunft kennzeichnende Marke in einheitlicher Aufmachung als konstituierendes Merkmal von Markenartikel. Wenngleich dabei sicherlich eher an Handelsmarken gedacht war, ist dieses Kennzeichen gleichwohl eine der zentralen Funktionen aller markierten Güter. Vgl. MELLEROWICZ, K. (1964): Markenartikel. Die ökonomischen Gesetze ihrer Preisbildung und Preisbindung, 2. Aufl., München 1963, S. 39. Vgl. darüber hinaus zu Markenartikel DICHTL, E. (1992): Grundidee, Funktionen und Varianten des Markenartikels, in: Wirtschaftswissenschaftliches Studium, (21), 6-1992, S. 270ff.; WISWEDE, G. (1992): Die Psychologie des Markenartikels, in: DICHTL, E.; EGGERS, W. (Hrsg.), Marke und Markenartikel als Instrumente des Wettbewerbs, München 1992, S. 73ff. sowie BECKER, J. (1992): Markenartikel und Verbraucher, in: DICHTL, E.; EGGERS, W. (Hrsg.), Marke und Markenartikel als Instrumente des Wettbewerbs, a.a.O., S. 98ff.

Dabei kann aber gleichzeitig auch unterstellt werden, daß das Produkt nicht bis in jedes einzelne Detail wahrgenommen werden kann. So kann beispielsweise im Kraftfahrzeugbau davon ausgegangen werden, daß die Identifikations- und Abgrenzungsfähigkeit bis in die Ebene der Hauptkomponenten- oder Funktionskomponentenebene hinein erfolgen.[1] Beziehen sich Entscheidungen beim Übergang von Eigenerstellung zu Fremdbezug auf Produktelemente jenseits einer solchen kritischen Grenze der Wahrnehmung, sind sie für den Konsumenten nicht wahrzunehmen. Obgleich sich der Umfang der Wahrnehmung zwar durch unternehmenspolitische Maßnahmen beeinflussen läßt, unterliegt die Abgrenzungsfähigkeit bestimmten Grenzen.

Daneben muß aber auch die Bereitschaft des Konsumenten vorhanden sein, differenziert wahrnehmbare Produkte auch dementsprechend zu erfassen. Während zum Beispiel Computer als modulare Produkte angesehen werden, die einzelne, eigenständig wahrgenommene Teilgesamtheiten enthalten, ist eine solche Bereitschaft des Konsumenten zur Differenzierung bei HiFi-Geräten, die vielfach sogar ähnliche Bauteile enthalten, kaum zu finden.

Neben den eigentlichen Wahrnehmungsvorgang treten schließlich zahlreiche personenspezifische Aspekte, die deutlich werden lassen, daß der Konsument in der Lage sein muß, seine Wahrnehmungen kognitiv zu verarbeiten und zu bewerten. Die Wahrnehmung führt zwar zu einer ersten Verdichtung des Entscheidungsfeldes, kann aber nur wenig über die tatsächliche spätere Kaufentscheidung aussagen.[2]

2.4   Fertigungstiefeninduzierte Bedeutung des Wissens für das Kaufverhalten

Während sich bei der Wahrnehmung das Interesse auf den Vorgang der unmittelbaren Informationsaufnahme richtet, ist das Wissen des Konsumenten durch in der Vergangenheit erfolgte Wahrnehmungsvorgänge entstanden. Im Mittelpunkt stehen Informationen, die aus solchen Prozessen im Zusammenhang interpretiert, verarbeitet und dauerhaft im Gedächtnis geblieben sind.[3] Als kognitiver Zustand

---

1   Vgl. BENKENSTEIN, M. (1992): Die Reduktion der Fertigungstiefe als betriebswirtschaftliches Entscheidungsproblem, a.a.O., S. 295.

2   Vgl. ROSENSTIEL, L.V.; NEUMANN, P. (1982): Einführung in die Markt- und Werbepsychologie, a.a.O., S. 56.

3   Vgl. ALBA, J.W.; HUTCHINSON, J.W.; LYNCH, JR., J.G. (1991): Memory and Decision Making, in: ROBERTSON, T.S.; KASSARJIAN, H.H. (Hrsg.), Handbook of Consumer Behavior, a.a.O., S. 1

interpretiert, umfaßt das Produktwissen den Grad an subjektiver Kenntnis über ein Produkt. Diese Kognitionen repräsentieren Informationseinheiten, die im sogenannten Langzeitspeicher – dem eigentlichen Gedächtnis – abgelegt und vom Konsumenten erinnert werden.[1] Es wird allgemein zur Deutung und Beurteilung von Produkten und ihren Eigenschaften herangezogen.

Dementsprechend ist das Wissen für die Untersuchung der Bedeutung fertigungstiefenpolitischer Entscheidungen innerhalb der Kaufentscheidung relevant. Sofern der Konsument in der Lage ist, aus seinem Wissen heraus die einzelnen Teile eines komplexen Produktes und seine Funktion einzuordnen, kann er Veränderungen in der Herkunft erkennen, mit entsprechenden Eigenschaftsveränderungen des Produktes, die sich daraus ergeben, tatsächlich erfassen und in seine Kaufentscheidung einfließen lassen.

Das **Produktwissen** umfaßt alle Informationen, die der Konsument subjektiv mit einem Produkt in Zusammenhang setzt. Ebenso muß es – entgegen der Ansicht von BLEICKER[2] – nicht mit Produkterfahrung oder -gebrauch entstanden sein, son-

---

sowie ALBA, J.W.; HUTCHINSON, J.W. (1987): Dimensions of Consumer Expertise, in: Journal of Consumer Research, (13), March 1987, S. 411.

1   Der Grad des Produktwissen wird von einigen Autoren auch unter dem Begriff der »familiarity«, in der sozialpsychologischen Literatur allgemeiner unter »expertise«, gefaßt. Beide Begriffe sollen – trotz geringfügiger inhaltlicher Unterschiede – im weiteren inhaltlich mit dem (Produkt-)Wissen gleichgesetzt werden. Vgl. insbesondere ALBA, J.W.; HUTCHINSON, J. W. (1987): Dimensions of Consumer Expertise, a.a.O., S. 411ff. Darüber hinaus werden Produktklasse, Produkt und Marke als Bezugspunkte von Wissen differenziert. Dieser begrifflichen Trennung, die für die Untersuchung nicht relevant ist, soll an dieser Stelle nicht gefolgt werden. Vgl. MARKS, L.J.; OLSON, J.C. (1981): Toward a Cognitive Structure Conceptualization of Product Familiarity, in: MONROE, K.B. (Hrsg.), Advances in Consumer Research, a.a.O., S. 145ff.; JOHNSON, E.J.; RUSSO, J.E. (1984): The Organization of Product Information in Memory Identified by Recall Times, in: HUNT, H.K. (Hrsg.), Advances in Consumer Research, (V), AnnArbor, MI 1978, S. 79ff.; RAJU, P.S.; REILLY, M.D. (1980): Product Familiarity and Information Processing Strategies, in: Journal of Business Research, (8), 1980, S. 189; KUSS; A. (1987): Information und Kaufentscheidung: Methoden und Ergebnisse empirischer Konsumentenforschung, Berlin 1987, S. 180; CHI, M.T.H. (1983): The Role of Knowledge on Problem Solving and Consumer Choice Behavior, in: BAGOZZI, R.; TYBOUT, A. (Hrsg.), Advances in Consumer Research, (X), AnnArbor, MI 1983, S. 569ff.; BETTMAN, J.R. (1979): An Information Processing Theory of Consumer Choice, Reading, MA 1979, S. 23ff.; WRIGHT, P.L. (1975): Consumer Choice Strategies: Simplifying vs. Optimizing, a.a.O., S. 60ff.; WRIGHT, P.L. (1975): Factors Affecting Cognitive Resistance to Advertising, in: Journal of Consumer Research, (2), June 1975, S. 1ff.; LÜRSSEN, J. (1988): Produktwissen und Kaufentscheidung: Einbeziehung des Produktwissens bei der Analyse von Kaufentscheidungen mit der Information-Display-Matrix, Frankfurt a.M. 1988, S. 91ff. sowie BLEICKER, U. (1983): Produktbeurteilung der Konsumenten, a.a.O., S. 183ff.

2   BLEICKER ordnet diesem eine notwendige Verhaltenskomponente zu, die über erfahrungs- und gebrauchsorientierte Parameter operationalisiert wird. Gegenbeispiele lassen sich aber leicht konstruieren: So kann ein aufmerksamer Zeitungsleser ein erhebliches Wissen über das Thema der Fertigungstiefe erlangen, ohne daß er dazu Autobesitzer oder -fahrer sein muß. In einer empirischen Untersuchung von ZAICHKOWSKY konnte ein signifikanter Zusammenhang zwischen Wissen und Gebrauch nicht bestätigt werden. Vgl. BLEICKER, U. (1983): Produktbe-

dern kann sich auch unabhängig von einem direkten Kontakt zum Produkt auf einer abstrakteren Ebene entwickeln. Dabei steht das Involvement in einem deutlich positiven Zusammenhang zum Produktwissen.[1] Aus Gründen der Vereinfachung wird das Wissen in der Regel verdichtet.[2]

Die Bedeutung des Wissens für die Beurteilung von Produkten innerhalb des Kaufentscheidungsprozesses soll an der Unterscheidung zwischen einem Experten, der über ein hohes Maß an Produktwissen verfügt, und einem Laien, dessen Wissen eher gering ist, verdeutlicht werden:[3]

Bei hoher Vertrautheit, das heißt umfangreicherem Produktwissen, werden mehr **beurteilungsrelevante Attribute** mit erheblich stärkeren gedanklichen Ausprägungen für eine Kaufentscheidung herangezogen. Auch abstrakte derivative Eigenschaften werden in höherem Umfang zur Produktbeurteilung verwandt. Diese können sowohl aus konkreten Eigenschaften abgeleitet als auch als direkte Information erworben werden.[4] Verbunden mit dieser Fähigkeit, Kausalbeziehungen

---

urteilung der Konsumenten, a.a.O., S. 184ff. sowie ZAICHKOWSKY, J.L. (1985): Familiarity: Product Use, Involvement or Expertise?, in: HIRSCHMANN, E.C.; HOLBROOK, M.B. (Hrsg.), Advances in Consumer Research, (XII), Provo, UT 1985, S. 296ff.

1   Vgl. FISHER GARDIAL, S.F.; ZINKHAN, G.M. (1986): Situational Determinants of Buyer Behavior: A Middle-Range Theory Incorporating Familiarity and Involvement, in: LUTZ, R.J. (Hrsg.), Advances in Consumer Research, (XIII), Provo, UT 1986, S. 227; SUJAN, M. (1985): Consumer Knowledge: Effects on Evaluation Strategies Mediating Consumer Judgements, in: Journal of Consumer Research, (12), 6-1985, S. 44 sowie ZAICHKOWSKY, J.L. (1985): Familiarity: Product Use, Involvement or Expertise?, a.a.O., S. 298.

2   Informationen werden dazu nicht komplett und notwendigerweise in dem Zusammenhang, in dem sie auch wahrgenommen wurden abgelegt, sondern stehen möglichst kompakt als subjektiv sinnvoll zusammengefaßte Einheiten stellvertretend für einzelne Kognitionen, zur Wiederverwendung – in gegebenenfalls neuen Zusammenhängen – zur Verfügung. Die genauen Vorgänge sind allerdings noch umstritten, so daß sich verschiedene Modelle zur Speicherung von Wissen finden. Vgl. POPPER, K.R.; ECCLES, J.C. (1987): Das Ich und sein Gehirn, München 1987.

3   Vgl. zum folgenden LÜRSSEN, J. (1988): Produktwissen und Kaufentscheidung, a.a.O., S. 91ff.; RUSSO, J.E.; JOHNSON, E.J. (1980): What do Consumers Know about Familiar Products, in: OLSON, J.C. (Hrsg.), Advances in Consumer Research, (VII), AnnArbor, MI 1980, S. 417ff.; BRUCKS, M. (1986): A Typology of Consumer Knowledge Content, in: LUTZ, R.J. (Hrsg.), Advances in Consumer Research, a.a.O., S. 58ff.; BRUCKS, M.; MITCHELL, A.A. (1981): Knowledge Structures, Production Systems and Decision Strategies, in: MONROE, K.B. (Hrsg.), Advances in Consumer Research, a.a.O., S. 750ff.; JOHNSON, E.J.; RUSSO, J.E. (1984): The Organization of Product Information in Memory Identified by Recall Times, a.a.O., S. 79ff.; RICHINS, M.L.; BLOCH, P.H. (1983): An Investigation of Cognitive Structure in a Shopping Content, in: BAGOZZI, R.; TYBOUT, A. (Hrsg.), Advances in Consumer Research, a.a.O., S. 555ff. sowie KANWAR, R.; OLSON, J.C.; SIMS, L.S. (1981): Toward Conceptualizing and Measuring Cognitive Structures, in: MONROE, K.B. (Hrsg.), Advances in Consumer Research, a.a.O., S. 122ff.

4   Vgl. MARKS, L.J.; OLSON, J.C. (1981): Toward a Cognitive Structure Conceptualization of Product Familiarity, a.a.O., S. 146 sowie die empirische Untersuchung von BEATTIE, A.E. (1982): Effects of Product Knowledge on Comparison, Memory, Evaluation, and Choice: A Model of

zwischen verschiedenen Eigenschaften herzustellen, ist auch das Vermögen, die eigenschaftsspezifischen Ausprägungen einzuordnen und Vorstellungen über eventuelle Grenzwerte zu besitzen. Das Wissen über Produkteigenschaften und ihrer Funktionen ist demnach ein wesentliches Element für die effektivere Interpretation und Beurteilungsfähigkeit, die von Experten eher und umfangreicher erbracht werden kann als von Laien.

Fertigungstiefenpolitische Veränderungen werden dementsprechend eher von Konsumenten mit ausgeprägtem Produktwissen innerhalb der Kaufentscheidung berücksichtigt. Die Herkunft einzelner Teile kann von den Experten eingeschätzt, zu einem mehr oder weniger entscheidungsrelevanten Kriterium werden und somit in die Produktbeurteilung eingehen.

Besitzen die Produkteigenschaften oftmals Relevanz für eine ganze Produktkategorie, so lassen sich unter dem Gesichtspunkt des Produktwissens davon diejenigen Informationen, die sich auf spezielle Marken richten, unterscheiden.[1] Diese **Markenkenntnis** umfaßt das Wissen über die Ausprägungen von beurteilungsrelevanten Attributen einzelner Marken und hat Bedeutung für die Einstellungsbildung gegenüber einer Marke. Analog zum Produktwissen kann man in der Anzahl bekannter Marken einen Ausdruck für den Umfang an Markenkenntnis sehen.[2] Experten haben demnach eine höhere Markenkenntnis als Anfänger. Ebenso haben sie umfangreichere Kenntnisse von der Ausprägung der jeweils beurteilungsrelevanten Eigenschaften bei den einzelnen Marken.

Um sich im Wettbewerb unter fertigungstiefenpolitischen Gesichtspunkten profilieren zu können, ist es deshalb notwendig, daß markenbezogene Unterschiede auf der Ebene der Teile und Komponenten bekannt sind.

Die **Gestaltung der Fertigungstiefe** ist insgesamt für den Konsumenten relativ komplex. Eine Einbeziehung in die Kaufentscheidung erfordert verhältnismäßig viel Wissen über das Produkt und die Funktion einzelner Teile und Komponenten. Die Beurteilung von Fertigungstiefenveränderungen erfordert darüber hinaus die Kenntnisse über produktbezogene Konsequenzen. Ebenso kann das Wissen über Zulieferer helfen, entsprechende Entscheidungen zur Fertigungstiefengestaltung einzuordnen. Ein Experte ist zur Einschätzung fertigungstiefenbezogener Konsequenzen für sein Kaufverhalten insgesamt eher in der Lage als ein Laie.

Expertise in Consumer Decision-Making, in: MITCHELL, A.A. (Hrsg.), Advances in Consumer Research, (IX), AnnArbor, MI 1982, S. 336ff.

1 Vgl. ALBA, J.W.; HUTCHINSON, J.W.; LYNCH, JR., J.G. (1991): Memory and Decision Making, a.a.O., S. 4ff.

2 Vgl. HUTCHINSON, J.W. (1983): Expertise and the Structure of Free Recall, in: BAGOZZI, R.; TYBOUT, A. (Hrsg.), Advances in Consumer Research, a.a.O., S. 585ff.

Ist der Konsument aufgrund mangelnder Kenntnisse dazu nicht in der Lage, kann vermutet werden, daß Änderungen der Fertigungstiefe – soweit sie überhaupt wahrgenommen werden – zu Entscheidungsunsicherheiten führen. Aufgrund der mangelnden Kenntnisse wird der einzelne für seine Kaufentscheidung dann stärker auf ganzheitlich und emotional orientierte Informationen eingehen und sie zur Grundlage seiner Kaufentscheidung machen. Ebenso wird er seine Kaufentscheidung auf der Grundlage anderer, leichter erfaßbarer Kriterien wie beispielsweise aufgrund von Preisen treffen. Experten werden hingegen fertigungstiefenpolitische Veränderungen eher beurteilen und einschätzen können und in ihre Einstellungsbildung und Kaufentscheidung mit einbeziehen.

2.5   Fertigungstiefeninduzierte Bedeutung von Einstellungen für das Kaufverhalten

Einstellungen lassen sich allgemein definieren als hypothetische Konstrukte, die einen Zustand gelernter und relativ dauerhafter Bereitschaft einer Person beschreiben, gegenüber spezifischen Reizkonstellationen relativ konsistente positive oder negative Reaktionen zu zeigen.[1] Sie lassen sich dementsprechend auch als wertende Einschätzungen gegenüber Reizen bezeichnen.[2] Diese Einschätzung kann – wie *Abbildung C-07* zeigt – auf einer stärker affektiven oder kognitiven Bewertung beruhen.[3]

---

1   Vgl. FISHBEIN, M.; AJZEN, I. (1975): Belief, Attitude, Intention, and Behavior, Reading, MA 1965, S. 6; TROMMSDORFF, V. (1993): Konsumentenverhalten, a.a.O., S.137 sowie GRUNERT, K.G. (1990): Kognitive Strukturen in der Konsumforschung, a.a.O., Heidelberg 1990, S. 10.

2   Vgl. TOLLE, E.; STEFFENHAGEN, H. (1994): Kategorien des Markenerfolges und einschlägige Meßmethoden, in: BRUHN, M. (Hrsg.), Handbuch Markenartikel. Anforderungen an die Markenpolitik aus Sicht von Wissenschaft und Praxis, Stuttgart 1994, S. 1296f.

3   Das Einstellungskonstrukt wird in der Literatur vielfach noch um eine konative Komponente erweitert. Das »Drei-Komponenten«-Modell geht zurück auf ROSENBERG und HOVLAND, die Einstellungen definieren als »... predispositions to respond to some class of stimuli with certain classes of response.« Die »classes of response« werden als affektiv, kognitiv und konativ gekennzeichnet. Der »Drei-Komponenten-Theorie« soll aber aufgrund der vielfach vorliegenden Inkonsistenz zwischen Einstellung und Verhalten nicht gefolgt werden. Stattdessen wird die Verhaltensabsichts-Komponente als eine eigenständige angesehen, die zwischen Einstellung und Verhalten liegt. Darüber hinaus wird die geäußerte Verhaltensabsicht im Rahmen dieser Analyse als eigenständige Zielgröße gewählt. Vgl. ROSENBERG, M.J.; HOVLAND, C.I. (1960): Cognitive, affective, and behavioral components of attitudes, in: ROSENBERG, M.J.; HOVLAND, C.I. (Hrsg.), Attitude Organization and Change, New Haven, CT 1960, S. 3; ROSENBERG, M.J. (1956): Cognitive Structure and Attitudinal Affect, in: Journal of Abnormal and Social Psychology, (53), 1956, S. 367ff.; BAGOZZI, R.P. (1982): A Field Investigation of Casual Relations among Cognitions, Affect, Intentions, and Behavior, in: Journal of Marketing Research, (19), 1982, S. 562ff.; FREY, D. (1979): Einstellungsforschung: Neuere Ergebnisse der

Während die **kognitive** Komponente die bewußte, erkenntnishafte Auseinandersetzung mit einem Reiz umfaßt, repräsentiert die **affektive** Komponente die gefühlsmäßige, positiv oder negativ gerichtete Auseinandersetzung. Beide Elemente sind nicht unabhängig voneinander und in der Regel gleichgerichtet positiv oder negativ ausgeprägt. Sie beeinflussen direkt die Verhaltensintentionen beziehungsweise indirekt das tatsächliche Verhalten, das im Zeitablauf über Erfahrungen selbst wiederum auf die Einstellung zurückwirkt.

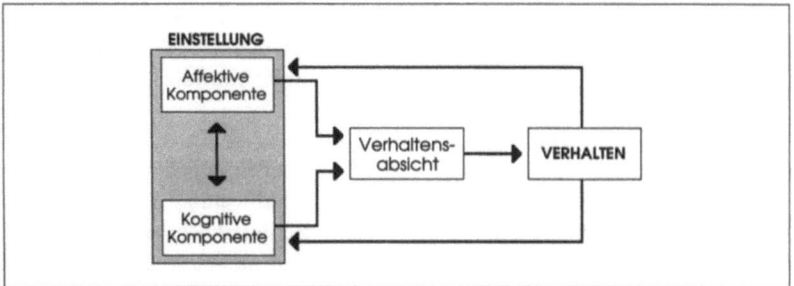

Abb. C-07   Komponenten des Einstellungskonstruktes

Quelle: In Anlehnung an TROMMSDORFF, V. (1993): Konsumentenverhalten, 2. Aufl., Stuttgart 1993, S. 143.

Die Komponenten werden zur Kennzeichnung von Einstellungen herangezogen und sind weniger als Einzelelemente zu sehen, die funktional verknüpft im Ergebnis zu Einstellungen führen. Dies schließt natürlich nicht aus, daß man unterschiedliche Aspekte einer Einstellung analysieren und Zusammenhänge zwischen den Komponenten ermitteln kann. Eine Trennung in Affektion und Kognition erscheint aber nicht sinnvoll, ist doch die gefühlsmäßige Bewertung von Meinungsgegenständen ohne die gleichzeitige Existenz wenigstens minimaler Kognitionen kaum vorstellbar und vice versa.[1]

Dies trifft insbesondere auf Güter zu, bei denen der Konsument bereit ist, mehr Aufwand in die Kaufentscheidung einzubringen. Gerade bei solchen Gütern, bei denen fertigungstiefenpolitische Veränderungen wahrgenommen werden kön-

---

Forschung über Einstellungsänderungen, in: Marketing ZFP, (2), 1-1979, S. 31ff.; DAY, G.S. (1972): Evaluating Models of Attitude Structure, in: Journal of Marketing Research, (9), 1972, S. 279ff. sowie LUTZ, R.J. (1977): An Experimental Investigation of Casual Relations among Cognitions, Affect, and Behavioral Intention, in: Journal of Consumer Research, (4), 1977, S. 197ff.

1   Vgl. dazu ANDRITZKY, K. (1976): Die Operationalisierbarkeit von Theorien zum Konsumentenverhalten, Berlin 1976, S. 218f.; TROMMSDORFF, V. (1975): Die Messung von Produktimages für das Marketing. Grundlagen und Operationalisierung, Köln 1975, S. 7ff.

nen, weil sie eher komplex sind und aus einzelnen Komponenten bestehen, geht dem Kauf in der Regel ein vergleichsweise aufwendiger Entscheidungsprozeß voran. Liegen eventuell sogar ausgeprägte Markenbilder, die der Konsument sich im Laufe der Zeit gebildet hat, vor, so sind diese zwar in hohem Maße emotional beeinflußt, trotzdem ist auch die kognitive Komponente einer solchen markenbezogenen Einstellung stark entwickelt.

Einstellungen sind schließlich immer auf ein bestimmtes Bezugsobjekt ausgerichtet. Dies können sowohl physisch vorhandene Gegenstände als auch abstrakte Größen, wie Marken, sein. Sie entstehen aus Lernprozessen des Individuums im Rahmen der Sozialisation sowie aufgrund von Erfahrungen, Überzeugungen, Wissen oder Meinungen und sind insofern auch durch die Umwelt mitbestimmt und beeinflußbar.[1]

Ob Einstellungen zu Verhalten führen oder ob Verhalten auf Einstellungen wirkt ist bislang offen. Ihre Nähe zueinander ist jedoch unbestritten.[2] Nach KROEBER-RIEL lassen sich unter Einbeziehung zusätzlicher Bedingungskonstellationen, die modifizierend zwischen Einstellungen und Verhalten treten, tendenzielle Aussagen ableiten:[3] So werden Einstellungen insbesondere bei hohem Involvement und höherem Ausmaß an kognitiver Steuerung verhaltenswirksam. Ebenso sind spezifischere Einstellungen in der Regel besser zur Analyse entsprechend spezifischer Verhaltensweisen geeignet als allgemeine Einstellungen.[4]

Beides trifft auf für **fertigungstiefenpolitische Maßnahmen** geeignete Produkte in besonderer Weise zu: Für die Zusammenstellung des »evoked set«, durch daß das Entscheidungsfeld auf eine relative kleine Zahl von relevanten Alternativen eingeschränkt wird, sind sowohl kognitive wie affektive Einflüsse relevant. Für die spezifische Thematik der Fertigungstiefe, die zunächst zu einer gedanklichen Auseinandersetzung mit den Kaufentscheidungsalternativen führen muß,

---

1   Lernen ist dabei als Sammelbegriff für Vorgänge, die durch vielfältige Erfahrungen entstehen und Einfluß auf die Persönlichkeit sowie deren Verhalten haben. Vgl. dazu im einzelnen LABERENZ, H. (1988): Die prognostische Relevanz multiattributiver Einstellungsmodelle für das Konsumenten-Verhalten, Hamburg 1988, S. 32f. sowie BERGIUS, R. (1972): Psychologie des Lernens, 2. Aufl., Stuttgart 1972, S. 9ff.

2   Vgl. zum folgenden LUTZ, R.J. (1991): The Role of Attitude Theory in Marketing, in: KASSARJIAN, H.H.; ROBERTSON, T.S. (Hrsg.), Perspectives in Consumer Behavior, a.a.O., S. 317ff. Die Annahme wechselseitiger Wirkungsbeziehungen von Einstellungen und Verhalten scheint sich auch in der Literatur immer mehr durchzusetzen. Vgl. MUMMENDEY, H.D. (1991): Die Beziehung zwischen Verhalten und Einstellung, in: MUMMENDEY, H.D. (Hrsg.), Verhalten und Einstellung. Untersuchung der Einstellungs- und Selbstkonzeptänderung nach Änderung des alltäglichen Verhaltens, Berlin 1988, S. 16ff. sowie KROEBER-RIEL, W. (1990): Konsumentenverhalten, a.a.O., S. 168.

3   Vgl. zum folgenden KROEBER-RIEL, W. (1990): Konsumentenverhalten, a.a.O., S. 169ff.

4   Vgl. dazu auch FREY, D. (1979): Einstellungsforschung, a.a.O., S. 31ff.

um auch für die Einstellungsbildung relevant zu werden, gilt dies umso mehr. Das Kaufentscheidungsverhalten ist demnach in wesentlichen Teilen durch kognitive Vorgänge der Einstellungsbildung vorgeprägt. Eine Verbindung der Einstellung zum Produkt und seinen Eigenschaften setzt dazu einen entsprechenden Wissensstand voraus, ohne den die Beurteilung sonst nur emotional erfolgen kann.

Für die Einbeziehung der Fertigungstiefe als kaufrelevante Eigenschaftsgröße ist somit eine differenzierte Einstellungsbildung notwendig, die sich auf ein Mindestmaß kognitiver Grundlagen stützt. Für globale, eindimensionale Einstellungen ist im Gegensatz dazu zu vermuten, daß sie in der Regel nicht fertigungstiefenspezifisch wirksam werden und somit auch unter diesen Gesichtspunkten keinerlei Auswirkungen auf das Kaufverhalten des Konsumenten haben. Allgemeine Einstellungen gegenüber Automobilien werden beispielsweise die Fertigungstiefe kaum als relevantes Produktmerkmal realisieren und deshalb auch nicht in ihren Entscheidungsprozeß einbeziehen, so daß Unternehmensentscheidungen zur Fertigungstiefengestaltung – aufgrund der mangelnden Kaufverhaltensrelevanz – vor allem auf Kostenaspekte ausgerichtet sein können. Letztendlich sind die relevanten Beurteilungskriterien, die der Konsument der Einstellungsbildung zugrunde legt, dafür entscheidend, in welchem Maße die Fertigungstiefe eines Produktes für die Einstellungsbildung relevant ist.

Weitgehend deckungsgleich zur Einstellung steht der – von GARDNER und LEVY[1] erstmals in die absatzwirtschaftliche Literatur eingeführte – Begriff des **Image**. Er wird als Image eines Produktes, einer Marke oder eines Herstellers immer wieder zur Erklärung des Konsumentenverhaltens herangezogen. SPIEGEL bezeichnet das Image als ein komplexes Gesamterlebnis, das offensichtlich nicht mit realen und objektiven Gegebenheiten eines Meinungsgegenstandes übereinstimmen muß.[2] Es ist dabei mehr »als nur das Spiegelbild der Realität, der sachlichen Gegebenheiten, weil in jedem Image ein Teil Wertung, Stimmung, Wunschdenken und individuelle Erfahrung mitschwingt«.[3]

In Anlehnung an TROMMSDORFF soll das Image als »mehrdimensionale und ganzheitliche Grundlage der Einstellung einer Person zu einem Gegenstand«[4] definiert werden, das aus subjektiven Eindrücken entsteht. Images unterscheiden sich ge-

---

1   Vgl. GARDNER, B.B.; LEVY, S.J. (1955): The Product and the Brand, in: Harvard Business Review, (33), 2-1955, S. 33ff.

2   Vgl. SPIEGEL, B. (1961): Die Struktur der Meinungsverteilung im sozialen Feld, Bern 1961, S. 29 und 36f. sowie MEFFERT, H. (1992): Marketingforschung und Käuferverhalten, a.a.O., S. 55ff.

3   TROMMSDORFF, V. (1975): Die Messung von Produktimages für das Marketing, a.a.O., S. 20ff.

4   TROMMSDORFF, V. (1993): Konsumentenverhalten, a.a.O., S. 147.

genüber Einstellungen nur insofern, als daß sie ganzheitlich definiert und häufig von schematisierten Vorstellungen gekennzeichnet sind.[1]

Im Zusammenhang mit **fertigungstiefenpolitischen Entscheidungen** kommt dem Image wesentliche Bedeutung zu: Durch die Verkürzung der Fertigungstiefe werden bislang von einem Hersteller selbst produzierte Teile und Komponenten eines Produktes durch Zulieferer erbracht. Beim Übergang von Eigenerstellung zum Fremdbezug finden sich, neben zahlreichen »anonymen« fremdbezogenen Teilen auch eigenständige Markenprodukte, die als integrativer Bestandteil im Endprodukt aufgehen. Sofern eine Zulieferermarke vorliegt, ist grundsätzlich davon auszugehen, daß es zu Transferwirkungen der Endproduktmarke auf den Zulieferer, aber auch umgekehrt vom Zulieferer auf den Endprodukthersteller kommen kann.

Während der Begriff des **Imagetransfers** in der Literatur meist mit Bezug auf Produktprogrammerweiterungen innerhalb von Markenstrategien (»brand/line extension«) eines Herstellers diskutiert wird[2], kann es auch bei fertigungstiefenpolitischen Entscheidungen zu den prinzipiell gleichen Transferwirkungen kommen. MAYER und MAYER definieren den Imagetransfer als »die wechselseitige Übertragung und Verstärkung von Assoziationen zwischen Produkten unterschiedlicher Kategorien...Wesentliches Merkmal von Imagetransferstrategien ist das einheitliche Auftreten mehrerer Produkte unterschiedlicher Kategorien unter einer Marke.«[3]

Im Unterschied zum klassischen horizontalen Imagetransfer stammen die beteiligten Marken bei einer Verkürzung der Fertigungstiefe aber von unterschiedlichen Herstellern und gehen quasi als »Marke-in-der-Marke« in das Endprodukt ein. Bei

---

1   Vgl. dazu MAZANEC, J. (1978): Strukturmodelle des Konsumverhaltens, a.a.O., S. 59.

2   Der Imagetransfer wird auch unter dem Begriff des Markentransfers diskutiert. Dieser umfaßt allgemein die Verwendung eines bestehenden eingeführten Markenzeichens für ein neues Produkt. Vgl. HÄTTY, H. (1989): Der Markentransfer, a.a.O., S. 23f.; MEFFERT, H.; HEINEMANN, G. (1990): Operationalisierung des Imagetransfers. Begrenzung des Transferrisikos durch Ähnlichkeitsmessungen, in: Marketing ZFP, (13), 1-1990, S. 5ff.; REITER, G. (1991): Strategien des Imagetransfers, in: Jahrbuch der Absatz- und Verbrauchsforschung, (37), 3-1991, S. 210ff.; HEINEMANN, G. (1993): Imagetransfer als Diversifikationsstrategie unter reduziertem Risiko, in: Thexis, (10), 5/ 6-1993, S. 32ff.; AAKER, D.A.; KELLER, K.L. (1990): Consumer Evaluations of Brand Extensions, in: Journal of Marketing, (54), January 1990, S. 27ff.; LOKEN, B.; JOHN, D.R. (1993): Diluiting Brand Beliefs: When Do Brand Extensions Have a Negative Impact?, in: Journal of Marketing, (57), 7-1993, S. 71ff.; FARQUHAR, P.H.; HAN, J.Y.; HERR, P.M.; IJIRI, Y. (1992): Strategies for Leveraging Master Brands. How to bypass the risks of direct extensions, in: Journal of Marketing Research, (4), September 1992, S. 32ff. sowie FARQUHAR, P.H.; HERR, P.M.; FAZIO, R.H. (1990): A Relational Model for Category Extensions of Brands, in: Advances in Consumer Research, (17), 1990, S. 856ff.

3   MAYER, A.; MAYER, R-U. (1987): Imagetransfer, Hamburg 1987 , S. 26.

diesem vertikalen Imagetransfer kommt es zur Übertragung vorhandener emotionaler und sachhaltiger Imageelemente eines Zuliefererproduktes oder einer Zulieferermarke auf die Marke des Endproduktes. Ein derartiger Imagetransfer setzt allerdings voraus, daß Zulieferermarke und Endproduktmarke in einem Affinitätsverhältnis zueinander stehen, die die Übertragung für den Konsumenten nachvollziehbar werden lassen. Dies erfordert, daß die Beurteilung beider Marken auf ähnliche Beurteilungsdimensionen zurückzuführen sind. Diese Dimensionen sind als voneinander unabhängige Achsen zu verstehen, die einen psychologischen Merkmals- beziehungsweise Beurteilungsraum aufspannen.[1] Die durch den »Marke-in-der-Marke«-Effekt ausgelösten Transferwirkungen lassen sich dann entlang der entsprechend gleichen Beurteilungs- beziehungsweise Transferachsen eines solchen Wahrnehmungsraumes als addierte Vektoren abbilden.[2]

Die Auswirkungen solcher vertikalen Transfers auf die Markenposition des Endproduktes sind dabei insbesondere von der Gewichtung der Bezugsobjekte durch den Konsumenten mitbestimmt. Bei Teilen, die als zentral für das Gesamtprodukt eingeschätzt werden, kommen solche Veränderungen der Fertigungstiefe eher zum Tragen als bei Teilen von untergeordneter Bedeutung. Die Bedeutungsgewichtung einzelner Teile eines Produktes sind wiederum von der Wahrnehmung und dem Wissen des einzelnen bestimmt.

2.6 Fertigungstiefeninduzierte Bedeutung der wahrgenommenen Kompetenz für das Kaufverhalten

In der betriebswirtschaftlichen Literatur ist der Begriff der Kompetenz grundsätzlich nicht neu.[3] Im strategischen Management, aber auch in der Organisationstheorie, werden unterschiedliche Kompetenzbegriffe seit langem verwandt. Be-

---

1   Vgl. zu diesem Dimensionalitätsbegriff TROMMSDORFF, V. (1975): Die Messung von Produktimages für das Marketing, a.a.O., S. 9.

2   Vgl. BENKENSTEIN, M. (1992): Die Reduktion der Fertigungstiefe als betriebswirtschaftliches Entscheidungsproblem, a.a.O., S. 297ff.

3   Vgl. BLEICHER, K. (1980): Kompetenz, in: GROCHLA, E. (Hrsg.), Handwörterbuch der Organisation, 2. Aufl., Stuttgart, Sp. 1056ff.; BECKER, J. (1992): Marketing-Konzeption, 4. Aufl., München 1992, S. 85ff.; PRAHALAD, C.K.; HAMEL, G. (1990): The Core Competence of the Corporation, a.a.O., S. 79ff. sowie WEIGELT, K.; CAMERER, C. (1988): Reputation and Corporate Strategy: A Review of recent Theory and Applications, in: Strategic Management Journal, (9), 1988, S. 443ff.

reits SELZNICK[1], aber auch PENROSE[2] erwähnen die Kompetenz im Zusammenhang mit den Stärken und Schwächen einer Unternehmung.

Im Zuge der Ausrichtung und Neustrukturierung der Wertschöpfungsprozesse und einer verstärkten Ertragsorientierung hat die Konzentration auf die »Kernbereiche« eines Unternehmens und damit die **Kompetenz** besondere Aktualität erlangt:[3] Die Kompetenz bezieht sich hierbei nicht – wie in der Organisationstheorie – auf rechtliche oder organisatorische Zuständigkeiten und Befugnisse, sondern richtet sich zum einen auf die Identifikation und den Ausbau von Prozessen und Leistungen, die besonders gut beherrscht werden – alle übrigen sind in der Folge auszugliedern.[4] Zum anderen wird der Begriff umfassender, als Entwicklung von allgemeinen Fähigkeiten und Fertigkeiten einer Organisation verwandt, den wachsenden Wettbewerbsanforderungen erfolgreich begegnen zu können.

Kompetenz wird von HOFER und SCHENDEL umschrieben als »the level and patterns of the organization's past and present resource and skill deployments«.[5] PRAHALAD und HAMEL charakterisieren die »core competencies« einer Unternehmung allgemeiner und umfassender als »the collective learning in the organization, especially how to coordinate diverse production skills and integrate multiple streams« of technologies.«[6] Die Kompetenz wird dabei herangezogen, um die Quellen von **Wettbewerbsvorteilen** zu beschreiben.

Gegenüber diesen vorrangig auf den Wettbewerb bezogenen Sichtweisen stellt ein anderer, stärker unternehmensbezogener Ansatz die **Unternehmenskompetenzen**, die sich als schwer zu kopieren und langfristig entwickelte Fähigkeiten

---

1   Vgl. SELZNICK, P. (1957): Leadership in Administration, New York, NY 1957, S. 63f.

2   Vgl. PENROSE, E.T. (1959): The Theory of the Growth of the Firm, London 1959, S. 137ff.

3   In diesem Zusammenhang sei auf das Konzept des »Benchmarking« verwiesen. Ausgehend von Wettbewerbsvergleichen wird dabei versucht, Prozesse, Strukturen und Fähigkeiten besonders erfolgreicher Unternehmen für das eigene Unternehmen systematisch nutzbar zu machen. Dazu müssen Kompetenzfelder definiert und diese als spezifische Stärken gezielt ausgebaut werden. Vgl. WATSON, G.H. (1993): Benchmarking: vom Besten lernen, Landsberg a. L. 1993; HAMMER, M.; CHAMPY, J. (1993): Reengingeering the Corporation. a.a.O., S. 132; HAYES, R.H.; PISANO, G.P. (1994): Beyond World-Class: The New Manufacturing Strategy, a.a.O., S. 77ff.; HAYES, R.H.; ABERNATHY, W.J. (1980): Managing our Way to Economic Decline, a.a.O., S. 67ff.; HAYES, R.H.; WHEELWRIGHT, S.C. (1984): Restoring our Competitive Edge. Competing through Manufacturing, New York, NY 1984, S. 83f.

4   Vgl. RIETZLE, W. (1994): Die neue Rolle der Arbeitgeber, in: ALFRED HERRHAUSEN GESELLSCHAFT FÜR INTERNATIONALEN DIALOG (Hrsg.), Arbeit der Zukunft, Zukunft der Arbeit, a.a.O., S. 213.

5   HOFER, C.W.; SCHENDEL, D. (1978): Strategy Formulation, St. Paul, MN 1978, S. 25.

6   PRAHALAD, C.K.; HAMEL, G. (1990): The Core Competence of the Corporation, a.a.O., S. 82.

einer Unternehmung darstellen[1], als zentrale Quelle von Wettbewerbsvorteilen heraus.[2] Aufgabe des Management ist es, diese Kompetenzen zu schützen und zu verbessern sowie diese gleichzeitig den sich verändernden Rahmenbedingungen anzupassen und sie wiederum zu beeinflussen.[3] Die notwendige konsumentenorientierte Betrachtungsperspektive wird dabei allerdings, insbesondere in Zusammenhang mit der Ermittlung solcher Fähigkeiten, oftmals unausgesprochen vorausgesetzt. Gleichwohl stellt die kundenbezogene Identifikation der Kompetenz den Kern der Konzeption dar.

Der Begriff der Kompetenz soll an dieser Stelle ausdrücklich auf den Konsumenten bezogen und inhaltlich entsprechend abgegrenzt werden. Teilweise ähnliche Interpretationen finden sich hierzu bereits in der Literatur.[4] Die Kompetenz soll

---

1   Vgl. AMIT, R.; SCHOEMAKER, P.J.H. (1993): Strategic Assets and Organizational Rent, in: Strategic Management Journal, (14), January 1993, S. 33ff.; REED, R.; DEFILLIPPI, R. (1990): Casual Ambiguity, Barriers to Imitation, and Sustainable Competitive Advantage, in: Academy of Management Review, (15), 1-1990, S. 88ff. sowie PETERAF, M.A. (1993): The Cornerstones of Competitive Advantage: A Resource-Based View, in: Strategic Management Journal, (14), March 1993, S. 179ff.

2   Vgl. RUMELT, R.P.; SCHENDEL, D.; TEECE, D.J. (1991): Strategic Management and Economics, in: Strategic Management Journal, (12), 1991, S. 5ff. sowie STALK, G.; EVANS, P.; SHULMAN, L.E. (1992): Competing on Capabilities: The New Rules of Corporate Strategy, in: Harvard Business Review, (70), March-April 1992, S. 57ff.

3   Vgl. MAHONEY, J.T.; PANDIAN, J.R. (1992): The Resource-Based View Within the Conversation of Strategic Management, in: Strategic Management Journal, (13), June 1992, S. 363ff.; BARNEY, J.B. (1991): Firm Resources and Sustained Competitive Advantage, in: Journal of Management, (17), 1991, S. 99ff.; WERNERFELT, B. (1984): A Resource-Based View of the Firm, in: Strategic Management Journal, (5), March 1984, S. 171ff. sowie HAMMER, M.; CHAMPY, J. (1993): Reengineering the Corporation, a.a.O., S. 117ff.

4   So verwendet auch BECKER den Begriff der Kompetenz in ähnlicher Weise. Er stellt sie als qualitatives Marketingziel heraus und bezeichnet sie zugleich als »Kerndimension« des Unternehmensimages. BACKHAUS und WEISS sehen die Kompetenz als eigenständigen Begriff und untersuchen seine Bedeutung im Rahmen des Systemgeschäftes: In Anlehnung an DARBY und KARNI bezeichnet GROSSEKETTLER Güter, deren Qualität auch nach dem Kauf nicht umfassend beurteilt werden kann als Vertrauensgüter. Da der Konsument diese Güter weder vor noch nach dem Kauf vollständig beurteilen kann, ist er für die Gesamtbeurteilung und spätere (Wiederholungs-)Kaufentscheidungen auf Informationssubstitute angewiesen. Neben der Marke oder dem Image von Marke oder Hersteller ist dies insbesondere das Vertrauen in die Leistungsfähigkeit eines Anbieters, daß mit der Kaufentscheidung verbundene und erwartete Maß an Bedürfnisbefriedigung auch erbringen zu können. Vgl. BECKER, J. (1992): Marketing-Konzeption, a.a.O., S. 85f.; BACKHAUS, K.; WEISS, P.A. (1989): Kompetenz, in: Harvard Manager, (11), 1989, S. 107ff.; WEISS, P.A. (1992): Die Kompetenz von Systemanbietern, Berlin 1992, S. 52ff.; DARBY, M.R.; KARNI, E. (1973): Free Competition and the optimal amount of fraud, in: Journal of Law and Economics, (16), 1973, S. 67ff.; GROSSEKETTLER, H. (1985): Wettbewerbstheorie, in: BORCHERT, M.; GROSSEKETTLER, H., Preis- und Wettbewerbstheorie, a.a.O., S. 232; SPREMANN, K. (1988): Reputation, Garantie, Information, in: Zeitschrift für Betriebswirtschaft, (58), S. 613ff.; GEMÜNDEN, H.G. (1985): Wahrgenommenes Risiko und Informationsnachfrage. Eine systematische Bestandsaufnahme der empirischen Befunde, in: Marketing ZFP, (7), 1-1985, S. 27ff. sowie WEIGELT, K.; CAMERER, C. (1988): Reputation and Corporate Strategy, a.a.O., S. 443ff.

im weiteren als **wahrgenommene Kompetenz** insbesondere das Vertrauen des Konsumenten in das Leistungsvermögen eines Anbieters zum Ausdruck bringen. Sie bezieht sich dabei aber nicht notwendigerweise auf tatsächlich vorhandene Fähigkeiten eines Unternehmens. Vielmehr können subjektiv wahrgenommene und objektiv vorhandene Kompetenzen – analog zu den Eigenschaften von Produkten – erheblich voneinander abweichen.[1]

Mit dem Kaufentschluß verbinden sich bei komplexeren Produkten, deren Kauf auf einen umfassenden Kaufentscheidungsprozeß zurückgeht und mit dem sich teilweise erhebliche Risiken der Fehlentscheidung verbinden können, unterschiedliche Erwartungen des Konsumenten, die sich sowohl auf einzelne Eigenschaften, als auch auf die Gesamtfunktionsfähigkeit eines Produktes beziehen. Soweit möglich werden deshalb vor dem Kauf Informationen zu einem Produkt eingeholt.

Aus informationsökonomischer Sicht ist eine fortgesetzte Informationssuche zur »besseren« Produktbeurteilung und Entscheidungsfundierung aber nur solange zweckmäßig, wie die Kosten der Informationsbeschaffung nicht den Nutzen des Informationszuwachses überkompensieren.[2] Wenngleich der Nachfrager vielfach zur Bewertung des Nutzens objektiv nicht in der Lage ist, hat er gleichwohl ein subjektives Empfinden, wie dieser Vorgang vereinfacht werden kann und wann er zu befriedigenden Ergebnissen führt. KUPSCH und HUFSCHMIDT stellen dazu fest, daß statt »differenzierter Qualitätsurteile...Nachfrager einzelne Indikatoren als Bewertungskriterien, welche die Unsicherheit reduzieren und deren Feststellung relativ einfach ist«[3], verwenden. SPREMANN nennt in diesem Zusammenhang den Begriff der »Reputation«, die als Ersatzinformation umso wichtiger wird, je größer die Beurteilungsunsicherheit wird.[4]

Diese Surrogate produktbezogener Detailinformationen haben den Charakter von Schlüsselinformationen. Die wahrgenommene Kompetenz eines Anbieters hat dabei ebenfalls die Funktion eines Indikators für die Problemlösungsfähigkeit des

---

1   Vgl. dazu SCHARF, A. (1991): Konkurrierende Produkte aus Konsumentensicht. Erfassung und räumliche Darstellung unter besonderer Berücksichtigung der Korrespondenzanalyse, Frankfurt a.M. 1991, S. 60f. sowie zum Verhältnis von unternehmens- und konsumentenorientierter Perspektive DAY, G.S.; WENSLEY, R. (1988): Assessing Advantage: A Framework for Diagnosing Competitive Superiority, in: Journal of Marketing, (52), April 1988, S. 17f.

2   ZEITHAML nennt dazu Bedingungen, die die Verwendung solcher Surrogatinformationen wahrscheinlich erscheinen lassen. Vgl. ZEITHAML, V.A. (1988): Consumer Perception of Price, Quality, and Value, a.a.O., S. 9.

3   KUPSCH, P.; HUFSCHMIED, P. (1979): Wahrgenommenes Risiko und Komplexität der Beurteilungssituation als Determinante der Qualitätsbeurteilung, in: MEFFERT, H.; STEFFENHAGEN, H.; FRETER, H. (Hrsg.), Konsumentenverhalten und Information, a.a.O., S. 239.

4   Vgl. SPREMANN, K. (1988): Reputation, Garantie, Information, a.a.O., S. 615.

Herstellers und die Qualität des Endproduktes. Aus der Beurteilungsproblematik heraus erfolgt dabei eine Übertragung von der Ebene der Produkteigenschaften auf die Unternehmensebene. Die wahrgenommene Kompetenz schafft somit eine Vertrauensbasis für den einzelnen, aufgrund derer er auf weitere Detailinformationen zu verzichten bereit ist.[1]

Für die Beurteilung von **Fertigungstiefenveränderungen** eignet sich das Kompetenz-Konstrukt insoweit, als es die Einschätzung von Hersteller oder Zulieferer jeweils zum Ausdruck bringt und einen Vergleich der einzelnen wahrgenommenen Kompetenzen ermöglicht. Dazu bezieht es sich aber nicht notwendigerweise nur auf isolierte Merkmale, sondern kann diese unter bestimmten übergeordneten Produktaspekten integrieren. So hat ein Zulieferer wie SIEMENS in den Augen vieler Konsumenten bestimmte Kompetenzen, die ihn beispielsweise für die Herstellung elektronischer Bauteile prädestinieren. Diese Kompetenzen lassen sich im Zuge der Substitution mechanischer durch elektronische Komponenten in den unterschiedlichsten Branchen einsetzen und auf ähnliche Problemlösungen übertragen, um als Bestandteil eines Endproduktes den wahrgenommenen Nutzen des Endverbrauchers zu erhöhen. Ob eine solche Nutzenverbesserung gelingt, hängt dabei von den entsprechenden wahrgenommenen Kompetenzen des bisherigen Produzenten eines solchen Bauteils ab.

Dazu müssen sich die Beurteilungsdimensionen der unterschiedlichen Kompetenzen aber nicht notwendigerweise entsprechen. Vielmehr müssen sie in inhaltlicher Nähe zueinander stehen und insofern einander zumindest sinnvoll ergänzen. Andernfalls bleiben Transferwirkungen aus oder führen zur Schwächung des Endproduktes, weil sie nicht glaubwürdig oder für den Konsumenten nicht nachvollziehbar sind.

Darüber hinaus müssen sich die inhaltlichen Grundlagen zur Kompetenzbildung nicht unbedingt auf Detailkenntnisse über Produktteile und deren Funktionen beziehen. Vielmehr kann – ähnlich wie beim Image – eine Kompetenzeinschätzung auch auf Grundlage relativ unspezifischer, global-affektiver Objektbeurteilungen erfolgen.

Der kompetenzorientierte Übergang von der Eigenerstellung zum Fremdbezug ist daneben auch von der Frage bestimmt, auf welche Teile er sich erstreckt. Wer-

---

1 Zur Reduktion der Unsicherheit neigen Konsumenten unter anderem dazu, verstärkt auf Markenprodukte zurückzugreifen. Vgl. ROSENSTIEL, L.V.; EWALD, G. (1979): Marktpsychologie, Bd. I: Konsumverhalten und Kaufentscheidung, Stuttgart 1979, S. 101. Vgl. zum Begriff des Vertrauens PLATZKÖSTER, M. (1990): Vertrauen – Theorie und Analyse interpersoneller politischer und betrieblicher Implikationen, Essen 1990, S. 48 sowie aus soziologischer Perspektive LUHMANN, N. (1989): Vertrauen. Ein Mechanismus der Reduktion sozialer Komplexität, 3. Aufl., Stuttgart 1989, S. 23ff.

den Vorleistungen fremdbezogen, für die der Konsument gerade dem Endproduksthersteller ein hohe Kompetenz zuordnet, läßt sich dies als Kompetenzdefizit auffassen.[1]

Im Rahmen der Fertigungstiefengestaltung muß eine grundsätzliche Entscheidung zwischen Eigenerstellung und Fremdbezug getroffen werden. Unter konsumentenbezogenen Gesichtspunkten ist dazu die wahrgenommene Kompetenz bei Eigenerstellung derjenigen bei Fremdbezug gegenüberzustellen. In diesem Zusammenhang ist in erster Linie die Relation der jeweiligen Kompetenzen beider Gestaltungsalternativen von Interesse und nicht das einzelne Kompetenzurteil gegenüber Hersteller oder Zulieferer. Diese Relation soll im weiteren als **wahrgenommenes Kompetenzgefälle** bezeichnet werden, obgleich – wie der Begriff zunächst suggeriert – nicht in jedem Fall auch ein Unterschied zwischen beiden Kompetenzeinschätzungen vorliegen muß.

Zur Ermittlung eines Kompetenzgefälles sind aber nicht nur einfache Differenzen der Einzelkompetenzen zu bilden, sondern es muß vielmehr eine inhaltliche Entsprechung der Kompetenzelemente vorliegen, um einen Vergleich durchführen zu können. Liegen solche inhaltlichen Entsprechungen nicht vor, können Konsumenten a priori keine Verbindungen zwischen den unterschiedlichen Lieferalternativen und dem Endprodukt bilden.

Der komplexe Prozeß der Urteilsbildung, der sich im Einzelfall sehr unterschiedlich vollziehen kann, läßt sich unter Verwendung der wahrgenommenen Kompetenz zusammenfassen und durch die Verwendung eines einzelnen Konstruktes gleichzeitig vereinfachen, gleichwohl bleiben die wesentlichen Komponenten weitgehend erhalten, denn die Kompetenzeinschätzung erfordert die Integration von affektiven und kognitiven Bestandteilen der Bewertung, zugleich ist die Verarbeitungstiefe dieses Vorgangs vom individuellen Involvement bestimmt.

Analog zum Imagetransfer sind auch bei Fertigungstiefenveränderungen Transferwirkungen der wahrgenommenen Kompetenz zu vermuten. Wird beispielsweise bei der Fertigungstiefenverkürzung in eine bestimmte Automarke ein Zulieferprodukt eingebaut, so kann es zu einem Bewertungsvorgang kommen, bei dem die ganzheitlichen Einzelurteile über das zugelieferte Produkt und die Automarke zu einem Gesamturteil zusammengefaßt werden. Sind dabei grundsätzlich – ähnlich wie bereits im Zusammenhang mit der Wahrnehmung angesprochen – Transferwirkungen vom zugelieferten Teil auf das Endprodukt als auch umgekehrt mög-

---

1   Durch den Bezug eines AUDI-Motors hat PORSCHE beim Modell 924 offenbar den Eindruck eines solches Defizits entstehen lassen. Die zunehmenden Lieferbeziehungen zwischen Automobilherstellern sind unter diesem Gesichtspunkt von großem Interesse.

lich, ist vor allem die erste Transfervariante für die Fertigungstiefengestaltung eines Herstellers relevant.

Neben einzelnen Eigenschaften wird dabei auch beurteilt, inwieweit die beiden Produkte insgesamt zusammen »passen« und die Identität insbesondere des Endproduktes erhalten bleibt. So werden die Zulieferer – unabhängig von den sonstigen Eigenschaften ihrer Produkte – auch unter diesem Aspekt ganzheitlich zum Endprodukt in Beziehung gesetzt. Im Unterschied zum klassischen Imagetransfer, ist dieser gesamte Vorgang von Wechselwirkungen gekennzeichnet, die nicht nur zu einer Übertragung eines bestehenden Images auf ein neues Produkt führen. Die Integration des zugelieferten Produktes in das Endprodukt wird vielmehr auch in die Gesamtproduktbeurteilung des Endproduktes integriert. Diese wechselseitige Beeinflussung ergibt sich umgekehrt auch bei einer Erhöhung der Fertigungstiefe.[1]

Für die Fertigungstiefengestaltung lassen sich, in Abhängigkeit von der jeweils wahrgenommenen Kompetenz von Hersteller und Zulieferer, folgende Zusammenhänge theoretisch ableiten: Wird dem Hersteller eine höhere Kompetenz in bezug auf bestimmte Teile zugesprochen, kann es in den Augen der Konsumenten durch den Fremdbezug zu einer Schwächung des Endproduktes kommen, die zu abnehmenden Präferenzen führt.[2] Im umgekehrten Fall ist durch den vom Konsumenten wahrgenommenen Fremdbezug eine Stärkung des Endproduktes denkbar, mit deren Hilfe die Wettbewerbsfähigkeit verbessert und die Kaufwahrscheinlichkeit erhöht werden kann. Werden hingegen beide als nahezu gleich »kompetent« beziehungsweise »inkompetent« beurteilt, lassen sich keine eindeutigen Empfehlungen aus dem Konsumentenverhalten ableiten.

Kompetenz und Kompetenzgefälle zwischen Hersteller und Zulieferer haben somit Einfluß auf die Beurteilung des Endproduktes und damit auf den Kaufentscheidungsprozeß. Daran anknüpfend kann ein Hersteller diese Kompetenzeinschätzungen der Konsumenten bei der Fertigungstiefenentscheidung unmittelbar nutzen, um sein Produkt gegenüber Wettbewerbern zu profilieren und zu stärken. Andernfalls aber kann sich die Fertigungstiefengestaltung vordringlich auf Kostenaspekte beschränken.

---

1 Darüber hinaus lassen sich auch Rückwirkungen auf den Zulieferer und sein Produkt vermuten, die aber an dieser Stelle ausgeklammert bleiben sollen.

2 Das genannte Beispiel von PORSCHE, die Motoren der AUDI AG bezogen haben, läßt sich auf solche, auf Kompetenz basierende Transferwirkungen, zurückführen.

3   Eine kaufverhaltenstheoretisch fundierte Prüf- und Entscheidungskonzeption für die Gestaltung der Fertigungstiefe

Die Gestaltung der Fertigungstiefe bietet zahlreiche Ansatzpunkte, um **Wettbewerbsvorteile** zu erlangen.[1] Um zu entscheiden, wie diese Wettbewerbsvorteile über die Fertigungstiefengestaltung im einzelnen erzielt werden können, sollen die unternehmensstrategischen Gestaltungsalternativen zunächst grundsätzlich gekennzeichnet werden.

Die **Wettbewerbsposition** eines Unternehmens ist im Kern durch seine Marktleistung bestimmt. Darüber hinaus beeinflussen die in *Abbildung C-08* aufgezeigten Faktoren den Markterfolg eines Unternehmens.[2]

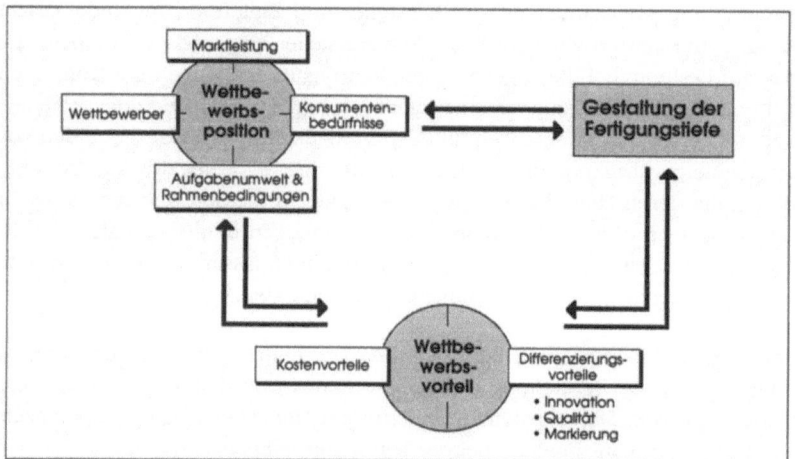

Abb. C-08   Die Fertigungstiefengestaltung als Mittel zur Generierung von Wettbewerbsvorteilen und zur Stärkung der Wettbewerbsposition

Die Wettbewerbsposition bestimmt sich dabei durch das Vermögen eines Anbieters, die Bedürfnisse der jeweiligen Zielgruppen möglichst besser zu befriedigen

---

1   Vgl. zum folgenden PORTER, M.E. (1980): Competitive Strategy, a.a.O., S. 300ff. sowie BENKENSTEIN, M. (1992): Die Reduktion der Fertigungstiefe als betriebswirtschaftliches Entscheidungsproblem, a.a.O., S. 178ff.

2   Vgl. MEFFERT, H. (1994): Marketing-Management, a.a.O., S. 126ff. sowie BACKHAUS, K. (1992): Investitionsgütermarketing, 3. Aufl., München 1992, S.17ff.

als dies den relevanten Wettbewerbern am Markt gelingt.[1] Die angestrebten Wettbewerbsvorteile können nur dann dauerhaft sein, wenn sie sich auf vom Kunden als wichtig eingeschätzte und wahrgenommene Leistungsmerkmale eines Produktes beziehen und nicht kurzfristig von Konkurrenten eingeholt werden können.[2] Im Rahmen der Wettbewerbsstrategien werden die Kosten- und die Qualitätsführerschaft als generische Wettbewerbspositionierungen unterschieden. Ist die Kostenführerschaft von der Realisation von Kostenvorteilen abhängig, kann die Qualitätsführerschaft durch die Umsetzung der unterschiedlichsten Differenzierungsvorteile erreicht werden.[3]

Kostenvorteile entstehen durch die Nutzung von Kostensenkungspotentialen bei der Gestaltung der Unternehmensprozesse. Sie können unter anderem entstehen, wenn beispielsweise durch die Veränderung der Fertigungstiefe Kosten der eigenen Leistungserstellung eingespart und Marktleistungen insgesamt zu geringeren Kosten hergestellt werden können. Werden diese fertigungstiefenorientierten Kosteneinsparungen an die Abnehmer weitergegeben, können sie zu einer Preisvorteilsbildung gegenüber Wettbewerbern und zu einer Kostenführerschaft in einem Markt führen.[4] Niedrigere Kosten werden vor allem mit Größendegressions- und Erfahrungskurveneffekten sowie der Nutzung von Prozeßinnovationen begründet.[5]

---

1   Vgl. AAKER, D.A. (1988): Strategic Market Management, 2. Aufl., New York, NY 1988, S. 201ff. sowie DAY, G.S. (1990): Market Driven Strategy, a.a.O., S. 25ff.

2   Vgl. GHEMAWAT, P. (1985): Building Strategy on the Experience Curve, in: Harvard Business Review, (63), March-April 1985, S. 53ff. sowie AAKER, D.A. (1988): Strategic Market Management, a.a.O., S. 202ff.

3   Vgl. AAKER, D.A. (1988): Strategic Market Management, a.a.O., S. 202ff.; MEFFERT, H. (1994): Marketing-Management, a.a.O., S. 123f. Neben diesen grundlegenden Wettbewerbsdimensionen werden in der Literatur noch weitere, unterstützend wirkende Orientierungen wie Zeit- und Flexibilitätsvorteile angeführt. Vgl. dazu STALK, G.; HOUT, T.M. (1990): Competing Against Time. How Time-Based Competition Is Reshaping Global Markets, New York, NY 1990, S. 39ff.; PINE II, B.J. (1993): Mass Customization, a.a.O., S. 14; ADAM, D. (1993): Produktionsmanagement, a.a.O., S. 96ff. sowie BENKENSTEIN, M. (1992): Die Reduktion der Fertigungstiefe als betriebswirtschaftliches Entscheidungsproblem, a.a.O., S. 67ff.

4   Eine Kostenvorteilsstrategie muß nicht zwangsläufig zu einer Weitergabe über niedrige Preise führen. In der Literatur wird sie aber dennoch im wesentlichen mit einer sogenannte »Preis-Mengen-Strategie« in Verbindung gesetzt, die auf den Zusammenhang von niedrigen Kosten und niedrigen Marktpreisen abhebt.

5   Vgl. KREILKAMP, E. (1987): Strategisches Management und Marketing, Berlin 1987, S. 334ff.

Wurden in der Vergangenheit insbesondere diejenigen Kostenvorteile betont, die sich durch die Verkürzung der Fertigungstiefe erzielen lassen[1], können auch aus der Integration bislang zugekaufter Leistungen – beispielsweise durch Synergien zu bestehenden Unternehmensaktivitäten – Kostenvorteile erwachsen.[2] Hinsichtlich der Frage, ob die Integration oder eine Auslagerung von Aktivitäten zu einer Reduktion von Stückkosten führt, sind die einzelfallbezogenen Unternehmenssituationen von Hersteller und Lieferanten sowie die Ausgestaltung der Lieferbeziehungen[3] ausschlaggebend.

Im Kern ist die Strategie der Preisführerschaft ausschließlich auf einen Preiswettbewerb ausgerichtet und kann als »eindimensionale« Wettbewerbsstrategie bezeichnet werden. Der langfristige Erfolg einer solchen Strategie ist in erster Linie an entsprechende innerbetriebliche Organisations-, Kosten- und Fertigungsstrukturen gebunden. Darüber hinaus bestehen erhebliche Risiken, denn aufgrund mangelnder alternativer Parameter zur Präferenzbildung besteht ein kontinuierlicher Druck zur Preissenkung.[4]

Differenzierungsvorteile richten sich auf die Erzielung von konsumentenbezogenen Leistungsvorteilen im Wettbewerb. Angestrebt wird dabei, den Produktnutzen für aktuelle und potentielle Kunden zu erhöhen. Ziel der Qualitätsführerschaft ist es, daß die Nachfrager den Nutzen einer Leistung als überlegen ein-

---

1 Vgl. unter anderem IHDE, G.B. (1988), Die relative Betriebstiefe als strategischer Erfolgsfaktor, a.a.O., S. 13ff.; BENKENSTEIN, M. (1994): Die Gestaltung der Fertigungstiefe als wettbewerbsstrategisches Entscheidungsproblem, a.a.O., S. 483ff. sowie DICHTL, E. (1989): Produktauslegung und Fertigungstiefe als Determinanten der Wertschöpfung, a.a.O., S. 94ff.

2 Dabei kommt es aus theoretischer Sicht vielfach zu Abgrenzungsproblemen zwischen Integration einerseits und Differenzierung andererseits. In stark arbeitsteilig organisierten Branchen hat die Integration von eigentlich vor- oder nachgelagerter Stufen häufig den Charakter der Aufnahme neuer Geschäftsfelder. Die Realisation solcher Synergien stellt sich in der Unternehmensrealität dementsprechend oftmals in nur sehr begrenztem Maße ein. Vgl. AAKER, D.A. (1992): Strategic Market Management, a.a.O., S. 188 sowie BALAKRISHNAN, S.; WERNER-FELT, B. (1986): Technical Change, Competition and Vertical Integration, a.a.O., S. 347ff.; BOONE, C.; VERBEKE, A. (1991): Strategic Management and Vertical Disintegration: A Transaction Cost Approach, in: THÉPOT, J.; THIÉTART, R.-A. (Hrsg.), Microeconomic Contributions To Strategic Management, a.a.O., S. 185ff.; JOHNSTON, R.; LAWRENCE, P.R. (1989): Vertikale Integration II: Wertschöpfungs-Partnerschaften leisten mehr, in: Harvard Manager, (11), 1-1989, S. 81ff.; JARILLO, J.C. (1988): On Strategic Networks, in: Strategic Management Journal, (9), 1988, S. 31ff. sowie CHILD, J. (1987): Information Technology, Organization, and the Response to Strategic Challenges, in: California Management Review, (30), Fall 1987, S. 33ff.

3 Vgl. dazu die Analyse zur Bedeutung vertraglicher Bindungen bei BENKENSTEIN, M. (1992): Die Reduktion der Fertigungstiefe als betriebswirtschaftliches Entscheidungsproblem, a.a.O., S. 198ff. sowie darüber hinaus CAMERON, K.S.; FREEMAN, S.J.; MISHRA, A.K. (1993): Downsizing and Redesigning Organizations, in: HUBER, G.P.; GLICK, W.H. (Hrsg.), Organizational Change and Redesign. Ideas and Insights for Improving Performance, New York, NY 1993, S. 19ff.

4 Vgl. BECKER, J. (1992): Marketing-Konzeption, a.a.O., S. 207.

schätzen und deshalb diese Leistung anderen gegenüber »präferieren«.[1] Diese Präferenzen schaffen dem Anbieter im Idealfall einen quasi monopolistischen Preisspielraum. Gegenüber der eindimensionalen Kostenvorteilsstrategie sind Präferenzstrategien »mehrdimensional« ausgerichtet: Neben diesen Qualitätsvorteilen im engeren Sinne lassen sich insbesondere Innovations- und Markierungsvorteile als weitere zentrale strategische Grunddimensionen von Differenzierungsstrategien unterscheiden.[2]

Qualitätsvorteile entstehen, wenn das Leistungsangebot in seinen Eigenschaften im relevanten Markt als qualitativ besser als Wettbewerbsleistungen beurteilt wird.[3] Entscheidungen über die Veränderung der Fertigungstiefe haben einen eindeutigen Einfluß auf die Ausgestaltung der Produktqualität. Neben den objektiv-technischen Eigenschaften sind auch die subjektiven Dimensionen der Produktqualität grundsätzlich zur Profilierung geeignet.[4] Soweit sie vom Nachfrager wahrgenommen werden, können sie sein Kaufverhalten beeinflussen. Die Fertigungstiefengestaltung erweitert das Entscheidungsfeld um den Bereich der Zulieferer. Steht dabei zunächst die objektiv-technische Qualitätssicherung als Schnittstellenproblem zwischen Zulieferer und Hersteller im Vordergrund, können davon auch Wirkungen in den subjektiven Wahrnehmungsbereich des Konsumenten ausgehen.[5]

Innovationsvorteile entstehen demgegenüber dann, wenn Leistungen oder einzelne Leistungsmerkmale eines Herstellers von den relevanten Nachfragern als

---

1 Vgl. BACKHAUS, K. (1992): Investitionsgütermarketing, a.a.O., S. 179ff

2 Vgl. dazu insbesondere MEFFERT, H. (1994): Marketing-Management, a.a.O., S. 126ff.; BOLZ, J. (1992): Wettbewerbsorientierte Standardisierung der internationalen Marktbearbeitung, a.a.O., S. 41ff. sowie BENKENSTEIN, M. (1992): Die Reduktion der Fertigungstiefe als betriebswirtschaftliches Entscheidungsproblem, a.a.O., S. 71ff.

3 In der Literatur wird immer wieder hervorgehoben, daß die Qualität einer Leistung aus objektiven und subjektiven Komponenten besteht. Während sich die objektiven Bestandteile vor allem auf technische Charakteristika beziehen, ist die subjektive Qualität Resultat eines Vergleichs durch den Konsumenten: Neben situativen Einflußfaktoren und dem Angebot der Konkurrenz ist die abnehmerbezogene Qualität das Ergebnis aus der Gegenüberstellung von erwarteter und tatsächlich erhaltener Leistung. Der Erfolg einer Differenzierungsstrategie hängt somit in hohem Maße vom Erreichen der subjektiven Vorstellungen des Konsumenten ab. Vgl. MEFFERT, H. (1994): Marketing-Management, a.a.O., S. 129ff. sowie BECKER, J. (1988): Marketing-Konzeption, 2. Aufl., München 1988, S. 158f.

4 Vgl. DICHTL, E. (1991): Dimensionen der Produktqualität, in: Marketing ZFP, (13), 3-1991, S. 149ff.

5 Handelt es sich beispielsweise um Teile, ohne deren Funktionsfähigkeit auch die Funktionsfähigkeit des Endproduktes nicht gewährleistet ist, kommt der Qualität dieser Komponenten eine entscheidende Rolle für den Markterfolg zu: Der Anlasser eines Wagens, der bei der Probefahrt nicht funktioniert oder die Batterie eines Neuwagens, die im Winter ausfällt wird erheblichen Einfluß auf die Qualitätswahrnehmung des Gesamtproduktes haben.

innovativer wahrgenommen werden.[1] Zur Erlangung von Innovationsvorteilen bieten sich im Rahmen der Fertigungstiefengestaltung eine Reihe von Alternativen: Läßt sich die Fähigkeit potentieller Zulieferer, innovative Leistungen zu erbringen, in das Endprodukt integrieren und kann es damit bis an die Endabnehmer herangetragen werden, kann auch die wahrgenommene Innovativität des Endproduktes gesteigert werden.[2]

Markierungsvorteile schließlich entstehen, wenn der Marke eines Herstellers höhere Präferenzen entgegengebracht werden als Wettbewerbsmarken.[3] Die Veränderung der Fertigungstiefe führt dabei zu Veränderungen der Markeneigenschaften. Die Umsetzung am Markt erfordert zum einen, daß Zulieferermarken als Teil des Endproduktes eigenständig identifizierbar sind und – analog zur Diskussion der Qualitätsvorteile – daß sie vom Endabnehmer auch wahrgenommen werden.[4]

Die skizzierten Dimensionen einer Präferenzstrategie stehen in engem Zusammenhang zueinander. Innovationsvorteile können sich zum Beispiel auf die wahrgenommene Produktqualität einer Leistung auswirken und ihrerseits die Markenpräferenz festigen.[5] Daneben eröffnet die Differenzierung eine Vielzahl von Gestaltungsalternativen, die durch eine zielorientierte Auswahl von Zulieferern oder die Integration von (Teil-)Prozessen wesentlich beeinflußt werden können.[6] Die Mehrdimensionalität der Differenzierungsstrategie begründet letztendlich die Möglichkeit, auf diesem Weg den Preiswettbewerb weitgehend zu ersetzen. [7]

Die **Gestaltung der Fertigungstiefe** als Element der Wettbewerbsstrategie eröffnet Handlungsalternativen, die sich nicht ausschließlich auf Kosten- oder Differenzierungsvorteile beziehen müssen, sondern beides auch komplementär ermöglichen.[8] So lassen sich beispielsweise durch den Bezug von Teilen eines

---

1 Vgl. MEFFERT, H. (1994): Marketing-Management, a.a.O., S. 127f.

2 Andernfalls erübrigt sich natürlich die Analyse der durch mögliche Veränderungen der Fertigungstiefe auszulösenden Innovationsvorteile.

3 Vgl. MEFFERT, H. (1994): Marketing-Management, a.a.O., S. 134.

4 Vgl. ausführlich BENKENSTEIN, M. (1992): Die Reduktion der Fertigungstiefe als betriebswirtschaftliches Entscheidungsproblem, a.a.O., S. 283ff

5 Es kann in solchen Situationen, sowohl über den Imagetransfer der einen auf die andere Marke als auch durch Veränderungen der Markenposition insgesamt zu Markenverschiebungen kommen, die das Kaufverhalten der Nachfrager beeinflussen. Vgl. HÄTTY, H. (1989): Der Markentransfer, a.a.O., S. 67ff.

6 Vgl. AAKER, D.A. (1992): Strategic Market Management, a.a.O., S. 257ff.

7 Vgl. BECKER, J. (1994): Marketing-Konzeption, a.a.O., S. 207.

8 Vgl. ausführlich BENKENSTEIN, M. (1992): Die Reduktion der Fertigungstiefe als betriebswirtschaftliches Entscheidungsproblem, a.a.O., S. 282 und VENKATESAN, R. (1992): Strategic Sour-

Marken-Zulieferers gegenüber der Eigenerstellung gleichzeitig Kosteneinsparungen und Differenzierungsvorteile realisieren, falls der Zulieferer über größere Stückzahlen niedrigere Stückkosten realisiert und aufgrund von spezifischem Know-how bessere Qualität zu liefern vermag. Ist er darüber hinaus dem Endverbraucher als Markenlieferant positiv bekannt, lassen sich möglicherweise sogar noch Markierungsvorteile erzielen.

Der Hersteller muß folglich seine fertigungstiefenpolitischen Gestaltungsentscheidungen zumindest auch davon abhängig machen, ob und unter welchen Bedingungen der Konsument die Fertigungstiefe eines Produktes unter Preisvorteils- oder Differenzierungsvorteilsaspekten mit in seine Kaufentscheidung einfließen läßt.

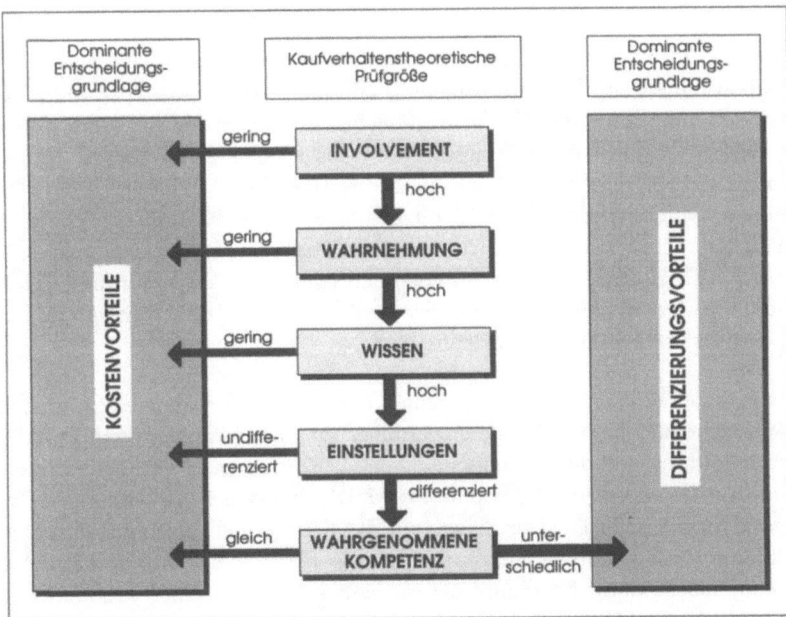

Abb. C-09 Prüfprozeß zur konsumentenorientierten Gestaltung der Fertigungstiefe eines Herstellers

Anknüpfend an die Überlegungen zum Kaufentscheidungsverhalten und den einzelnen Konstrukten zur Abbildung der Kaufentscheidung wird deshalb ein **konsumentenorientiertes Entscheidungsmodell** zur Fertigungstiefengestaltung

cing: To make or not to make, in: Harvard Business Review, (70), November-December 1992, S. 98ff.

eines Herstellers vorgeschlagen. Es bezieht sich im Kern auf das kaufverhaltenstheoretische Stufenmodell, stellt aber zugleich auch einen unmittelbaren Bezug zu den grundlegenden wettbewerbsstrategischen Entscheidungsdimensionen her. *Abbildung C-09* faßt dieses Konzeptionsschema im Überblick zusammen.

In Abhängigkeit von der Ausprägung der einzelnen Konstrukte des Kaufentscheidungsprozesses lassen sich so Rückschlüsse auf beziehungsweise Empfehlungen für die jeweils sinnvollste fertigungstiefenpolitische Strategieausrichtung eines Unternehmens ableiten. Dazu wird unterstellt, daß die eindimensionalen Kostenvorteile mit einer schwachen oder eventuell völlig fehlenden Ausprägung der einzelnen Konstrukte in Verbindung stehen. Die mehrdimensionalen Differenzierungsvorteile hingegen auf das ausgeprägte Vorliegen aller Konstrukte angewiesen sind.

Das Erkennen von Preisvorteilen erfordert nur gering ausdifferenzierte psychologische Prozesse des Konsumenten, die Erfassung von Differenzierungsvorteilen, die neben reinen Grundnutzenelementen an eine Vielzahl von Zusatznutzendimensionen anknüpfen können, setzt demgegenüber eine umfassendere psychische Beteiligung und Beurteilungsfähigkeit des Konsumenten voraus. Ist zum Beispiel das Involvement der Käufer tendenziell gering, so bestehen kaum Möglichkeiten, Differenzierungsvorteile aufzubauen, da der Konsument seinen Entscheidungsprozeß tendenziell abkürzt und sich bei seiner Wahl eher an Preisen orientiert. Fertigungstiefenpolitische Veränderungen treten dabei für die Produktbeurteilung und Kaufentscheidung des Konsumenten in den Hintergrund und sind von nur untergeordneter Bedeutung.

Durchläuft der Konsument aber alle Stufen des Entscheidungsprozesses, so steigt die Wahrscheinlichkeit, daß Differenzierungen zu einem wahrgenommenen Nutzenvorteil führen und die Kaufentscheidung des Konsumenten von der Preisbeurteilung zunehmend weniger beeinflußt wird. Die vielfältigen Auswirkungen fertigungstiefenpolitischer Entscheidungen auf das Endprodukt setzen insofern einen ausdifferenzierten Wahrnehmungs- und Beurteilungsprozeß voraus, um innerhalb der Kaufentscheidung überhaupt als relevantes Merkmal eines Produktes Berücksichtigung finden zu können.

Darüber hinaus sind auch unterschiedliche Betrachtungsebenen des Endproduktes zu unterscheiden. Als Voraussetzung fertigungstiefenpolitischer Erwägungen, die sich auf die Erzielung von Differenzierungsvorteilen richtet, ist es notwendig, daß der Konsument das Endprodukt nicht nur ganzheitlich wahrnimmt, sondern auch unterschiedliche Teileebenen zu differenzieren vermag. Dementsprechend richten sich die verhaltenspsychologischen Konstrukte vorwiegend auf Teile des Endproduktes und weniger auf die Gesamterfassung durch den Konsumenten. Der Konsument muß überhaupt in der Lage sein, Teilnutzenwerte für einzelne

Bestandteile des Endproduktes zu bilden, so daß sich in Abhängigkeit von der Wahl der Fertigungstiefenalternativen differenzierte Nutzenunterschiede bestimmen lassen.

Eine primär kostenorientierte Gestaltung der Fertigungstiefe erscheint demnach immer dann sinnvoll, wenn psychische Kaufverhaltensprozesse von nur geringer Verarbeitungstiefe erfolgen. Treten demgegenüber differenzierte Wahrnehmungs- und Verarbeitungsprozesse auf, sind bei Fertigungstiefenentscheidungen Differenzierungswirkungen als Entscheidungsgrundlage zu berücksichtigen.

D Empirische Analyse zum Einfluß der Fertigungstiefe auf das Kaufentscheidungsverhalten des Konsumenten

1 Die Automobilindustrie als Untersuchungsobjekt

Zur Untersuchung fertigungstiefenpolitischer Einflüsse auf das Kaufverhalten eignen sich insbesondere modular Markenprodukte, deren Kauf durch extensive Entscheidungsprozesse gekennzeichnet sind. Aus diesem Grund wird für die vorliegende Untersuchung das Produkt **Automobil** herausgegriffen, das in besonderer Weise diese Aspekte in sich vereinigt.[1]

Das Automobil ist ein komplexes und technologisch hoch entwickeltes Gesamtsystem, das aus einer Vielzahl einzelner Bausysteme zusammengesetzt ist. Es läßt sich als relativ hochpreisiges Gut, verbunden mit einer verhältnismäßig geringen Kaufhäufigkeit klassifizieren. Gleichzeitig trifft man hierbei auf häufige Produktmodifikationen und Modellwechsel.[2] Dementsprechend besteht ein höheres produktbezogenes Informationsbedürfnis.

Wie *Abbildung D-01* zeigt, läßt sich das Automobil aufgrund dieser Charakteristik insgesamt im Bereich der »**Specialty Goods**« ansiedeln:[3] Die Entscheidung beim

---

1 Vgl. PUNJ, G.N.; STAELIN, R. (1983): A Model of Consumer Information Search Behavior for New Automobiles, in: Journal of Consumer Research, (9), March 1983, S. 366ff.

2 Obwohl die wichtigsten Automobilmärkte weltweit nur noch gering wachsen oder sogar stagnieren, sind beispielsweise 1991 mit HYUNDAI und 1993 mit KIA zwei neue Großserien-Hersteller mit eigenen Marken auch in der Bundesrepublik in den Markt eingetreten. 1995 ist mit DAEWOO der Markteintritt des dritten koreanischen Anbieters und mit PROTON der des ersten malaysischen Anbieters in Deutschland erfolgt. SAMSUNG – bislang nur im Bereich Nutzfahrzeuge tätig – schließlich plant den Einstieg in die Pkw-Produktion für 1998. Daneben scheinen die US-amerikanischen Hersteller ihre – in den letzten Jahren in Europa nur wenig verkauften US-Marken – wieder stärker herausstellen zu wollen, so daß auch hier »neue« Marken angeboten bzw. in das Bewußtsein der Kunden treten werden. Vgl. dazu im einzelnen O.V. (1994): Fernziel heißt Aufstieg zum Autogiganten, a.a.O., S. 13; O.V. (1994): KARMANN-KIA als beste Werbung für Korea-Autos, in: Handelsblatt, Nr. 237, 08.12.1994, S. 23.

3 Die Einteilung von Gütern in »Convenience Goods«, »Shopping Goods« und »Specialty Goods« geht zurück auf die Arbeiten von COPELAND, von HOLTON sowie von BUCKLIN. Vgl. COPELAND, M.T. (1923): Relations of Consumers Buying Habits to Marketing Methods, in: Harvard Business Review, (1), 2-1923, S. 282ff.; HOLTON, R.H. (1958): The Distinction between Convenience Goods, Shopping Goods, and Specialty Goods, in: Journal of Marketing, (23), July 1958, S. 53ff. sowie BUCKLIN, L.P. (1963): Retail Strategy and the Classification of Consumer Goods, in: Journal of Marketing, (27), 1-1963, S. 50ff.

Automobilkauf ist dabei extensiv geprägt und durch einen hohen affektiven und kognitiven Aufwand gekennzeichnet.[1] Darüber hinaus ist die Kaufentscheidung für ein Auto durch die deutliche Ausprägung aller Risikoarten gekennzeichnet.[2] Neben dem finanziellen und funktionalen Risiko unterliegt es insbesondere auch den Aspekten des psycho-sozialen Risikos.[3]

Weiterhin gelten Automobile als klassische Markenprodukte. Das Markenbild ist dabei sehr differenziert und gleichzeitig labil, denn die relevanten Beurteilungs-kriterien leiten sich nicht aus nur wenigen materiellen, zeitlich stabilen Kriterien ab, sondern sie bauen auf einer Vielzahl von Aspekten auf und unterliegen teil-weise einem schnellen Wandel.[4]

---

1   Im Einzelfall kann die Entscheidung möglicherweise auch Merkmale limitierter oder sogar ha-bitualisierter Kaufentscheidungen tragen. Diese nicht ganz eindeutige Zuordnung gilt zum Beispiel für ausgeprägt markentreue Konsumenten, deren Kaufentscheidungen den Charakter einer habitualisierten Kaufentscheidung annehmen kann. Die grundsätzliche Einordnung wird dadurch aber nicht beeinträchtigt. Die Unterteilung von Kaufentscheidungen nach ihren je-weils dominierenden psychologischen Prozessen geht zurück auf die Arbeiten von KATONA, HOWARD und SHETH sowie ENGEL, BLACKWELL und KOLLAT und hat sich in der Literatur weitgehend durchgesetzt, auch wenn zum Teil andere Begriffe mit – meist nur geringfügigen – Änderungen der Begriffsintention und -extension festzustellen sind. Vgl. KATONA, G. (1960): Das Verhalten der Verbraucher und Unternehmer, Tübingen 1960, S. 84 und 195 so-wie SCHULZ, R. (1972): Kaufentscheidungsprozesse des Konsumenten, a.a.O., S. 31.

2   Der von BAUER und COX erstmals formulierte risikotheoretische Ansatz besagt, daß Konsu-menten im Rahmen einer Kaufentscheidung Risiken empfinden, die sie durch verschiedene Verhaltensweisen zu reduzieren versuchen, sobald diese eine individuelle Toleranzschwelle übersteigen. Das Kaufrisiko ist dabei grundsätzlich von der Unsicherheit, also dem Umstand, daß das Ergebnis einer (Kauf-)Entscheidung unsicher und in erster Linie von der subjektiven Einschätzung des Einzelnen abhängig ist und von der Wichtigkeit und den Kauffolgen, das heißt von der subjektiven Bedeutung der Entscheidungsfolgen gekennzeichnet. Vgl. BAUER, R.A. (1976): Consumer Behavior as Risk Taking, in: SPECHT, K.-G.; WISWEDE, G. (Hrsg.), Marketingsoziologie. Soziale Interaktionen als Determinanten des Marktverhaltens, Berlin 1976, S. 207ff.; COX, D.F. (1967): Risk Taking and Information Handling in Consumer Beha-vior, in: COX, D.F. (Hrsg.), Risk Taking and Information Handling in Consumer Behavior, Bo-ston, MA 1967, S. 604ff.; COX, D.F. (1968): Research on Perceived Risk and Information Hand-ling in Consumer Behavior, in: SOMMERS, M. S.; KERNAN, J.B. (Hrsg.), Explorations in Consu-mer Behavior, Austin, TX 1968, S. 139f.; CUNNINGHAM, S.M. (1967): The Major Dimensions of Risk, in: COX, D.F. (Hrsg.), Risk Taking and Information Handling in Consumer Behavior, a.a.O., S. 82ff.; BETTMAN, J.R. (1973): Perceived Risk and its Components, in: Journal of Mar-keting Research, (10), 1973, S. 184ff. sowie SCHWEIGER, G.; MAZANEC, J.; WIEGELE, O. (1976): Das Modell des »erlebten Risikos« (»Percieved risk«): Struktur und Operationalisierungskon-zepte, in: Der Markt, (60), 4-1976, S. 96f.

3   Vgl. JACOBY, J.; KAPLAN, L.B. (1972): The Components of Percieved Risk, in: VENKATESAN, M. (Hrsg.), Proceedings of the 3rd Annual Conference of the Association for Consumer Research, Chicago, IL 1972, S. 383.

4   Vgl. MÜLLER, W. (1987): Strategisch zum Erfolg, in: Absatzwirtschaft, (30), 10-1987, S. 81 so-wie KROEBER-RIEL, W. (1984) Zentrale Probleme auf gesättigten Märkten, in: Marketing ZFP, (7), März 1984, S. 210ff.

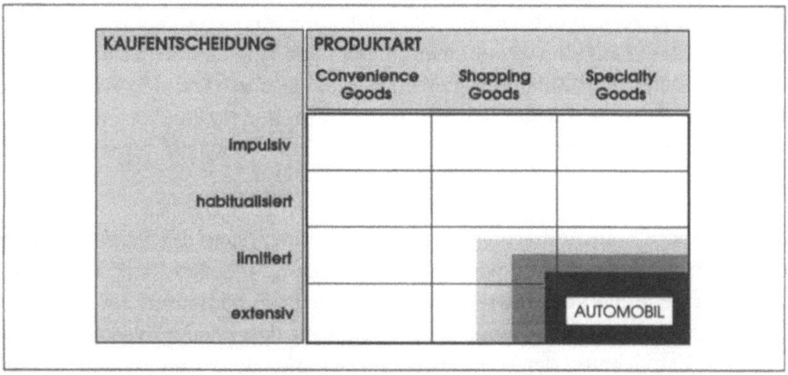

KAUFENTSCHEIDUNG	PRODUKTART		
	Convenience Goods	Shopping Goods	Specialty Goods
impulsiv			
habitualisiert			
limitiert			
extensiv			AUTOMOBIL

Abb. D-01   Produktart- und kaufentscheidungstypenorientierte Einordnung des
Untersuchungsobjekts »Automobil«

Zugleich haben sich auch die Bedürfnisse der Kunden im Laufe der Zeit verändert und der Gesamtmarkt ist von einer zunehmenden Aufsplitterung in zahlreiche Teil- und Nischenmärkte gekennzeichnet.[1] Außerdem ist das Markenbild davon mitbestimmt, daß es sich aus vielen, teilweise eigenständig vermarktbaren Teilen, zum Teil sogar aus eigenständigen Markenprodukten zusammensetzt.[2] Neben einer ganzheitlichen Wahrnehmung des Autos ist der modulare Aufbau des Produktes dabei für den Konsumenten – wenngleich auch nicht immer bis in alle Einzelheiten – nachvollziehbar. Inwieweit Veränderungen dieses Aufbaues zu einer modifizierten Gesamtwahrnehmung des Automobils durch den Konsumenten führen und letztlich kaufverhaltensrelevant werden, gilt es im folgenden ebenfalls näher zu untersuchen.

Außerdem ist die **Automobilindustrie** charakteristisch für Branchen, die in weitgehend verteilten Märkten neue Wege suchen, um Wettbewerbsvorteile zu erlangen. Nachdem die Hersteller einen Konzentrationsprozeß von etwa fünfzig

---

1   Die wachsende Modellvielfalt und der Erfolg von Cabriolets, Sportwagen, Off-Road Modellen oder Großraumlimousinen gegenüber den traditionellen Stufenheckmodellen spiegeln die hedonistisch geprägten Veränderungen wieder und liefern gleichzeitig eine Erklärung der Entwicklung. Vgl. ECKHARDT, J. (1994): Die Illusion von Freiheit und Abenteuern auf Rädern, in: Handelsblatt, Nr. 112, 14.06.1994, S. 14; VDA (Hrsg.) (1993): Tatsachen und Zahlen aus der Kraftverkehrswirtschaft, 57. Folge - 1993, Frankfurt a.M. 1993, S. 36ff. sowie VDIK (Hrsg.) (1993): Bericht des Verbandes der Importeure von Kraftfahrzeugen e.V. 1992/93, Bad Homburg 1993, S. 20f.

2   Für den Bereich Automobil lassen sich beispielsweise Reifen anführen. Vgl. KAMATH, R.R.; LIKER, J.K. (1994): A Second Look at Japanese Product Development, in: Harvard Business Review, (72), November-December 1994, S. 156.

selbständigen Unternehmen im Jahr 1964 auf nunmehr unter zwanzig[1] vollzogen haben, hat dies auch den Wettbewerb beeinflußt und betrifft in wachsendem Ausmaß Hersteller und Zulieferer gleichermaßen. Deshalb soll den weiteren Ausführungen eine kurze Darstellung der Besonderheiten sowie der zentralen Bestimmungsgrößen des Wettbewerbs vorangestellt werden, die für die Themenstellung relevant sind.

In der Automobilbranche hat sich ein differenziertes System arbeitsteilig arbeitender Wertschöpfungsstufen entwickelt. In Verbindung mit den Restrukturierungsmaßnahmen innerhalb der Industrie haben Fragen der Fertigungstiefengestaltung dabei eine hohe Aktualität erlangt.[2] Die im Anhang dargestellte Kennziffernanalyse über die Entwicklung der Fertigungstiefe zwischen 1985 und 1990 in verschiedenen bundesdeutschen Branchen spiegelt dieses wider.

Weiterhin ist die Branchensituation von einer zunehmenden Internationalisierung der Fertigung und des Wettbewerbs gekennzeichnet. Die Flexibilisierung der Fertigung, verbunden mit der Einführung neuer Technologien und Fertigungskonzepte, haben den Wettbewerbsdruck erhöht und zu einer Verkürzung von Entwicklungszeiten[3] und kürzeren Fertigungszeiten sowie einer Erhöhung der Arbeitseffizienz geführt.[4] Gleichzeitig unterliegen Hersteller und Zulieferer einem permanenten Kostendruck, der die weltweite Ausrichtung bei Beschaffung, Fertigung und Absatz unterstützt.[5] Darüber hinaus haben sich auch die produkt- und produktionsprozeßbezogenen Qualitätsanforderungen insgesamt erhöht und international angeglichen. Technologieentwicklungen werden dabei aus anderen

---

1   Vgl. HOFFMANN, K.; LINDEN, F.A. (1995): Modellwechsel, in: Manager Magazin, (25), 6-1995, S. 42.

2   Vgl. FISCHER, M. (1994): Großes Fressen, in: Wirtschaftswoche, (48), Nr. 40, 30.09.1994, S. 58ff.; O.V. (1994): MERCEDES-BENZ strebt eine Neuordnung der Produktion an, a.a.O., S. 22; GRÜHSEM, S. (1994): Fair geht vor. Autozulieferer im Strukturwandel, in: Handelsblatt, Nr. 109, 09.06. 1994, S. 12; GRÜHSEM, S. (1994): Markenvielfalt unter der Motorhaube, in: Handelsblatt, Nr. 169, 01.09. 1994, S. 13; O.V. (1994): Autohersteller verlagern ins Ausland, in: Handelsblatt, Nr. 165, 26./27.08. 1994, S. 1; O.V. (1994): Nur aus dem Ausland Impulse für den Automarkt, in: FAZ, Nr. 198, 26.08.1994, S. 13; HILLEBRAND, W.; LINDEN, F.A. (1993): Die Jagd ist auf, in: Manager Magazin, (23), 12-1993, S. 129ff. und O.V. (1994): Volkswagen-Chef PIËCH: Standort Deutschland nicht in Frage stellen, in: Handelsblatt, Nr. 164, 25.08.1994, S. 1.

3   Vgl. ARTHUR ANDERSEN & CO, SC (1993): QCT Product Development Survey – Automotive Industry, o.O. 1993, S. 22.

4   Vgl. CLARK, K.B.; FUJIMOTO, T. (1992): Automobilentwicklung mit System. Strategie, Organisation und Management in Europa, Japan und USA, Frankfurt a.M. 1992, S. 46f. sowie STALK, G. (1989): Zeit – Die entscheidende Waffe im Wettbewerb, in: Harvard Manager, (11), 1-1989, S. 37ff.

5   Vgl. DEUTSCHE GESELLSCHAFT FÜR MITTELSTANDSBERATUNG (1989): Automobilzulieferindustrie: Positionen. Perspektiven. Strategien, Frankfurt a.M. 1994, S. 28f. sowie BACKHAUS, K.; MEYER, M. (1990): Integrierte Marketing-Logistik, in: KLICHE, M. (Hrsg.), Investitionsgütermarketing. Positionsbestimmung und Perspektiven, Wiesbaden 1990, S. 241ff.

Industrien integriert und ihrerseits von der Automobilindustrie induziert.[1] Im Wettbewerb allerdings werden Neuerungen – zum Beispiel Motoreinspritzung, ABS oder Airbag – relativ schnell von den Konkurrenten übernommen, so daß objektive Qualitätsvorsprünge häufig nur kurzzeitige Profilierungsmöglichkeiten bieten.

Die insgesamt schwierigere Absatzsituation auf den Märkten hat Defizite bei Herstellern und Zulieferern weltweit offen zutage treten lassen und neben Umstrukturierungen zu zahlreichen Kooperationen und Konzentrationstendenzen geführt.[2] Neben Kooperationen der Hersteller mit den Zulieferern[3], kommt es in zunehmendem Maß auch zur Zusammenarbeit von Herstellern untereinander.[4] In *Abbildung D-02* sind einige ausgewählte Beispiele solcher Herstellerkooperationen aufgeführt.

---

1   Zu nennen sind beispielsweise FCKW-freie Kühlmittel in Auto-Klimaanlagen oder die Sensorentechnik, die die Grundlagen für die Entwicklung des Airbags lieferte. Entwicklung und Einsatz neuer Werkstoffe bei Karosserie und Motor sind sowohl von der Automobilindustrie als auch vor. der chemischen und metallverarbeitenden Industrie vorangetrieben worden. Ebenso hat die Elektronik – aufgrund von Entwicklungen der Elektronik- und Automobilindustrie – einen wichtigeren Stellenwert im Auto erlangt. Vgl. SEITZ, K. (1994): Die neue Welt der Geo-Ökonomie, in: PEREN, F. (Hrsg.), Krise als Chance. Wohin steuert die deutsche Automobilwirtschaft?, Frankfurt a.M. 1994, S. 37.

2   Zu den spektakulärsten Übernahmen der letzten Jahre gehört die Akquisition von SEAT und SKODA durch den VOLKSWAGEN Konzern, von JAGUAR und SAAB durch FORD sowie von ROVER durch die BMW AG.

3   Zum Beispiel wird die VOLKSWAGEN AG gemeinsam mit der MERCEDES-BENZ AG und dem Zulieferer ZF FRIEDRICHSHAFEN Lenkungen entwickeln und fertigen. Ähnliches ist auch bei der Sicherheitstechnik sowie Airbags im Gespräch. Darüber hinaus hat so gut wie jeder Hersteller ein eigenes Programm für die Zusammenarbeit mit seinen Zulieferern aufgesetzt, in dessen Verlauf insbesondere Kosteneinsparungen erreicht werden sollen. Vgl. O.V. (1994): Wichtiges Jahr auf dem Weg zu neuer Stärke, in: Handelsblatt, Nr. 252, 30./ 31.12.1994, S. 24; ACEA (Hrsg.) (1994): Manufacture-Supplier Relationships, in: The European Automakers, ACEA Newsletter, Nr. 13, May 1994, S. 2ff. sowie HOFFMANN, K.; LINDEN, F.A. (1995): Modellwechsel, a.a.O., S. 39ff.

4   Vgl. GRÜHSEM, S. (1994): Markenvielfalt unter der Motorhaube, a.a.O., S. 13; O.V. (1994): »Dann wird es bei uns eben keine Lenkungsfertigung mehr geben«. Das deutsche Kartellrecht und die Automobilindustrie, in: FAZ, Nr. 118, 24.05.1994, S. 25; ACEA (Hrsg.) (1994): Cooperative Automotive Research and Development: The Route to Optimisation, in: The European Automakers, ACEA Newsletter, October 1994, Nr. 16, S. 1ff.; ACEA (Hrsg.) (1994): Recycling, in: The European Automakers, ACEA Newsletter, March 1994, Nr. 11, S. 1ff. sowie ACEA (Hrsg.) (1994): Automobile manufacturers collaborate in the name of recycling efficiency, in: The European Automakers, ACEA Newsletter, Nr. 13, May 1994, S. 14.

Die Motoren für...	stammen von...
Porsche 924 (inzwischen eingestellt)	Audi
Opel Omega	BMW 6-Zylinder
Saab 900	Opel 6-Zylinder 2.5l
Audi Avant RS2	Porsche Tuning 5-Zylinder
Seat Toledo	VW 1.9 TDI (ab Sommer 1995)
Volvo 850	VW/Audi 2.5 TDI (ab Herbst 1995)
Mercedes-Benz Viano (in Planung)	VW VR 6-Motor
Bentley/Rolls Royce (in Planung)	BMW 8- und 12-Zylinder

Kooperationen für unterschiedliche Marken...

- ab 1986: Peugeot Boxer, Fiat Ducato & Citroën Jumper
- ab 1995: Peugeot 806, Fiatl Ulysse, Citroën Evasion & Lancia Zeta
- ab 1996: VW Sharan & Ford Galaxy (VW: Entwicklung / Ford: Produktion)

Abb. D-02   Ausgewählte Beispiele von Herstellerkooperationen

Die Automobilindustrie umfaßt – neben den Herstellern – die große und heterogene Gruppe direkter und indirekter Zulieferunternehmen.[1] Neben den bislang überwiegend mittelständischen Unternehmen, haben sich in den letzten Jahren zahlreiche Großunternehmen als Zulieferer der Automobilindustrie etabliert. Die Spannbreite der fremdbezogenen Teile reicht dabei von standardisierten Massenprodukten bis hin zu technologisch anspruchsvollen modellindividuellen Komponenten.

Nach dem Grad ihrer internen und externen **Wertschöpfungskomplexität** läßt sich die heterogene Zuliefererstruktur in der Automobilindustrie in relativ homogene Gruppen unterteilen.[2] Die **interne** Komplexität bezieht sich direkt auf das Produkt sowie den Fertigungsprozeß und beinhaltet beispielsweise Aspekte des Technologieniveaus, der Variantenvielfalt als auch Anzahl und technologischer Anspruch unterschiedlicher Produktionsverfahren. Die **externe** Komplexität berücksichtigt hingegen vor allem den Beschaffungs- sowie den Distributionsprozeß und nimmt dazu beispielsweise Bezug auf den notwendigen Koordinationsaufwand oder den Belieferungsrhythmus der Abnehmer. Es lassen sich – wie in

---

1   Insgesamt sind bis zu 6 000 Unternehmen in der Bundesrepublik als Zulieferer der Automobilindustrie einzuordnen. Lieferantenverhältnisse zu Automobilherstellern gibt es in nahezu allen Branchen des verarbeitenden Gewerbes. Das Spektrum reicht dabei von der Elektrotechnik über Stahl- und Metallverarbeitung bis hin zur chemischen Industrie. Vgl. sowie LAMMING, R.C. (1994): Die Zukunft der Zulieferindustrie. Strategien der Zusammenarbeit: Lean Supply als Überlebenskonzept, Frankfurt a.M. 1994, S. 73ff.

2   Diese Unternehmenstypologie geht auf eine von der Unternehmensberatung ROLAND BERGER & PARTNER entwickelte Typisierung zurück und hat für die deutsche Automobilzuliefererindustrie zu relativ homogenen Unternehmensclustern geführt. Vgl. zum folgenden DEUTSCHE GESELLSCHAFT FÜR MITTELSTANDSBERATUNG (1994): Automobilzulieferindustrie, a.a.O., S. 5f.

Abbildung D-03 aufgezeigt – Teilehersteller, Komponentenlieferanten und Zulieferer von Systemen und Modulen unterscheiden.[1]

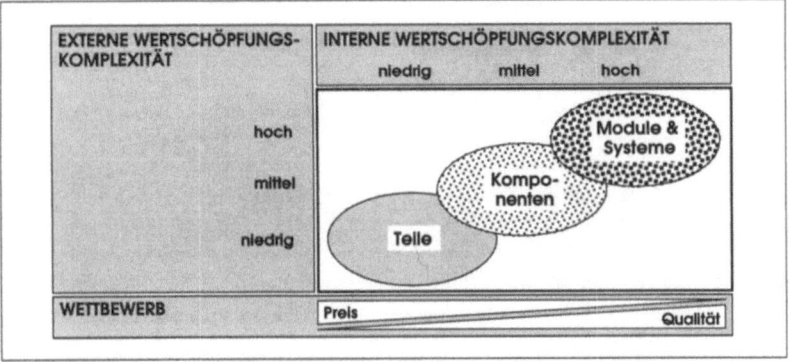

Abb. D-03   Differenzierung der Zulieferindustrie nach gefertigten Teilen

Quelle: In Anlehnung an DEUTSCHE GESELLSCHAFT FÜR MITTELSTANDSBERATUNG (1994): Automobilzulieferindustrie: Positionen. Perspektiven. Strategien, Frankfurt a.M. 1994, S. 8.

Bei den Einzelteilen, zum Beispiel Schrauben, handelt es sich in der Regel um standardisierte Massenprodukte, die als zusammenhängende Einheit aus einem Werkstoff produziert werden. Komponenten dagegen sind aus mehreren Teilen zusammengesetzte Einheiten, wie Kabelbäume oder Getriebegestänge, die in Systemen und Modulen weiterverarbeitet werden. Systeme und Module schließlich sind funktional oder physisch abgrenzbare Einheiten, die als zusammenhängende, fertig vormontierte Bauelemente direkt in die Montage des Herstellers einfließen. Ein vollständiges Armaturenbrett oder die komplette Hinterachse sind Beispiele dafür.[2] Tendenziell entwickeln sich die direkten Zulieferer vermehrt zu Lieferanten ganzer – gegebenenfalls eigenverantwortlich entwickelter – Komponenten und Systeme.[3]

---

1   Vgl. zum Zusammenhang von Produkt, Fertigung und Organisation NEBL, T. (1992): Rationelle Form der Produktionsorganisation – Erfolgsfaktor im Wettbewerb, in: VEREIN DEUTSCHER INGENIEURE (Hrsg.), Neue Verfahren der schweißtechnischen Vorbereitung und Produktion, Tagungsbericht, Rostock 1992, S. 79ff.

2   Diese Unterteilung läßt sich noch weiter spezifizieren, ebenso finden sich in der Literatur leicht abgewandelte Differenzierungen. Vgl. KAUFMANN, L. (1995): Strategisches Sourcing, in: Zeitschrift für betriebswirtschaftliche Forschung, (47), 3-1995, S. 281.

3   Neben Standardteilen, die ausschließlich vom Zulieferer entwickelt werden, beinhaltet dies vor allem sogenannte »Black-Box-Teile«, deren Lastenheftinformationen vom Hersteller erstellt

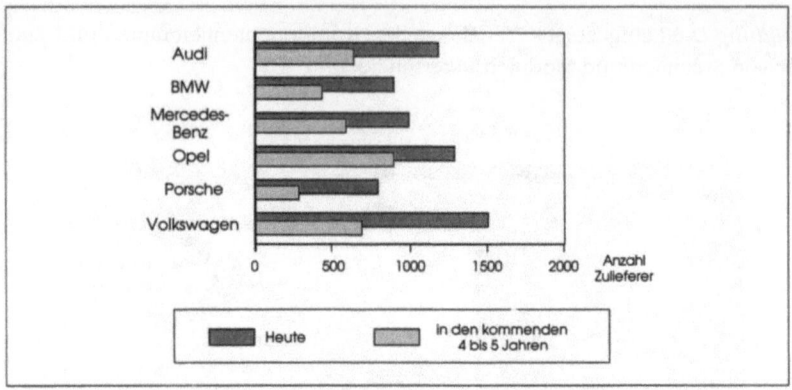

Abb. D-04   Entwicklung der Direktzulieferer in der deutschen Automobilindustrie

Quelle: O.V. (1995): Zulieferindustrie: BMW selektiert am schärfsten, in: Wirtschaftswoche, (49), Nr. 29/1995, S. 12.

Die Verkürzung der Fertigungstiefe durch die Automobilhersteller steht für eine Reihe umfangreicher Veränderungen der Rahmen- und Wettbewerbsbedingungen für Zulieferer und Hersteller sowie die Ausgestaltung ihrer Zusammenarbeit. Die unterschiedlichsten Prognosen für die kommenden Jahre gehen dabei übereinstimmend von einem massiven Ausleseprozeß unter den Zulieferern aus.[1] Den Systemlieferanten unter den Zulieferern werden bei diesem Selektionsprozeß, der die Zahl der heutigen Zulieferer nahezu halbieren wird, die besten Überlebenschancen eingeräumt. *Abbildung D-04* zeigt eine Prognose zur Entwicklung der Direktzulieferer bei deutschen Automobilherstellern.

---

werden, deren Detailkonstruktion allerdings dem Zulieferer obliegt. Daneben gibt es »Grey-Box-Teile«, bei denen genauere Vorstellungen des Herstellers über die Spezifikationen und Einflußmöglichkeiten bei Entwicklung und Fertigung bestehen. Ein Beispiel für die zukünftige Zusammenarbeit von Hersteller und Lieferant liefert die Zusammenarbeit von SKODA und dem Zulieferer LUCAS: Die komplette Hinterachse wird im tschechischen Werk Mladá Boleslav vom Zulieferer direkt neben der Endmontage des Fahrzeugs montiert. Die fertigen Module gelangen dann per Seilzug an das Endmontageband. Vgl. GRÜHSEM, S. (1994): Bei SKODA montiert der Zulieferer direkt am Band, in: Handelsblatt, Nr. 178, 14.09.1994, S. 23 sowie insgesamt THE BOSTON CONSULTING GROUP (1993): The Evolving Competitive Challenge for the European Automotive Components Industry, Study for The Commission of the European Communities/Directorate General for Industry–III, Bruxelles 1993, S. 42ff.; LAMMING, R.C. (1994): Die Zukunft der Zulieferindustrie, a.a.O., S. 272ff.; WILDEMANN, H. (1993): Just-In-Time in Forschung & Entwicklung und Konstruktion, in: Zeitschrift für Betriebswirtschaft, (63), 12-1993, S. 1251ff.; CLARK, K.B.; FUJIMOTO, T. (1992): Automobilentwicklung mit System, a.a.O., S. 138ff.

1   Vgl. THE BOSTON CONSULTING GROUP (1993): The Evolving Competitive Challenge for the European Automotive Components Industry, a.a.O., S. 16ff.; ARTHUR ANDERSEN & CO, SC (1993): QCT Product Development Survey, a.a.O., S. 34ff. sowie IKB DEUTSCHE INDUSTRIE-

In diesem Kontext erhält die Gestaltung der Fertigungstiefe eine neue Dimension. Die weitreichenden strukturellen Veränderungen innerhalb der Automobilindustrie, die sich in den kommenden Jahren noch fortsetzen werden[1], lassen ebenfalls vermuten, daß Unternehmensentscheidungen zur Fertigungstiefengestaltung in verstärktem Maße die markierten Komponenten und Systeme erreichen und damit für den Nachfrager zunehmend deutlicher und für seine Kaufentscheidung relevant werden[2].

2 Empirisches Design der Untersuchung

Als empirische Grundlage der anschließenden Analyse dient eine von Ende 1992 bis Anfang 1993 durchgeführte strukturierte Befragung von Autofahrern in der

---

BANK AG (Hrsg.) (1994): Starke Ertragseinbrüche in der Automobilzulieferer-Industrie, IKB-Branchenbericht Dezember 1994, Düsseldorf 1994., S. 1ff.

1 Vgl. GRÜHSEM, S. (1994): Folgen auf Kurzarbeit nun Sonderschichten?, in: Handelsblatt, Nr. 83, 29./30.04.1994, S. 25; GRÜHSEM, S. (1994): Schockwirkung, in: Handelsblatt, Nr. 148, 03.08. 1994, S. 2. Zu ähnlichen Prognosen kommen auch zahlreiche Studien auf nationaler und internationaler Ebene. Vgl. beispielsweise THE BOSTON CONSULTING GROUP (1993): The Evolving Competitive Challenge for the European Automotive Components Industry, a.a.O., S. 7ff. oder DEUTSCHE GESELLSCHAFT FÜR MITTELSTANDSBERATUNG (1989): Automobilzulieferindustrie, a.a.O., S. 21ff. sowie MIEBACH & PARTNER (1994): Die Automobil-Zulieferer in den 90er Jahren, o.O. 1994, S. 2ff.

2 Beispielsweise liefert die BMW AG den kompletten Diesel-Motor für den neuen OPEL OMEGA, der auf dem US-Markt als CADILLAC LSE verkauft wird. BMW hat darüber hinaus mit der britischen ROOLS-ROYCE MOTOR CARS einen umfangreichen Kooperationsvertrag geschlossen, der zunächst dazu führen wird, daß BMW die Acht- und Zwölfzylinder-Motoren für die Ende des Jahrzehnts auf den Markt kommenden neuen Modelle der Marken ROLLS-ROYCE und BENTLEY liefern wird. Bereits jetzt schon kommen Klimaanlage und Airbag für ROLLS-ROYCE von BMW. VOLKSWAGEN wird Motoren und Automatikgetriebe für MERCEDES-BENZ AG produzieren. Vgl. dazu im einzelnen O.V. (1994): Ein CADILLAC aus Rüsselsheim, in: FAZ, Nr. 48, 26.02. 1994, S. 12; O.V. (1994): BMW und ROLLS-ROYCE kooperieren, in: Handelsblatt, Nr. 244, 19.12. 1994, S. 1.

Bundesrepublik Deutschland.[1] Die **Befragung** umfaßte insgesamt 400 Neuwagenkäufer[2] sechs verschiedener Automobilmarken.

Demographisch wurde die verwendete Stichprobe nach Geschlechtern sowie nach den Altersgruppen 18 bis 39 und 40 bis 59 Jahre differenziert erhoben.[3] Sie ist insoweit keine Zufallsstichprobe. Die Befragung selbst erfolgte in Form ausführlicher Einzelinterviews von jeweils etwa eineinhalbstündiger Dauer. Dabei kam ein standardisierter Fragebogen mit geschlossenen und zahlreichen offenen Fragen zur Anwendung.

Der **Fragebogen** untergliedert sich in drei Themenkomplexe: Zunächst wurde die allgemeine Beziehung der Käufer zum Automobil erfragt. Anschließend wurde die Fertigungstiefe thematisiert: Neben der Wahrnehmung von eigen- und fremdgefertigten Teilen wurde die Beurteilung durch den einzelnen Konsumenten und die Bedeutung für seine Kaufentscheidung – getrennt nach Marken und Teilen – erhoben. Um zu erfassen, wie sich die vielfältigen Austauschbeziehungen zwischen Herstellern und Zulieferern in der Automobilindustrie auf die Beurteilung von Marken auswirken, wurden schließlich zahlreiche Zulieferer sowie Automobilhersteller, die auch als Lieferanten tätig sind, mit in die Befragung einbezogen. Neben der Bekanntheit stand dabei die Untersuchung des Einflusses auf die Automobilmarke und letztlich die Nutzenbeurteilung und Kaufabsicht der Befragten im Vordergrund.

Die **Auswertungskategorien** der Erhebung[4] unterteilen sich zunächst in die Segmente der Mittelklasse und der gehobenen Klasse. Zwei der sechs Marken waren sowohl in der mittleren als auch in der gehobenen Klasse vertreten. Die übrigen vier Marken wurden entweder der Mittelklasse oder der gehobenen Klasse zugeordnet. Die Zuordnung ergab sich aus einer vereinfachten Unterteilung der jeweils angebotenen Modelle einer Marke und deren marktüblicher

---

1   Die Untersuchung wurde durch das INSTITUT FÜR MARKETING & INNOVATIONSMANAGEMENT der Universität Rostock in Zusammenarbeit mit dem INSTITUT FÜR MARKETING der Westfälischen Wilhelms-Universität Münster wissenschaftlich betreut. Die Realisation erfolgte – im Auftrag eines deutschen Automobilherstellers – durch das INSTITUT FÜR JUGENDFORSCHUNG, München. Das hieraus entstandene Forschungsprojekt »Die Beurteilung der Fertigungstiefe aus Konsumentensicht« am INSTITUT FÜR MARKETING & INNOVATIONSMANAGEMENT wurde von der DEUTSCHEN FORSCHUNGSGEMEINSCHAFT, Bonn, unterstützt. Den Einzelexplorationen sind im Frühjahr 1992 im Rahmen einer Vorstudie Gruppendiskussionen vorausgegangen, die zur genauen Spezifizierung und Prüfung des Fragebogens dienten.

2   Als Neuwagenkäufer galt, wer in den letzten zwölf Monaten einen Neuwagen gekauft, beziehungsweise in den nächsten sechs Monaten einen Neuwagenkauf geplant hatte.

3   Die personenspezifischen Verkaufsstrukturen zu den einzelnen Marken gehen auf interne Daten des Automobilherstellers zurück.

4   Die Übersichtsdarstellungen zu den Auswahl- und Strukturparametern der Stichprobe sind im Anhang A3 der Arbeit zu finden.

Klassifizierung. Der Stichprobenumfang belief sich auf je 50 Befragte pro Marke, so daß für die beiden Auswertungskategorien jeweils 200 Befragungen in die Untersuchung einbezogen wurden. Die daraus abgeleitete geschlechts- und altersspezifische Struktur der Stichprobe verteilt sich auf die einzelnen Marken wie in der folgenden *Tabelle D-01* noch einmal im Überblick dargestellt.

STICHPROBE							
Marken	**A.1/2**	**B.1/2**	**C**	**D**	**E**	**F**	
	100￼ 25.0%	100￼ 25.0%	50￼ 12.5%	50￼ 12.5%	50￼ 12.5%	50￼ 12.5%	400￼ 100%
Mittelklasse	50	50	–	–	50	50	200
Gehobene Klasse	50	50	50	50	–	–	200
Frauen	43	17	3	3	14	19	99￼ 24.8%
Männer	57	83	47	47	36	31	301￼ 75.2%
18 bis 39 Jahre	63	36	13	7	24	31	174￼ 43.5%
40 bis 59 Jahre	37	64	37	43	26	19	226￼ 56.5%
Gesamtstichprobe	100	100	50	50	50	50	400

Tab. D-01   Stichprobenstruktur nach Marken

Die **statistische Datenauswertung** erfolgte mit dem am Institut für Marketing & Innovationsmanagement der Universität Rostock implementierten Softwarepaket SPSS®.[1] Dabei wurden neben Häufigkeitsanalysen das multivariate Analyseverfahren der Diskriminanzanalyse zur Auswertung eingesetzt.[2]

Zielsetzung der empirischen Analyse ist es zu untersuchen, inwieweit die einzelnen kaufverhaltenstheoretischen Konstrukte in der Lage sind, fertigungstiefenbe-

---

1 Das Softwarepaket SPSS® stand sowohl in der sechsten Version an einem IBM® PC als auch in der Version 4.0 für Apple Macintosh® zur Verfügung.

2 Vgl. im folgenden zu den einzelnen Verfahren BACKHAUS, K.; ERICHSON, B.; PLINKE, W.; WEIBER, R. (1994): Multivariate Analysemethoden. Eine anwendungsorientierte Einführung, 7. Aufl., Berlin 1994; HARTUNG, J.; ELPERT, B. (1992): Multivariate Statistik, 4. Aufl., München 1992; STEINHAUSEN, D.; ZÖRKENDÖRFER, S. (1987): Statistische Datenanalyse mit dem Programmsystem SPSSx und SPSS/PC+, München 1987; BROSIUS, G. (1988): SPSS/PC+. Basics and Graphics. Einführung und praktische Beispiele, Hamburg 1988; BROSIUS, G. (1989): SPSS/PC+. Advanced Statistics and Tables. Einführung und praktische Beispiele, Hamburg 1989 sowie die Dokumentationen SPSS INC. (Hrsg.) (1990): SPSS® Advanced Statistics™ User's Guide, Chicago, IL 1990; SPSS INC. (Hrsg.) (1990): SPSS® Reference Guide, Chicago, IL 1990 und SPSS INC. (Hrsg.) (1990): SPSS® Base System User's Guide, Chicago, IL 1990

zogenes Kaufverhalten zu erklären und zu prognostizieren. Um die Bedeutung der verschiedenen Konstrukte im einzelnen zu ermitteln, werden sie zunächst getrennt voneinander und anschließend in einer Gesamtanalyse untersucht. Da das direkte Kaufverhalten nicht beobachtet werden konnte, werden die geäußerte Kaufabsicht und die Nutzenbeurteilung der Befragten als Indikatoren für das Realverhalten herangezogen.[1] Die Analysen sind dementsprechend in bezug auf die nebeneinander verwandten Outputvariablen grundsätzlich zweigeteilt.

Hierzu soll zunächst die deskriptive Untersuchung der **Häufigkeiten** erste Hinweise bezüglich der grundsätzlichen Gültigkeit der vorgeschlagenen Modellstruktur geben.[2] Für die weitere empirische Analyse des theoretisch abgeleiteten Prüfprozesses zur konsumentenorientierten Fertigungstiefengestaltung eines Herstellers steht danach vor allem die **Diskriminanzanalyse** im Mittelpunkt.[3] Als multivariates Analyseverfahren dient sie zur Untersuchung von Gruppenunterschieden: Gruppen von Objekten sollen durch Linearkombinationen mehrerer unabhängiger Variablen optimal getrennt werden, um dadurch Gruppenunterschiede zu erklären. Dazu werden die Koeffizienten einer Diskriminanzfunktion so gewählt, daß der Abstand zwischen den Mittelwerten der einzelnen Gruppen möglichst

---

1   Vgl. JUSTER, F.T. (1966): Consumer Buying Intensions and Purchase Behavior, in: Journal of the American Statistical Association, (61), September 1966, S. 658-696.

2   Neben der Erfassung von Häufigkeiten erfolgte vorab ebenso eine kontingenzanalytische Untersuchung der jeweils konstruktkonstituierenden Variablen. Die Kontingenzanalyse war notwendig, weil es sich bei einigen Variablen nur um nominal skalierte Größen handelte, die nicht zur Korrelationsanalyse herangezogen werden konnten. Die in der Literatur auch als »Assoziationsmaße« gekennzeichneten Kontingenzmaße dienen zur Aufdeckung von Zusammenhängen zwischen (mindestens) nominal skalierten Variablen. Die Kontingenzanalyse dient dabei zur Untersuchung, ob Assoziationen in einer Stichprobe als zufällig einzuschätzen sind oder nicht, das heißt, ob Variable als statistisch unabhängig oder abhängig voneinander einzuschätzen sind. Dazu wird neben dem Chi-quadrat-Test insbesondere der sogenannte Phi-Koeffizient, der Aussagen über die Stärke der Assoziation ermöglicht, eingesetzt. Auf eine eigene Darstellung der Ergebnisse der Kontingenzanalysen wurde verzichtet, da sich keinerlei nennenswerte Besonderheiten, die den weiteren Gang der Analysen beeinträchtigt hätten., ergeben haben. Vgl. zur Kontingenzanalyse ausführlich HÜTTNER, M. (1989): Grundzüge der Marktforschung, 4. Aufl., Berlin 1989, S. 188ff.; BACKHAUS, K.; ERICHSON, B.; PLINKE, W.; WEIBER, R. (1994): Multivariate Analysemethoden, a.a.O., S. 164ff.; HARTUNG, J. (1991): Statistik. Lehr- und Handbuch der angewandten Statistik, 8. Aufl., München 1991, S. 407ff., HARTUNG, J.; ELPERT, B. (1992): Multivariate Statistik, a.a.O., S. 206ff.; SACHS, L. (1992): Angewandte Statistik. Anwendung stochastischer Methoden, 7. Aufl., Berlin 1992, S. 579ff; EVERITT, B.S. (1977): The Analysis of Contingency Tables, London 1977, S. 61-66; FLEISS, J.L. (1981): Statistical Methods for Rates and Proportions, 2. Aufl., New York, NY 1981, S. 20ff. und 85 sowie SPSS INC. (Hrsg.) (1990): SPSS® Base System User's Guide, a.a.O., S. 125ff.

3   Vgl. zum folgenden insbesondere BACKHAUS, K.; ERICHSON, B.; PLINKE, W.; WEIBER, R. (1994): Multivariate Analysemethoden, a.a.O., S. 90ff.; SPSS INC. (Hrsg.) (1990): SPSS® Advanced Statistics™ User's Guide, a.a.O., S. 1ff. sowie DILLER, H. (1975): Die Diskriminanzanalyse als Analyseinstrument des Marktforschers, in: Marktforscher, 6-1975, S. 123ff.

groß wird.[1] Entsprechend der theoretischen Konzeption werden die Kaufverhaltensabsicht und die Nutzenbeurteilung als Outputvariable der Diskriminanzanalysen verwandt.[2]

Zunächst werden die einzelnen Konstruktvariablen jeweils isoliert betrachtet und in die Diskriminanzanalysen eingesetzt, um ihre Fähigkeit zur Trennung der Outputvariablen einzeln zu untersuchen. Im Anschluß daran werden aus der Grundgesamtheit jeweils Gruppen geringer und hoher Konstruktausprägungen aus dem Datensatz herausgelöst[3], die einzeln diskriminanzanalytisch untersucht werden. Die ersten, die Konstrukte jeweils isoliert betrachtenden Diskriminanzanalysen richten sich auf die theoretisch unterstellte Prognoserelevanz der intervenierenden Variablen, die mit der Komplexität der Konstrukte stufenweise zunehmen müßte. Die zweite Analysengruppe mit den Teilgesamtheiten niedriger und hoher Konstruktausprägungen für Involvement, Wahrnehmung, Wissen und Einstellungen richtet sich demgegenüber auf die theoretisch abgeleiteten Aussagen zum notwendigen Vorhandensein hoher Konstruktausprägungen, damit fertigungstiefenpolitisch begründete Produktunterschiede kaufrelevant werden können. Während die Fertigungstiefe bei geringer Konstruktausprägung gar keine Relevanz für die Kaufentscheidung von Konsumenten entwickeln kann, führen hohe Ausprägungen der einzelnen Konstrukte nicht automatisch zur Berücksichtigung der Fertigungstiefengestaltung für die Kaufentscheidung. Fertigungstiefenbezogene Aspekte können vielmehr überhaupt erst als Beurteilungsgrößen in den Entschei-

---

1 Als sogenanntes Diskriminanzkriterium wird der Quotient aus der Streuung zwischen den Gruppen und derjenigen in den Gruppen maximiert. Der Maximalwert wird als Eigenwert bezeichnet und stellt als Verhältnis aus erklärter zu nicht erklärter Streuung den erklärten Varianzanteil der Diskriminanzfunktion dar.

2 Die Diskriminanzanalyse wird hier mit »gemischten« Daten durchgeführt, das heißt daß das Skalenniveau der unabhängigen Variablen sowohl metrisch als auch nicht-metrisch skalierte Variable umfaßt. Diese Vorgehensweise wird in der Literatur unterschiedlich beurteilt. Während einige Autoren die Verwendung der Diskriminanzanalyse grundsätzlich an die Voraussetzung knüpfen, daß die unabhängigen Variablen metrisch sind, wird diese Annahmen von anderen Autoren als für die Anwendung nicht unbedingt notwendige Bedingung gesehen. Vielmehr lassen sich auch unter Einbeziehung nicht-metrischer abhängiger Variablen hinreichend verläßliche Ergebnisse erreichen. Dies gilt auch für die hier im Einzelfall vorliegenden binären Variablen. Vgl. zur unterschiedlichen Darstellung in der Literatur beispielsweise SPSS INC. (Hrsg.) (1990): SPSS® Advanced Statistics™ User's Guide, a.a.O., S. 35; HÜTTNER, M. (1989): Grundzüge der Marktforschung, a.a.O., S. 207; GILBERT, E.S. (1968): On Discrimination Using Qualitative Variables, in: Journal of the American Statistical Association, (63), 1968, S. 1399-1412; MOORE, D.H. (1973): Evaluation of five Discrimination Procedures for Binary Variables, in: Journal of the American Statistical Association, (68), S. 399, die auch gemischte Daten zur Diskriminanzanalyse zulassen, während zum Beispiel BACKHAUS, K.; ERICHSON, B.; PLINKE, W.; WEIBER, R. (1994): Multivariate Analysemethoden, a.a.O., S. XVII sowie S. 91ff. diese Voraussetzung enger fassen.

3 Dazu wurden die konstruktkonstituierenden Variablen in einzelnen Konstruktindizes zusammengeführt und anschließend entsprechende Grupppen geringer, mittlerer und hoher Ausprägungen gebildet.

dungsprozeß eingehen, wenn das Involvement, die Wahrnehmung, das Wissen und die Einstellungen hoch ausgeprägt sind. Die Untersuchung von geringen gegenüber hohen Konstruktausprägungen richtet sich auf diesen Unterschied und stellt die eher eindeutig zu interpretierende Beziehung von geringen Konstruktausprägungen und Outputvariablen dem mehrdeutigen Zusammenhang von hohen Konstruktausprägungen und Outputvariablen gegenüber. Die Gruppe derjenigen Befragten, die nur geringe Ausprägungen aufweisen, müßte demnach »bessere« Diskriminanzergebnisse aufweisen als diejenige Teilgesamtheit, die durch hohe Konstruktausprägungen charakterisiert ist. Die wahrgenommene Kompetenz bleibt dabei als letztes Konstrukt der Stufenfolge ausgeklammert, weil sie die Berücksichtigung der Fertigungstiefe für die Kaufentscheidung nicht mehr offen läßt, wie die Konstrukte zuvor, sondern sie vielmehr zwingend voraussetzt.[1]

In einem weiteren Schritt werden alle Konstrukte gemeinsam diskriminanzanalytisch untersucht. Abschließend werden dann auch die Teilgesamtheiten der geringen und der hohen Konstruktausprägungen in eine Gesamtanalyse einbezogen.[2] Die Gesamtanalysen ermöglichen die Einbeziehung eventueller Wechselwirkungen zwischen den einzelnen intervenierenden Variablen und können die Einzelresultate insofern grundsätzlich beeinflussen. Darüber hinaus sind die Konstrukte vom theoretischen Standpunkt aus betrachtet keinesfalls unabhängig voneinander, sondern bauen zum Teil aufeinander auf. Für die integrierten Diskriminanzanalysen wird darüber hinaus noch die relative diskriminatorische Bedeutung der einzelnen Konstruktvariablen innerhalb der Gesamtanalyse ermittelt. Sie spiegelt den Anteil der von den einzelnen Konstrukten jeweils erklärten Gesamtvarianz wider.[3]

Zur Beurteilung der Diskriminanzanalyse werden verschiedene statistische Prüfkriterien verwandt, mit deren Hilfe die Heterogenität der gebildeten Gruppen beurteilt und die statistische Signifikanz der Gruppenunterschiede überprüft werden können: Zur Beurteilung der Trennkraft einer Diskriminanzfunktion wird zunächst die Anzahl richtig und falsch zugeordneter Elemente herangezogen. Die **Klassifikation** der Diskriminanzfunktion muß mit derjenigen »Trefferquote« verglichen werden, die sich bei zufälliger Zuordnung ergeben würde.[4] Daneben bil-

---

1   Vgl. die Ausführungen im Kapitel C 2.1 zur Kennzeichnung des zugrundeliegenden Modells.

2   Die einzelnen Konstruktindizes wurden dazu noch einmal in einem einzigen Index zusammengefaßt und entsprechend gruppiert.

3   Vgl. zu diesem Verfahren BACKHAUS, K.; ERICHSON, B.; PLINKE, W.; WEIBER, R. (1994): Multivariate Analysemethoden, a.a.O., S. 123f.

4   Im Zwei-Gruppen-Fall liegt der Vergleichswert der zufälligen Zuordnung bei gleicher Gruppengröße beispielsweise bei 50%. Dies wäre der Grenzwert an dem sich das Klassifikationsergebnis einer Diskriminanzfunktion »messen« lassen müßte. Wird die dieselbe Stichprobe sowohl zur Berechnung der Diskriminanzfunktion als auch zur Schätzung verwandt, muß die

det der **Eigenwert** [Γ] als erklärter Varianzanteil das zentrale Maß für die Güte einer Diskriminanzfunktion. Er wird innerhalb der Analyse als methodisches Zielkriterium maximiert und sollte dementsprechend möglichst hoch ausfallen.[1] Der Eigenwert besitzt allerdings den Nachteil, daß er nicht normiert ist. Der **kanonische Korrelationskoeffizient** [c], der das Verhältnis von durch die Diskriminanzfunktion erklärter zu gesamter Streuung wiedergibt, ist dagegen auf Werte zwischen null und eins normiert.[2] Darüber hinaus dient außerdem **WILKS' Lambda** [Λ] als inverses Gütemaß zur Interpretation der Analyseergebnisse. Es bezieht die nicht erklärte Streuung auf die Gesamtstreuung:[3] Je kleiner die Werte sind, umso höher ist die Trennkraft der Diskriminanzfunktion einzuschätzen. Die besondere Bedeutung von WILKS' Lambda liegt darin, daß es sich in eine angenäherte Chi-quadrat-Verteilung [χ^2] transformieren läßt und auf diese Weise eine statistische Signifikanzprüfung der Diskriminanzfunktion, verbunden mit der Ermittlung entsprechender **Irrtumswahrscheinlichkeiten** [p], ermöglicht.[4]

Neben der Prüfung der Funktion lassen sich auch die einzelnen Merkmalsvariablen in der Diskriminanzfunktion beurteilen: Basis einer multivariaten Beurteilung der diskriminatorischen Bedeutung der Variablen bilden die Diskriminanzfunktionskoeffizienten. Sie repräsentieren den Einfluß der einzelnen Variablen. Mit Hilfe von WILKS' Lambda können die einzelnen Variablen bereits vorab auf ihre signifikante Trennfähigkeit hin untersucht werden.[5] Allerdings liefert diese Größe nur erste Anhaltspunkte für die Beurteilung, da sich die univariate Prüfung der Diskriminanz durch die Kombination mit den übrigen Variablen innerhalb der Diskriminanzanalyse ändern kann. Aus diesem Grund werden zur vergleichenden Beurteilung der Diskriminanzfunktionskoeffizienten die unstandardisierten Koeffizienten mit den Eigenwerten der jeweiligen Funktionen gewichtet. Man erhält auf diesem Wege die sogenannten **mittleren Diskriminanzkoeffizienten** [b_j], die sich als Prozentwerte der jeweils erklärten Varianz interpretieren lassen

---

»Trefferquote« deutlich höher liegen als der Zufallswert, da die richtigen Zuordnungen in diesem Fall tendenziell überhöht sind.

1 Grundlage der Eigenwertbestimmung ist die Varianzanalyse, bei der die Streuung zwischen sowie innerhalb der Gruppen ermittelt und aus deren Division der Eigenwert errechnet wird.

2 In der Diskriminanzanalyse wird üblicherweise die Wurzel aus c als Gütemaß verwandt. Vgl. zum kanonischen Korrelationskoeffizienten und seiner Berechnung HARTUNG, J.; ELPERT, B. (1992): Multivariate Statistik, a.a.O., S371f. sowie BACKHAUS, K.; ERICHSON, B.; PLINKE, W.; WEIBER, R. (1994): Multivariate Analysemethoden, a.a.O., S. 118.

3 Kanonischer Korrelationskoeffizient und WILKS' Lambda stehen in folgende Beziehung zueinander: $c^2 + \Lambda = 1$.

4 Diese beinhaltet einen Test der Nullhypothese »H_0: Die Gruppen unterscheiden sich nicht« gegen die Alternativhypothese »H_1: Die Gruppen unterscheiden sich«.

5 Vgl. BACKHAUS, K.; ERICHSON, B.; PLINKE, W.; WEIBER, R. (1994): Multivariate Analysemethoden, a.a.O., S. 121.

und die dann einen direkten Aufschluß über die Bedeutungsgewichte der einzelnen Variablen geben.[1]

3   Einfluß der einzelnen kaufverhaltenstheoretischen Konstrukte auf die Fertigungstiefengestaltung

3.1 Erfassung und Operationalisierung des Kaufverhaltens

Im Rahmen der vorliegenden Untersuchung konnte das tatsächliche Kaufverhalten nicht unmittelbar erfaßt werden. Die Fragestellungen waren letztendlich gar nicht über die Erfassung von tatsächlichem Kaufverhalten abzubilden, denn die Befragten waren aufgefordert, ausgehend von der Wahrnehmung und Einschätzung vorhandener Automobilmarken, Veränderungen der Fertigungstiefe zu beurteilen, die so in der Realität (noch) gar nicht existierten.

Aus der mangelnden Möglichkeit zur Erfassung des tatsächlichen Kaufverhaltens heraus sind die geäußerte Kaufabsicht[2] sowie die Nutzenbeurteilung des Konsumenten als »Ersatzindikatoren« des tatsächlichen Kaufverhaltens ausgewählt worden. Beide Outputvariable werden dabei aber nicht miteinander in bezug gesetzt, sondern unabhängig voneinander betrachtet, so daß die Analyse im Hinblick auf die abhängigen Outputvariablen in zwei Teile getrennt ist.

Die **Kaufverhaltensabsicht** verkörpert ein hypothetisches Konstrukt, das angibt, für wie wahrscheinlich ein Konsument den Kauf eines bestimmten Markenproduktes hält.[3] Eine solche Absichtserklärung erfordert vom Befragten, sich die Kaufsituation umfassend vor Augen zu führen. Demnach kann KROEBER-RIEL zugestimmt werden, nach dessen Ansicht das Konstrukt somit nicht nur die Produkteinschätzung ausdrückt, sondern ebenso die subjektive Beurteilung der gesamten Verhaltenssituation reflektiert.[4] Aufgrund dieser Antizipation individueller

---

1   Vgl. BACKHAUS, K.; ERICHSON, B.; PLINKE, W.; WEIBER, R. (1994): Multivariate Analysemethoden, a.a.O., S. 123 sowie die Übersichten zur Diskriminanzanalyse im Anhang A4.

2   Diese Variable hat anfangs vor allem in der sozialökonomischen Verhaltensforschung starke Beachtung gefunden. Allerdings beschränkte man sich darauf, die Absicht ein bestimmtes Produkt zu kaufen festzustellen, während es sowohl im Modell von HOWARD und SHETH als auch in dieser Untersuchung um eine spezielle Marke geht. Vgl. dazu beispielsweise KATONA, G. (1962): Der Massenkonsum, Düsseldorf 1965, S. 101ff.

3   Vgl. ROTHMAN, J. (1964): Intention: Planned Purchase, in: Journal of Marketing Research, (1), 1964, S. 22-25.

4   Vgl. KROEBER-RIEL, W. (1990): Konsumentenverhalten, a.a.O., S. 170f.

Ressourcen und situativer Faktoren kann die Kaufabsicht als ein Konstrukt interpretiert werden, das als intervenierende Variable das Verhältnis von Produkt- oder Markenpräferenzen und Kaufverhalten mitbestimmt und vergleichsweise nahe am Realverhalten liegt.[1]

Entgegen der häufig zu findenden Einbeziehung der Kaufabsicht als konative Komponente von Einstellungen, wird sie daher – wie im übrigen auch in den Totalmodellen von HOWARD und SHETH[2] sowie von ENGEL, BLACKWELL und KOLLAT[3] – im Rahmen dieser Untersuchung »herausgelöst« und als eigenständige psychische Outputgröße der Analyse verwandt.

Unter Rückgriff auf Idealpunktmodelle finden sich in der Literatur Ansätze, die die Kaufabsicht als Distanz zwischen Idealposition einer Person in einem Produktraum und den Produktpositionierungen operationalisieren.[4] Darüber hinaus gibt es eine Reihe von direkten Verfahren, die – ebenso an die Einstellungsmessung angelehnt – die Kaufabsicht entweder über Ratingskalen erfragen[5] oder

---

1 Die Annahme, daß Kaufabsicht und Realverhalten positiv korreliert sind, wird von zahlreichen empirischen Untersuchungen gestützt. Insbesondere für den Kauf langlebiger Konsumgüter konnte das tatsächliche Kaufverhalten durch Verwendung der Kaufabsicht relativ verläßlich prognostiziert werden. Allerdings bezog sich die Vorhersage dabei nur auf Produkte einer Produktklasse und nicht auf einzelne Marken. Als wichtige Determinante für die Prognosequalität gilt die Zeit zwischen Absichtsbekundung und tatsächlichem Verhalten. Je grösser der dazwischenliegende Zeitraum ist, umso häufiger fallen Intension und Realverhalten auseinander. Vgl. dazu FERBER, R. (1966): Anticipatients Statistics and Consumer Behavior, in: The American Statistician, (20), October 1966, S. 20ff.; JUSTER, F.T. (1969): Consumer Buying Intensions and Purchase Behavior, a.a.O., S. 658ff; PELLEMANS, P.A. (1974): Investigations on Attitude and Purchase Intention toward the Brand, in: FARLEY, J.U.; HOWARD, J.A.; RING, W. (Hrsg.), Consumer Theory. Theory and Application, Boston, MA 1974, S. 115ff. sowie PICKERING, J.F. (1977): The Acquisition of Consumer Durables. A Cross Sectional Investigation, New York, NY 1977, S. 32ff.

2 Vgl. HOWARD, J.A.; SHETH, J.N. (1969): A Theory of Buyer Behavior in: KASSARJIAN, H.H.; ROBERTSON T.S. (Hrsg.), Perspectives in Consumer Behavior, a.a.O., S. 523; HOWARD, J.A.; SHETH, J.N. (1969): The Theory of Buyer Behavior, a.a.O., S. 416f. sowie MÜLLER-HAGEDORN, L. (1986): Das Konsumentenverhalten, a.a.O., S. 99ff.

3 Vgl. ENGEL, J.F.; BLACKWELL, R.D.; MINIARD, P.W. (1993): Consumer Behavior, a.a.O., S. 322ff.

4 Vgl. ROTHMAN, J. (1964): Intention: Planned Purchase, a.a.O., S. 22ff. sowie NIESCHLAG, R.; DICHTL, E.; HÖRSCHGEN, H. (1991): Marketing, 16. Aufl., Berlin 1991, S. 162ff.

5 Vgl. beispielsweise WIND, Y.J. (1982): Product Policy: Concepts, Methods, and Strategy, Reading, MA 1982, S. 298; JUSTER, F.T. (1966): Consumer Buying Intensions and Purchase Behavior, a.a.O., S. 658ff. sowie STAPEL, J. (1973): Predictive Attitudes, in: HOWARD, J.A.; OSTLUND, L.E. (Hrsg.), Buyer Behavior, New York, NY 1973, S. 312.

Meßverfahren, die die Intention in verschiedene Einzelkomponenten zu zerlegen versuchen[1].

In der vorliegenden Analyse erfolgte eine direkte Erfassung, bei der die Probanden gebeten wurden, die Kaufabsicht für ihre jeweilige Automobilmarke zu bekunden. Gegenüber der Entscheidung für ihre derzeitige Marke sollte dazu angegeben werden, inwieweit sie diese Marke kaufen würden, auch wenn der Motor *[KA 1]*, die Karosserie *[KA 2]* sowie Motor und Karosserie *[KA 1/2]* nicht vom Endhersteller stammen würden. In *Tabelle D-02* ist die Operationalisierung der drei Outputvarianten noch einmal zusammengefaßt dargestellt. Die Variablen *KA 1* und *KA 2* wurden auf binären Skalen als »Ja/Nein« Antworten erfaßt, *KA 1/2* ergab sich als Kombination der beiden ersten Antworten und wurde auf einer dreipoligen Skala erfaßt.

Output-Konstrukt	Frage-bogen	Fragen-kürzel	Gegenstand
Kaufverhaltens-absicht	F22.C	*KA 1*	Kauf, auch wenn Motor nicht vom Herstel-ler
	F24.C	*KA 2*	Kauf, auch wenn Karosserie nicht vom Hersteller
	F22/24.C	*KA 1/2*	Kauf, auch wenn Motor & Karosserie nicht vom Hersteller

Tab. D-02   Operationalisierung der Kaufverhaltensabsicht als Outputvariable

Die **Häufigkeitsanalyse** der Kaufverhaltensabsicht zeigt insofern überraschende Ergebnisse, als daß die Befragten eine relativ differenzierte Verhaltensabsicht gegenüber der Thematik zeigen.[2] Knapp zwei Fünftel der Befragten würden ihre Automarke nicht mehr kaufen, wenn der Motor nicht auch vom Endprodukthersteller stammt *[KA 1]*. Das Äußere des Autos ist der Mehrzahl der Befragten darüber hinaus noch wichtiger: Wäre die Karosserie nicht vom Endhersteller *[KA 2]*, würden sogar noch geringfügig mehr der Befragten ihre Marke nicht mehr kaufen. Beide Antworten weisen dabei allerdings eine vergleichsweise große Gruppe der Befragten aus, die ihre Kaufentscheidung auch dann nicht ändern würden. Dagegen führt die Kaufverhaltensabsicht bei Fremdbezug von Motor und Karosserie *[KA 1/2]* zu größerer Unsicherheit. Die Ergebnisse der Stichprobe weisen für diesen Fall etwa ein Drittel der Befragten als unentschlossen aus. Die Kaufverhaltensabsicht wäre dann von den einzelnen Umständen der Fremdfertigung ab-

---

1   Vgl. BEARDEN, W.O.; WOODSIDE, A.G. (1977): Testing Variations of FISHBEIN's Behavioral Intention Model within a Consumer Behavior Context, in: Journal of Applied Psychology, (62), 3-1977, S. 352ff.

2   Ein Gesamtübersicht der Ergebnisse der Häufigkeitsanalysen findet sich im Anhang A4.

hängig. Ein Drittel würde ihre Automarke weiterhin kaufen und ein Drittel würde in diesem Fall die bisherige Marke nicht mehr kaufen.

Neben der Verhaltensabsicht soll das **Nutzenurteil** des Konsumenten über Automobilmarken mit verschiedenen Fertigungstiefengraden als Näherungswert für das Realverhalten herangezogen werden.

Außer der klassischen mikroökonomischen Nutzentheorie, die auf eine Disaggregation von Produkten in nutzenstiftende Einzelelemente verzichtet, und nach der der Konsument aufgrund eines globalen ordinalen oder kardinalen Nutzenurteils Produktpräferenzen formuliert, die sein Kaufverhalten bestimmen, gibt es weitere Ansätze, die (Marken-)Produkte als nutzenstiftende Eigenschaftsbündel auffassen. Der Konsument gründet seine Kaufentscheidung dabei auf das Ergebnis der Nutzenbeurteilung der Kaufalternativen.[1] Die Nutzenbeurteilung steht somit relativ nahe am tatsächlichen Kaufverhalten, als dessen Näherungswert sie hier verwandt wird. Ähnlich wie dies bereits für die Kaufabsicht angeführt worden ist, werden bei der Erfassung der Nutzen- beziehungsweise Präferenzbeurteilung eines Konsumenten zumindest zum Teil situations- und personenspezifische Verhaltensrestriktionen mit einbezogen.[2]

Output-Konstrukt	Frage-bogen	Fragen-kürzel	Gegenstand
Nutzen-beurteilung	F36B F37B F36/37.B	*NB 1* *NB 2* *NB 1/2*	Können Zulieferer den Wert anheben Nutzenbeurteilung, wenn Teile von anderen Herstellern Beurteilung, wenn Teile von Zulieferern oder anderen Herstellern

Tab. D-03 Operationalisierung der Nutzenbeurteilung als Outputvariable

Für die folgenden Analysen wurde die Nutzenbeurteilung unterschiedlicher Automobilmarken durch einfache Befragung auf fünfstufigen Ratingskalen erhoben. Die vorangehende *Tabelle D-03* zeigt die Operationalisierung der drei Outputvarianten zur Nutzenbeurteilung in der Übersicht. Neben der nutzenstiftenden Beurteilung von Zulieferern *[NB 1]* wurden die Befragten gebeten, den Nutzen von anderen Herstellern als Lieferanten für ihre Automarke *[NB 2]* anzugeben. Als Kombination aus den beiden vorangegangenen Einzelaspekten wurde anschliessend die dritte Outputvariante formuliert, die die Nutzenbeurteilung der Befragten repräsentiert, wenn Teile vom Zulieferer oder Hersteller stammen *[NB 1/2]*.

---

1 Nutzenurteile stehen somit inhaltlich in großer Nähe zu Qualitätsurteilen. Ebenso wie an Qualitätsurteilen läßt sich auch an Nutzenbeurteilungen die Vorziehenswürdigkeit von Produkten aus der Sicht von Konsumenten ablesen.

2 Vgl. NIESCHLAG, R.; DICHTL, E.; HÖRSCHGEN, H. (1991): Marketing, a.a.O., S. 142.

Die **Häufigkeitsanalysen**[1] zur Nutzenbeurteilung unterstreichen die Bedeutung einer konsumentenorientierten Gestaltung der Fertigungstiefe. Die Bewertung von Zulieferern *[NB 1]* zeigt ein nahezu normalverteiltes Antwortspektrum der Stichprobe mit einem leichten Überhang derjenigen, die mit der Zulieferung erhebliche Wertsteigerungen für ihre Marke verbinden. Der Bezug von Automobilteilen von anderen Automobilherstellern *[NB 2]* ist über die vorgegebene Skala gleichverteilt. Die Gesamtbeurteilung, wenn Teile von Zulieferern oder anderen Herstellern stammen *[KA 1/2]*, verteilt sich demgegenüber wieder entsprechend einer Normalverteilung. Insgesamt fallen die Verteilungen der Antworten zur Nutzenbeurteilung nicht deutlich zugunsten der Endprodukthersteller aus, sondern die grundsätzlichen Vorteile von Zulieferungen sind den Konsumenten durchaus bewußt und werden von einer großen Zahl der Befragten auch als Nutzenvorteil eingeschätzt.

Im folgenden werden die Outputvariablen der fertigungstiefenbezogenen Kaufabsicht *[KA]* sowie der Nutzenbeurteilung *[NB]* als a priori Gruppierungsvariable der Diskriminanzanalyse eingesetzt. Die beiden Varianten der Outputvariablen sind von den Konstruktvariablen abhängig und sollen durch sie erklärt werden.

3.2   Das Involvement des Konsumenten als Determinante für die Gestaltung der Fertigungstiefe

3.21 Erfassung und Operationalisierung des Involvement

Als erste erklärende Konstruktvariable steht das Involvement, da es den gesamten weiteren Kaufentscheidungsprozeß in seiner »Verarbeitungstiefe« beeinflußt. Die Messung des Involvement-Konstruktes kann über Indikatoren der Aktiviertheit sowie über die Erfassung von Involvementfaktoren erfolgen. Dabei kommen, neben non-verbalen Messungen, in erster Linie direkte Befragungen über entsprechende Ratingskalen und Itemlisten zur Anwendung.[2]

---

1   Im Anhang A4 der Arbeit sind die Ergebnisse der Häufigkeitsanalysen im Überblick dargestellt.

2   Vgl. dazu TROMMSDORFF, V. (1993): Konsumentenverhalten, a.a.O., S. 57f.; ZAICHKOWSKY, J.L. (1985): Measuring the Involvement Construct, a.a.O., S. 341ff.; BLEICKER, U. (1983): Produktbeurteilung der Konsumenten, a.a.O., S. 145ff.; SCHNETKAMP, G. (1982): Einstellungen und Involvement als Bestimmungsfaktoren des sozialen Verhaltens, Frankfurt a.M. 1982, S. 46ff.; WEIDLING, E. (1988). Zur Messung des Involvements, in: Werbeforschung & Praxis, (5), 1988, S. 165f.; SHERIF, M.; SHERIF, C.W. (1969): Social Psychology, 2. Aufl., New York, NY 1969, S. 388ff. sowie BLOCH, P.H. (1981): An Exploration into the Scaling of Consumers' In-

Die **Konzepte zur Operationalisierung** lassen sich weiterhin in solche Ansätze unterteilen, die sich primär auf die kognitiven Komponenten stützen, und solche, die sich verstärkt auf die aktivierenden Komponenten richten. Die kognitiv orientierten Operationalisierungen, die im weitesten Sinne auf den Involvementfaktoren aufbauen, beinhalten insbesondere die Ermittlung der persönlichen Wichtigkeit sowie die Messung gedanklicher Verbindungen eines Konsumenten zum jeweiligen Objekt.[1] Das Involvement läßt sich aber nicht nur kognitiv über geäusserte Gedankenverbindungen, sondern auch aktivierungsphysiologisch erfassen. Aktivierungsorientierte Konzepte versuchen, Involvement mit Hilfe psychophysiologischer Meßverfahren wie beispielsweise der Hautwiderstandsmessung oder der Herzfrequenzanalyse über die Gehirnaktivität des einzelnen zu messen.[2] Außerdem können produktbezogene Faktoren wie Preise und das wahrgenommene finanzielle oder soziale Kaufrisiko zwar grundsätzlichen Einfluß auf das Involvement haben, sie werden in der Literatur allerdings zur Operationalisierung abgelehnt. Kritisch anzumerken bleibt insgesamt, daß der Mehrzahl der Meßansätze systematische Validierungsprüfungen fehlen[3], so daß die Involvement-Messung weitgehend aus der jeweiligen untersuchten Fragestellung abzuleiten ist.[4] Aufgrund der Offenheit und grundsätzlichen Bedeutung des Involvement orientiert sich die Mehrzahl der Meßansätze in der Literatur dementsprechend auch an dem

---

volvement with a Product Class, in: MONROE, K.B. (Hrsg.), Advances in Consumer Research, a.a.O., S. 61ff.

1   Vgl. zu den kognitiv orientierten Meßansätzen KRUGMAN, H.E. (1965): The Impact of Television Advertising: Learning without Involvement, a.a.O., S. 349ff.; SHERIF, M.; SHERIF, C.W. (1969): Social Psychology, 2. Aufl., New York, NY 1969, S. 180ff.; KRUGMAN, H.E. (1970): The Measurement of Advertising Involvement, in: BRITT, S.H. (Hrsg.), Psychological Experiments in Consumer Behavior, New York, NY 1970, S. 337ff. sowie LASTOVICKA, J.W.; GARDNER, D.M. (1978): Low Involvement versus High Involvement Cognitive Structures, in: HUNT, H.K. (Hrsg.), Advances in Consumer Research, a.a.O., S. 87ff.

2   Vgl. zu den aktivierungsorientierten Meßansätzen WEINSTEIN, S.; APPEL, V.; WEINSTEIN, C. (1980): Brain-Activity Responses to Magazine and Television Advertising, in: Journal of Advertising Research, (20), 1988, S. 57ff.; KROEBER-RIEL, W. (1990): Konsumentenverhalten, a.a.O., S. 60ff. sowie BAGOZZI, R.P. (1991): The Role of Psychophysiology in Consumer Research, in: ROBERTSON, T.S.; KASSARJIAN, H.H. (Hrsg.), Handbook of Consumer Behavior, a.a.O., S. 124ff.

3   Vgl. TROMMSDORFF, V. (1993): Konsumentenverhalten, a.a.O., S. 57; KROEBER-RIEL, W. (1990): Konsumentenverhalten, a.a.O., S. 60ff.; BLEICKER, U. (1983): Produktbeurteilung der Konsumenten, a.a.O., S. 142ff. sowie LASTOVICKA, J.W. (1979): Questioning the Concept of Involvement Defined Product Classes, a.a.O., S. 175ff.

4   Vgl. NIESCHLAG, R.; DICHTL, E.; HÖRSCHGEN, H. (1991): Marketing, a.a.O., S. 681f.; ZIMMERMANN, H.J. (1981): Zum Nutzen empirischer Untersuchungen für normative Modelle, in: WITTE, E. (Hrsg.), Der praktische Nutzen empirischer Forschung, Tübingen 1981, S. 287ff. sowie ATTESLANDER, P.; BENDER, C.; CROMM; J.; GRABOW, B.; ZIPP, G. (1991): Methoden der empirischen Sozialforschung, 6. Aufl., Berlin 1991, S. 339ff.

betrachteten Verwendungszusammenhang und Untersuchungsgegenstand der einzelnen Studien.[1]

Die **Erfassung des Involvement** im Rahmen der vorliegenden Befragung erfolgte – wie aus *Tabelle D-04* zu ersehen – über eine Gruppe von fünf Fragen.[2] Neben dem Interesse am Auto *[Inv 1]*, das auf einer fünfstufigen Skala von »überhaupt kein« bis »sehr starkes« Interesse erfaßt wurde, wurden den Befragten verschiedene Statements vorgelegt, die sich auf die Pflege ihres Automobils *[Inv 3]*, das Interesse an technischen Details *[Inv 4]* und den Besuch von Automobilausstellungen *[Inv 5]* richteten und inhaltlich bereits in Zusammenhang mit der Wahrnehmung und dem Wissen über Automobile zu sehen sind. Auch hier erfolgte die Erfassung über Skalen von eins bis fünf. Außerdem wurde erhoben, ob die Befragten kleinere Reparaturen an ihrem Wagen selbst durchführen *[Inv 2]*, was wiederum als Indikator für Involvement zu sehen ist. Die Antworten wurde dabei nur nach »Ja« und «Nein« getrennt erfaßt.

Konstrukt	Frage-bogen	Fragen-kürzel	Gegenstand
Involvement	F03	*Inv 1*	Allgemeines Interesse am Automobil
	F05.A	*Inv 2*	Kleinere Reparaturen selbst durchführen
	F06.2	*Inv 3*	Autopflege ist wichtig
	F06.5	*Inv 4*	Interesse an technischen Details
	F06.6	*Inv 5*	Besuch von Automobilausstellungen

Tab. D-04   Operationalisierung des Involvement

Mit der Auswahl der einzelnen Fragen wird eine möglichst weitreichende Erfassung des Involvement angestrebt. Obgleich in der Literatur keine Einigkeit über die Determinanten des Involvement herrscht, versuchen zahlreiche Untersuchungen solche Faktoren empirisch zu ermitteln.[3] Neben dem umfassenden Interesse am Produkt, gilt auch der als »Erlebnischarakter« empfundene Spaß am Produkt als ein zentraler Aspekt des Involvement im Mittelpunkt. Dementsprechend soll mit der Messung des allgemeinen Interesses am Automobil *[Inv 1]* und dem spezielleren technischen Detailinteresse *[Inv 4]* das Produktinteresse gemessen werden. Die übrigen drei Fragen sollen dagegen den aktivierenden und erlebnisbe-

---

1   Vgl. RAY, M.L. (1979): Involvement and other Variables Mediating Communication Effects as Opposed to Explaining all Consumer Behavior, in: WILKIE, W.L. (Hrsg.), Advances in Consumer Research, a.a.O., S. 197ff.

2   Die Operationalisierung der Konstrukte ist im Anhang A4 noch einmal im Überblick dargestellt.

3   Vgl. zum folgenden beispielsweise KAPFERER, J.N.; LAURENT, G. (1985): Consumer's Involvement Profile: New Empirical Results, in: HIRSCHMANN, E.C.; HOLBROOK, M.B. (Hrsg.), Advances in Consumer Research, a.a.O., S. 290ff.

zogenen Aspekt des Involvement gegenüber dem Automobil aufgreifen. Das eigene Durchführen von kleineren Reparaturen *[Inv 2]* ist dabei teilweise sicher auch auf andere Faktoren zurückzuführen, gleichwohl erfordert es aber eine erhöhte Bereitschaft, sich mit dem Automobil zu beschäftigen. Die Pflege des Automobils kann in diesem Sinne als beispielhaftes Kriterium für das Produktinvolvement angesehen werden, denn die Dinge, die dem einzelnen wichtig sind, werden in der Regel seine besondere Aufmerksamkeit finden. Eine hohe Bedeutung der Autopflege *[Inv 3]* läßt somit auf ein hohes Involvement schließen. Ebenso ist der Besuch von Automobilausstellungen *[Inv 5]* als ein Indikator für den Grad des Involvement anzusehen, da er die Bereitschaft zu erhöhtem zeitlichen und finanziellen Aufwand und einen entsprechend hohen Stellenwert des Automobils für den Konsumenten voraussetzt.

3.22 Empirisch gestützte Analyse zum fertigungstiefenorientierten Einfluß des Involvement

Betrachtet man zunächst die **Häufigkeitsauswertung**[1], so ergeben sich für das Interesse am Automobil *[Inv 1]* breit gestreute Werte, die einer Normalverteilung nahe kommen. In einer leicht rechtsschiefen Verteilung kommen höhere Anteile im Bereich des mittleren und hohen Involvement innerhalb der Stichprobe zum Ausdruck, die die bereits vorab zu vermutende Einordnung des Automobils als einem Produkt mit tendenziell höherem Involvement auch in der Stichprobe unterstreichen. Die übrigen Variablen zeigen dagegen deutlich andere Verteilungen. Während die Autopflege *[Inv 3]* eher wichtig ist, ist der Besuch von Automobilausstellungen *[Inv 5]* für die Mehrzahl der Befragten die Ausnahme. Reparaturen am eigenen Auto *[Inv 2]* führt nur eine Minderheit selbst aus. Das technische Interesse *[Inv 4]* schließlich verteilt sich nahezu gleichmäßig über die vorgegebene Antwortskala.

Die Verteilung erscheint insoweit keine wesentlichen stichprobenspezifischen Besonderheiten aufzuweisen, sondern entspricht vielmehr den allgemein zu erwartenden Charakteristika. Das Item zur Bedeutung der Pflege des relativ teuren und »statusbeladenen« Produktes Auto *[Inv 3]* war erwartungsgemäß hoch ausgeprägt. Darüber hinaus sind die Antworten sicherlich auch durch soziale Erwünschtheit beeinflußt. Ausstellungsbesuche *[Inv 5]* erfordern einen relativ hohen zeitlichen Aufwand, was letztlich die geringe Nennung verständlich werden läßt. Dies gilt ebenso für selbst durchgeführte Reparaturen am Auto *[Inv 2]*, denn im

---

1 Übersichtsdarstellungen mit den Ergebnisse der Häufigkeitsanalyse, den Mittelwerten sowie den Standardabweichungen für alle Variablen finden sich im Anhang A4.

Automobilbau werden in zunehmendem Maße elektronische Bauteile eingesetzt, deren Zustand vom Laien kaum zu diagnostizieren ist und die nicht mehr mechanisch repariert, sondern oftmals als komplette Einheit ausgetauscht werden müssen.

Setzt man nunmehr die **Diskriminanzanalyse** ein, um zu prüfen, ob das Involvement Einfluß auf fertigungstiefenabhängige Kaufverhaltensänderungen hat, kann zunächst das Ausmaß richtiger Klassifikationen durch die Diskriminanzfunktion als Anhaltspunkt für die Güte der ermittelten Funktion herangezogen werden: Unter Einbeziehung aller fünf Variablen zum Involvement wurde im Rahmen der drei Analysen zur **Kaufverhaltensabsicht** *KA 1*, *KA 2* und *KA 1/2* eine richtige Zuordnung von 52.93%, 54.71% und 38.56% erreicht. Als Maßstab für die Beurteilung dieser Ergebnisse werden die zufällig zu erzielenden Zuordnungswahrscheinlichkeiten den errechneten Werten gegenübergestellt. Für die Frage nach der Kaufabsicht, wenn Motor *[KA 1]* oder Karosserie *[KA 2]* nicht vom Hersteller stammen, liegt dieser Vergleichsmaßstab bei 50%, während für die Kaufabsicht, wenn Motor und Karosserie *[KA 1/2]* nicht vom Hersteller stammen, eine Zufallswahrscheinlichkeit von 33% zutrifft. Die Klassifikationsergebnisse der Diskriminanzanalyse sind demnach nicht sehr deutlich über den jeweiligen Zufallslösungen und deshalb nur bedingt zufriedenstellend.

Die Beurteilung der Güte der Diskriminanzfunktionen greift auf eine Reihe teilweise alternativer Kriterien zurück: Der Eigenwert, der die erklärte Streuung zwischen den Gruppen zur nicht erklärten Streuung innerhalb der Gruppen in Beziehung setzt, bleibt mit Werten von $0.0172 \leq \Gamma \leq 0.0245$ relativ klein. Die Interpretation wird aber von der mangelnden Normierung dieser Größe eingeschränkt. Gleichwohl zeichnet sich eine »gute« Diskriminanzfunktion durch einen hohen Anteil an Varianz zwischen den Gruppen gegenüber derjenigen Varianz in den Gruppen aus. Der kanonische Korrelationskoeffizient, der als standardisiertes Verhältnis von erklärter Streuung zu Gesamtstreuung möglichst nahe an eins liegen sollte, bleibt mit Werten zwischen 0.1300 und 0.1546 relativ klein.

Aus dem Wert für WILKS' Lambda läßt sich über dessen Transformation in eine χ^2-Verteilung das entsprechende Signifikanzniveau bestimmen. Mit einer Irrtumswahrscheinlichkeit zwischen knapp 12% und 40% sind die Resultate der Analysen als unsicher zu bewerten. Die statistische Signifikanz einer Diskriminanzfunktion kann allerdings lediglich feststellen, daß sich die Gruppen bezüglich der vorliegenden Funktion signifikant unterscheiden. Der statistische Unterschied, der nicht zuletzt auch vom Stichprobenumfang bestimmt ist, gibt als formales Kriterium keinerlei Hinweis auf die materiell-inhaltliche Bewertung einer Analyse.

Vor diesem Hintergrund wäre ein Abbruch der Analyse nicht zu rechtfertigen.[1] In der folgenden *Tabelle D-05* sind die Ergebnisse der Diskriminanzanalysen zur Kaufverhaltensabsicht noch einmal im Überblick zusammengestellt.

Prüf- und Gütekriterien	KA 1	KA 2	KA 1/2
»richtige« Klassifikation	52.93% (50)	54.71% (50)	38.56% (33)
Eigenwert	0.0172	0.0225	0.0245
kanonischer Korrelationskoeffizient	0.1300	0.1483	0.1546
WILKS' Lambda	0.9831	0.9780	0.9725
χ^2-Test (Signifikanz)	0.2501	0.1246	0.3804

Tab. D-05   Ausgewählte Prüf- und Gütekriterien zur Diskriminanzfunktion von Involvement und Kaufverhaltensabsicht

In einem weitere Analyseschritt werden aus der Grundgesamtheit diejenigen Fälle herausgenommen, die sich durch ein geringeres sowie durch ein höheres Involvement auszeichnen.[2] Während ein hohes Involvement als notwendige Voraussetzung für die Kaufverhaltensrelevanz der Fertigungstiefe anzusehen ist, kann sie bei geringem Involvement kaum Bedeutung für die Kaufentscheidung erlangen. Gleichwohl wird ein hohes Involvement aber nicht auch dazu führen, daß die Fertigungstiefe in jedem Fall kaufverhaltensrelevant sein muß. Die Ergebnisse der Diskriminanzanalysen für die Gruppe der gering involvierten Befragungspersonen und der hoch involvierten Probanden sind in *Tabelle D-06* zusammengefaßt.

Prüf- und Gütekriterien	KA 1		KA 2		KA 1/2	
	gering	hoch	gering	hoch	gering	hoch
»richtige« Klassifikation	57.14%	57.14%	50.35%	63.03%	40.29%	34.19%
Eigenwert	0.0183	0.0506	0.0074	0.0781	0.0302	0.0803
kanonischer Korrelationskoeffizient	0.1340	0.2194	0.0857	0.2691	0.1711	0.2726
χ^2-Test (Signifikanz)	0.7832	0.3419	0.9620	0.1257	0.8841	0.2319
Fallzahl	142	121	142	121	142	121

Tab. D-06   Gegenüberstellung der Ergebnisse der Diskriminanzanalysen bei geringem und hohem Involvement und Kaufverhaltensabsicht

---

1   Vgl. BACKHAUS, K.; ERICHSON, B.; PLINKE, W.; WEIBER, R. (1994): Multivariate Analysemethoden, a.a.O., S. 121.

2   Dazu wurden alle fünf Involvementvariable in einem Index zusammengeführt und anschließend zwei nahezu gleichgroße Gruppen mit geringem und mit hohem Involvement ausgewählt.

Entgegen der erwarteten »besseren« Klassifizierung für die Gruppe der gering involvierten Personen, weisen die Ergebnisse zur Kaufverhaltensabsicht uneinheitliche Ergebnisse auf: Während die Analysen zur ersten Outputvariablen *[KA 1]* mit Klassifikationsergebnissen von 57.14% identische Resultate erreichen, ist die Diskriminanzanalyse mit der Gruppe der hoch involvierten Befragungspersonen im zweiten Fall *[KA 2]* – entgegen den Erwartungen – deutlich besser als für diejenigen mit geringem Involvement. Die Analysen zur dritten Outputalternative *[KA 1/2]* erreichen dagegen für diejenigen Befragten, die sich durch geringeres Involvement auszeichnen, eine deutlich bessere Klassifikation als für diejenigen mit höherem Involvement.

Für die Beurteilung der Diskriminanzanalyse zur **Nutzeneinschätzung** durch den Konsumenten werden ebenfalls zunächst die Klassifikationsergebnisse herangezogen: Bei einer Zufallswahrscheinlichkeit von 20% für alle drei Analysen sind die Ergebnisse mit 25%, 27% sowie 35% eigentlich nicht befriedigend, denn sie liegen nur geringfügig über dem Vergleichsmaßstab. Gegenüber der einzelnen Einschätzung, wenn Zulieferer *[NB 1]* oder andere Hersteller *[NB 2]* als Lieferanten eingesetzt werden, kann die zusammengefaßte Nutzenbeurteilung *[NB 1/2]* mit über 35% richtiger Zuordnungen allerdings als noch befriedigend gelten.

Das bessere Ergebnis für die dritte Analyse *[NB 1/2]* zeigt sich auch bei der Betrachtung der weiteren Beurteilungskriterien zur Güte der Diskriminanzfunktion, die in *Tabelle D-07* zusammengefaßt sind: Die Eigenwerte sind zwar insgesamt relativ niedrig, der Wert in der dritten Spalte *[NB 1/2]* ist aber deutlich höher und diese Analyse unter diesem Gesichtspunkt besser als die übrigen einzuschätzen. Entsprechendes gilt auch für die Korrelationskoeffizienten, die für die beiden ersten Analysen bei $r_1 = 0.2933$ und $r_2 = 0.2413$ liegen, während sie im dritten Fall sogar $r_3 = 0.3832$ erreicht.

Prüf- und Gütekriterien	NB 1	NB 2	NB 1/2
»richtige« Klassifikation	25.00% (20)	27.74% (20)	35.85% (20)
Eigenwert	0.0941	0.0618	0.1721
kanonischer Korrelationskoeffizient	0.2933	0.2413	0.7888
Wilks' Lambda	0.8723	0.9192	0.3832
χ^2-Test (Irrtumswahrscheinlichkeit)	0.3945	0.0373	0.0142

Tab. D-07 Ausgewählte Prüf- und Gütekriterien der Diskriminanzfunktion von Involvement und Nutzenbeurteilung

Die unterschiedlichen Einschätzungen der drei Analysen, insbesondere die noch befriedigenden Ergebnisse der dritten Analyse, werden durch die korrespondierenden Signifikanzniveaus unterstrichen: Während die erste Analyse mit einem Wert von $p_1 = 0.3945$ noch zu relativ unsicheren Ergebnissen führt, sind die Irrtumswahrscheinlichkeiten für die zweite und dritte Analyse mit p_2 = 0.0373 beziehungsweise $p_{1/2}$ = 0.0142 gut.

Prüf- und Gütekriterien	NB 1		NB 2		NB 1/2	
	gering	hoch	gering	hoch	gering	hoch
»richtige« Klassifikation	29.55%	33.33%	32.14%	26.89%	47.73%	28.30%
Eigenwert	0.2107	0.2822	0.1226	0.0578	0.4955	0.3236
kanonischer Korrelationskoeffizient	0.4172	0.4691	0.3205	0.2338	0.5756	0.4945
χ^2-Test (Signifikanz)	0.8959	0.2169	0.2442	0.9443	0.0975	0.5608
Fallzahl	142	121	142	121	142	121

Tab. D-08   Gegenüberstellung der Ergebnisse der Diskriminanzanalysen bei geringem und hohem Involvement und Nutzenbeurteilung

Die Analyseergebnisse zu den gering und hoch involvierten Befragten führt für die Nutzenbeurteilung in bezug auf Zulieferer *[NB 1]* zu einer deutlich besseren Klassifizierung derjenigen mit hohem Involvement gegenüber denjenigen mit geringem Involvement. Die Analysen mit den beiden übrigen Outputalternativen führen dagegen zu deutlich besseren Klassifikationen bei der Gruppe der wenig involvierten Konsumenten. Die übrigen Beurteilungskriterien verlaufen im Einklang zu den entsprechenden Klassifikationsergebnissen. Die theoretischen Überlegungen, nach denen die Gruppe der geringer involvierten Konsumenten eindeutigere Klassifikationen erreicht, wird somit von den Analyseergebnissen, die in der *Tabelle D-08* noch einmal im Überblick dargestellt sind, zumindest in Teilen gestützt.

Insgesamt fallen die Analyseergebnisse in bezug auf die gewählte Outputvariable unterschiedlich aus. Die Ergebnisse zur abstrakteren Nutzenbeurteilung sind deutlich besser als bei der Wahl der Kaufverhaltensabsicht. Zusammengefaßt ist das Konstrukt des Involvement offenbar allein kaum ausreichend, um das Kaufverhalten von Konsumenten unter fertigungstiefenpolitischen Gesichtspunkten hinreichend zu erklären. Nur so läßt sich erklären, daß die Ergebnisse der Analysen zwar mit den theoretischen Aussagen nur sehr schwach einher gehen. Allerdings entspricht diese schwache Ausprägung wiederum den theoretischen Überlegungen, nach denen das Involvement zwar Einfluß auf die Informationsaufnahme und -verarbeitung hat, aber nur geringe unmittelbare Bedeutung für das tatsächliche Kaufverhalten.

3.3   Die Wahrnehmung des Konsumenten als Determinante für die Gestaltung der Fertigungstiefe

3.31   Erfassung und Operationalisierung der Wahrnehmung

Die **Methoden zur Messung** der Wahrnehmung reichen von der indirekten Erfassung durch subjektive Befragungen[1] bis hin zu Verfahren, die, aufbauend auf der physiologischen Messung der Sinneswahrnehmung, eine objektiv exakte und direkte Erfassung der Wahrnehmung anstreben.[2] Allerdings erschwert insbesondere das Kennzeichen der Subjektivität von Wahrnehmungen eine inhaltliche und nachprüfbare Erfassung dessen, was der Konsument in entsprechenden Kontextsituationen wahrnimmt. Nicht zuletzt deshalb hat sich die Forschung in weiten Teilen auf die physiologisch orientierte Wahrnehmungsmessung verlagert.[3] Daneben läßt sich zusammenfassend feststellen, daß keines der Verfahren für sich in der Lage ist, den gesamten Wahrnehmungsprozeß vollständig abzubilden.[4]

Die Wahrnehmung bezieht sich in der vorliegenden **Untersuchung** insbesondere auf die Frage, ob der Konsument das Produkt Automobil ganzheitlich erfaßt oder ob er einzelne Teile des Autos differenziert wahrnimmt. Gegenüber der physiologischen Wahrnehmung im engeren Sinne richtet sich das Interesse also »ergebnisbezogen« darauf, wie das Produkt und seine Teilkomponenten erfaßt werden. Aus diesem Grund eignet sich vor allem die Befragung als Erhebungsmethode.

Konstrukt	Frage-bogen	Fragen-kürzel	Gegenstand
Wahrnehmung	F09.A F11.A F10/12.A	*Wah 1* *Wah 2* *Wah 3*	Motor als Ganzes oder Einzelteile Karosserie als Ganzes oder Einzelteile Anzahl wahrgenommener Teile

Tab. D-09   Operationalisierung der Wahrnehmung

---

1   Vgl. dazu beispielsweise JACOBY, J.; SZYBILLO, G.J.; BUSATO-SCHACH, J. (1977): Understanding Customer Expectations of Service, a.a.O., S. 209ff.

2   Beispielsweise versucht man, mit Hilfe apparativer Methoden der Blickaufzeichnung, die visuelle Wahrnehmung genau zu ermitteln. Vgl. KEITZ, B.V. (1986): Wahrnehmung von Informationen, in: UNGER, F. (Hrsg.), Konsumentenpsychologie & Markenartikel, Heidelberg 1986, S. 102ff.; KROEBER-RIEL, W. (1990): Konsumentenverhalten, a.a.O., S. 241ff. sowie BAGOZZI, R.P. (1991): The Role of Psychophysiology in Consumer Research, a.a.O., S. 124ff.

3   In der Literatur nehmen diese objektiven Verfahren breiten Raum ein. Für die vorliegende Untersuchung sind sie aber nicht relevant.

4   Letztlich bestimmt die zugrundeliegende Fragestellung, welchen Anforderungen die Meßmethodik genügen muß und welchem Verfahren dabei der Vorzug zu geben ist.

Im einzelnen wurden die Befragten zunächst gebeten anzugeben, inwieweit sich ihre Wahrnehmung der Teilgesamtheiten Motor *[Wah 1]* und Karosserie *[Wah 2]* ganzheitlich oder aber auf einzelne Teile richtet. Motor und Karosserie wurden als zentrale Teilegruppen, stellvertretend für das Auto insgesamt, ausgewählt. Anschließend wurde aus der gestützten Bekanntheit von Motor und Karosserieteilen auf die Wahrnehmung geschlossen. Dazu wurde den Probanden jeweils eine Liste mit 16 Motor- und 13 Karosserieteilen vorgelegt. Aus beiden Antworten wurde schließlich ein Index gebildet, der als Maßstab der Wahrnehmung die dem einzelnen jeweils bekannten Teile zur maximalen Nennung von 29 Teilen in Relation setzte *[Wah 3]*. In der vorangegangenen *Tabelle D-09* ist die Operationalisierung der Wahrnehmung noch einmal zusammengefaßt.

Diese Erfassung setzt nicht direkt an der Wahrnehmung an, sondern bezieht sich zunächst auf die Erinnerung. Gleichwohl müssen die einzelnen Teile dazu in der Vergangenheit wahrgenommen worden sein, so daß diese Vorgehensweise gerechtfertigt erscheint. Darüber hinaus muß die Wahrnehmung einzelner Automobilteile nicht notwendigerweise in Verbindung mit dem eigenen Auto erfolgt sein. Durch den Bezug auf die erinnerte Teilewahrnehmung wird dementsprechend keine Unterscheidung getroffen, in welchem Kontext die Existenz der vorgelegten Teile wahrgenommen worden ist.

Für die Beurteilung der Fertigungstiefe ist der Grad der differenzierten Wahrnehmung von einzelnen Teilen des Produktes wichtig, um die mit Fertigungstiefenveränderungen verbundenen Produktveränderungen überhaupt erkennen und in der Kaufentscheidung berücksichtigen zu können. Ebenso können Teilnutzenveränderungen nur insoweit entstehen, als sie vom Konsumenten dem Produkt und seinen Merkmalen differenziert zugeordnet werden können.

3.32 Empirisch gestützte Analyse zum fertigungstiefenorientierten Einfluß der Wahrnehmung

Die Ergebnisse der deskriptiven **Häufigkeitsanalyse** der drei einzelnen Variablen der Wahrnehmung lassen sich folgendermaßen kennzeichnen:[1]

Der Motor *[Wah 1]* und die Karosserie *[Wah 2]*, die als zentrale Teilgesamtheiten des Autos einem besonderem Interesse unterliegen, werden vom überwiegenden Teil der Befragten als Gesamtheit und nicht in ihren einzelnen Teilen wahrgenommen. Sie bilden eine Einheit, die nur von wenigen differenzierter gesehen

---

1 Eine Übersicht der Häufigkeitsanalyse zu den Variablen des Wahrnehmungs-Konstruktes findet sich im Anhang A4.

wird. Dabei sind die Ergebnisse beim Motor *[Wab 1]* eindeutiger als bei der Karosserie *[Wab 2]*. Werden Bestandteile der Karosserie einzeln wahrgenommen, handelt es sich insbesondere um bewegliche und sichtbare Teile. Daneben sind den Probanden aber gleichzeitig eine relativ große Zahl einzelner Teile des Automobils *[Wab 3]* bekannt, soweit sie gestützt danach befragt werden: Aus einer Liste mit 29 Teilen werden im Durchschnitt über 21 Teile, das entspricht über 70%, genannt. Die Wahrnehmung des Automobils ist dementsprechend – trotz der zunächst ganzheitlichen Wahrnehmung von zentralen Teilen wie Motor und Karosserie – als sehr ausgeprägt anzusehen.

Die Darstellung der empirischen Analysen der **Diskriminanzanalyse** zur Wahrnehmung ist im folgenden wiederum nach Kaufverhaltensabsicht und Nutzenbeurteilung getrennt:

Die Klassifikationsgüte der Diskriminanzfunktionen zu Wahrnehmung und **Kaufverhaltensabsicht** liegt insbesondere für die ersten beiden Outputvarianten mit 53.44% und 50.13% nur knapp über dem Vergleichswert einer zufälligen Gruppenzuordnung von 50% und ist insofern unzureichend. Nur die dritte Analyse *[KA 1/2]* erreicht einen noch zufriedenstellenden Wert von 38.30% gegenüber einer Zufallswahrscheinlichkeit von 33%.

Die weiteren Gütekriterien unterstreichen die insgesamt schlechten Ergebnisse der Diskriminanzanalysen zur Wahrnehmung. Während die Eigenwerte und die Korrelationswerte aller drei Analysen nur sehr klein sind, liegen die entsprechenden Werte für WILKS' Lambda alle nahe null. Die Irrtumswahrscheinlichkeiten fallen dementsprechend hoch aus.

Alle Einzelergebnisse der Diskriminanzanalysen zur Kaufverhaltensabsicht auf Grundlage der Wahrnehmungen sind in *Tabelle D-10* noch einmal im Überblick dargestellt.

Prüf- und Gütekriterien	KA 1	KA 2	KA 1/2
»richtige« Klassifikation	53.44% (50)	50.13% (50)	38.30% (33)
Eigenwert	0.0068	0.0008	0.0046
kanonischer Korrelationskoeffizient	0.0824	0.0284	0.0674
WILKS' Lambda	0.9932	0.9992	0.9948
χ^2-Test (Signifikanz)	0.4484	0.9575	0.9178

Tab. D-10   Ausgewählte Prüf- und Gütekriterien zur Diskriminanzfunktion von Wahrnehmung und Kaufverhaltensabsicht

Die Diskriminanzanalysen zur Kaufverhaltensabsicht auf Grundlage geringer und hoher Wahrnehmungen weisen keine eindeutigen Ergebnisse aus. Während die erste *[KA 1]* und dritte Analyse *[KA 1/2]* für die Gruppe derjenigen mit einem hohen Ausmaß an Wahrnehmung bessere diskriminatorische Ergebnisse erzielen, entspricht nur die Analyse zur Wahrnehmung der Karosserie *[KA 2]* den Erwartungen. Mit 53.44% richtiger Klassifikationen gegenüber 45.31% liegen die Ergebnisse für diejenigen mit einer geringeren Wahrnehmung deutlich über denen, die durch ein hohes Maß an automobilspezifischen Wahrnehmungen gekennzeichnet sind. Soweit die Klassifikationsergebnisse sogar unter die als Vergleichsmaßstab geltenden Zufallswerte fallen, müssen die jeweiligen Diskriminanzanalysen verworfen werden. Eine zufällige Zuordnung würde im Durchschnitt zu einer höheren »Trefferquote« an richtigen Eingruppierungen führen als bei Verwendung der entsprechenden Diskriminanzanalyse. Die Analyseresultate zu den drei Outputvariablen sind darüber hinaus durch die schlechten Werte der übrigen Beurteilungskriterien grundsätzlich eingeschränkt. Die folgende *Tabelle D-11* faßt alle Ergebnisgrößen der Analysen noch einmal zusammen.

Prüf- und Gütekriterien	KA 1		KA 2		KA 1/2	
	gering	hoch	gering	hoch	gering	hoch
»richtige« Klassifikation	50.38%	58.33%	53.44%	45.31%	29.23%	44.44%
Eigenwert	0.0173	0.0106	0.0012	0.00331	0.0098	0.0099
kanonischer Korrelationskoeffizient	0.1304	0.1022	0.0349	0.0552	0.0987	0.0989
χ^2-Test (Signifikanz)	0.5345	0.5768	0.9845	0.9023	0.9654	0.9161
Fallzahl	133	195	133	195	133	195

Tab. D-11 Gegenüberstellung der Ergebnisse der Diskriminanzanalysen bei geringer und hoher Wahrnehmung und Kaufverhaltensabsicht

Die Diskriminanzanalysen zu Wahrnehmung und **Nutzenbeurteilung** fallen nur geringfügig besser aus als bei Verwendung der Kaufverhaltensabsicht als Outputvariablen: Gegenüber den 20% Zufallswahrscheinlichkeit liegen die Klassifikationen alle über diesem Vergleichswert. Allerdings ist nur die erste Analyse *[KA 1]* mit 24.38% deutlich besser. Mit 20.36% für die zweite *[KA 2]* und 20.75% für die dritte Analyse *[KA 1/2]* übersteigen die Klassifikationsergebnisse den Vergleichswert nur leicht.

Prüf- und Gütekriterien	NB 1	NB 2	NB 1/2
»richtige« Klassifikation	24.38% (20)	20.36% (20)	20.75% (20)
Eigenwert	0.0660	0.0234	0.0403
kanonischer Korrelationskoeffizient	0.2488	0.1512	0.1963
WILKS' Lambda	0.8997	0.9556	0.9367
χ^2-Test (Signifikanz)	0.1746	0.1279	0.6093

Tab. D-12   Ausgewählte Prüf- und Gütekriterien der Diskriminanzfunktion von
Wahrnehmung und Nutzenbeurteilung

Die weiteren Kriterien zur Beurteilung der Güte der Diskriminanzfunktionen fallen ebenso kaum befriedigend aus. Die Eigenwerte liegen zwischen Γ_1 = 0.0660 und $\Gamma_{1/2}$ = 0.0403 und sind vergleichsweise niedrig. Die kanonischen Korrelationskoeffizienten erreichen mit Werten zwischen 0.2488 und 0.1512 ebenso niedrige Werte. Während WILKS' Lambda in allen drei Analysen sehr hoch ausfällt, liegen die Irrtumswahrscheinlichkeiten, insbesondere für die ersten beiden Analysen, in einem noch akzeptablen Bereich. Das Signifikanzniveau der dritten Diskriminanzanalyse kann hingegen mit $p_{1/2}$ = 0.6093 nicht befriedigen. In der vorangehenden *Tabelle D-12* sind die Analyseergebnisse noch einmal im Überblick dargestellt.

Die Diskriminanzanalysen zur Nutzenbeurteilung auf Basis derjenigen mit geringerer Wahrnehmung und denjenigen mit hoher Wahrnehmung erbringen folgende Resultate: Alle drei Analysen weisen deutlich bessere Klassifikationsergebnisse für diejenigen mit geringerer Wahrnehmungen aus. Die Analysen mit der Gruppe, die sich durch ein hohes Ausmaß automobilspezifischer Wahrnehmungen auszeichnet, bleibt sogar im Fall der ersten *[NB 1]* sowie der dritten Analyse *[NB 1/2]* mit ihren Klassifikationsergebnissen unterhalb der zufälligen Zuordnungen. Ebenso sind diese beiden Analysen von einer sehr hohen Irrtumswahrscheinlichkeit gekennzeichnet. Die Ergebnisse der Diskriminanzanalysen sind in *Tabelle D-13* dargestellt.

Prüf- und Gütekriterien	NB 1		NB 2		NB 1/2	
	gering	hoch	gering	hoch	gering	hoch
»richtige« Klassifikation	22.50%	14.29%	25.00%	23.96%	50.00%	12.37%
Eigenwert	0.1560	0.0523	0.0709	0.0732	0.2163	0.0457
kanonischer Korrelationskoeffizient	0.3674	0.2230	0.2573	0.2611	0.4217	0.2091
χ^2-Test (Signifikanz)	0.6326	0.7660	0.3459	0.0100	0.0748	0.9280
Fallzahl	133	195	133	195	133	195

Tab. D-13   Gegenüberstellung der Ergebnisse der Diskriminanzanalysen bei geringer und hoher Wahrnehmung und Nutzenbeurteilung

Zusammengefaßt fallen die Analyseergebnisse auf Basis der Wahrnehmungsvariablen schlechter aus als auf Grundlage des Involvement-Konstruktes. Dies gilt gleichermaßen für die Outputvariable der Kaufverhaltensabsicht als auch für die Nutzenbeurteilung. Die Erwartungen bestätigen sich insofern nicht und die fertigungstiefenabhängige Kaufentscheidung ist demnach nur in geringem Umfang vom automobilspezifischen Wahrnehmungsverhalten bestimmt.

Die Ergebnisse der empirischen Analysen zur Rolle der Wahrnehmung sind möglicherweise aber auch durch die Art der Erfassung bedingt, wirken sich bei der isolierten Betrachtung besonders stark auf die Ergebnisse aus und haben insoweit methodisch-konzeptionelle Ursachen.

Die unterschiedliche Diskrimination bei geringer und hoher Wahrnehmung ist demgegenüber für die Diskriminanzanalysen in bezug auf die Nutzenerwartung *[NB]* so eingetreten, wie vermutet. Für die Kaufverhaltensabsicht *[KA]* kann dagegen keine eindeutige Antwort gegeben werden.

3.4   Das Wissen des Konsumenten als Determinante für die Gestaltung der Fertigungstiefe

3.41   Erfassung und Operationalisierung des Wissens

Das Wissen des Konsumenten umfaßt alle Informationen, die in das Gedächtnis übernommen und dort in organisierter Form abgespeichert werden. Die Methoden zur Messung des Wissens beschränken sich im wesentlichen auf sprachliche Verfahren. Praktisch alle Befragungsverfahren werden in diesem Zusammenhang verwandt. Das Spektrum reicht von offenen Methoden wie der von OLSON und seinen Mitarbeiten entwickelten »free elicitation«-Methode, bei der auf ein Stichwort hin alle Assoziationen frei geäußert werden sollen, die dem Befragten spontan einfallen[1], bis hin zu voll strukturierten Konzeptionen.

In Hinblick auf das jeweilige Untersuchungsziel richten sich die **Meßansätze** zum einen auf inhaltliche Aspekte und zum anderen auf strukturelle Kennzei-

---

1   Vgl. OLSON, J.C.; MUDERRISOGLU, A. (1979): The Stability of Responses Obtained by Free Elicitation: Implications for Measuring Attribute and Memory Structure, in: WILKIE, W.L. (Hrsg.), Advances in Consumer Research, a.a.O., S. 269ff.; KANWAR, R.; OLSON, J.C.; SIMS, L.S. (1981): Toward Conceptualizing and Measuring Cognitive Structures, a.a.O., S. 122ff. sowie MARKS, L.J.; OLSON, J.C. (1981): Toward a Cognitive Structure Conceptualization of Product Familiarity, a.a.O., S. 145ff.

chen des Produktwissens von Konsumenten:[1] Bei den inhaltlichen Erfassungsmethoden soll der Umfang der Konsumentenkenntnisse als Vollerfassung oder reduziert auf bestimmte Ausschnitte ermittelt werden. Strukturelle Verfahren vernachlässigen demgegenüber den inhaltlichen Aspekt und versuchen stattdessen die Dimensionalität, Differenziertheit sowie das Maß der Abstraktheit des Produktwissens zu ermitteln. Auf Grundlage dieser indirekten Erfassung wird anschliessend auf den Umfang der Aufnahme und Reflexion von Informationen geschlossen.

Die ausschließlich sprachlich ausgerichtete Erfassung von Wissen unterliegt allerdings einer Reihe prinzipieller Schwächen,[2] denn Informationen können grundsätzlich über alle Sinnesorgane aufgenommen werden und beinhalten nicht nur sprachliche Informationen. Eine sprachliche Methodik erfordert darüber hinaus, daß Befragungspersonen alle Elemente ihres Wissens auch verbalisieren müssen. Wenngleich davon auszugehen ist, daß alle Informationen in sprachliche Vorstellungen transformiert werden, bleibt gleichwohl offen, in welchem Umfang einzelne Individuen dazu in der Lage sind. Ebenso müssen die Gedächtnisinhalte zum Zeitpunkt der Befragung erinnert werden.[3] Neben der grundsätzlichen Problematik, visuelles Wissen und seine Verarbeitung sprachlich darzustellen, ist außerdem auch das individuelle Ausdrucksvermögen unterschiedlich ausgeprägt und diese Erfassungsmethoden dementsprechend verzerrt und unvollständig.[4]

Für die **Untersuchungen** zum Zusammenhang zwischen der Fertigungstiefengestaltung und dem Kaufentscheidungsprozeß stehen die inhaltlichen Aspekte des Wissens im Vordergrund. Dahinter steht die Vermutung, daß mit der Kenntnis des Konsumenten über das Auto, über die Thematik der Fertigungstiefengestaltung und dem teilebezogenen Wissen auch die Relevanz der differenzierungsorientierten Aspekte der Fertigungstiefengestaltung steigen. Sind die kognitiven

---

1   Vgl. zum folgenden MITCHELL, A.A. (1982): Models of Memory: Implications for Measuring Knowledge Structures, in: MITCHELL, A.A. (Hrsg.), Advances in Consumer Research, a.a.O., S. 45ff.; SUJAN, M. (1985): Consumer Knowledge: Effects on Evaluation Strategies Mediating Consumer Judgements, a.a.O., S. 31ff. sowie LÜRSSEN, J. (1988): Produktwissen und Kaufentscheidung, a.a.O., S. 141ff.

2   Vgl. SIRGY, M.J. (1981): Product Familiarity: Critical Comments on Selected Studies and Theoretical Extensions, in: MONROE, K.B. (Hrsg.), Advances in Consumer Research, a.a.O., S. 156ff.

3   Vgl. dazu LEHMANN, D.R. (1979): Searching for Important Attributes and Appropriate Levels, in: WILKIE, W.L. (Hrsg.), Advances in Consumer Research, a.a.O., S. 280ff.

4   Um diese Mängel zu beheben wurden ergänzende Verfahren zur Messung insbesondere der visuellen Informationen entwickelt, die aber für die vorliegende Untersuchung nicht von Bedeutung sind und deshalb im weiteren keine Berücksichtigung finden. Vgl. zu solchen Verfahren KROEBER-RIEL, W. (1990): Konsumentenverhalten, a.a.O., S. 230ff. sowie GRUNERT, K.G. (1990): Kognitive Strukturen in der Konsumforschung, a.a.O., S. 50ff.

Grundlagen des Konsumenten nicht vorhanden, kann er die Veränderungen der Produkteigenschaften, die sich durch Veränderungen der Fertigungstiefe einstellen, nicht erkennen und interpretieren. Die Fertigungstiefengestaltung kann dann nicht zur Erlangung von Differenzierungen im Wettbewerb dienen. Stattdessen stehen kostenorientierte Überlegungen im Mittelpunkt der Gestaltungsentscheidungen. Ebenso ist der enge Zusammenhang zwischen Wahrnehmung und Wissen entscheidend dafür, daß Wahrnehmungen, die an im Gedächtnis abgelegte Kenntnisse anknüpfen, eher und leichter weiterverarbeitet und im Kaufentscheidungsprozeß berücksichtigt werden. Die Verbindung zwischen steigendem Wissen und der differenzierungsorientierten Bedeutung der Fertigungstiefengestaltung erscheint insofern theoretisch begründet.

In der vorliegenden Untersuchung wurden insgesamt sechs Fragen zum Wissen des Konsumenten formuliert, um damit allgemeine Aspekte sowie speziellere Wissenselemente zu erheben: Neben der Selbsteinschätzung der Befragten zu ihrem allgemeinen Wissen über Automobile richtet sich das Interesse unmittelbar auf die Thematik der Fertigungstiefe bei Automobilen und damit verbunden auf die Kenntnisse zur Herkunft einzelner Teile. Dementsprechend wurde zunächst die allgemeine Kenntnis über Automobile *[Wis 1]* als subjektive Selbsteinschätzung auf einer fünfstufigen Skala von »überhaupt nicht« bis »sehr gut« ermittelt. Außerdem wurden die Probanden gebeten, auf einer Skala von »trifft gar nicht zu« bis »trifft sehr zu« einzuschätzen, ob sie gut über Automobile informiert *[Wis 2]* sind.

Weiterhin wurde nach dem Lesen von Automobilzeitschriften *[Wis 3]* gefragt. Der Auswahl dieser Variablen liegt die Annahme zugrunde, daß Automobilzeitschriften in besonderer Weise produktbezogene Informationen über das Auto vermitteln und insofern auch als ein Indikator für sachlich ausgerichtete Produktkenntnisse dienen können. Wer diese Zeitschriften häufig liest, wird einen höheren Wissensstand − insbesondere auch detailliertere Kenntnisse über die einzelnen Teile eines Autos − erlangt haben, als diejenigen, die solche Informationsquellen nicht nutzen.

Schließlich sollten die Befragten Auskunft darüber geben, ob sie sich mit dem Thema der Fertigungstiefe in der Vergangenheit bereits einmal befaßt haben oder nicht *[Wis 6]*. Mit dieser einfachen, dichotomen Erfassung sollte der spezielle Untersuchungsaspekt als eigenständiges Element des produktbezogenen Konsumentenwissens aufgegriffen werden, ohne zugleich auf detaillierte Gesichtspunkte der Fertigungstiefengestaltung einzugehen.

Konstrukt	Frage-bogen	Fragen-kürzel	Gegenstand
Wissen	F04.F	*Wis 1*	Wissen über Automobile
	F06.1	*Wis 2*	Gut informiert über Automobile
	F06.7	*Wis 3*	Lese Automobilzeitschriften
	F13.B	*Wis 4*	Ist eigentlich alles vom Hersteller
	F17	*Wis 5*	Welche Teile sind von anderen
	F29.A	*Wis 6*	Bereits mit Fertigungstiefe befaßt

Tab. D-14   Operationalisierung des Wissens

Anschließend sollten die Befragten schätzen, ob ihr Auto komplett vom Hersteller gefertigt sei *[Wis 4]* oder auch Teile anderer Hersteller eingesetzt würden. Diejenigen, die ihr Auto als komplett vom Hersteller gefertigt einstuften, konnten eigentlich – unabhängig von ihrer subjektiven Wissenseinschätzung – tatsächlich nur wenig über Automobile wissen. Schließlich sollte die Anzahl fremdbezogener Teile *[Wis 5]* geschätzt werden. Dieser Schätzung lag allerdings keine einheitliche Vorgabe über die Abgrenzung von einzelnen Teilen gegenüber Modulen oder Systemen zugrunde, um die Befragten durch eventuelle Vorgaben nicht unnötig einzuengen. Gleichwohl war sie Hinweis dafür, wie ausgeprägt die Kenntnisse zur Fertigungstiefengestaltung im einzelnen waren.[1] *Tabelle D-14* gibt einen abschließenden Überblick über die einzelnen Variablen, die zur Operationalisierung des Wissens ausgewählt wurden.

3.42   Empirisch gestützte Analyse zum fertigungstiefenorientierten Einfluß des Wissens

Die Analyse der **Häufigkeiten** der fünf Variablen zum Konsumentenwissen ergab folgende Ergebnisse:[2] Während die eigene Einschätzung zum Wissen *[Wis 1]* sowie die Zustimmung zum Statement »Gut über Automobile informiert« *[Wis 2]* nahezu normalverteilt sind, lesen nur wenige häufiger und nahezu ein Viertel der Befragten nie Automobilzeitschriften *[Wis 3]*.

Die überwiegende Mehrheit der Konsumenten hat sich zum Befragungszeitpunkt noch nicht mit der Fertigungstiefe bei Automobilen befaßt *[Wis 6]*. Dies überrascht angesichts der Ergebnisse zur Einschätzung des eigenen Wissens über Automobile, mag unter anderem aber darin begründet sein, daß die öffentliche Dis-

---

1   Weitere, durchaus naheliegende Kriterien wie beispielsweise eine indirekte Messung über die Produkterfahrung, die über die Zeit des Führerscheinbesitzes operationaliserbar gewesen wäre, wurden dagegen zur Erfassung des Wissens nicht verwandt.

2   Eine Übersicht mit den Ergebnissen der Häufigkeitsanalyse zu den wissenkonstituierenden Variablen ist im Anhang A4 aufgeführt.

kussion zu diesem Thema erst nach Erhebung der Daten mit dem Sichtbarwerden der strukturellen Änderungen in der Automobilindustrie auf breiter Front eingesetzt hat. Weiterhin meint gut ein Drittel der Befragten zu wissen, daß alles an ihrem Auto auch vom Endprodukthersteller stammt *[Wis 4]*. Von denjenigen, die auch fremde Teile ihres Autos identifizieren können *[Wis 5]*, können allerdings im Durchschnitt nur drei bis vier Teile als von anderen Firmen stammend ungestützt genannt werden.

Die **Diskriminanzanalyse** zur Trennung der **Kaufverhaltensabsicht** anhand des Konsumentenwissens erreicht durchweg gute Klassifikationsergebnisse, die über den zufälligen Zuordnungen von 50% für die beiden ersten Analysen und 33% für die letzte Analyse liegen. Die Klassifikationsgüte aller drei Analysen ist dementsprechend gut.

Die Eigenwerte bleiben aber noch relativ niedrig, übersteigen aber im Vergleich zu den vorangegangenen Analysen die Werte zur Wahrnehmung und zum Involvement. Ebenso sind die immer noch sehr hohen Werte für WILKS' Lambda besser als die Vergleichswerte der bisherigen Analysen. Während die Funktion insgesamt also relativ gut trennt, ist Güte der Funktion darüber hinaus noch nicht befriedigend.[1]

Alle drei Funktionsergebnisse sind darüber hinaus mit Irrtumswahrscheinlichkeiten von $p_1 = 0.1488$, $p_2 = 0.0450$ und $p_{1/2} = 0.2352$ für die Trennung noch zufriedenstellend. *Tabelle D-15* stellt die Ergebnisse im Überblick dar.

Prüf- und Gütekriterien	KA 1	KA 2	KA 1/2
»richtige« Klassifikation	57.36% (50)	59.43% (50)	39.69% (33)
Eigenwert	0.0251	0.0343	0.0331
kanonischer Korrelationskoeffizient	0.1565	0.1821	0.1790
WILKS' Lambda	0.9755	0.9668	0.9608
χ^2-Test (Irrtumswahrscheinlichkeit)	0.1488	0.0450	0.2352

Tab. D-15 Ausgewählte Prüf- und Gütekriterien zur Diskriminanzfunktion von Wissen und Kaufverhaltensabsicht

Die Diskriminanzanalysen mit der Gruppe derjenigen, die sich durch ein geringes Maß an Wissen auszeichnen und denjenigen, die ein hohes Wissen aufweisen, bestätigen die Erwartungen insofern, als daß zwei der drei Analysen zu besseren

---

1 Vgl. DILLER, H. (1975): Die Diskriminanzanalyse als Analyseinstrument des Marktforschers, a.a.O., S. 123ff. sowie BACKHAUS, K.; ERICHSON, B.; PLINKE, W.; WEIBER, R. (1994): Multivariate Analysemethoden, a.a.O., S. 121.

Klassifikationsresultaten für die Gruppe derjenigen kommen, die von einem geringeren Wissensstand charakterisiert sind. Die Analyse zur Outputvariable *KA 2* kommt dagegen zu entgegengesetzten Ergebnissen.

Prüf- und Gütekriterien	KA 1		KA 2		KA 1/2	
	gering	hoch	gering	hoch	gering	hoch
»richtige« Klassifikation	62.50%	59.68%	63.89%	67.21%	52.78%	44.26%
Eigenwert	0.0837	0.0575	0.1203	0.1013	0.1471	0.2168
kanonischer Korrelationskoeffizient	0.2779	0.2332	0.3280	0.3033	0.3581	0.4221
χ^2-Test (Signifikanz)	0.4955	0.7852	0.2670	0.4933	0.2946	0.3439
Fallzahl	72	62	72	62	72	62

Tab. D-16   Gegenüberstellung der Ergebnisse der Diskriminanzanalysen bei geringem und hohem Wissen und Kaufverhaltensabsicht

Die Eigenwerte der Analysen sind insgesamt zwar noch relativ niedrig, aber im Vergleich zu den vorangegangenen Analysen zum Involvement und zur Wahrnehmung bereits deutlich höher. Entsprechendes gilt auch für die kanonischen Korrelationen, die zwischen 0.2332 und 0.4221 eine deutliche Beziehung zwischen Diskriminanzfunktion und Gruppierungsvariablen belegen. Die immer noch relativ hohen Irrtumswahrscheinlichkeiten schränken die Gültigkeit der erzielten Ergebnisse ein. In *Tabelle D-16* werden alle Ergebnisse noch einmal zusammengefaßt.

Die Diskriminanzanalysen zur **Nutzenbeurteilung** weisen insgesamt gute Werte für die Beurteilungskriterien aus. Die Wahrscheinlichkeiten einer richtigen Klassifikation können mit 30.38%, 27.91 und 24.20% überzeugen. Die auf Grundlage der Diskriminanzwerte prognostizierten Gruppenzugehörigkeiten stimmen deutlich besser mit der tatsächlichen Gruppenstruktur überein, als bei einer zufälligen Zuordnung.

Prüf- und Gütekriterien	NB 1	NB 2	NB 1/2
»richtige« Klassifikation	30.38% (20)	27.91% (20)	24.20% (20)
Eigenwert	0.1171	0.0649	0.1446
kanonischer Korrelationskoeffizient	0.3237	0.2469	0.3554
Wilks' Lambda	0.8443	0.8950	0.8241
χ^2-Test (Irrtumswahrscheinlichkeit)	0.3713	0.0123	0.2156

Tab. D-17   Ausgewählte Prüf- und Gütekriterien der Diskriminanzfunktion von Wissen und Nutzenbeurteilung

Die Eigenwerte fallen erneut relativ niedrig aus, liegen aber zugleich über den bislang in den Analysen erreichten Werten. Ebenso überzeugen die Werte für WILKS' Lambda noch nicht, gleichwohl sind sie besser als in den vorangegangenen Diskriminanzanalysen. Die Koeffizienten der kanonischen Korrelation liegen mit Werten zwischen 0.2469 und 0.3554 bereits relativ hoch und unterstreichen die Beziehung zwischen Merkmalsvariablen und der Diskriminanzfunktion. Die Irrtumswahrscheinlichkeiten sind insgesamt ausreichend. *Tabelle D-17* stellt die Ergebnisse in der Zusammenfassung dar.

Der Gegenüberstellung der Analyseergebnisse zur Diskriminierungsfähigkeit derjenigen Befragten, die einen geringen Wissensstand aufweisen und denjenigen, die sich durch einen hohen Wissensstand auszeichnen, stützt in allen drei Analysevarianten zur Nutzenbeurteilung die vorab getroffene Vermutung, daß mit der erstgenannten Gruppe eine bessere Diskriminierung erreicht werden müßte als mit der letztgenannten Gruppe. Während die Eigenwerte sowie die kanonischen Korrelationskoeffizienten insgesamt gute Werte aufweisen, die mit den Ergebnissen der Klassifikationen korrespondieren, sind die Irrtumswahrscheinlichkeiten auch bei diesen Analysen noch vergleichsweise hoch. Alle Ergebnisse sind im Anschluß in *Tabelle D-18* noch einmal zusammengefaßt.

Prüf- und Gütekriterien	NB 1		NB 2		NB 1/2	
	gering	hoch	gering	hoch	gering	hoch
»richtige« Klassifikation	38.46%	32.35%	33.33%	28.33%	50.00%	36.36%
Eigenwert	0.6694	0.4890	0.3519	0.1720	0.8555	0.4546
kanonischer Korrelationskoeffizient	0.6332	0.5731	0.5102	0.3831	0.6790	0.5590
χ^2-Test (Signifikanz)	0.4783	0.5734	0.0052	0.9259	0.1397	0.6536
Fallzahl	72	62	72	62	72	62

Tab. D-18 Gegenüberstellung der Ergebnisse der Diskriminanzanalysen bei geringem und hohem Wissen und Nutzenbeurteilung

Zusammengefaßt liefern die Analysen zu Bedeutung des Konsumentenwissens durchweg gute Ergebnisse. Einzig die Irrtumswahrscheinlichkeiten liegen zum Teil noch relativ hoch. Während die Wahrnehmung für die konsumentenorientierte Fertigungstiefengestaltung aufgrund der empirischen Ergebnisse von nur untergeordneter Bedeutung zu sein scheint, kommt dem Konsumentenwissen ein deutlich höheres Gewicht zu. Dies gilt sowohl für die Analysen aufgrund der geäußerten Kaufabsicht, als auch für diejenigen zur Nutzenbeurteilung. Die Ergebnisse knüpfen insoweit an die Unterscheidung zwischen Produktwissen und Produktverwendung an: Es ist für die Beurteilung fertigungstiefenpolitischer Produktveränderungen offenbar weniger entscheidend, diese auch tatsächlich selbst wahrzunehmen. Vielmehr ist für das Kaufverhalten relevant, die kognitiven Zusammenhänge zwischen Entscheidungen zur Fertigungstiefe und den damit einhergehenden produktbezogenen Konsequenzen herstellen zu können. In diesem Sinne ist das Wissen der Wahrnehmung übergeordnet und für die Kaufentscheidung wichtiger.

3.5   Die Einstellungen des Konsumenten als Determinante für die Gestaltung der Fertigungstiefe

3.51   Erfassung und Operationalisierung von Einstellungen

Das hypothetische Konstrukt der Einstellung kann nicht direkt gemessen werden, sondern nur anhand adäquater Indikatoren. Zur Messung von Einstellungen existieren unterschiedliche Konzeptionen, von denen die meisten auf Fragen nach Meinungen über Einstellungsobjekte basieren. Andere Methoden versuchen den evaluierenden Charakter von Einstellungen direkt zu erfassen. Aufgrund des Zusammenhangs emotionaler und physiologischer Reaktionen, versuchen sie über »objektive« physiologische Indikatoren, zum Beispiel durch die psychogalvanische Hautreaktionsmessung oder elektromyographische Erfassung, Einstellungen zu messen.[1]

Die wichtigsten **Modellansätze** zur Einstellungsmessung, die auf der Beurteilung von Einstellungsobjekten aufbauen, stammen von ROSENBERG, FISHBEIN sowie TROMMSDORFF[2]. Gegenüber eindimensionalen Einstellungsmessungen, wie zum Beispiel der globalen Affektmessung über einfache Ratingskalen oder Eindruckswertermittlungen über Imageprofile, gehen diese als mehrdimensionale beziehungsweise multiattributive Verfahren davon aus, daß sich Einstellungen aus zahlreichen Einzelurteilen zu kaufrelevanten Eigenschaften beziehungsweise Attributen eines Objektes zusammensetzen.[3]

---

1   Vgl. STAHLBERG, D.; FREY, D. (1990): Einstellungen I: Struktur, Messung und Funktionen, in: STROEBE, W.; HEWSTONE, M.; CODOL, J.-P.; STEPHENSON, G.M. (Hrsg.), Sozialpsychologie. Eine Einführung, Berlin 1990, S. 148ff.

2   Vgl. MÜLLER-HAGEDORN, L. (1986): Das Konsumentenverhalten, a.a.O., S. 79ff.; TROMMS-DORFF, V. (1989): Konsumentenverhalten, a.a.O., S. 123ff. sowie KROEBER-RIEL, W. (1990): Konsumentenverhalten, a.a.O., S. 125f.

3   Die Begriffe »Attribute« und »Eigenschaften« sollen, obgleich sie teilweise unterschiedlich definiert werden. im folgenden synonym behandelt werden. Vgl. zur Einstellungsmessung, der »Likert Skala« sowie dem »semantischen Differential« unter anderem FRETER, H. (1979): Interpretation und Aussagewert mehrdimensionaler Einstellungsmodelle im Marketing, in: MEFFERT, H.; STEFFENHAGEN, H.; FRETER, H. (Hrsg.), Konsumentenverhalten und Information,

Der Meßansatz von ROSENBERG basiert auf der Annahme, daß Einstellungen gegenüber einem Objekt von dessen vermutetem Beitrag zur Zielerreichung der individuellen Zielsetzungen eines Konsumenten abhängen. Die Einstellung ermittelt sich dann aus der Summe der individuellen Wichtigkeit eines Ziels – »value importance« – multipliziert mit der subjektiven Einschätzung über den fördernden oder beeinträchtigenden Charakter – »percieved instrumentality« – des jeweiligen Objektes.[1]

Die Konzeption von FISHBEIN geht – im Kern auf dem Modell von ROSENBERG aufbauend – davon aus, daß es zwischen der Einstellung eines einzelnen gegenüber einem bestimmten Objekt und dessen kognitiver und affektiver Basis einen funktionalen Zusammenhang gibt. Das über subjektive Wahrscheinlichkeiten erfaßte Wissen über Produkteigenschaften – »beliefs« – und die affektive Bewertung dieser Eigenschaften – »evaluative aspect« – werden dazu multiplikativ miteinander verbunden. Summiert über die verschiedenen Eigenschaften ergibt sich ein Gesamteinstellungswert.[2]

Das Modell von TROMMSDORFF geht von der Grundannahme aus, daß Konsumenten ein produktspezifisches Idealbild entwickeln, an dem sich ihre Beurteilung realer Produkte orientiert. Die Einstellung bestimmt sich dann als Distanz zwischen den aufsummierten Objektausprägungen von Real- und Idealprodukt: Je geringer diese Distanz ist, umso positiver ist die Einstellung gegenüber dem Objekt.[3]

Obgleich sich eine Reihe von Kritikpunkten gegen die multiattributiven Ansätze anführen lassen, hat sich dieses Konzept der Messung doch vom Grundsatz her weitgehend durchgesetzt.[4]

---

a.a.O., S. 163ff. sowie LOUDON, D.L.; DELLA BRITTA, A.J. (1993): Consumer Behavior. Concepts and Applications, a.a.O., S. 621f.

1 Vgl. ROSENBERG, M.J. (1956): Cognitive Structure and Attitudinal Affect, a.a.O., S. 367ff.; ROSENBERG, M.J. (1960): An Analysis of Affective-Cognitive Consistency, in: HOVLAND, C.I.; ROSENBERG, M.J. (Hrsg.), Attitude Organization and Change, New Haven, CT 1960, S. 15ff. sowie TROMMSDORFF, V. (1975): Die Messung von Produktimages für das Marketing, a.a.O., S. 48ff.

2 Vgl. FISHBEIN, M. (1963): An Investigation of the Relationships between Beliefs about an Object and the Attitude toward that Object, in: Human Relations, (16), 1963, S. 233ff.; AJZEN, I.; FISHBEIN, M. (1980): Understanding Attitudes and Predicting Social Behavior, Englewood Cliffs, NJ 1980, S. 23ff. sowie TROMMSDORFF, V. (1975): Die Messung von Produktimages für das Marketing, a.a.O., S. 54ff.

3 Vgl. TROMMSDORFF, V. (1989): Konsumentenverhalten, a.a.O., S. 141f. sowie MEFFERT, H. (1992): Marketingforschung und Käuferverhalten, a.a.O., S. 57.

4 Eine Darstellung und Diskussion unterschiedlicher Einstellungsmodelle findet sich bei LÜRSSEN, J. (1988): Produktwissen und Kaufentscheidung, a.a.O., S. 100ff.

In der vorliegenden **Untersuchung** sind Einstellungen gegenüber dem Automobil unter dem Gesichtspunkt der Fertigungstiefenveränderung in der Automobilindustrie erfaßt und im Hinblick auf ihre prognostische Relevanz für das Kaufverhalten untersucht worden. Um Einstellung und Verhalten auf möglichst korrespondierenden Ebenen zu messen[1], wurden Einstellungen vor allem mit bezug zu spezifischen fertigungstiefenpolitischen Sachverhalten erhoben. Den Überlegungen liegt insofern ein multiattributives Einstellungskonzept zugrunde.

Die Einstellungsmessung zur Fertigungstiefe selbst differenziert nicht explizit nach kognitiven und affektiven Einstellungskomponenten, sondern erfaßt die Konsumentenbeurteilung der einzelnen Marken ganzheitlich. Dazu wird unterstellt, daß die Beurteilung nicht ohne ein Mindestmaß an kognitiver Beteiligung erfolgen kann. Darüber hinaus sind die Befragten aufgefordert, ihr eigenes Auto und seine realen Eigenschaften im Vergleich zu hypothetischen Fertigungstiefenveränderungen zu beurteilen. Die Einstellungserfassung kann sich demnach nur zum Teil und vom Grundsatz her an den bestehenden Modellen der Einstellungsmessung orientieren, muß aber vor allem den Beurteilungsaspekt von Einstellungen – ähnlich wie auch im Modell von HOWARD und SHETH – in den Mittelpunkt stellen. Der hier gewählte Ansatz steht insofern eher dem Ansatz von FISHBEIN nahe als demjenigen von TROMMSDORFF.

Für die Operationalisierung der Einstellung gegenüber dem Auto und gleichzeitig als Hinweis über das Verhältnis von kognitiven und affektiven Einflüssen der Einstellungsbildung, wurden die Probanden zunächst gebeten, ihre Zustimmung zu der Aussage ein »Auto ist Ausdruck des Lebensstils« *[Ein 1]* auf einer fünfstufigen Skala zwischen den Extrema »trifft gar nicht zu« und »trifft sehr zu« auszudrücken. Lebensstil ist in diesem Sinne ein Indiz für eine affektiv-emotionale Einstellung gegenüber dem Automobil.

Weiterhin wurden Motor und Karosserie, als zentrale Teilgesamtheiten, die sich aus dem Produkt gedanklich »herauslösen« lassen, stellvertretend für die Vielzahl von Teilen und Komponenten eines Autos herausgegriffen. Anhand entsprechender Teilelisten, die durch den an diesem Forschungsprojekt beteiligten Automobilhersteller vorgegeben waren, sollte angegeben werden, welchen Teilen des Motor *[Ein 2]* und der Karosserie *[Ein 3]* eine besondere Bedeutung beigemessen wird und welche eher von untergeordneter Bedeutung für den Konsumenten sind.

---

1   Vgl. FREY, D.; STAHLBERG, D.; GOLLWITZER, P.M. (1993): Einstellung und Verhalten: Die Theorie des überlegten Handelns und die Theorie des geplanten Verhaltens, in: FREY, D.; IRLE, M. (Hrsg.) (1993): Theorien der Sozialpsychologie, Bd. I: Kognitive Theorien, 2. Aufl., Bern 1993, S. 362f. sowie KROEBER-RIEL, W. (1990): Konsumentenverhalten, a.a.O., S. 172f.

Im weiteren Verlauf stand dann die Bedeutung der Fertigungstiefe in bezug auf die Beurteilung der Herkunft der Automobilteile im Vordergrund. Die Befragten wurden gebeten, auf einer Skala von »sehr von Nachteil« bis »sehr von Vorteil« ihre Einstellung zum Ausdruck zu bringen, wenn Teile ihres Autos nicht vom Endprodukthersteller stammen *[Ein 4]*. Danach sollten sie angeben, welche Bedeutung es für sie hat, wenn Teile vom Endprodukthersteller stammen *[Ein 5]*. Für beide Fragen stand dabei nur die Herkunft der Teile und deren Bedeutung für den Konsumenten, nicht aber das einzelne Automobilteil im Vordergrund. Die nachstehende *Tabelle D-19* faßt die zur Operationalisierung der Einstellungen herangezogenen Variablen noch einmal zusammen.

Konstrukt	Frage-bogen	Fragen-kürzel	Gegenstand
Einstellung	F06.4	*Ein 1*	Auto ist Ausdruck von Lebensstil
	F10.B	*Ein 2*	Bedeutung der Teile des Motors
	F12.B	*Ein 3*	Bedeutung der Teile der Karosserie
	F14.C	*Ein 4*	Bedeutung, daß Teile vom Hersteller
	F18.D	*Ein 5*	Beurteilung, wenn Teile vom anderen

Tab. D-19   Operationalisierung von Einstellungen

3.52 Empirisch gestützte Analyse zum fertigungstiefenorientierten Einfluß von Einstellungen

Die deskriptiven **Häufigkeitsanalysen**[1] der Einstellungsvariablen erbrachten folgende Resultate: Das Auto als Ausdruck ihres Lebensstils *[Ein 1]* sehen nur wenige als sehr zutreffend, ein Drittel der Befragten dagegen als nicht für sie zutreffend an. Dies deutet auf eine stärker rational und kognitiv geprägte Einstellung gegenüber dem Auto hin. Dabei kann allerdings vermutet werden, daß die Antworten sich zumindest teilweise darauf zurückführen lassen, daß der Begriff des Lebensstils nicht detaillierter erläutert wurde und eine weniger affektiv-emotionale Sichtweise des Automobils von den Befragten auch als »bessere« Antwort vermutet worden sein kann. Die Beurteilung der Bedeutung von Karosserieteilen *[Ein 2]* ist, gemessen an der Mittelwertausprägung, wichtiger als der Motor *[Ein 3]*. Eine Erklärung dafür mag in der besonders deutlichen Wahrnehmung des Motors als Gesamtheit liegen. Einzelne Motorteile werden von den Konsumenten für die Beurteilung nicht weiter differenziert, die Karosserie wird dagegen stärker in ihren Einzelteilen wahrgenommen und beurteilt. Die Einschätzung, daß die Teile eines Autos vom Hersteller stammen sollten *[Ein 4]*, wird von fast 20% der Be-

---

1   Die Ergebnisse der Häufigkeitsanalysen sind im Anhang A4 im Überblick dargestellt.

fragten als »überhaupt nicht wichtig« eingestuft, knapp 10% empfinden es dagegen als »sehr wichtig«. Im Durchschnitt liegen die Antworten nur leicht über dem erwarteten Mittelwert. Wenngleich die Auseinandersetzung mit Fragen der Fertigungstiefe bislang nur von einer Minderheit bejaht wird, spiegelt sich in dieser Beurteilung die tatsächliche Situation in der Automobilindustrie wider, daß nämlich der Endprodukthersteller nicht alles an seinem Produkt selbst herstellt. Dieses ist in den Augen der Befragten offenbar gar nicht so wichtig. Die Einstellung zur Zulieferung *[Ein 5]* wird von der Mehrheit der Befragten dementsprechend auch als Vorteil gesehen. Nur sehr wenige Probanden empfinden den Fremdbezug als nachteilig.

Prüf- und Gütekriterien	KA 1	KA 2	KA 1/2
»richtige« Klassifikation	62.45% (50)	60.96% (50)	46.99% (33)
Eigenwert	0.0750	0.1001	0.1232
kanonischer Korrelationskoeffizient	0.2642	0.3017	0.3312
WILKS' Lambda	0.9302	0.9090	0.8625
χ^2-Test (Irrtumswahrscheinlichkeit)	0.0030	0.0003	0.0001

Tab. D-20   Ausgewählte Prüf- und Gütekriterien zur Diskriminanzfunktion von Einstellung und Kaufverhaltensabsicht

Die Klassifikationsresultate der **Diskriminanzanalysen** zu den drei Outputvarianten der **Kaufverhaltensabsicht** übersteigen die Vergleichswerte einer zufälligen Gruppierung um mehr als 20% und stellen gute Ergebnisse dar. Die entsprechenden χ^2-Werte weisen die Diskriminanzfunktionen mit Irrtumswahrscheinlichkeiten von $p_1 = 0.003$, $p_2 = 0.0003$ und $p_{1/2} = 0.0001$ als signifikant trennend aus. Die übrigen Beurteilungskriterien bestätigen die insgesamt guten Ergebnisse, wenngleich die Werte für WILKS' Lambda immer noch sehr hoch ausfallen. Insbesondere im Vergleich zu den bislang durchgeführten Analysen zum Involvement, der Wahrnehmung und dem Wissen, können die Ergebnisse zu Einstellungen deutlich überzeugen. Die Beurteilungsgrößen der Diskriminanzfunktionen sind in der folgenden *Tabelle D-20* noch einmal zusammengefaßt dargestellt.

Prüf- und Gütekriterien	KA 1		KA 2		KA 1/2	
	gering	hoch	gering	hoch	gering	hoch
»richtige« Klassifikation	64.86%	63.33%	78.38%	55.74%	54.05%	45.00%
Eigenwert	0.0539	0.1046	0.3530	0.0186	0.1475	0.0982
kanonischer Korrelationskoeffizient	0.2261	0.3077	0.5108	0.1353	0.3585	0.2990
χ^2-Test (Signifikanz)	0.8882	0.3556	0.0803	0.9589	0.8497	0.6593
Fallzahl	37	61	37	61	37	61

Tab. D-21 Gegenüberstellung der Ergebnisse der Diskriminanzanalysen bei undifferenzierten und differenzierteren Einstellungen und Kaufverhaltensabsicht

Die Ergebnisse der Diskriminanzanalysen zur Kaufverhaltensabsicht auf Grundlage der Gruppe derjenigen, die weniger differenzierte Einstellungen aufweisen, gegenüber denjenigen, die von differenzierteren Einstellungen gekennzeichnet sind, stützen die vorab abgeleiteten Aussagen. Für alle drei Outputvarianten erreichen diejenigen mit geringer ausgeprägten Einstellungen ein besseres Klassifikationsergebnis der Diskriminanzfunktion als die Gruppe, die sich durch hohe Einstellungsausprägungen auszeichnet. Alle Ergebnisse sind im einzelnen in *Tabelle D-21* noch einmal im Überblick dargestellt.

Die Diskriminanzanalysen zu Einstellungen und **Nutzenbeurteilung** fallen insgesamt ebenfalls sehr gut aus. Die Klassifizierungen liegen weit über den entsprechenden Zufallsergebnissen. Die Ergebnisse differieren dabei aber zwischen den drei Outputvariablen erheblich: Während die erste Analyse *[NB 1]* mit 41% richtiger Zuordnung durch die Diskriminanzfunktion ein besonders hohes Resultat erreicht, kommt die zweite Analyse *[NB 2]* mit 28.17% zum geringsten Klassifikationsergebnis. Die dritte Analyse *[NB 1/2]* liegt mit 32.52% korrekter Zuordnungen zwischen den beiden anderen Werten. Die Vergleichswerte liegen in diesem Fall bei 25%, da die fünfpolige Skala der Antwortmöglichkeiten nur für Werte von zwei bis fünf genutzt wurde. Dementsprechend erhöht sich der theoretische Wert der Zuordnung von bislang 20% auf 25%.

Prüf- und Gütekriterien	NB 1	NB 2	NB 1/2
»richtige« Klassifikation	41.94% (25)	28.17% (25)	32.52% (25)
Eigenwert	0.3247	0.1074	0.1942
kanonischer Korrelationskoeffizient	0.4951	0.3114	0.4032
Wilks' Lambda	0.7009	0.8455	0.7557
χ^2-Test (Irrtumswahrscheinlichkeit)	0.0002	0.0034	0.0358

Tab. D-22 Ausgewählte Prüf- und Gütekriterien der Diskriminanzfunktion von Einstellung und Nutzenbeurteilung

Die übrigen Beurteilungskriterien fallen – insbesondere im Vergleich zu den Einzelergebnissen der vorangegangenen Analysen – sehr gut aus. So liegt der Eigenwert der ersten Analyse *[NB 1]* mit $\Gamma_1 = 0.3247$ und derjenige der dritten Analyse *[NB 1/2]* mit $\Gamma_2 = 0.1942$ relativ hoch. Ebenso belegen die kanonischen Korrelationswerte die starke Beziehung zwischen der Diskriminanzfunktion und den Merkmalsvariablen. Die Irrtumswahrscheinlichkeiten unterstreichen die insgesamt guten Ergebnisse der Diskriminanzanalysen, wie aus der Zusammenstellung der Ergebnisse in *Tabelle D-22* zu ersehen ist.

Prüf- und Gütekriterien	NB 1		NB 2		NB 1/2	
	gering	hoch	gering	hoch	gering	hoch
»richtige« Klassifikation	69.23%	35.29%	51.35%	44.26%	53.85%	26.47%
Eigenwert	4.1731	0.3611	0.5413	0.3809	0.6144	0.5316
kanonischer Korrelationskoeffizient	0.8982	0.5151	0.5926	0.5252	0.6169	0.5891
χ^2-Test (Signifikanz)	0.0499	0.4443	0.4222	0.0282	0.8056	0.7056
Fallzahl	37	61	37	61	37	61

Tab. D-23   Gegenüberstellung der Ergebnisse der Diskriminanzanalysen bei undifferenzierten und differenzierteren Einstellungen und Nutzenbeurteilung

Die Gegenüberstellung der Ergebnisse der Diskriminanzanalysen zur Gruppe derjenigen, die geringe Ausprägungen der Einstellungen aufweisen, und denjenigen mit hohen Einstellungsausprägungen, zeigen die erwarteten Resultate. Die erste Gruppe trennt in allen drei Outputvarianten erheblich besser als die letzte Gruppe. Darüber hinaus zeigen die vergleichsweise hohen Eigenwerte und die kanonischen Korrelationskoeffizienten, daß die ermittelten Diskriminanzfunktionen insgesamt gute Ergebnisse erreichen. Die Irrtumswahrscheinlichkeiten erreichen zwar bereits in zwei Fällen zufriedenstellende Werte, liegen aber dennoch insgesamt noch relativ hoch. Dies kann in den vorliegenden Analysen aber auch in den geringen Fallzahlen begründet sein. *Tabelle D-23* stellt alle Einzelergebnisse dieser Diskriminanzanalysen noch einmal gegenüber.

Die Diskriminanzanalysen auf Grundlage von Einstellungen führen sowohl in bezug auf die Kaufverhaltensabsicht als auch mit Blick auf die Nutzenbeurteilung zu guten Ergebnissen. Ihrer hohen Prognoserelevanz in bezug auf beide Outputvarianten werden sie gerecht, da die Gruppenzuordnungen durch die Diskriminanzanalysen die korrespondierenden Zufallswerte weit übersteigen. Darüber hinaus sind die Eigenwerte aller durchgeführten Diskriminanzanalysen deutlich höher als in den vorangegangenen Untersuchungen, so daß die zur Operationalisierung von Einstellungen herangezogenen Variablen einen höheren Erklärungsbeitrag als die bisher untersuchten Konstrukte liefern. Zusammenfassend läßt sich daraus ableiten, daß dem Einstellungs-Konstrukt das bislang größte Gewicht für die Erklärung und Prognose des Kaufverhaltens zukommt.

3.6 Wahrgenommene Kompetenz von Hersteller und Zulieferer als Determinante für die Gestaltung der Fertigungstiefe

3.61 Erfassung und Operationalisierung der wahrgenommenen Kompetenz

Der Kompetenzbegriff kann grundsätzlich als objektive oder subjektive Kompetenz interpretiert werden. Während die Identifikation objektiver Kompetenzen ein Problem der Konsensbildung im Unternehmen sowie der Konkurrenzbeobachtung darstellen[1], kann die Erfassung der subjektiven Kompetenz nur direkt am Konsumenten ansetzen.

Die **Messung** der subjektiv wahrgenommenen Kompetenz kann dazu in verschiedener Hinsicht an bereits bestehende Meßkonzepte anderer Konstrukte anknüpfen. Wie bereits erwähnt, bezieht sich die wahrgenommene Kompetenz unter anderem auf einzelne Merkmale und Eigenschaften eines Produktes, die die wahrgenommenen Kompetenzen verkörpern und über die sie für den Konsumenten erfaßbar werden. Die Kompetenz selbst läßt sich dabei als Bündel von Teilkompetenzen auffassen, die sich einzeln identifizieren lassen. Insofern kann die Einstellungsmessung auch Hinweise für eine Ausgestaltung der Kompetenzerfassung liefern. Als Beispiel aus der Literatur läßt sich in diesem Zusammenhang die Arbeit von WEISS[2] anführen, der die Kompetenz am Beispiel des Systemgeschäftes unter Anwendung der Conjoint Analyse operationalisiert und dazu in einzelne, aus Konsumentensicht nutzenrelevante Teilelemente zerlegt.

Gegenüber der genannten Charakterisierung der wahrgenommenen Kompetenz bleibt dabei allerdings der ganzheitliche Aspekt unberücksichtigt. Neben den einzelnen Bestandteilen der Kompetenz verbleibt ein Anteil, der – ähnlich wie dies auch für das Verhältnis von Einstellungen und Images gilt – auf ganzheitlichen

---

1 Vgl. dazu PRAHALAD, C.K.; HAMEL, G. (1990): The Core Competence of the Corporation, a.a.O., S. 83f.; HAMEL, G.; PRAHALAD, C.K. (1994): Competing for the Future, a.a.O., 31ff. sowie WIMMER, F.; ZERR, K. (1994): Systemplanung als Aufgabe des Systemmarketing. Von der technologie- zur marktorientierten Systemgestaltung informationstechnologischer Systeme, in: Marketing ZFP, (17), 4-1994, S. 224f.

2 Vgl. dazu WEISS, P.A. (1992): Die Kompetenz von Systemanbietern, a.a.O., S. 72ff.

Anmutungen beruht und der keinerlei Bezug zu realen Sachverhalten aufweisen muß.

Vor diesem Hintergrund erfolgt die Erfassung der wahrgenommenen Kompetenz im Rahmen dieser **Untersuchung** nicht isoliert, sondern implizit über die Erfassung des Kompetenzgefälles. Dies setzt die vorherige Bildung von Kompetenzeinschätzungen voraus und abstrahiert von dem Problem der Identifikation einzelner Kompetenzelemente. Das Kompetenzgefälle trägt darüber hinaus dem Problem der Fertigungstiefengestaltung Rechnung, da auch hier für die Urteilsbildung ein Vergleich der Kompetenzen erforderlich ist.

Im einzelnen wird die wahrgenommene Kompetenz, beziehungsweise ein Kompetenzgefälle, über fünf Variable erfaßt: In Abhängigkeit von der Herkunft des Motors *[Kom 1]*, der Karosserie *[Kom 2]* sowie von Fahrwerk und Chassis *[Kom 3]* sollten die Befragten zunächst angeben, ob ihre Automarke die Identität behält, verliert oder die Einschätzung von der Wahl des Lieferanten abhängt. Diese Fragestellung unterstellt, daß die Probanden zunächst ein Urteil über die Kompetenz des Herstellers bezüglich der angesprochenen Autokomponenten entwickeln müssen. Daneben muß, ausgehend vom Wissen der einzelnen über mögliche Lieferanten, eine globale Kompetenzabwägung getroffen werden, um letztendlich beurteilen zu können, ob solche Alternativen die Markeneinschätzung verändern.

Konstrukt	Frage-bogen	Fragen-kürzel	Gegenstand
Kompetenz	F22.A	*Kom 1*	Bleibt Marke erhalten, wenn Motor nicht vom Hersteller
	F24.A	*Kom 2*	Bleibt Marke erhalten, wenn Motor nicht vom Hersteller
	F26.A	*Kom 3*	Bleibt Marke erhalten, wenn Fahrwerk & Chassis nicht vom Hersteller
	F34.A/B	*Kom 4*	Entwicklung, Pläne und Fertigung von Teilen besser vom Hersteller oder Zulieferer
	F35.B	*Kom 5*	Eindruck von Zulieferern

Tab. D-24　Operationalisierung der Kompetenz

Daneben waren die Neuwagenkäufer aufgefordert, eine Gesamteinschätzung zu einer Liste mit Zulieferern zu geben *[Kom 5]*, die anschließend über eine Indexierung verdichtet wurde. In einer abschließenden Frage waren die Befragten gebeten, anzugeben, ob Entwicklung, Pläne und Fertigung ihres Automobils vom Hersteller oder Zulieferer stammen sollten *[Kom 4]*. Diese Frage setzte voraus, daß die Kompetenzeinschätzung von Zulieferern und Herstellern in bezug auf Entwicklung, Planung und Fertigung zu einem Urteil verdichtet wird. Wird »immer vom Hersteller« gewählt, ist davon auszugehen, daß ein Gefälle in der Kompetenzeinschätzung zugunsten des Herstellers besteht, sollten die Abläufe dagegen »immer vom Zulieferer« stammen, wird den Zulieferern eine höhere Kompe-

tenz zugesprochen. *Tabelle D-24* faßt die Operationalisierung der wahrgenommenen Kompetenz noch einmal zusammen.

3.62 Empirisch gestützte Analyse zum fertigungstiefenorientierten Einfluß der wahrgenommenen Kompetenz

Die deskriptiven **Häufigkeitsanalysen** der kompetenzkonstituierenden Variablen[1] zeigen, daß die Herkunft von Motor *[Kom 1]* und Karosserie *[Kom 2]* für die
Mehrzahl der Befragten eng mit dem Hersteller verbunden ist: Die Marke bleibt
in den Augen der meisten Konsumenten nur bei Eigenerstellung dieser Teile
durch den Endprodukthersteller erhalten, so daß die Kompetenz der Hersteller
hier dominiert. Bei Fahrwerk und Chassis *[Kom 3]* dagegen gilt diese Dominanz
der Herstellerkompetenz nur in abgeschwächterer Form. Die Einschätzungen der
Zulieferer *[Kom 5]* durch die Befragten führt nur zu sehr undifferenzierten
Ergebnissen, denn die überwiegende Mehrzahl kann weder positive noch negative Urteile abgeben. Bislang sind die Zuliefererunternehmen vermutlich – mit
Ausnahme der bekanntesten wie BOSCH, HELLA oder SIEMENS – noch nicht deutlich genug für die Konsumenten in Erscheinung getreten. Für die Frage des Kompetenzgefälles bei Entwicklung, Plänen und Fertigung *[Kom 4]* ergibt sich eine
nahezu normalverteilte Aufteilung der Antworten. Dies überrascht insofern, als
ein zu erwartendes Übergewicht zugunsten der Herstellerkompetenzen nicht besteht. Wenngleich auch nicht bezogen auf einzelne Zulieferer, so ist die Kompetenzeinschätzung der Konsumenten generell offenbar differenziert genug, um die
Vorteile von zugelieferten Teilen eines Autos vom Grundsatz her zu erkennen.

Die **Diskriminanzanalysen** zur **Kaufverhaltensabsicht** auf der Grundlage der
Kompetenzvariablen liefern sehr gute Ergebnisse, die in der anschließenden *Tabelle D-25* zusammengestellt sind. Die Klassifikationsergebnisse überzeugen in
Hinblick auf ihre Höhe im Vergleich zu den Zufallswerten, als auch durch ihr Signifikanzniveau: Im einzelnen liegen die Zuordnungen der durch die Diskriminanzfunktion richtig klassifizierten Fälle bei 89%, 91% und 78%. Die Irrtumswahrscheinlichkeit von $p \leq 0.0000$ unterstreicht dabei die sehr guten Resultate.

---

1 Eine Gesamtübersicht zu den Ergebnissen der Häufigkeitsanalysen ist dem Anhang A4 der
Arbeit zu entnehmen.

Prüf- und Gütekriterien	KA 1	KA 2	KA 1/2
»richtige« Klassifikation	89.60% (50)	91.18% (50)	78.44% (33)
Eigenwert	1.4856	2.0022	2.2839
kanonischer Korrelationskoeffizient	0.7731	0.8166	0.8340
WILKS' Lambda	0.4023	0.3331	0.2995
χ^2-Test (Irrtumswahrscheinlichkeit)	0.0000	0.0000	0.0000

Tab. D-25   Ausgewählte Prüf- und Gütekriterien zur Diskriminanzfunktion von Kompetenz beziehungsweise Kompetenzgefälle und Kaufverhaltensabsicht

Auch die Eigenwerte sind sehr hoch. Dies wird insbesondere im Vergleich zu den vorangegangenen Diskriminanzanalysen deutlich. Die relativ geringen Werte für WILKS' Lambda Λ_1 von = 0.4023, Λ_2 = 0.3331 und $\Lambda_{1/2}$ = 0.2995 weisen ebenso auf eine gute Trennqualität der Diskriminanzfunktionen hin, wie die kanonischen Korrelationen mit Werten zwischen 0.7731 ≤ c ≤ 0.8340 die starke Beziehung zwischen den Diskriminanzfunktionen und den Kompetenzvariablen verdeutlichen.

Die Diskriminanzanalysen zur **Nutzeneinschätzung** auf Basis der Kompetenzvariablen sind insgesamt gut, allerdings nicht ebenso überzeugend wie diejenigen zur Kaufverhaltensabsicht und vergleichbar mit den Ergebnissen, die auf der Grundlage von Einstellungen bereits erreicht wurden. Die Klassifikationen mit Werten von 36.08%, 36.63% und 24.20% stellen ein gutes Resultat dar. Gleiches gilt für die Eigenwerte, WILKS' Lambda, die kanonischen Korrelationskoeffizienten sowie die Irrtumswahrscheinlichkeiten, die aber im Einzelfall nur geringfügig über den Werten der entsprechenden Analysen zu Einstellungen liegen. Die folgende *Tabelle D-26* stellt alle Ergebnisse der Diskriminanzanalysen zur Nutzenbeurteilung auf der Grundlage des Kompetenz-Konstruktes im Überblick zusammen.

Prüf- und Gütekriterien	NB 1	NB 2	NB 1/2
»richtige« Klassifikation	36.08% (20)	36.63% (20)	24.20% (20)
Eigenwert	0.1107	0.4184	0.1013
kanonischer Korrelationskoeffizient	0.3157	0.5431	0.3033
WILKS' Lambda	0.8517	0.6865	0.8358
χ^2-Test (Irrtumswahrscheinlichkeit)	0.2251	0.0000	0.1328

Tab. D-26   Ausgewählte Prüf- und Gütekriterien der Diskriminanzfunktion von Kompetenz beziehungsweise Kompetenzgefälle und Nutzenbeurteilung

Insgesamt haben die Analysen auf der Grundlage der Kompetenzvariablen nur zum Teil zu den erwarteten Ergebnissen geführt. Die aus dem Untersuchungszusammenhang theoretisch abgeleiteten Erwartungen zur Verhaltenserklärung und

-prognose der wahrgenommenen Kompetenz bestätigen sich insbesondere in den Analysen zur Kaufverhaltensabsicht. Hier erreichen die zur Operationalisierung herangezogenen Kompetenz-Variablen sehr viel bessere Ergebnisse als alle vorangestellten Konstrukte. Selbst die bereits guten Resultate des Einstellungs-Konstruktes werden bei Verwendung der wahrgenommenen Kompetenz als Erklärungsgröße noch deutlich übertroffen. Die Beurteilung der Fähigkeiten von Hersteller und Zulieferer ist demnach das mit Abstand wichtigste Konstrukt aller hier untersuchten Größen in Hinblick auf Erklärung und Prognose der Kaufverhaltensabsicht. Bei Zugrundelegung der Nutzenbeurteilung als Outputvariablen weisen die Analysen zwar ebenfalls gute Ergebnissen aus, diese entsprechen aber ungefähr den Resultaten, die bereits auf der Basis von Einstellungen erreicht wurden.

4 Integrierte Analyse zum Kaufverhalten als Determinante der Fertigungstiefengestaltung eines Herstellers

4.1 Erfassung und Operationalisierung des Kaufverhaltens als Integration der Einzelkonstrukte

Innerhalb der Analyse zu den einzelnen kaufverhaltenstheoretischen Konstrukten wurden zunächst die grundlegenden Wirkungen der jeweiligen Konstrukte isoliert untersucht. Die empirische Analyse hat darüber hinaus die Struktur der einzelnen Operationalisierungen aufgezeigt und in den Zusammenhang mit Kaufverhaltensabsicht und Nutzeneinschätzung der Konsumenten gestellt. Es erscheint darüber hinaus sinnvoll, auch eine Gesamtanalyse unter gleichzeitiger Einbeziehung aller Konstruktvariablen durchzuführen. Nicht zuletzt lassen sich eventuelle wechselseitige Einflüsse somit in die Analyse einbeziehen. Die ausgewählten Konstrukte sollen dazu in ihrer Gesamtheit daraufhin analysiert werden, ob und in welchem Umfang sie insgesamt die Vorgänge innerhalb des Konsumenten erfassen und erklären können.

Ebenso wie bereits bei den Analysen der einzelnen Konstrukte steht dabei die Diskriminanzanalyse im Vordergrund, um die unterschiedlichen Ausprägungen der Outputvariablen über die Merkmalsvariablen zu erklären. Zunächst erfolgt wiederum die Gruppenbildung nach der geäußerten Kaufabsicht und der Nutzenbeurteilung, die als Indikatoren für das tatsächliche Kaufentscheidungsverhalten verwandt werden. Wie bereits zuvor in den Einzelanalysen, wird die Gruppierung von Kaufverhaltensabsicht *[KA]* und Nutzenbeurteilung *[NB]* anhand von jeweils drei alternativen Variablen vorgenommen. Für die Diskriminanzanalysen

werden alle 24 Konstruktvariablen gleichzeitig zur Erklärung der Gruppenunterschiede bei Kaufverhaltensabsicht und Nutzeneinschätzung herangezogen.

Im Anschluß daran wird mit Hilfe einer einfachen Indexierung der bereits ermittelten Konstruktindizes aus der Grundgesamtheit eine Gruppe ausgewählt, die
durch geringe Ausprägungen der Konstrukte und eine weitere Gruppe, die durch
hohe Ausprägungen der Konstrukte gekennzeichnet ist. Die Analyse ist dazu wiederum auf das Involvement, die Wahrnehmung, das Wissen und Einstellungen
der Befragten beschränkt. Auch für die Gesamtanalyse, die die Wechselwirkungen der intervenierenden Variablen mitberücksichtigt, ist zu erwarten, daß diejе-
nigen, die eine geringe Ausprägung der Konstrukte aufweisen, eindeutiger diskri-
miniert werden können, als diejenigen, die hohe Ausprägungen aufweisen. Während erstere ihre Kaufentscheidung ohne Berücksichtigung fertigungstiefenpolitischer Aspekte treffen, weil sie diese gar nicht wahrnehmen und einordnen können, ist die zweite Gruppe zwar in der Lage, fertigungstiefenpolitische Inhalte zu
erkennen, einzuordnen und in ihrer Entscheidung zu berücksichtigen. Sie werden
ihre Kaufentscheidung jedoch davon abhängig machen, wie sie die Hersteller-
beziehungsweise Zulieferkompetenzen beurteilen.

4.2 Integrierte empirisch gestützte Analyse zur Relevanz des Kaufverhaltens für eine konsumentenorientierte Gestaltung der Fertigungstiefe

Die **integrierten Diskriminanzanalysen** zur Erklärung der **Kaufverhaltensabsicht** gelangen zu sehr guten Ergebnissen: Mit richtigen Zuordnungen von
88.14%, 93.13% und 79.31% liegen sie weit über den Vergleichswerten.

Prüf- und Gütekriterien	KA 1	KA 2	KA 1/2
»richtige« Klassifikation	88.14% (50)	93.13% (50)	79.31% (33)
Eigenwert	1.4224	2.7543	2.4700
kanonischer Korrelationskoeffizient	0.7663	0.8565	0.8437
Wilks' Lambda	0.4128	0.2664	0.2644
χ^2-Test (Irrtumswahrscheinlichkeit)	0.0000	0.0000	0.0000

Tab. D-27   Ausgewählte Prüf- und Gütekriterien der integrierten Diskriminanzanalysen zur Kaufverhaltensabsicht

Die Analyseergebnisse überzeugen weiterhin auch durch die sehr guten Eigenwerte. Die geringen Werte für WILKS' Lambda von $\Lambda_1 = 0.4128$, $\Lambda_2 = 0.2664$ beziehungsweise $\Lambda_{1/2} = 0.2644$ weisen auf die gute Diskriminanzstärke der ermittel-

ten Funktionen hin. Als Maß für die nicht durch Gruppenunterschiede erklärte Varianz liegen sie sehr niedrig. Die kanonischen Korrelationskoeffizienten schließlich, die möglichst nahe an eins liegen sollten, erreichen in den Analysen zur Kaufverhaltensabsicht mit $c_1 = 0.7663$, $c_2 = 0.8565$ und $c_{1/2} = 0.8437$ sehr hohe Werte. Dies verdeutlicht den engen Zusammenhang von Gruppierungsvariablen und Diskriminanzfunktionen und unterstreicht zugleich die insgesamt guten Ergebnisse der Analysen für alle drei Outputvarianten der Kaufverhaltensabsicht. Die Irrtumswahrscheinlichkeiten liegen bei $p = 0.0000$ und runden den überzeugenden Eindruck der Analysen ab. *Tabelle D-27* faßt die Ergebnisse noch einmal im Überblick zusammen.

Die **diskriminatorische Bedeutung** der einzelnen Konstruktvariablen innerhalb der Funktion läßt sich aus den einzelnen Diskriminanzfunktionskoeffizienten ermitteln. Hierzu sind die mit den Eigenwertanteilen gewichteten absoluten Werte der standardisierten Diskriminanzfunktionskoeffizienten einer Variablen zu addieren. Aus der Zusammenfassung der sogenannten **mittleren Diskriminanzkoeffizienten** [b_j] der jeweiligen Konstruktvariablen läßt sich dann die Bedeutung der einzelnen Konstrukte innerhalb der Gesamtfunktion ablesen.

Variable	KA 1			KA 2			KA 1/2		
	b_j	relative Bedeutung (in %)	Σ Konstrukte (in %)	b_j	relative Bedeutung (in %)	Σ Konstrukte (in %)	b_j	relative Bedeutung (in %)	Σ Konstrukte (in %)
Inv 1	0.1285	3.11		0.3428	3.70		0.0692	0.94	
Inv 2	0.1044	2.52		0.0617	0.67		0.1201	0.91	
Inv 3	0.0313	0.76		0.5442	5.87		0.2932	4.47	
Inv 4	0.2318	5.61		0.2360	2.55		0.4413	4.88	
Inv 5	0.0227	0.55	12.54	0.0663	0.71	13.49	0.0003	0.33	11.62
Wah 1	0.1329	3.21		0.1379	1.49		0.2461	3.20	
Wah 2	0.0974	2.35		0.1906	2.06		0.1912	2.83	
Wah 3	0.0722	1.75	7.31	0.3449	3.72	7.26	0.0485	1.23	6.11
Wis 1	0.1528	3.69		0.4063	4.38		0.0982	0.46	
Wis 2	0.1592	3.85		0.4584	4.94		0.3334	3.59	
Wis 3	0.1558	3.77		0.0004	0.01		0.4231	4.70	
Wis 4	0.3496	8.46		0.3311	3.57		0.3059	4.47	
Wis 5	0.1348	3.26		0.3311	3.57		0.2859	3.53	
Wis 6	0.0428	1.04	24.06	0.0629	0.68	17.15	0.1121	1.26	19.60
Ein 1	0.1216	2.94		0.5598	6.04		0.3154	3.09	
Ein 2	0.2133	5.16		0.4476	4.83		0.0741	0.53	
Ein 3	0.0142	0.34		0.0452	0.49		0.0304	0.81	
Ein 4	0.0707	1.71		0.1472	1.59		0.1532	3.51	
Ein 5	0.0210	0.51	10.66	0.2452	2.64	15.58	0.1499	1.61	9.09
Kom 1	1.3740	33.23		0.4160	4.49		1.6030	19.80	
Kom 2	0.2077	5.02		2.7054	29.17		1.9179	23.36	
Kom 3	0.0648	1.57		0.8687	9.37		0.5556	7.40	
Kom 4	0.0982	2.37		0.3052	3.29		0.0344	1.08	
Kom 5	0.1335	3.23	45.42	0.0195	0.21	46.52	0.1492	2.01	53.58
Σ	4.1352	100%	100%	9.2744	100%	100%	7.9516	100%	100%

Tab. D-28   Diskriminatorische Bedeutung der Variablen für die integrierte Analyse zur Kaufverhaltensabsicht (b_j – mittlereDiskriminanzfunktionskoeffizienten)

Die mit Abstand wichtigsten Einzelkoeffizienten sind unter dem Kompetenzkonstrukt zu finden. In allen drei Analysen zur Kaufverhaltensabsicht wird das Ergebnis von den Variablen zur kompetenzorientierten Identitätseinschätzung der Marke mit Bezug zum Motor [Kom 1], zur Karosserie [Kom 2] sowie zu Fahrwerk & Chassis [Kom 3] bestimmt. Mit Erklärungsanteilen von bis zu 33% an der durch die Diskriminanzfunktion erklärten Gesamtvarianz bildet es die zentrale Erklärungsvariable. Die übrigen Konstruktvariablen haben mit Bedeutungsgewichten von höchstens 8% nur geringe Relevanz für das Diskriminanzergebnis.

Neben der prozentualen Bedeutung der einzelnen Variablen an der erklärten Varianz lassen sich auch für die jeweiligen Konstrukte die entsprechenden Gewichtungen ablesen: Während das Involvement in den Gesamtanalysen mit Werten zwischen 11% und 13% relativ großen Anteil am Diskriminanzergebnis hat, bleiben die Wahrnehmungsvariablen mit Anteilen von etwa 7% deutlich darunter. Das Produktwissen erreicht dagegen Erklärungsanteile zwischen 17% und 24%, die wiederum von den Bedeutungsgewichten der Einstellungsvariablen unterschritten werden. Mit 9% bis 15% streuen sie relativ stark. Übereinstimmend kommt der wahrgenommenen Kompetenz mit Werten zwischen 45% und 53% in allen drei Analysen das mit Abstand größte Gewicht für die erklärte Varianz der Diskriminanzergebnisse zu.

Die Aussagen zur Rolle der Kompetenz werden von den Analyseergebnissen der integrierten Diskriminanzanalysen demnach unterstrichen. Das Kompetenzkonstrukt eignet sich in besonderer Weise zur Erklärung und Prognose der fertigungstiefenorientierten Kaufverhaltensabsicht. In der Gesamttendenz ist außerdem eine Entwicklung von der Wahrnehmung über das Wissen und Einstellungen bis zur wahrgenommenen Kompetenz erkennbar, wenngleich eine kontinuierliche Ergebnisverbesserung über die einzelnen Konstruktstufen aus den Analysen nicht eindeutig abzulesen ist. Die relativ hohen Werte für das Involvementkonstrukt lassen sich mit dem, den Gesamtprozeß beeinflussenden, prädispositiven Charakter des Involvement erklären. Eine hohe oder geringe »Verarbeitungstiefe« wirkt sich auf den gesamten Verlauf aus, läßt sich insofern nicht abgrenzen und hat übergreifende Bedeutung. Die relative Bedeutung der einzelnen Variablen sowie der Konstrukte mit bezug auf die Ergebnisse der Diskriminanzanalysen ist in *Tabelle D-28* im Überblick dargestellt.

Die Analysen auf Grundlage derjenigen, die insgesamt geringere **Konstruktausprägungen** zeigen und derjenigen, die durch höhere Ausprägungen charakterisiert werden können, führen zu guten Resultaten, die zugleich von einem hohen Signifikanzniveau gekennzeichnet sind. Die Vermutung, daß diejenige Gruppe mit geringeren Ausprägungen der Konstrukte ein höheres Klassifikationsergebnis erzielen müßte, bestätigte sich für die ersten beiden Outputvarianten der Kaufverhaltensabsicht. Die Werte der Klassifikation übersteigen dabei allerdings die Ergebnisse der anderen Gruppe nur leicht. Die dritte Analyse erbringt hingegen schlechtere Zuordnungswerte für die Gruppe der von geringen Konstruktausprägungen gekennzeichneten Befragten. Die Ergebnisse sind in *Tabelle D-29* zusammengefaßt.

Prüf- und Gütekriterien	KA 1		KA 2		KA 1/2	
	gering	hoch	gering	hoch	gering	hoch
»richtige« Klassifikation	97.14%	96.10%	97.14%	96.00%	82.86%	90.67%
Eigenwert	7.6648	2.9626	4.0972	5.0431	13.2493	5.2903
kanonischer Korrelationskoeffizient	0.9405	0.8647	0.8966	0.9135	0.9643	0.9171
χ^2-Test (Signifikanz)	0.0026	0.0000	0.0518	0.0000	0.0002	0.0000
Fallzahl	39	79	39	79	39	79

Tab. D-29 Gegenüberstellung der Ergebnisse der integrierten Diskriminanzanalysen zur Kaufverhaltensabsicht bei geringen und hohen Konstruktausprägungen

Auch die Gesamtanalysen zur **Nutzenbeurteilung** durch die Konsumenten erreichen noch gute Ergebnisse: Die Eignungsprüfung der Diskriminanzfunktion zur Prognose zeigt mit 51%, 35% und 40% richtig zugeordneter Gruppenmitglieder gegenüber einer Zufallswahrscheinlichkeit von 20% beziehungsweise 25% ein sehr gutes Ergebnis. Da es in der ersten Analysevariante *[NB 1]* nur Antworten zu vier der fünf vorgegebenen Antwortkategorien gab, erhöht sich der Vergleichswert der zufälligen Zuordnung von 20% auf 25%. Mit Werten zwischen $0.3123 \leq \Lambda \leq 0.5919$ liegt WILKS' Lambda relativ niedrig. Die hohen kanonischen Korrelationskoeffizienten unterstreichen schließlich, daß die Diskriminanzfunktionen relativ gut geeignet sind, zwischen den verschiedenen Ausprägungen der Nutzenbeurteilung zu unterscheiden. Trotz der guten diskriminierenden Funktion der Diskriminanzfunktionen weist der über WILKS' Lambda erzeugte χ^2-Test allerdings nur vergleichsweise niedrige Signifikanzniveaus für alle drei Funktionen aus. *Tabelle D-30* stellt die Beurteilungsparameter der Analysen noch einmal im Überblick zusammen.

Prüf- und Gütekriterien	NB 1	NB 2	NB 1/2
»richtige« Klassifikation	51.28% (25)	35.04% (20)	40.52% (20)
Eigenwert	0.8846	0.3307	0.6684
kanonischer Korrelationskoeffizient	0.6851	0.4985	0.6329
WILKS' Lambda	0.3435	0.5919	0.3123
χ^2-Test (Irrtumswahrscheinlichkeit)	0.0032	0.0949	0.0719

Tab. D-30   Ausgewählte Prüf- und Gütekriterien der integrierten Diskriminanzanalysen zur Nutzenbeurteilung

Die einzelnen diskriminierenden Variablen, denen die größte Bedeutung für das Diskriminanzergebnis zukommen, sind bei den Gesamtanalysen zur Nutzenbeurteilung nicht im Bereich des Kompetenz-Konstruktes zu finden, sondern sie stammen aus dem Bereich der Wahrnehmung *[Wah 3]*, des Wissens *[Wis 3]* und der Einstellungen *[Ein 4]*. Außerdem sind es in den drei Analysevarianten jeweils unterschiedliche Merkmalsvariable, auf die der höchste Erklärungsanteil entfällt und die das Ergebnis darüber hinaus nicht so stark dominieren, wie dies bei den Analysen zur Kaufverhaltensabsicht der Fall ist.

Variable	NB 1			NB 2			NB 1/2		
	b_j	relative Bedeutung (in %)	Σ Konstrukte (in %)	b_j	relative Bedeutung (in %)	Σ Konstrukte (in %)	b_j	relative Bedeutung (in %)	Σ Konstrukte (in %)
Inv 1	0.4527	7.18		0.0938	7.73		0.0274	0.59	
Inv 2	0.2027	3.21		0.0897	7.39		0.1991	4.29	
Inv 3	0.0926	1.47		0.0080	0.66		0.0441	0.95	
Inv 4	0.4251	6.74		0.0402	3.31		0.0781	1.68	
Inv 5	0.0206	0.33	18.93	0.1178	9.70	28.79	0.3736	8.04	15.55
Wah 1	0.0396	0.63		0.0536	4.42		0.0403	0.87	
Wah 2	0.4461	7.08		0.0333	2.74		0.1260	2.71	
Wah 3	0.8751	13.88	21.58	0.0006	0.05	7.21	0.5326	11.47	15.05
Wis 1	0.1834	2.91		0.0038	0.32		0.2203	4.74	
Wis 2	0.0077	0.12		0.0153	1.26		0.0287	0.62	
Wis 3	0.0386	0.61		0.1668	13.74		0.4732	10.19	
Wis 4	0.1040	1.65		0.0230	1.90		0.0879	1.89	
Wis 5	0.0616	0.98		0.0200	1.65		0.1490	3.21	
Wis 6	0.0220	0.35	6.62	0.0339	2.79	21.65	0.1104	2.38	23.03
Ein 1	0.5699	9.04		0.0115	0.95		0.2153	4.64	
Ein 2	0.8574	13.60		0.0232	1.91		0.3853	8.30	
Ein 3	0.3156	5.01		0.0246	2.03		0.1895	4.08	
Ein 4	0.2682	4.25		0.0563	4.64		0.4641	9.99	
Ein 5	0.5533	8.78	40.67	0.0597	4.92	14.44	0.1989	4.28	31.29
Kom 1	0.1495	2.37		0.0993	8.18		0.1988	4.28	
Kom 2	0.1643	2.61		0.1049	8.64		0.0126	0.27	
Kom 3	0.3299	5.23		0.0273	2.25		0.1780	3.83	
Kom 4	0.0716	1.14		0.0904	7.45		0.1881	4.05	
Kom 5	0.0533	0.85	12.19	0.0168	1.38	27.91	0.1231	2.65	15.08
Σ	6.3048	100%	100%	1.2138	100%	100%	4.6444	100%	100%

Tab. D-31   Diskriminatorische Bedeutung der Variablen für die integrierte Analyse zur Nutzenabsicht (b_j – mittlere Diskriminanzfunktionskoeffizienten)

Die Zusammenfassung der **relativen Erklärungsanteile** unter den einzelnen Konstrukten zeigt zwar ein zunehmendes Gewicht der Konstrukte, die besondere Eignung der wahrgenommenen Kompetenz wird aber nicht ebenso deutlich, wie in den Analysen zur Kaufverhaltensabsicht. Wie bereits zuvor entfällt ein vergleichsweise hoher Erklärungsanteil an der Varianz auf das Involvement-Konstrukt. Für die zweite Analysevariante *[NB 2]* liegt sogar der höchste Erklärungsbeitrag aller Konstrukte mit 28% auf den unter dem Involvement-Konstrukt subsumierten Variablen. Die folgende *Tabelle D-31* faßt die einzelnen Werte noch einmal zusammen.

Die Ergebnisse der integrierten Diskriminanzanalysen zur Nutzenbeurteilung bei geringen und hohen **Konstruktausprägungen** erreichen die vermuteten Ergebnisse. Für alle drei Outputvarianten kommen die Untersuchungen auf Basis derjenigen, mit geringeren Ausprägungen bei Involvement, Wahrnehmung, Wissen und Einstellung, zu deutlich besseren Klassifikationsergebnissen als bei hohen Ausprägungen. Allerdings erreichen die Analysen dabei relativ hohe Irrtumswahrscheinlichkeiten. *Tabelle D-32* faßt die Ergebnisse abschließend noch einmal zusammen.

Prüf- und Gütekriterien	NB 1		NB 2		NB 1/2	
	gering	hoch	gering	hoch	gering	hoch
»richtige« Klassifikation	92.31%	63.41%	51.43%	49.33%	84.62%	42.50%
Eigenwert	22.1826	4.7430	3.1191	1.0531	8.9678	4.2788
kanonischer Korrelationskoeffizient	0.9782	0.9088	0.8702	0.7162	0.9485	0.9003
χ^2-Test (Signifikanz)	0.4629	0.1696	0.6445	0.3560	0.2664	0.2877
Fallzahl	39	79	39	79	39	79

Tab. D-32   Gegenüberstellung der Ergebnisse der integrierten Diskriminanzanalysen zur Nutzenbeurteilung bei geringen und hohen Konstruktausprägungen

Insgesamt bleibt festzuhalten, daß die integrierten Analysen zu sehr guten diskriminanzanalytischen Ergebnissen kommen. Darüber hinaus belegen sie eine mit der Komplexität einhergehende Zunahme der Bedeutung der einzelnen Konstrukte. Die Analysen zur Kaufverhaltensabsicht sind dabei insgesamt eindeutiger als bei Zugrundelegung der Nutzenabsicht. Insofern unterstützen die empirischen Ergebnisse die theoretischen Überlegungen.

Die Analysen zu den Gruppen mit geringen und hohen Konstruktausprägungen stehen ebenso im Einklang zu den theoretischen Annahmen. Sehr deutlich liegen die Diskriminanzergebnisse der Gruppe mit geringen Konstruktausprägungen über der Vergleichsgruppe mit hohen Ausprägungen der Konstrukte. Dies gilt gleichermaßen für die Analysen zur geäußerten Kaufverhaltensabsicht wie auch für die Untersuchungen zur Nutzenbeurteilung.

E Zusammenfassung und Implikationen

1 Zusammenfassung der Untersuchungsergebnisse

Seit geraumer Zeit hat die Frage nach der Gestaltung der Fertigungstiefe bei der Neugestaltung der Leistungsprozesse von Unternehmen besondere Bedeutung erlangt. Standen lange Zeit die mit »economies of scale« begründeten Vorteile tiefer und integrierter Prozeßstrukturen im Vordergrund, vollzieht sich seit einigen Jahren ein Wandel. Mit der Internationalisierung und Bedarfsdifferenzierung einhergehend, werden die Vorteile gerade geringer Fertigungstiefen stärker betont. Die durch die Fertigungstiefenverkürzungen induzierten Produktveränderungen erreichen in verstärktem Umfang auch den Konsumenten und können Einfluß auf seine Kaufentscheidung nehmen.

Eine kritische Würdigung des Forschungsstandes zur Gestaltung vertikaler Beziehungen offenbart dabei jedoch, daß sich die konsumentenbezogenen Aspekte der Fertigungstiefengestaltung der Perspektiven bisheriger Forschungsansätze zum überwiegenden Teil entziehen oder bislang nur implizit und am Rande Eingang in bestehende Ansätze gefunden haben. Eine kaufverhaltenstheoretisch fundierte Untersuchung sowohl der grundsätzlichen Wirkungszusammenhänge als auch der Konsequenzen für die Gestaltung der Fertigungstiefe im Rahmen der absatzmarktorientierten Unternehmensführung fehlen dagegen weitgehend.

Vor diesem Hintergrund wurde in der vorliegenden Arbeit der Versuch unternommen, die Gestaltung der Fertigungstiefe in ihren konsumentenbezogenen Wirkungen zu analysieren und in einem Prüf- und Entscheidungsmodell zur konsumentenorientierten Fertigungstiefengestaltung aus Sicht eines Herstellers zusammenzuführen, das gleichzeitig Bezüge zu zentralen wettbewerbsstrategischen Basisentscheidungen erlaubt. Zugleich wurden die kaufverhaltenstheoretischen Wirkungen exemplarisch an einem Datensatz zur Automobilindustrie auch empirisch untersucht.

Auf der Grundlage des Totalmodells von HOWARD und SHETH wurden dazu die psychologischen Konstrukte des Involvement, der Wahrnehmung, des Wissens, der Einstellungen und der wahrgenommenen Kompetenz in einem Stufenmodell des Kaufverhaltens integriert und auf ihren Erklärungsbeitrag hin untersucht. Mit diesem explizit kaufverhaltenstheoretisch ausgerichteten Entscheidungsansatz zur Gestaltung der Fertigungstiefe werden die bisherigen Forschungsarbeiten erweitert.

Anknüpfend an die eingangs erarbeiteten **Zielsetzungen** können folgende zentrale Ergebnisse der Untersuchung zusammengefaßt werden:

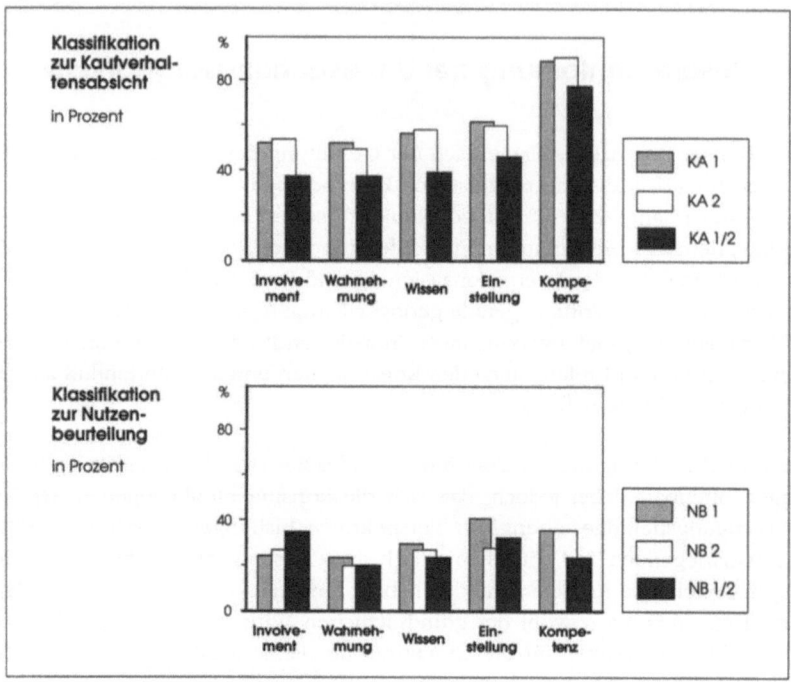

Abb. E-01   Klassifikationsergebnisse der Diskriminanzanalysen zur Kaufverhaltensabsicht und zur Nutzenbeurteilung auf Grundlage der einzelnen Konstrukte

(1) Die **Bedeutung der einzelnen Konstrukte** für das fertigungstiefenbezogene Kaufverhalten zeigt eine, mit der Komplexität der Konstrukte einhergehende, deutlich zunehmende Tendenz. Diese Entwicklung tritt bei den Analysen zur Outputvariable der geäußerten Kaufverhaltensabsicht *[KA]* sehr viel klarer hervor als bei den Analysen zur Nutzenbeurteilung *[NB]* unterschiedlicher fertigungstiefenpolitischer Alternativen. Insgesamt entsprechen die empirischen Ergebnisse zur Kaufverhaltensabsicht darüber hinaus den theoretischen Überlegungen einer mit der Komplexität der Konstrukte ansteigenden Bedeutung der einzelnen psychlogischen Verhaltensgrößen in stärkerem Maße als bei der Wahl der vergleichsweise abstrakten Nutzenbeurteilung als Zielgröße. Die graphische Darstellung der Klassifikationsergebnisse in *Abbildung E-01* spiegelt die Eignung der einzelnen Konstrukte zur Diskriminierung der alternativen Outputvariablen anschaulich wider.

Beide Analysevarianten weisen ein hohes Gewicht für das Konstrukt der **wahrgenommenen Kompetenz** aus. Während es in bezug auf die Kaufverhaltensabsicht *[KA]* das – gemessen am Diskriminanzergebnis – wichtigste Einzelkonstrukt für die Erklärung und Prognose des fertigungstiefenorientierten Verhaltens der Befragten ist, kommt der wahrgenommenen Kompetenz zusammen mit Einstellungen etwa dieselbe Gewichtung in bezug auf die Erklärungseignung der Nutzenbeurteilung *[NB]* zu. Die Aufnahme der wahrgenommenen Kompetenz als eigenständige Variable hat sich insofern als begründet erwiesen. Im Zusammenhang mit der besonderen Beurteilungsproblematik bei komplexeren Produkten wie Automobilen eignet sich das zahlreiche Aspekte integrierende komplexe Konstrukt offenbar sehr gut, um den Entscheidungsprozeß in wesentlichen Teilen zu beschreiben.

Neben der wahrgenommenen Kompetenz ist insbesondere die hohe Relevanz des Involvement für das fertigungstiefenorientierte Kaufverhalten überraschend. Als erstes und relativ unspezifisches Konstrukt determiniert es den Kaufentscheidungsprozeß sehr stark. Die Ergebnisse der Diskriminanzanalysen bestätigen dies tendenziell für die geäußerte Kaufverhaltensabsicht und die Nutzenbeurteilung.

(2) Der gewählte **Ansatz zur Abbildung des Kaufverhaltens** hat sich als tragfähiges Modell zur Analyse fertigungstiefenrelevanter Aspekte des Kaufentscheidungsverhaltens erwiesen. Die Ergebnisse der integrierten Analysen unter gleichzeitiger Berücksichtigung der gesamten Konstruktsequenz Involvement - Wahrnehmung - Wissen - Einstellungen - Kompetenz lassen die Modellbausteine in ihrer Gesamtheit geeignet erscheinen, den fertigungstiefenorientierten Entscheidungsprozeß gut abzubilden. In Verbindung mit den Einzelergebnissen ist die Struktur der Konstruktfolge dementsprechend durch die empirischen Ergebnisse nicht zu verwerfen. Vielmehr sind die Konstrukte in ihrer Gesamtheit in der Lage, zwischen den unterschiedlichen Entscheidungsalternativen in bezug auf die Outputvariablen der Kaufverhaltensabsicht *[KA]* sowie der Nutzenbeurteilung *[NB]* zu differenzieren.

Die den einzelnen Konstrukten in den Gesamtanalysen beigemessenen Bedeutungen spiegeln die Ergebnisse der Einzelanalysen in ihrer Grundaussage wider. Während die wahrgenommene Kompetenz im Zusammenhang mit der Kaufverhaltensabsicht *[KA]* den höchsten Stellenwert hat, kommt ihr in bezug zur Nutzenbeurteilung *[NB]* keine entsprechend wichtige Rolle zu. Vielmehr sind die Einstellungen und wiederum das Involvement diejenigen Konstrukte, mit der größten Bedeutung im Hinblick auf die fertigungstiefenorientierte Nutzenbeurteilung der Befragten. Darüber hinaus ist die Relevanz der übrigen Konstrukte relativ uneinheitlich innerhalb der drei Analysevarianten zur Nutzenbeurteilung. Eine Erklärung für die Unterschiede zwischen den Ergebnissen der Einzelanalysen und der Gesamtanalysen kann in den wechselseitigen Beziehungen zwischen den Konstrukten gesehen werden. Diese Einflüsse sind in den Einzelanalysen ausgeklammert, konnten erst in den Gesamtanalysen zum Tragen kommen und führen im Einzelfall zu geringfügigen Veränderungen in der Bewertung der Bedeutung einzelner Konstrukte.

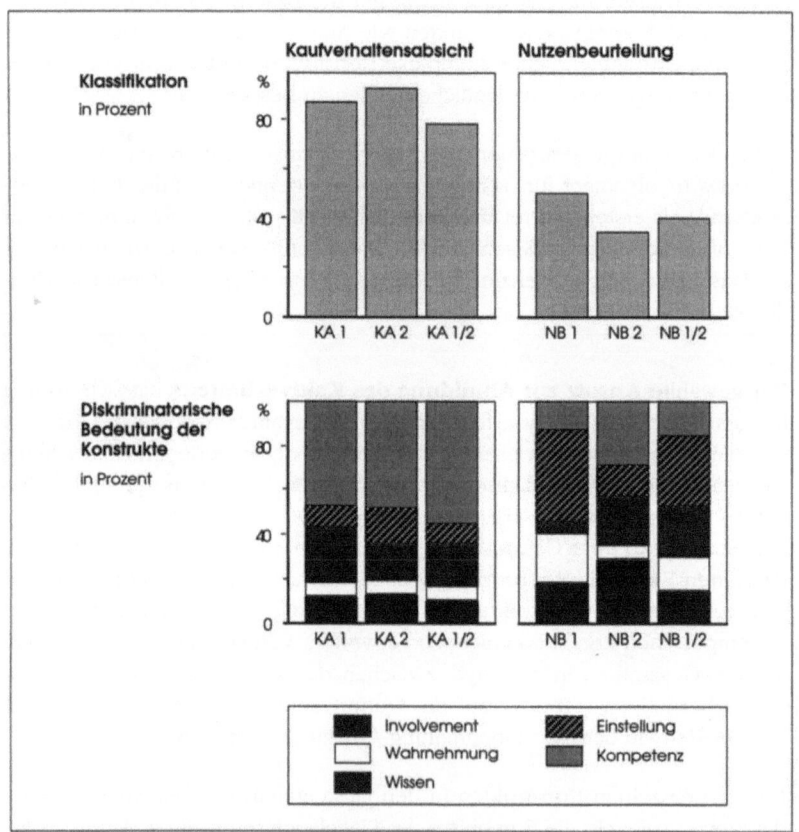

Abb. E-02   Klassifikationsergebnisse der integrierten Diskriminanzanalysen und
diskriminatorische Bedeutung der Konstrukte

Die theoretischen Überlegungen werden demnach insgesamt nur zum Teil von den empirischen Ergebnissen reflektiert. In der vorangehenden *Abbildung E-02* sind die Ergebnisse zur Klassifikation sowie zur relativen Bedeutung der Konstrukte innerhalb der Gesamtanalysen zur Kaufverhaltensabsicht und zur Nutzenbeurteilung noch einmal im Überblick dargestellt.

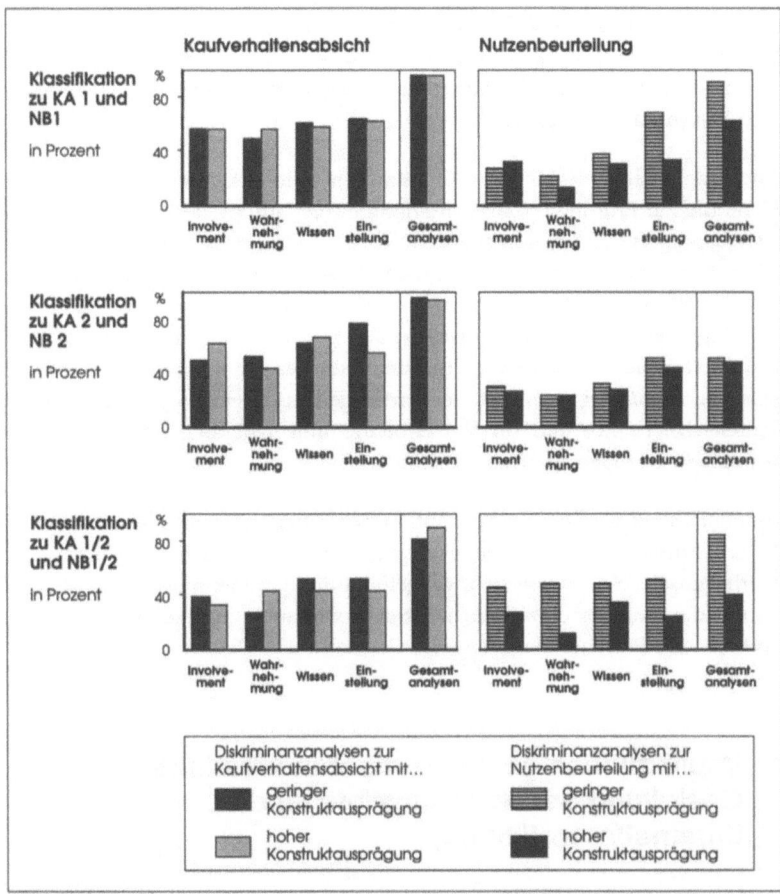

Abb. E-03   Klassifikationen der Diskriminanzanalysen mit geringen und hohen Konstruktausprägungen

(3) Die Ausführungen zu den unterschiedlichen Ausprägungen der einzelnen Konstrukte stehen als Verbindung zwischen Kaufverhalten und fertigungstiefenpolitischen Gestaltungsentscheidungen. Dazu wurde abgeleitet, daß geringe Konstruktausprägungen bei Involvement, Wahrnehmung, Wissen oder Einstellungen die Relevanz der Fertigungstiefe für die Kaufentscheidung als unwahrscheinlich erscheinen lassen und diese Konsumenten im wesentlichen aufgrund von Kostenüberlegungen ihre Kaufentscheidung treffen. Sind

die Konstrukte demgegenüber hoch ausgeprägt, werden differenzierungsorientierte Aspekte der Fertigungstiefe nur dann für die Kaufentscheidung Bedeutung erlangen, wenn alle einzelnen Konstrukte, die der wahrgenommenen Kompetenz vorangehen, hoch ausgeprägt sind. Es müssen sich demnach **ausprägungsspezifische Unterschiede** feststellen lassen, so daß diejenigen mit geringen Konstruktausprägungen bessere diskriminanzanalytische Ergebnisse erreichen als diejenigen, die hohe Ausprägungen der entsprechenden Konstrukte aufweisen.

Die empirischen Ergebnisse der Analysen unterstreichen diese Aussagen, denn die zur Prüfung erfolgte Trennung in die Gruppe derjenigen, die geringe Ausprägungen der Konstrukte aufweisen und in die Gruppe derjenigen, für die das Involvement, die Wahrnehmung, das Wissen und die Einstellungen hoch ausgeprägt waren, zeigen in der Mehrzahl der Analysen das erwartete Ergebnis: Geringe Konstruktausprägungen führen im Hinblick auf beide Outputvariablen zu besseren Diskriminierungsergebnissen als hohe Ausprägungen. *Abbildung E-03* faßt die Einzelergebnisse der Analysen zur Kaufverhaltensabsicht *[KA]* und zur Nutzenbeurteilung *[NB]* noch einmal nach den jeweiligen Gruppen getrennt zusammen.

Zusammenfassend werden die konzeptionellen Überlegungen durch die empirischen Ergebnisse in weiten Teilen gestützt. Insbesondere die Ergebnisse zur Kaufverhaltensabsicht decken sich weitgehend mit den theoretischen Ausführungen zur Bedeutung der einzelnen Konstrukte wie auch zur Struktur des entwickelten Prüf- und Entscheidungsmodells.

2 Implikationen der konsumentenorientierten Gestaltung der Fertigungstiefe für die Unternehmensführung

2.1 Implikationen für die marktorientierte Unternehmensführung von Herstellern

Das Marketing postuliert eine Ausrichtung der Unternehmenstätigkeit, die vom Konsumenten ausgehend gestaltet werden sollte, um über die dauerhafte Befriedigung von Kundenbedürfnissen langfristige Wettbewerbsvorteile zu gewährleisten.[1] Trotz einer neuerlichen Belebung des Marketing-Gedankens und seiner Umsetzung im Unternehmen[2] offenbart die aktuelle Diskussion zur Gestaltung der Fertigungstiefe, daß der inhaltlich-thematische Schwerpunkt bislang von einer weitgehenden Vernachlässigung **kaufverhaltenstheoretischer Aspekte** solcher Entscheidungen gekennzeichnet sind und die Auswirkungen vor allem auf unternehmensinternbezogene Gesichtspunkte beschränkt und in ihren Wirkungen auf den Konsumenten allenfalls unter Kostengesichtspunkten betrachtet werden.

Neben den bislang vordringlich diskutierten Aspekten unternehmensinternen Charakters, die für die Gestaltung der Fertigungstiefe relevant sind, hat die vorliegende Arbeit deutlich gemacht, daß auch unmittelbar aus dem Kaufentscheidungsverhalten abzuleitende Wirkungen den Erfolg fertigungstiefenpolitischer Unternehmensentscheidungen beeinflussen können. Die zunehmenden Überlegungen zur Fremdvergabe bislang selbsterstellter Teile und Komponenten eines Produktes werden sich insbesondere auf Produkte und Marken, die aus eigenständig wahrgenommenen Teilen und Komponenten bestehen, auswirken, vom Konsumenten vermehrt registriert und in seine Kaufentscheidung mit einbezogen werden. Dementsprechend müssen Gestaltungsentscheidungen zur Fertigungstiefe um eine **konsumentenorientierte Wirkungsdimension** erweitert werden.

Als zentrales Konstrukt zur Erfassung konsumentengerichteter Auswirkungen von Fertigungstiefenveränderungen hat sich die **wahrgenommene Kompetenz** erwiesen. Sie integriert die komplexen Bewertungsvorgänge des Konsumenten und verdichtet sie gleichzeitig zu einem Gesamturteil.

Mit einer bestimmten Herstellermarke verbinden sich in der Vorstellung des Konsumenten in der Regel spezifische Kernkompetenzen. Durch den Übergang zum Fremdbezug können dabei Kompetenzlücken des Herstellers entstehen, die zu einer Schwächung der Herstellermarke führen. Dieser Verlust kann aber durch die Auswahl entsprechender Zulieferer kompensiert werden. Darüber hinaus kann die Fertigungstiefenentscheidung grundsätzlich von Kompetenzüberlegun-

---

1   Vgl. DESHPANDÉ, R.; FARLEY, J.U.; WEBSTER, F.F. (1993): Corporate Culture, Customer Orientation, and Innovativeness in Japanese Firms: A Quadrad Analysis, in: Journal of Marketing, (57), 1-1993, S. 23ff.; JAWORSKI, B.; KOHLI, A. (1993): Market Orientation: Antecedents and Consequences, in Journal of Marketing, (57), 3-1993, S. 3ff.; RUEKERT, R.W.; WALKER, O.C.; ROERING, K.J. (1985): The Organizing of Marketing Activities: A Contingency Theory of Structure and Performance, in Journal of Marketing, (49), 4-1985, S. 13ff. sowie RUEKERT, R.W. (1992): Developing a Market Orientation: An Organizational Strategy Perspective, in: International Journal of Research in Marketing, (9), 1992, S. 225-245.

2   Vgl. DAY, G.S. (1994): The Capabilities of Market Driven Organizations, a.a.O., S. 37ff.; WEBSTER, F.F. (1992): The Changing Role of Marketing in the Corporation, in: Journal of Marketing, (56), 4-1992, S. 1ff. sowie MEFFERT, H. (1990): Klassische Funktionenlehre und marktorientierte Führung, a.a.O., S. 373ff.

gen mitbestimmt werden. So muß ein Hersteller in den besonders zentralen (Teil-)Bereichen eines Produktes oder einer Marke bestrebt sein, eine möglichst hohe Kompetenz zu entwickeln und zu kommunizieren, damit seine Wettbewerbsposition langfristig abgesichert werden kann. Die kompetenzorientierte Wahl von Zulieferern kann die Markenposition darüber hinaus verstärken.

In diesem Zusammenhang erscheint das »batch engineering«, also die Übernahme von Entwicklungs- und Fertigungsleistungen anderer Unternehmen unter dem eigenem Markenzeichen[1], als eine in hohem Maße ungeeignete Strategie zur Erlangung und Sicherung von Wettbewerbsvorteilen. Solche Strategien sind in Märkten, die nicht nur von bloßem Preiswettbewerb mehr oder weniger gleicher Produkte gekennzeichnet sind, keinesfalls geeignet, um Kompetenzpositionen zu erreichen. Vielmehr untergräbt ein Hersteller durch solche Entscheidungen seine eigene Marktposition.[2]

Für fertigungstiefenpolitische Entscheidungen lassen sich aus den Kompetenzeinschätzungen von Hersteller und (potentiellen) Zulieferer durch den Konsumenten direkte Gestaltungshinweise ableiten. Dabei stehen die kostenorientierten Entscheidungsgrundlagen keinesfalls losgelöst von den kompetenzorientierten Bewertungen. Vielmehr lassen sich Kosten- und Kompetenzaspekte miteinander verbinden, um Gestaltungsentscheidungen zugleich **unternehmens-** und **konsumentengerichtet** zu fundieren. *Abbildung E-04* zeigt eine solche Matrix, aus der sich in Abhängigkeit der unterschiedlichen Kosten- und Kompetenzausprägungen Gestaltungshinweise zur Fertigungstiefe ableiten lassen.

Feld ① ist von einem Kostenvorteil und einem Kompetenzgefälle zugunsten des Herstellers gekennzeichnet. Für Fertigungstiefenentscheidungen in diesem Bereich läßt sich aus kosten- und konsumentenorientierten Gesichtspunkten eine Integration oder Beibehaltung der Eigenerstellung der entsprechenden Aktivitäten ableiten. In den empirischen Untersuchungen war beispielsweise der Motor eine solche Komponente, für die die Mehrzahl der Befragten dem Hersteller des Endproduktes eine besonders hohe Kompetenz zuwiesen. Im Feld ③ fallen Kosten- und Kompetenzbeurteilung dagegen zum Vorteil des Zulieferers aus, so daß die Fertigungstiefe um die entsprechenden Teile oder Komponenten reduziert werden sollte beziehungsweise der Fremdbezug über den Zulieferer beibehalten werden sollte.

---

1   Als Beispiel eines solchen »badge engineering« läßt sich der MAZDA 323 anführen, der in den USA als FORD Laser angeboten wird.

2   Die Mehrzahl der europäischen Hersteller von HiFi-Geräten haben auf diese Weise ihre von den Konsumenten wahrgenommene Kompetenz in weiten Teilen verloren, obwohl sie Produkte unter eigenen Marken anbieten.

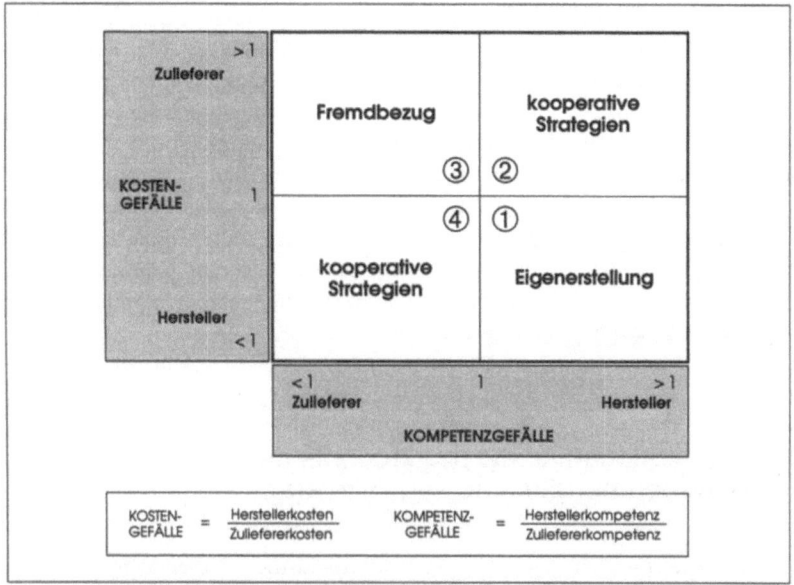

Abb. E-04   Kompetenz- und kostenabhängige Entscheidungen über die Gestaltung
der Fertigungstiefe

Gegenüber den gleichgerichteten Ausprägungen von Kosten- und Kompetenzgefälle in Feld ① und ③ sind die Felder ② und ④ von unterschiedlichen Ausprägungen der Beurteilungsgrößen gekennzeichnet. Feld ② zeigt ein Kompetenzgefälle zugunsten des Zulieferers und einen Kostenvorteil zugunsten des Herstellers, Feld ④ dagegen einen Kompetenzvorteil des Herstellers bei gleichzeitigem
Kostennachteil. Die fertigungstiefenpolitischen Handlungsempfehlungen beziehen sich in diesen Fällen nicht eindeutig auf eine Eigenerstellung oder Fremdvergabe, sondern weisen auf die zahlreichen Zwischenformen der Kooperation
hin. Für die Fertigung von Teilen und Komponenten aus Feld ② kann der Hersteller beispielsweise eine Entwicklungskooperation mit dem Zulieferer eingehen,
selbst fertigen oder aber als offizieller Lizenznehmer des Zulieferers auftreten. In
Feld ④ kann der Hersteller durch reine Auftragsfertigung des Zulieferers die eigenen Kostennachteile vermeiden, ohne seine Kompetenzvorteile preiszugeben.

Neben der Produktpolitik wird in diesem Zusammenhang zugleich deutlich, daß
die Wirkungen fertigungstiefenpolitischer Gestaltungsentscheidungen auf den
Konsumenten wesentlich von **kommunikationspolitischen Maßnahmen** eines Herstellers mitbestimmt werden. Wird die Markenwahrnehmung grundsätzlich von entsprechenden Kommunikationsmaßnahmen des Endherstellers begleitet, lassen sich so nicht nur die Bedürfnisse und Produkterwartungen langfristig
beeinflussen. Die mit der Fertigungstiefenveränderung einhergehenden objekti-

ven Produktveränderungen lassen sich vielmehr auch durch entsprechende Maßnahmen der Marktkommunikation vorbereiten und unterstützten. Dies umfaßt zum einen die Markierung von eigen- und fremdgefertigten Teilen und Komponenten, die die Wahrnehmung erleichtern oder verschleiern können, sie beinhaltet gleichzeitig aber auch werbliche Maßnahmen zur Information und Beeinflussung des Konsumenten. Die Herausstellung einer Kooperation zwischen Hersteller und Zulieferer kann dabei ebenso Gegenstand solcher Maßnahmen sein wie die aktive Bekanntmachung der Lizenzproduktion eines Zuliefererproduktes durch einen Hersteller. Die konsumentengerichtete Kommunikationspolitik des Herstellers ist insofern als ein integrativer Bestandteil von erfolgreichen Fertigungstiefenentscheidungen zu sehen.

2.2 Implikationen für die marktorientierte Unternehmensführung von Zulieferern

Für die Zulieferer – nicht nur in der Automobilindustrie – haben sich die Wettbewerbsbedingungen im Rahmen der Neustrukturierungen von Geschäftsprozessen und den damit vielfach einhergehenden Veränderungen der Fertigungstiefe zahlreicher Hersteller erheblich verschärft und sie sehen sich – über die Internationalisierung in zahlreichen Branchen hinausgehend – einem zunehmenden Verdrängungswettbewerb ausgesetzt. Darüber hinaus werden sie von Seiten der Hersteller unter enormen Kostendruck gesetzt. Zugleich eröffnet die angestrebte Reduktion der Wertschöpfung durch die Hersteller eine verstärkte Spezialisierung der Zulieferer. Die Berücksichtigung der konsumentenorientierten Wirkungen von Fertigungstiefenveränderungen eröffnet den Zulieferern dabei die Chance, sich gegenüber Wettbewerbern zu profilieren und dem Preiswettbewerb in Teilen zu entziehen.

Dazu müssen die Zulieferer zunächst versuchen, über die Hersteller hinweg beim Endverbraucher einen hohen **Bekanntheitsgrad** zu erreichen.[1] Die empirischen Untersuchungen haben gezeigt, daß der Konsument sich den möglichen Vorteilen einer stärkeren Einbeziehung von Zulieferern durchaus bewußt ist und sie als Nutzenvorteil bewertet. Allerdings sind den Endverbrauchern die überwiegende Mehrheit der Zuliefererunternehmen unbekannt. Mit Ausnahme großer Firmen wie BOSCH oder SIEMENS kennt der Konsument höchstens solche Zulieferer, die auch in einem hinreichend großen Ersatzteilmarkt als Anbieter auftreten. Zu nennen sind in diesem Zusammenhang beispielsweise CONTINENTAL, PIRELLI, OSRAM,

---

1   Unternehmen wie INTEL, SHIMANO oder GORE-TEX haben dies erkannt und in langfristig angelegten Kampagnen ihre Bekanntheit am Endverbrauchermarkt wesentlich erhöht.

GRUNDIG oder PHILIPS. Daneben sind die kleineren und mittleren, teilweise hoch-spezialisierten Unternehmen der Zuliefererindustrie nahezu völlig unbekannt.

Aufbauend auf der Bekanntheit der Zuliefererunternehmen ist es weiterhin wich-tig, daß die vom Zulieferer stammenden Teilleistungen im Endprodukt leicht er-kennbar und insofern möglichst markiert sein sollten. Soweit Teile und Kompo-nenten markiert sind, kann der Konsument sie als fremdbezogen erkennen und den einzelnen Zulieferern zuordnen. Ebenso sollten die Zulieferer auch im »OEM«-Geschäft sehr großen Wert darauf legen, mit ihren eigenen **Markenna-men** aufzutreten und nicht hinter der Marke des Herstellers zu »verschwinden«.[1]

Erst in der Verbindung von Bekanntheit und Produktbezug können die Zulieferer langfristig versuchen, in der Wahrnehmung der Konsumenten bestimmte **Kom-petenzpositionen** zu erreichen. Diese kann dann über längerer Zeit positiver Produkterfahrungen entstehen. Die wahrgenommenen Kompetenzen erschweren in der Folge die Austauschbarkeit des einzelnen Zulieferers durch den Hersteller, ohne daß dieser dabei einen Kompetenzverlust der Endproduktmarke riskiert.

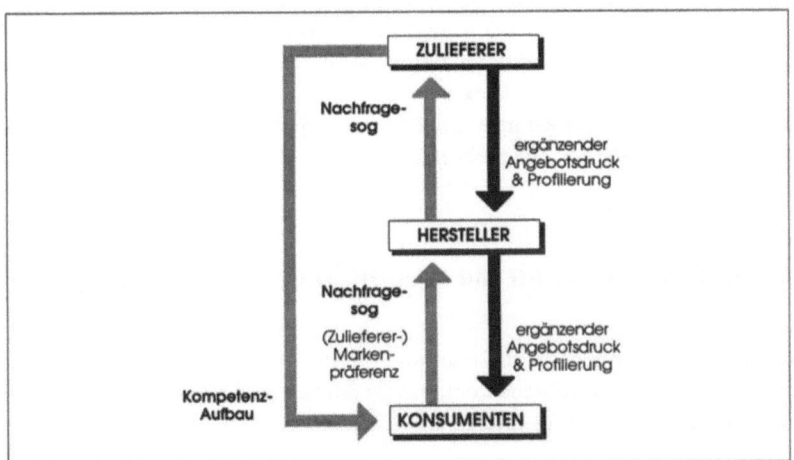

Abb. E-05   Profilierungsansatz für Zulieferer im Sinne einer konsumentengerichteten
»Pull«-Strategie

Wie in *Abbildung E-05* zu sehen, kann eine solche konsumentengerichtete **»Pull«-Strategie** von Zulieferern, die über den Hersteller hinweg direkt auf den Endverbraucher gerichtet ist, die Erlangung von Kompetenzpositionen ermögli-

---

1   Bei Autoradios ist es zum Beispiel in der Regel nicht möglich, den Zulieferer zu erkennen,
    ohne das Produkt auszubauen.

chen. Dabei kommt neben der Produktpolitik vor allem der **Kommunikationspolitik** eine wichtige Unterstützungsfunktion zu. So lassen sich die Bekanntheits-
ziele durch entsprechende Imagewerbung erreichen. Die Konsumenten können
darüber hinaus auch in bezug auf die wahrgenommene Kompetenz durch kom-
munikationspolitische Maßnahmen beeinflußt werden.

Aufbauend auf der kaufverhaltenstheoretischen Analyse der konsumentenbezogenen Wirkungen der Fertigungstiefengestaltung lassen sich somit auch Rückschlüsse auf wettbewerbsbezogene Alternativen – insbesondere der Zulieferer –
ableiten, die es ihnen ermöglichen, sich der Nachfragemacht großer Hersteller
teilweise zu entgegnen. Damit wird nicht zuletzt auch ein Beitrag zur Funktionsfähigkeit dieser Märkte geleistet.[1]

Die Interessen von Hersteller und Zulieferer sind in diesem Zusammenhang allerdings oftmals auch gleichgerichtet und keinesfalls als Ausgangspunkt notwen-
diger Konflikte zu sehen. Für den Hersteller wird ein zugeliefertes Teil zum inte-
grativen Bestandteil des Endproduktes und die Zufriedenheit seiner Kunden
durch den Nutzen des Gesamtproduktes bestimmt. Dem Hersteller ist demnach
daran gelegen, durch die Wahl eines geeigneten Zulieferers den Gesamtnutzen
des Endproduktes zu verbessern. Dabei stehen nicht nur Kostenaspekte im Mittelpunkt, sondern ebenso differenzierungsorientierte Aspekte. Der Hersteller
kann insofern von einem profilierten Zulieferer profitieren und seine eigene Marke stärken, so daß er im Rahmen langfristiger Beziehungen ein Interesse an der
Entwicklung kompetenter Zulieferer haben wird.

3 Ansatzpunkte für die weiterführende Forschung

Über die Auswirkungen für die marktorientierte Unternehmensführung hinaus
zeichnen sich für weiterführende empirische Studien und aufbauende konzeptionelle Forschungsüberlegungen folgende Ansatzpunkte ab:

(1) In Märkten, die sich in besonderer Weise den konsumentenbezogenen Wir-
    kungen von Fertigungstiefenveränderungen stellen müssen, finden sich Pro-
    dukte, die aus Teilen und Komponenten bestehen, die sich als Teilgesamt-
    heiten des Endproduktes isolieren lassen und darüber hinaus oftmals als ei-
    genständige Produkte ihrerseits marktfähig sind. Vielfach entstehen dabei

---

1   Vgl. BENKENSTEIN, M. (1992): Die Reduktion der Fertigungstiefe als betriebswirtschaftliches
    Entscheidungsproblem, a.a.O., S. 381 sowie HAMER, E. (1988): Zuliefererdiskriminierung, Min-
    den 1988, S. 14ff.

Konstellationen, die zur »Marke-in-der-Marke« führen. Wie sich diese Integration einzelner Marken auf die Gesamtmarke auswirken und vom Konsumenten wahrgenommen und bewertet werden, ist bislang nicht weitergehender untersucht. Im Zuge einer Verkürzung der herstellerbezogenen Wertschöpfung in zahlreichen Industrien kann davon ausgegangen werden, daß eine Situation, wie sie heute bereits bei Automobilen, Computern oder Fahrrädern zu finden ist, auch in anderen Branchen vermehrt auftreten und die damit verbundenen Fragen wichtiger werden.

(2) Ebenso wird bei der Diskussion marktpsychologischer Konsequenzen der Fertigungstiefengestaltung deutlich, daß ein Produkt in der Regel von unterschiedlichen Teileebenen gekennzeichnet ist. So wie sich beim Auto neben Standardteilen, spezifische Einzelteile, Module, Komponenten und Systeme voneinander abgrenzen lassen, muß eine solche technische Differenzierung auch aus Konsumentensicht erfolgen. Die Wirkungen von Fertigungstiefenveränderungen stehen mit der Differenzierungsfähigkeit des Konsumenten in engem Zusammenhang, und die »Gebrauchsnähe« eines Produktteils wiederum bestimmt das Vermögen des Konsumenten, einzelne Produktbestandteile als eigenständig zu sehen und zu bewerten. In welchem Umfang der Konsument ein Produkt differenziert betrachtet und von welchen Faktoren dies abhängt, ist allerdings offen.

(3) Das Kompetenzkonstrukt, für das in der vorliegenden Arbeit eine besondere Bedeutung für die Erklärung kaufverhaltenstheoretischer Wirkungen von Fertigungstiefenveränderungen ermittelt wurde, bedarf weitergehender konzeptioneller und empirischer Untersuchungen. Neben der Frage nach der Wahrnehmung und Beeinflussung der wahrgenommenen Kompetenz, muß das Konstrukt und seine Erfassungsmethodik weiterentwickelt werden. Möglicherweise lassen sich – in Analogie zu Einstellungen – einzelne Kompetenzdimensionen identifizieren. Darüber hinaus wäre es ebenso wichtig, die Wechselwirkungen der einzelnen Kompetenzen in solchen Produkten genauer zu untersuchen, die sich als »Marke-in-der-Marke« darstellen. Darauf aufbauend wäre die Konzeption eines Kompetenztransfermodells denkbar.

(4) Der Begriff der Fertigungstiefenveränderung subsumiert eine Vielzahl unterschiedlicher Formen der Zusammenarbeit, die weit über die Extrempunkte der Eigenerstellung oder des Fremdbezuges in klassischen Hersteller-Zulieferer-Beziehungen hinausgeht. In der vorliegenden Arbeit wurde bereits auf die Möglichkeiten eingegangen, daß ein anderer Automobilhersteller als Lieferant auftreten kann. Angesichts einer zunehmenden Entwicklung hin zu Unternehmenskooperationen, die sich auch auf bislang konkurrierende Unternehmen erstreckt, sind baugleiche Automobile unter verschiedenen Mar-

ken für die Unternehmenspraxis von großer Bedeutung, ihre Auswirkungen auf den Konsumenten bislang allerdings wenig untersucht.

(5) Aufgrund der vorliegenden Datenbasis, die sich darüber hinaus nur auf die Automobilindustrie bezieht, lassen sich keine allgemeingültigen Aussagen ableiten. Neben der Verbreiterung der empirischen Basis sollten die hier erzielten Ergebnisse wiederholt und die getroffenen Aussagen in aufbauenden Untersuchungen überprüft und erweitert werden. Dies betrifft insbesondere auch die Rolle der wahrgenommenen Kompetenz innerhalb des Kaufverhaltens.

(6) Schließlich sollte die hier entwickelte konsumentenorientierte Perspektive zur Fertigungstiefengestaltung mit dem produktionskostentheoretischen Ansatz, den managementorientierten Forschungsansätzen sowie dem Transaktionskostenansatz in stärkerem Maße zusammengeführt und zu einem umfassenden Ansatz weiterentwickelt werden. Dabei kann der Transaktionskostenansatz aufgrund seiner strukturellen Offenheit und Gestaltungsfähigkeit als Grundlage dienen. Dies erfordert aber wahrscheinlich unter anderem eine Erweiterung der Kontextfaktoren um die in dieser Arbeit angesprochenen konsumentenorientierten Aspekte der Fertigungstiefengestaltung.

Die Gestaltung der Fertigungstiefe unter kaufverhaltenstheoretischen Gesichtspunkten hat zahlreiche Ansatzpunkte zur Schaffung und Sicherung von Wettbewerbsvorteilen aufgezeigt. Zugleich wird aber auch deutlich, daß weiterer Forschungsbedarf in erheblichem Umfang besteht. In der bisherigen Diskussion tritt die marktpsychologische Relevanz dieser Vorgänge nicht hinreichend zu Tage, was allerdings auch nicht überrascht, denn die bislang in diesem Zusammenhang verwandten Begriffe behandeln Aspekte, die sich kaum auf psychologische Sachverhalte beziehen. Es ist daher zu erwarten, daß die konsumentenorientierte Fertigungstiefengestaltung einen Themenbereich darstellt, der für die Unternehmenspraxis und die Wissenschaft gleichermaßen von Interesse sein wird.

Anhang A1

Synopse ausgewählter Studien zur
Analyse der Fertigungstiefengestaltung

AUTOREN	GEGENSTAND/BRANCHE	THEORETISCHER BEZUG
GAMBINO (1980)	124 US-amerikanische und kanadische Unternehmen verschiedener Industrien	Make-or-Buy
WEILENMANN (1984)	Schweizerische Unternehmen verschiedener Industrien	Make-or-Buy
FORD & FARMER (1986)	Britische Unternehmen verschiedener Branchen	Make-or-Buy
ROMMEL; BRÜCK; DIEDRICHS; KEMPIS & KLUGE (1993)	Bundesdeutsche Unternehmen verschiedener Branchen	Make-or-Buy
FORD; COTTON; FARMER; GROSS & WILKINSON (1993)	Unternehmen aus den USA, Großbritannien, Australien & Kanada	Make-or-Buy
CRANDALL (1968)	US-amerikanische Automobil-Industrie	Managementorientiert
ALLEN (1971)	US-amerikanische Baustoff-Industrie	Managementorientiert
RUMELT (1974)	US-amerikanische Unternehmen verschiedener Produktionssektoren	Managementorientiert
TUCKER & WILDER (1977)	US-amerikanische Unternehmen verschiedener Produktionssektoren (1954 bis 1957 und 1953 bis 1973)	Managementorientiert
ETGAR (1978)	US-amerikanische Versicherungs-Unternehmen	Managementorientiert
BUZZELL (1983)	1649 Strategische Geschäftseinheiten des U.S. Produktionssektors (PIMS Datenbank)	Managementorientiert
HARRIGAN (1983)	US-amerikanische Unternehmen verschiedener Produktionssektoren	Managementorientiert
BURGESS (1984)	US-amerikanische und europäische petrochemische Industrie	Managementorientiert
HARRIGAN (1985)	US-amerikanische Unternehmen verschiedener Produktionssektoren	Managementorientiert
HARRIGAN (1986)	US-amerikanische Unternehmen verschiedener Produktionssektoren	Managementorientiert
READ (1986)	Internationale Kunstfaser-Industrie	Managementorientiert
WRIGHT & THOMPSON (1986)	Vertikale Desintegrationen in Großbritannien (1977 bis 1979)	Managementorientiert
HORWITCH & THIETART (1987)	Industrie und Konsumgüter-Unternehmen (PIMS Datenbank)	Managementorientiert
LUBATKIN (1987)	Börsenkurs kaufender US-amerikanischer Unternehmen in großen Unternehmenszusammenschlüssen (1948 bis 1979)	Managementorientiert
DEMES (1989)	Japanische Hersteller und Zulieferer der Automobil-Industrie (TOYOTA/ NISSAN)	Managementorientiert

HÅKANSON (1989)	Produzierendes Gewerbe in Schweden	Managementorientiert
LUBATKIN & ROGERS (1989)	Marktwert börsennotierter Unternehmen (1940 bis 1950, 1950 bis 1960 sowie 1960 bis 1970)	Managementorientiert
THOMAS; O'HARA & MUSGRAVE (1990)	US-amerikanische Vertriebskonzessionäre (1973 bis 1982)	Managementorientiert
AMIN & SMITH (1991)	Automobilzuliefer-Industrie in Großbritannien	Managementorientiert
CHATTERJEE (1991)	Vertikale Unternehmenszusammen- schlüsse in den USA (1962 bis 1979)	Managementorientiert
ROMMEL (1991)	Bundesdeutsche Werkzeugmaschinen- & Komponenten-Industrie	Managementorientiert
CHATTERJEE; LUBATKIN & SCHOENECKER (1992)	Integrierende und integrierte US- amerikanische Unternehmen (1962 bis 1972)	Managementorientiert
WOMACK; JONES & ROOS (1992)	Internationale Automobil-Industrie (International Automobile Program, MIT)	Managementorientiert
KLIGGE (1992)	Rückwärtsintegration bei Röntgenge- räten (SIEMENS AG)	Managementorientiert
D'AVENI & ILINITCH (1992)	Holzverarbeitende Industrie der USA (1985)	Managementorientiert
LAMMING (1994)	Internationale Automobil-Industrie	Managementorientiert
CROCKER (1971)	Agrarland-Verkäufe in den USA (1947 bis 1946)	Transaktionskosten- theorie
TEECE (1976)	US-amerikanische Erdöl-Industrie	Transaktionskosten- theorie
ARMOUR & TEECE (1980)	US-amerikanische Erdöl-Industrie	Transaktionskosten- theorie
DIRRHEIMER (1981/1983)	Deutsche Mineralöl- & Chemie-Industrie (1970 bis 1978)	Transaktionskosten- theorie
ECCLES (1981)	US-amerikanische Bau-Industrie	Transaktionskosten- theorie
LEVIN (1981)	US-amerikanische Erdöl-Industrie (1948 bis 1972)	Transaktionskosten- theorie
PHELPS (1981)	Erdöl-Industrie in den USA & Kanada	Transaktionskosten- theorie
MONTEVERDE & TEECE (1982)	US-amerikanische Automobil-Industrie (FORD/GENERAL MOTORS)	Transaktionskosten- theorie
STUCKY (1983)	Internationale Aluminium-Industrie	Transaktionskosten- theorie
ANDERSON & SCHMITTLEIN (1984)	US-amerikanische Elektronikkomponenten-Industrie	Transaktionskosten- theorie
DAVIDSON & MCFETRIDGE (1984)	Hochtechnologie-Produkte US- amerikanischer multinationaler Unternehmen (1945 bis 1975)	Transaktionskosten- theorie

JOHN (1984)	US-amerikanische Öl-Industrie	Transaktionskosten-theorie
MASTEN (1984)	US-amerikanische Militärflugzeug-Industrie	Transaktionskosten-theorie
PALAY (1984)	US-amerikanische Transport- & Eisenbahnunternehmen	Transaktionskosten-theorie
WALKER & WEBER (1984)	US-amerikanische Automobil-Industrie	Transaktionskosten-theorie
ANDERSON (1985)	US-amerikanische Elektronikkomponenten-Industrie	Transaktionskosten-theorie
LEVY (1985)	US-amerikanische Unternehmen verschiedener Produktionssektoren (1958, 1963, 1967 sowie 1972)	Transaktionskosten-theorie
MACDONALD (1985)	US-amerikanische Unternehmen verschiedener Produktionssektoren	Transaktionskosten-theorie
MASTEN & CROCKER (1985)	US-amerikanische Eigentümer von Gassonden & -pipelinebesitzer	Transaktionskosten-theorie
SIEBERT & RAUSCHER (1985)	Erdölexportierende Länder	Transaktionskosten-theorie
SPILLER (1985)	Vertikale Unternehmenszusammenschlüsse in den USA	Transaktionskosten-theorie
BALAKRISHNAN & WERNERFELT (1986)	US-amerikanische Unternehmen verschiedener Produktionssektoren	Transaktionskosten-theorie
CASSON; BARRY & HORNER (1986)	Internationale Frachtschiff-Industrie	Transaktionskosten-theorie
GLOBERMANN & SCHWINDT (1986)	Holzverarbeitende Industrie in Kanada	Transaktionskosten-theorie
HENNART (1986)	Internationale Zinn-Industrie	Transaktionskosten-theorie
MACMILLAN; HAMBRICK & PENNINGS (1986)	US-amerikanische Unternehmen aus der Konsumgüter-, Kapitalgüter- & Komponentenzuliefer-Industrie (PIMS Datenbank)	Transaktionskosten-theorie
MULHERIN (1986)	US-amerikanische Energieerzeuger & Versorgungsunternehmen (1950 bis 1954)	Transaktionskosten-theorie
ANDERSON & COUGHLAN (1987)	US-amerikanische Unternehmen verschiedener Produktionssektoren	Transaktionskosten-theorie
BJUGGREN (1987)	Schwedische Papier- & Papierstoff-Industrie	Transaktionskosten-theorie
GOLDBERG & ERICKSON (1987)	Rohstoff-Industrie (GREAT LAKES CARBON CORPORATION, 1946 bis 1973)	Transaktionskosten-theorie
HÜBNER (1987)	Internationale Automobil-Industrie	Transaktionskosten-theorie
JOSKOW (1985/1987)	US-amerikanische Versorgungsunternehmen & Rohstoff-Lieferanten	Transaktionskosten-theorie
WALKER & WEBER (1987)	US-amerikanische Automobil-Industrie	Transaktionskosten-theorie

Anderson (1988)	Elektronik-Industrie	Transaktionskosten-theorie
Caves & Bradburd (1988)	US-amerikanische Zuliefer-Industrien	Transaktionskosten-theorie
Chesnais (1988)	Kooperationsvereinbarungen, an denen mindestens ein europäisches Unternehmen beteiligt war (1980 bis 1985)	Transaktionskosten-theorie
Dwyer & Oh (1988)	US-amerikanischer Konsumgüter-Handel	Transaktionskosten-theorie
Gatignon & Anderson (1988)	Integration ausländischer Tochterunternehmen	Transaktionskosten-theorie
Heide & John (1988)	US-amerikanische Vertriebsagenturen der Elektro- & Fertigungsmaschinen-Industrie	Transaktionskosten-theorie
Jarillo & Martinez (1988)	Internationales Textil-Unternehmen (Benetton)	Transaktionskosten-theorie
John & Weitz (1988)	US-amerikanische Investitionsgüter-Industrie	Transaktionskosten-theorie
Boudreaux & Shugart (1989)	Preisstabilität & Vertikale Integration in den USA (1947 bis 1982)	Transaktionskosten-theorie
Gates (1989)	Internationale Halbleiter-Industrie	Transaktionskosten-theorie
John & Weitz (1989)	US-amerikanische Investitionsgüter-Industrie	Transaktionskosten-theorie
Klein (1989)	Exportunternehmen in Kanada	Transaktionskosten-theorie
Masten; Meehan & Snyder (1989)	US-amerikanische Automobil-Industrie (Chrysler/Ford/ General Motors)	Transaktionskosten-theorie
Picot; Laub & Schneider (1989)	Innovative Unternehmensgründungen	Transaktionskosten-theorie
Tapon (1989)	F&E-Aktivitäten der internationalen Chemie- & Pharma-Industrie	Transaktionskosten-theorie
Baur (1990)	Bundesdeutsche Automobil-Industrie	Transaktionskosten-theorie
Klein; Frazier & Roth (1990)	Exportunternehmen in Kanada	Transaktionskosten-theorie
Romme (1990)	Niederländische Viehfutter-Industrie (Hendrix Fabrieken)	Transaktionskosten-theorie
Hennart (1991)	US-amerikanische Tochterunternehmen japanischer Muttergesellschaften	Transaktionskosten-theorie
Walker & Poppo (1991)	Montagedivision eines US-amerikanischen Industrie-Unternehmens	Transaktionskosten-theorie
Fischer (1993)	Wahl des Distributionswegs von Unternehmen	Transaktionskosten-theorie

Anhang A2

Die Entwicklung der Fertigungstiefe in ausgewählten Branchen
der Bundesrepublik, 1985 und 1990

		1985	1990
AUTOMOBIL			
PORSCHE AG		37.0 %	37.6 %
BMW AG		46.5 %	42.1 %
MERCEDES BENZ AG		51.2 %	44.6 %
FORD WERKE AG		34.3 %	33.2 %
ADAM OPEL AG		33.1 %	38.1 %
AUDI AG		36.3 %	30.3 %
VOLKSWAGEN AG		34.5 %	28.9 %
VOLKSWAGEN Konzern		49.3 %	40.5 %
BEKLEIDUNG & TEXTIL			
HUGO BOSS AG	(1986)	35.9 %	41.1 %
SCHIESSER AG		47.1 %	48.3 %
ESCADA AG	(1986)	43.0 %	48.1 %
NINO AG		54.1 %	47.6 %
ELEKTRO & ELEKTRONIK			
AEG AG		52.5 %	50.9 %
SIEMENS AG		62.0 %	57.7 %
ROBERT BOSCH GmbH		73.7 %	57.9 %
SIEMENS-NIXDORF AG		62.3 %	59.8 %
CHEMIE & PHARMA			
HOECHST AG	(1987)	85.2 %	84.9 %
BASF AG	(1987)	75.7 %	74.2 %
BAYER AG		55.7 %	67.5 %
DEGUSSA AG		25.3 %	32.9 %
MASCHINENBAU			
LINDE AG		58.6 %	50.9 %
KHD AG		46.6 %	42.4 %
MANNESMANN AG		47.3 %	46.0 %
EISEN & STAHL			
THYSSEN AG		33.1 %	40.6 %
HOESCH AG		38.3 %	45.9 %
FRIEDRICH KRUPP GmbH		36.7 %	42.6 %

Quelle: BENKENSTEIN, M. (1992): Die Reduktion der Fertigungstiefe als betriebswirtschaftliches Entscheidungsproblem. Ein Beitrag zur Planung vertikaler Unternehmensstrategien unter besonderer Berücksichtigung der Quasi-Integration. Unveröffentlichte Habilitationsschrift, Münster 1992, S. 21f.

Anhang A3

Übersichtsdarstellungen zum Datensatz

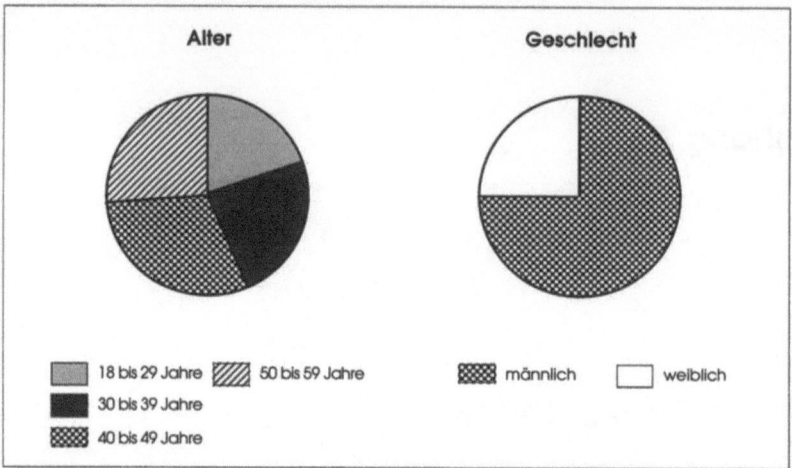

Abb. A3-01 Altersstruktur und Geschlechteranteile in der Stichprobe

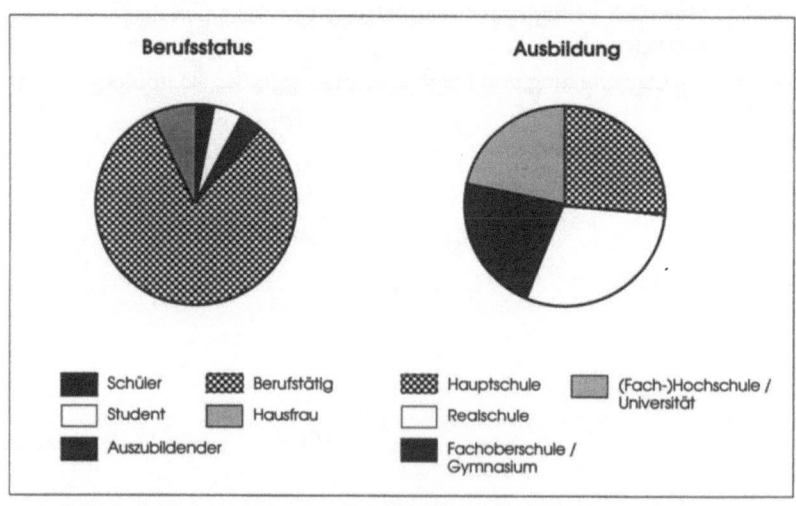

Abb. A3-02 Ausbildungsstruktur und Berufsstatus der Befragten

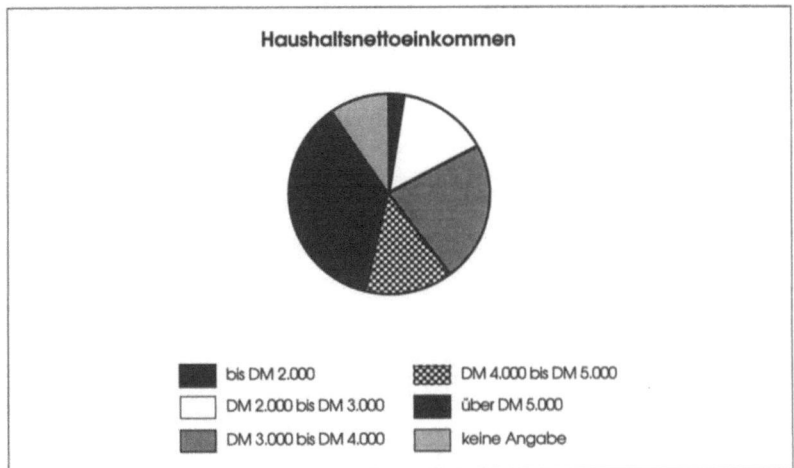

Abb. A3-03 Monatlich verfügbares (Netto-)Haushaltseinkommen der Befragten

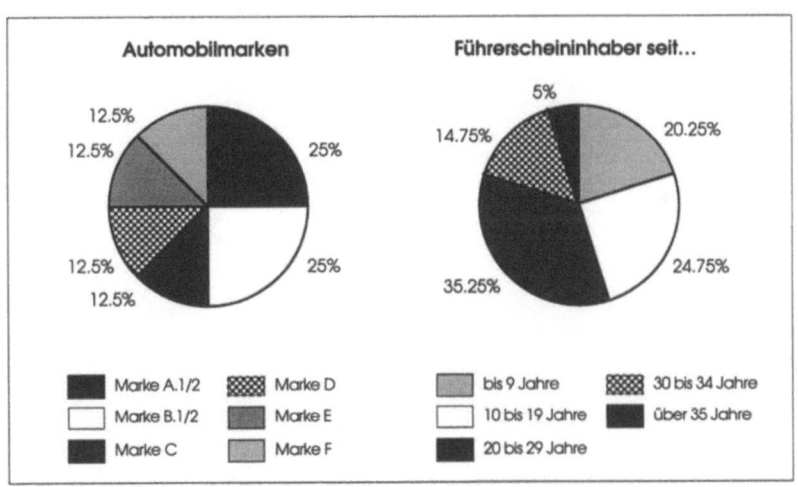

Abb. A3-04 Markenverteilung und Führerscheinbesitz in der Stichprobe

Anhang A4

Übersichtsdarstellungen und Tabellen
zur empirischen Untersuchung

MODELLVARIABLE			
Konstrukt	**Frage-bogen**	**Fragen-kürzel**	**Fragegegenstand**
Involvement	F03	*Inv 1*	Allgemeines Interesse am Automobil
	F05.A	*Inv 2*	Kleinere Reparaturen selbst durchführen
	F06.2	*Inv 3*	Autopflege ist wichtig
	F06.5	*Inv 4*	Interesse an technischen Details
	F06.6	*Inv 5*	Besuch von Automobilausstellungen
Wahrnehmung	F09.A	*Wah 1*	Motor als Ganzes oder Einzelteile
	F11.A	*Wah 2*	Karosserie als Ganzes oder Einzelteile
	F10/12.A	*Wah 3*	Anzahl wahrgenommener Teile
Wissen	F04	*Wis 1*	Wissen über Automobile
	F06.1	*Wis 2*	Gut informiert über Automobile
	F06.7	*Wis 3*	Lese Automobilzeitschriften
	F13.B	*Wis 4*	Ist eigentlich alles vom Hersteller
	F17	*Wis 5*	Welche Teile sind von anderen
	F29.A	*Wis 6*	Bereits mit Fertigungstiefe befaßt
Einstellung	F06.4	*Ein 1*	Auto ist Ausdruck von Lebensstil
	F10.B	*Ein 2*	Bedeutung der Teile des Motors
	F12.B	*Ein 3*	Bedeutung der Teile der Karosserie
	F14.C	*Ein 4*	Bedeutung, daß Teile vom Hersteller
	F18.D	*Ein 5*	Beurteilung, wenn Teile vom anderen
Kompetenz	F22.A	*Kom 1*	Bleibt Marke erhalten, wenn Motor nicht vom Hersteller
	F24.A	*Kom 2*	Bleibt Marke erhalten, wenn Karosserie nicht vom Hersteller
	F26.A	*Kom 3*	Bleibt Marke erhalten, wenn Fahrwerk & Chassis nicht vom Hersteller
	F34.A/B	*Kom 4*	Entwicklung, Pläne und Fertigung von Teilen besser vom Hersteller oder Zulieferer
	F35.B	*Kom 5*	Eindruck von Zulieferern
Kaufverhaltens-absicht	F22.C	*KA 1*	Kauf, auch wenn Motor nicht vom Hersteller
	F24.C	*KA 2*	Kauf, auch wenn Karosserie nicht vom Hersteller
	F22/24.C	*KA 1/2*	Kauf, auch wenn Motor & Karosserie nicht vom Hersteller
Nutzen-beurteilung	F36B	*NB 1*	Können Zulieferer den Wert anheben
	F37B	*NB 2*	Nutzenbeurteilung, wenn Teile von anderen Herstellern
	F36/37.B	*NB 1/2*	Beurteilung, wenn Teile von Zulieferern oder anderen Herstellern

Tab. A4-01 Operationalisierung der Modellvariablen im Überblick

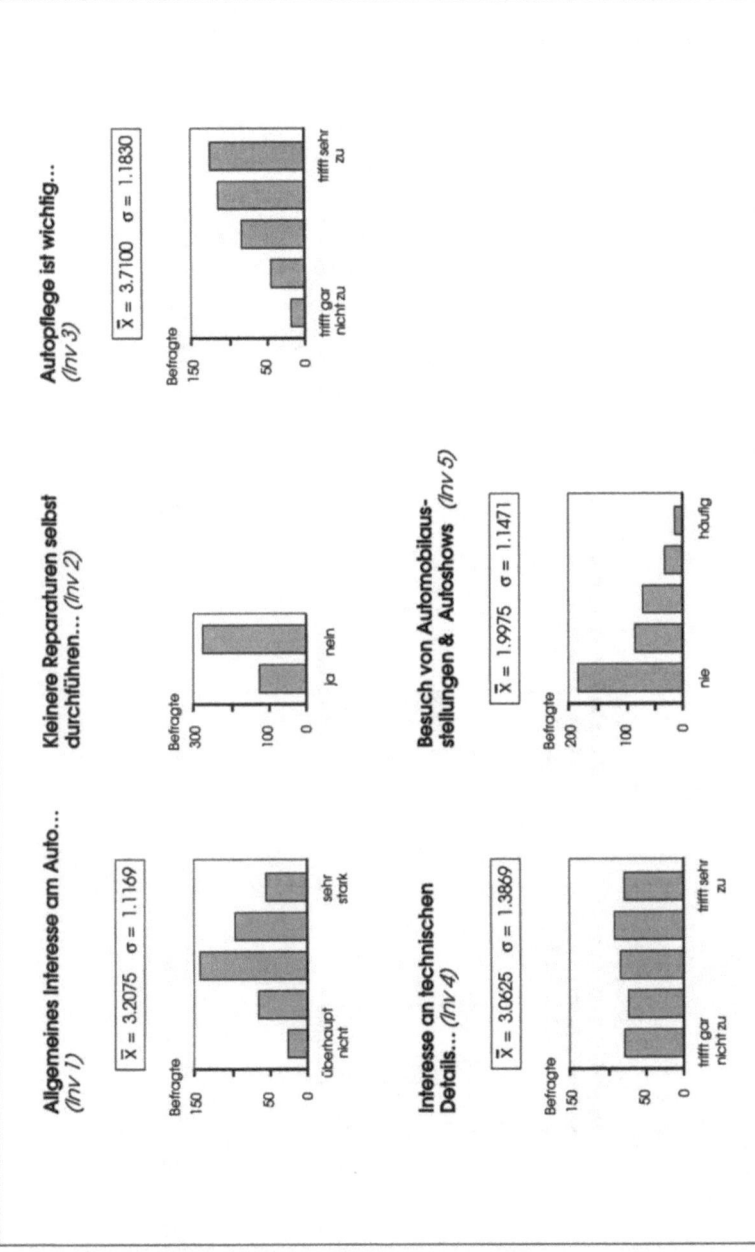

Abb. A4-01 Häufigkeiten, Mittelwerte und Standardabweichungen der Involvement-Variablen

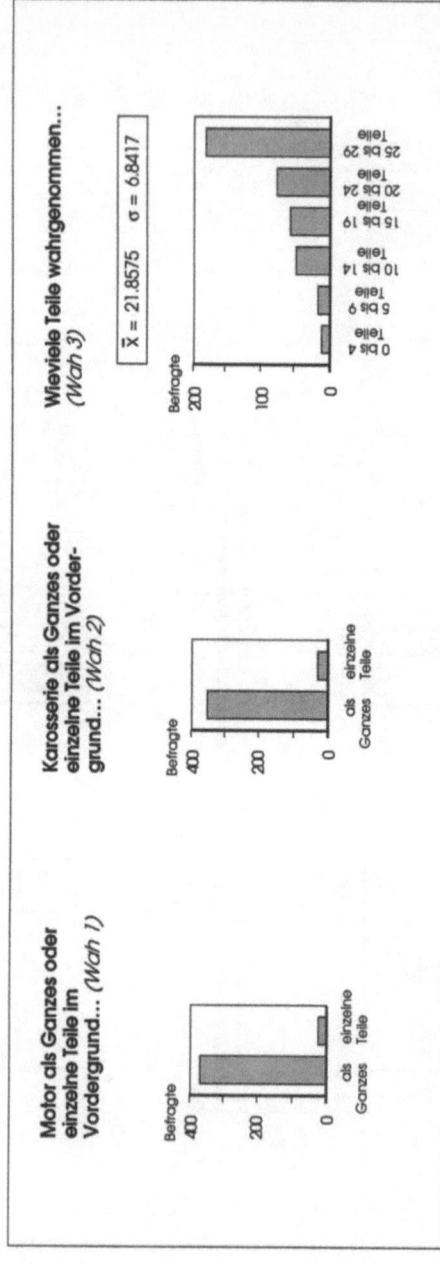

Abb. A4-02 Häufigkeiten, Mittelwerte und Standardabweichungen der Variablen zur Wahrnehmung

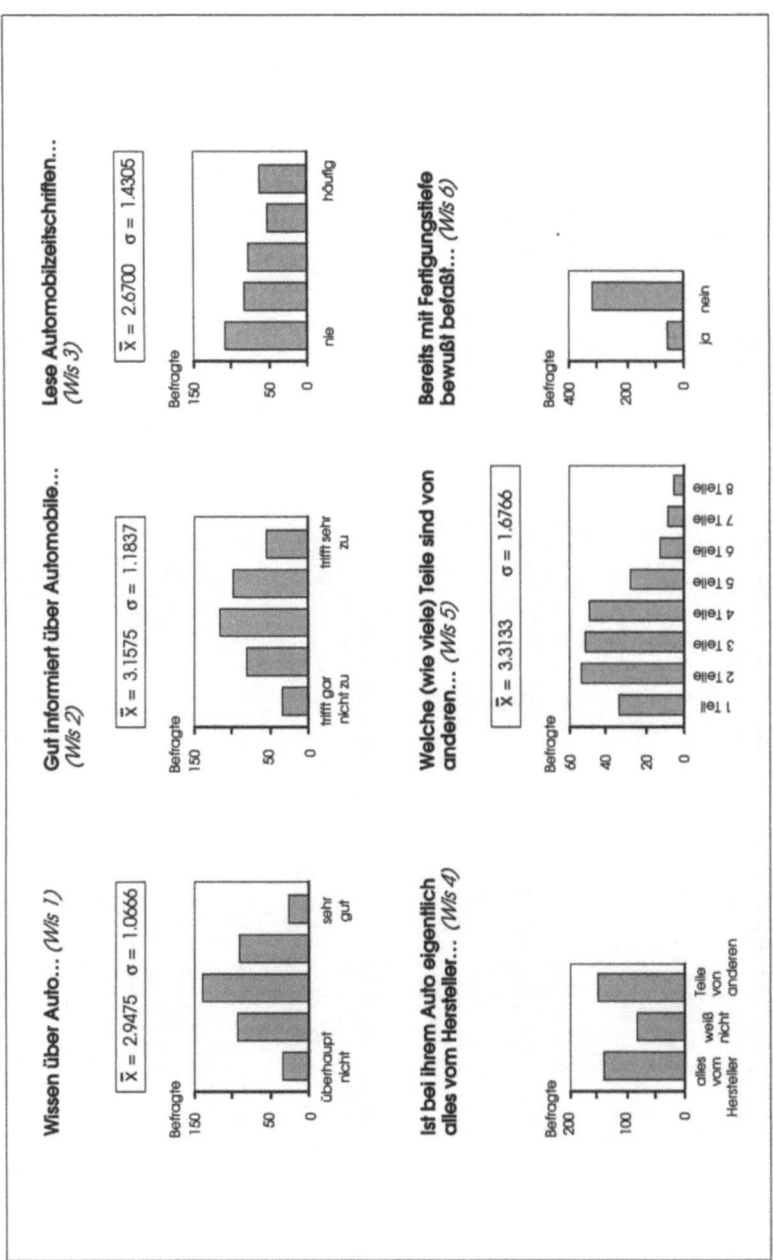

Abb. A4-03 Häufigkeiten, Mittelwerte und Standardabweichungen der Variablen zum Wissen

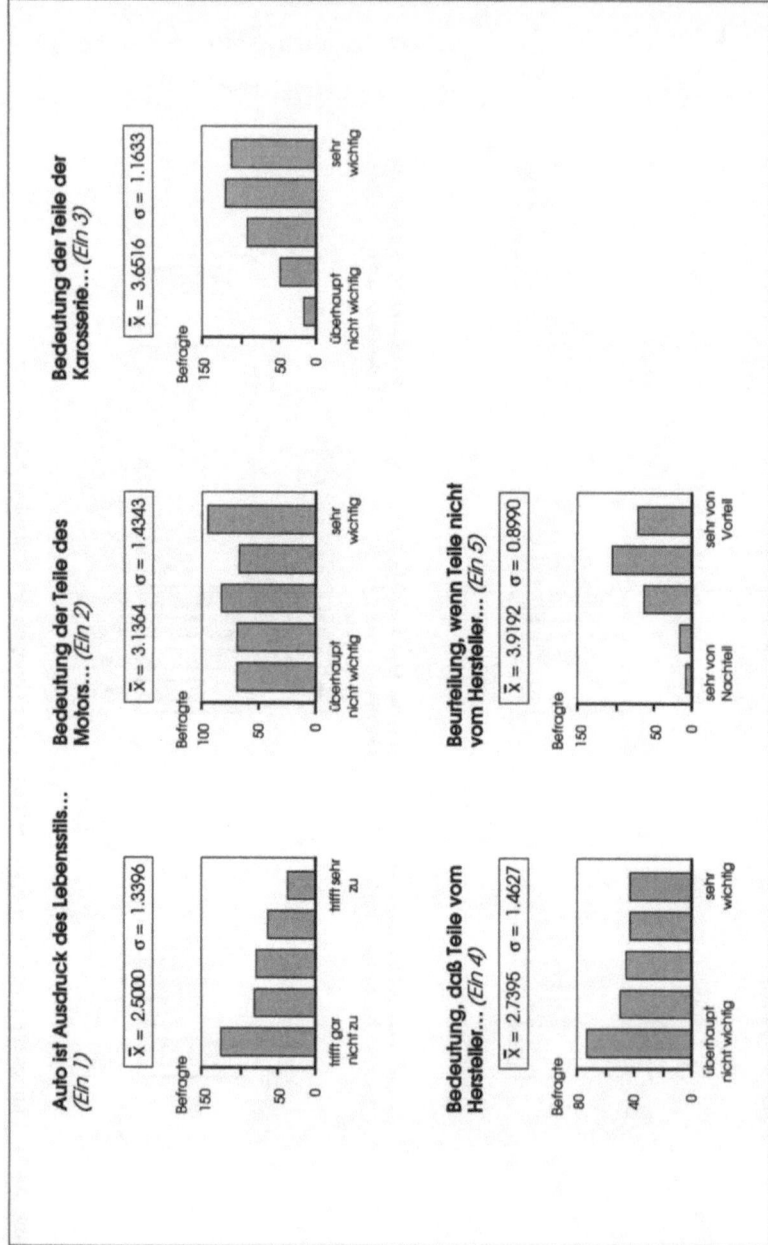

Abb. A4-04   Häufigkeiten, Mittelwerte und Standardabweichungen der Variablen zu Einstellungen

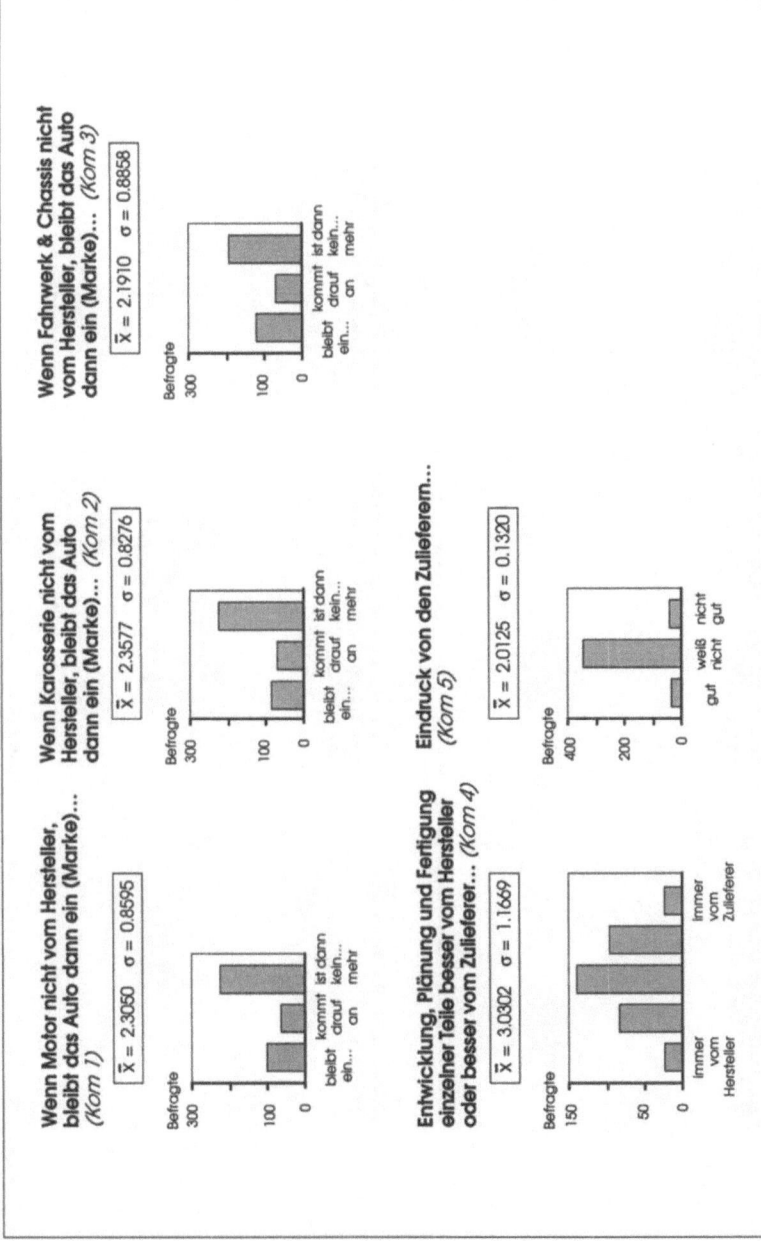

Abb. A4-05 Häufigkeiten, Mittelwerte und Standardabweichungen der Variablen zur wahrgenommenen Kompetenz

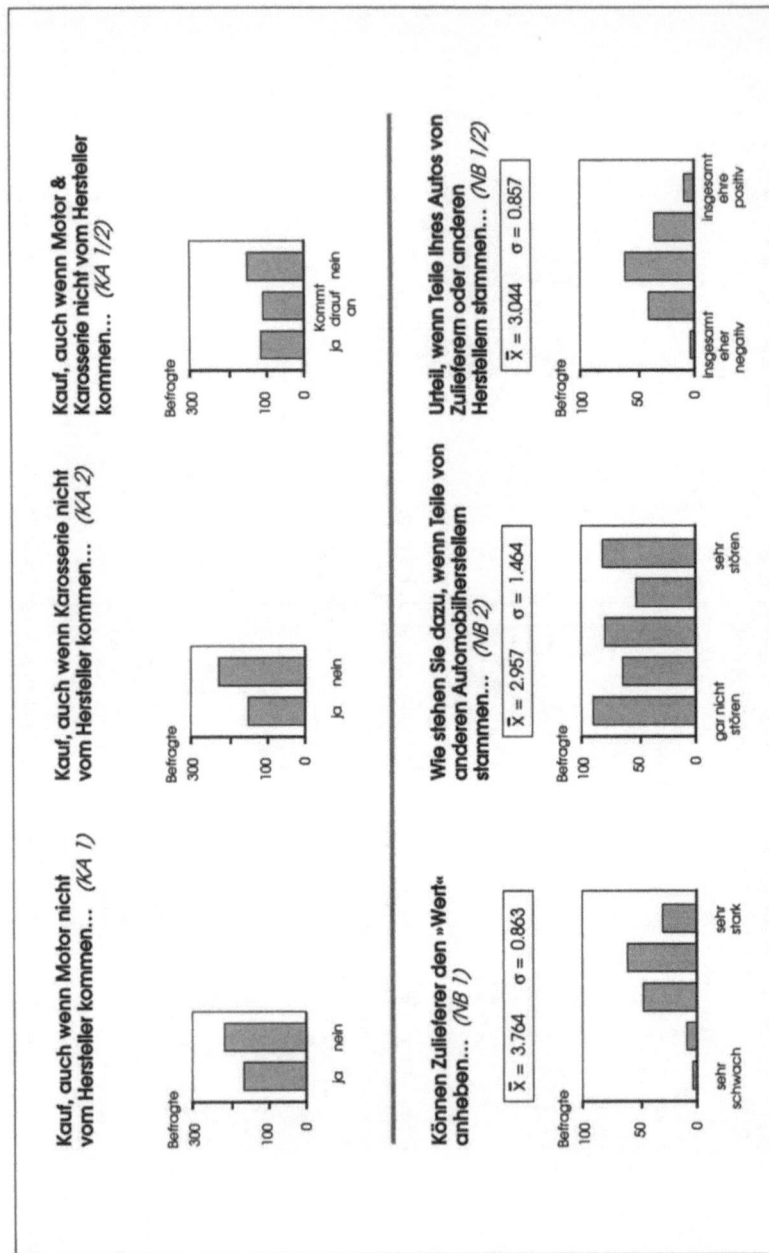

Abb. A4-06 Häufigkeiten, Mittelwerte und Standardabweichungen der Outputvariablen

Konstrukte	Geäußerte Kaufverhaltensabsicht			Nutzenbeurteilung		
	KA 1	KA 2	KA 1/2	NB 1	NB 2	NB 1/2
Involvement						
• Klassifikation	52.93%	54.71%	38.56%	25.00%	27.74%	35.85%
• Eigenwert	0.0172	0.0225	0.0245	0.0941	0.0618	0.1721
• Kanonische Korrelation	0.1300	0.1483	0.1546	0.2933	0.2413	0.3832
• Wilks' Lambda	0.9831	0.9780	0.9725	0.8723	0.9192	0.7888
• Signifikanz	0.2501	0.1246	0.3804	0.3945	0.0373	0.0142
Wahrnehmung						
• Klassifikation	53.44%	50.13%	38.30%	24.38%	20.36%	20.75%
• Eigenwert	0.0068	0.0008	0.0046	0.0660	0.0234	0.0403
• Kanonische Korrelation	0.0824	0.0284	0.0674	0.2488	0.1512	0.1963
• Wilks' Lambda	0.9932	0.9992	0.9948	0.8997	0.9556	0.9367
• Signifikanz	0.4484	0.9575	0.9178	0.1746	0.1279	0.6093
Wissen						
• Klassifikation	57.36%	59.43%	39.69%	30.38%	27.91%	24.20%
• Eigenwert	0.0251	0.0343	0.0331	0.1171	0.0649	0.1446
• Kanonische Korrelation	0.1565	0.1821	0.1790	0.3237	0.2469	0.3554
• Wilks' Lambda	0.9755	0.9668	0.9608	0.8443	0.8950	0.8241
• Signifikanz	0.1488	0.0450	0.2352	0.3713	0.0123	0.2156
Einstellungen						
• Klassifikation	62.45%	60.96%	46.99%	41.94%	28.17%	32.52%
• Eigenwert	0.0750	0.1001	0.1232	0.3247	0.1074	0.1942
• Kanonische Korrelation	0.2642	0.3017	0.3312	0.4951	0.3114	0.4032
• Wilks' Lambda	0.9302	0.9090	0.8625	0.7009	0.8455	0.7557
• Signifikanz	0.0030	0.0003	0.0001	0.0002	0.0034	0.0358
Wahrgenommene Kompetenz						
• Klassifikation	89.60%	91.18%	78.44%	36.08%	36.63%	24.20%
• Eigenwert	1.4856	2.0022	2.2839	0.1107	0.4184	0.1013
• Kanonische Korrelation	0.7731	0.8166	0.8340	0.3157	0.5431	0.3033
• Wilks' Lambda	0.4023	0.3331	0.2995	0.8517	0.6865	0.8358
• Signifikanz	0.0000	0.0000	0.0000	0.2251	0.0000	0.1328

Tab. A4-02 Ergebnisse der Diskriminanzanalysen auf Grundlage der einzelnen Konstrukte im Überblick

Konstrukte	Geäußerte Kaufverhaltensabsicht						Nutzenbeurteilung					
	KA 1		KA 2		KA 1/2		NB 1		NB 2		NB 1/2	
	gering	hoch	gering	hoch	gering	hoch	gering	hoch	gering	hoch	gering	hoch
Involvement	(142)	(121)	(142)	(121)	(142)	(121)	(142)	(121)	(142)	(121)	(142)	(121)
• Klassifikation	57.14%	57.14%	50.35%	63.03%	40.29%	34.19%	29.55%	33.33%	32.14%	26.89%	47.73%	28.30%
• Eigenwert	0.0183	0.0506	0.0074	0.0781	0.0302	0.0803	0.2107	0.2822	0.1226	0.0578	0.4955	0.3236
• Kanonische Korrelation	0.1340	0.2194	0.0857	0.2691	0.1711	0.2726	0.4172	0.4691	0.3205	0.2338	0.5756	0.4945
• Wilks' Lambda	0.9820	0.9519	0.9927	0.9276	0.9626	0.8916	0.7188	0.6768	0.8363	0.9066	0.5587	0.6760
• Signifikanz	0.7832	0.3419	0.9620	0.1257	0.8841	0.2319	0.8959	0.2169	0.2442	0.9443	0.0975	0.5608
Wahrnehmung	(133)	(195)	(133)	(195)	(133)	(195)	(133)	(195)	(133)	(195)	(133)	(195)
• Klassifikation	50.38%	58.33%	53.44%	45.31%	29.23%	44.44%	22.50%	14.29%	25.00%	23.96%	50.00%	12.37%
• Eigenwert	0.0173	0.0106	0.0012	0.0031	0.0098	0.0099	0.1560	0.0523	0.0709	0.0732	0.2163	0.0457
• Kanonische Korrelation	0.1304	0.1022	0.0349	0.0552	0.0987	0.0989	0.3674	0.2230	0.2573	0.2611	0.4217	0.2091
• Wilks' Lambda	0.9830	0.9896	0.9988	0.9970	0.9889	0.9890	0.8414	0.9405	0.9004	0.8692	0.7922	0.9394
• Signifikanz	0.5345	0.5768	0.9845	0.9023	0.9654	0.9161	0.6326	0.7660	0.3459	0.0100	0.0748	0.9280
Wissen	(72)	(62)	(72)	(62)	(72)	(62)	(72)	(62)	(72)	(62)	(72)	(62)
• Klassifikation	62.86%	59.68%	63.89%	67.21%	52.78%	44.26%	38.46%	32.35%	33.33%	28.33%	50.00%	36.36%
• Eigenwert	0.0837	0.0575	0.1205	0.1013	0.1471	0.2168	0.6694	0.4890	0.3519	0.1720	0.8555	0.4546
• Kanonische Korrelation	0.2779	0.2332	0.3280	0.3033	0.3581	0.4221	0.6332	0.5731	0.5102	0.3831	0.6790	0.5590
• Wilks' Lambda	0.9228	0.9456	0.8924	0.9080	0.8090	0.7861	0.4135	0.5592	0.4997	0.7580	0.2939	0.4571
• Signifikanz	0.4955	0.7852	0.2670	0.4933	0.2946	0.3439	0.4783	0.5734	0.0052	0.9259	0.1397	0.6536
Einstellungen	(37)	(61)	(37)	(61)	(37)	(61)	(37)	(61)	(37)	(61)	(37)	(61)
• Klassifikation	64.86%	63.33%	78.38%	55.74%	54.05%	45.00%	69.23%	35.29%	51.35%	44.26%	53.85%	26.47%
• Eigenwert	0.0539	0.1046	0.3530	0.0186	0.1475	0.0982	4.1731	0.3611	0.5413	0.3809	0.6144	0.5316
• Kanonische Korrelation	0.2261	0.3077	0.5108	0.1353	0.3585	0.2990	0.8982	0.5151	0.5926	0.5252	0.6169	0.5891
• Wilks' Lambda	0.9489	0.9053	0.7391	0.9817	0.8402	0.8695	0.1013	0.5887	0.5148	0.5419	0.4657	0.5612
• Signifikanz	0.8882	0.3556	0.0803	0.9589	0.8497	0.6593	0.0499	0.4443	0.4222	0.0282	0.8056	0.7056

Tab. A4-03   Ergebnisse der Diskriminanzanalysen auf Grundlage der einzelnen Konstrukte für die Gruppen mit geringen und hohen Konstruktausprägungen im Überblick

	Geäußerte Kaufverhaltensabsicht			Nutzenbeurteilung		
	KA 1	KA 2	KA 1/2	NB 1	NB 2	NB 1/2
• Klassifikation	88.14%	93.13%	79.31%	51.28%	35.04%	40.52%
• Eigenwert	1.4224	2.7543	2.4700	0.8846	0.3307	0.6684
• Kanonische Korrelation	0.7664	0.8565	0.8437	0.6851	0.4985	0.6329
• Wilks' Lambda	0.4128	0.2664	0.2644	0.3435	0.5919	0.3123
• Signifikanz	0.0000	0.0000	0.0000	0.0032	0.0949	0.0719

Tab. A4-04 Ergebnisse der integrierten Diskriminanzanalysen im Überblick

	Geäußerte Kaufverhaltensabsicht						Nutzenbeurteilung					
	KA 1		KA 2		KA 1/2		NB 1		NB 2		NB 1/2	
	gering	hoch	gering	hoch	gering	hoch	gering	hoch	gering	hoch	gering	hoch
	(39)	(79)	(39)	(79)	(39)	(79)	(39)	(79)	(39)	(79)	(39)	(79)
• Klassifikation	97.14%	96.10%	97.14%	96.00%	82.86%	90.67%	92.31%	63.41%	51.43%	49.33%	84.62%	42.50%
• Eigenwert	7.6648	2.9626	4.0972	5.0431	13.2493	5.2903	22.1826	4.7430	3.1191	1.0531	8.9678	4.2788
• Kanonische Korrelation	0.9405	0.8647	0.8966	0.9135	0.9643	0.9171	0.9782	0.9088	0.8702	0.7162	0.9485	0.9003
• Wilks' Lambda	0.1154	0.2524	0.1962	0.1655	0.0156	0.0972	0.0279	0.0486	0.0133	0.1846	0.0142	0.0190
• Signifikanz	0.0026	0.0000	0.0518	0.0000	0.0002	0.0000	0.4629	0.1696	0.6445	0.3560	0.2664	0.2877

Tab. A4-05 Ergebnisse der integrierten Diskriminanzanalysen für die Gruppen mit geringen und hohen Konstruktausprägungen im Überblick

Anhang A5

Fragebogen

FRAGEBOGEN

Studie Nr.: **1054**

Listen-Nr.   lfd. Nr.

**Institut für
Jugendforschung
Markt-und
Meinungsforschung
GmbH**

Guten Tag. Wir führen eine Befragung bei Autofahrern durch. Es wäre nett, wenn Sie daran teilnehmen würden.

1.   Sind Sie selbst Autofahrer(in)?

        Ja ----------------- ( )   Nein ------------- ( ) ➪ **NICHT BEFRAGEN!**

2.   **a)**   Haben Sie sich in den letzten zwölf Monaten einen Neuwagen gekauft bzw. haben Sie beim Neukauf in der Familie/des Partners **maßgeblich** mitentschieden?

        Nein ------------- ( )   Ja ----------------- ( ) ➪ **WEITER FRAGE 3**

    b)   Planen Sie in den nächsten 6 Monaten einen Neuwagen zu kaufen bzw. wird in Ihrer Familie/von Ihrem Partner in den nächsten 6 Monaten ein neuer Wagen gekauft und Sie entscheiden da **maßgeblich** mit?

        Ja ----------------- ( )   Nein ------------- ( ) ➪ **NICHT BEFRAGEN!**

INT.: LISTE A VORLEGEN

---

3.   Welches Auto fahren Sie zur Zeit?

        1. A1 -- ( )
        2. A2 -- ( )
        3. B1 -- ( )
        4. B2 -- ( )
        5. C --- ( )
        6. D --- ( )
        7. E-- ( )
        8. F -- ( )
        9. Andere Marken/Typen -------------------------------- ( ) ➪ **NICHT BEFRAGEN!**

INT.: BEI MARKEN 1 - 8 QUOTENPLAN BEACHTEN!

---

4.   Würden Sie mir dann noch bitte sagen, wie alt Sie sind?

        17 Jahre und jünger ------------------------------------ ( ) ➪ **NICHT BEFRAGEN!**
        18 - 29 Jahre -- ( )
        30 - 39 Jahre -- ( )
        40 - 49 Jahre -- ( )
        50 - 59 Jahre -- ( )
        60 Jahre und älter --------------------------------------- ( ) ➪ **NICHT BEFRAGEN!**

FRAGEBOGEN

Studie Nr.: 1054

Listen-Nr.   lfd. Nr.

**Institut für
Jugendforschung**
Markt-und
Meinungsforschung
GmbH

|F

	AUTOMARKE	TYP
INT.: EINTRAGEN ⇨		

Vielen Dank, daß Sie an dieser Befragung teilnehmen.

Es geht also um das Auto. Wir würden da gerne Ihre **eigene** Meinung und Einstellung zu verschiedenen Themen rund um's Auto hören. Sagen Sie also bitte zu allen Fragen so ausführlich wie möglich, was Sie persönlich dazu denken.

1. **a)** Beschäftigen Sie sich gerne mit Autos? Ist das ein interessantes Thema für Sie?

    b) Können Sie das noch ein bißchen genauer erklären, wie das bei Ihnen so ist, wie Ihr Interesse für Autos aussieht?

2. Was interessiert Sie besonders/wenn überhaupt bei Autos?

INT.: SKALA VORLEGEN!

---

3. Wenn Sie Ihr Interesse an Autos einmal mit dieser Skala ausdrücken, welches Kästchen würden Sie wählen? Das **kleine** Kästchen bedeutet **überhaupt kein** Interesse, das **große** Kästchen **sehr starkes** Interesse. Die Kästchen dazwischen dienen zur Abstufung. Welches Kästchen beschreibt Ihr Interesse am besten?

    Buchstabe:...............................

INT.: SKALA VORLEGEN!

---

4. Was würden Sie sagen: Wie gut kennen Sie sich denn mit Autos insgesamt so aus? Sagen Sie es mir bitte wieder anhand dieser Skala. Je größer das Kästchen, desto besser kennen Sie sich aus.

    Buchstabe:...............................

5. a) Machen Sie auch mal selbst was am Auto, also irgendwelche kleineren Reparaturen oder so?

         Ja --------------- ( )   Nein ------------- ( ) ⇨ **WEITER FRAGE 6**

b) Was machen Sie denn da alles selbst?

c) Und was haben Sie sonst noch alles selbst gemacht?

INT.: DIE NÄCHSTE FRAGE FÜLLT DER BEFRAGTE SELBST AUS!

---

6. Hier sind einige Aussagen zum Auto. Bitte kreuzen Sie ein, in welchem Maße sie für Sie zutreffen!

BITTE ANKREUZEN: **JE GRÖSSER DAS KÄSTCHEN, DESTO MEHR TRIFFT DIE AUSSAGE ZU**

	trifft gar nicht zu				trifft sehr zu

- Über neue Automobile bin

  ich gut informiert ----------------------------- ❏ ❏ ❏ ❏ ❏

- Die Pflege meines Autos

  ist für mich wichtig ------------------------ ❏ ❏ ❏ ❏ ❏

- Der Preis eines neuen Autos hat

  Einfluß auf meine Kaufentscheidung ---- ❏ ❏ ❏ ❏ ❏

- Ich versuche, mit meinem Auto

  meinen Lebensstil auszudrücken ---------- ❏ ❏ ❏ ❏ ❏

- Ich bin beim Auto an technischen

  Details interessiert ------------------------- ❏ ❏ ❏ ❏ ❏

BITTE ANKREUZEN: **JE GRÖSSER DAS KÄSTCHEN, DESTO HÄUFIGER TUN SIE FOLGENDES**

                                  nie   häufig

- Ich besuche Automobil-

  ausstellungen/Autoshows --------------------- ▫ ◻ ◻ ◻ ◻

- Ich lese Automobilzeit-

  schriften -------------------------------------- ▫ ◻ ◻ ◻ ◻

7.   Ein Auto besteht ja aus vielen Teilen, und alle sind irgendwie wichtig.

    a)   Welche Teile des Autos sind Ihnen denn **besonders** wichtig, weil Sie da **besondere Anforderungen** stellen?

    b)   Können Sie mir bitte zu jedem Teil noch sagen, warum es Ihnen so wichtig ist?

INT.: FÜR JEDES TEIL GETRENNT NOTIEREN!

8.   **a)**   Gibt es umgekehrt auch Teile, die Ihnen beim Auto nicht ganz so wichtig sind?

    b)   Bitte noch ein paar Stichworte, warum Ihnen diese Teile nicht ganz so wichtig sind.

9.   Lassen Sie uns jetzt einmal über den **Motor** sprechen.

    a)   Betrachten Sie den Motor eher als **Ganzes**, oder sehen Sie da bestimmte **Teile** des Motors im Vordergrund?

                     Motor als Ganzes --------------- ( ) ⇨ **WEITER FRAGE 10**

                     einzelne Teile -------------------- ( )

b) Und welche Teile sind das?

```
                        INT.: LISTE 1 VORLEGEN!
```

10. a) Auf dieser Liste sehen Sie nun eine ganze Reihe von einzelnen Teilen, aus denen der Motor besteht. Welche Teile sagen Ihnen da was? Nennen Sie mir bitte
die jeweilige Nummer.

```
              INT.: GENANNTE TEILE UNTER a) ANKREUZEN!
```

```
        INT.: SKALA VORLEGEN! NUR FÜR BEI a) GENANNTE TEILE!
```

b) Sagen Sie mir jetzt bitte noch anhand der Skala, wie wichtig Ihnen die einzelnen Teile auf der Liste, die Ihnen was sagen, sind. Das kleine Kästchen bedeutet **überhaupt nicht** wichtig, das große **sehr** wichtig.

```
              INT.: BUCHSTABEN UNTER b) EINTRAGEN!
```

		a) sagt mir was	b) Buchstabe
1.	Kurbelgehäuse	( )	....
2.	Ölwanne	( )	....
3.	Zylinder	( )	....
4.	Zylinderkopf	( )	....
5.	Zylinderkopfdeckel	( )	....
6.	Nockenwelle	( )	....
7.	Nockenwellenlager	( )	....
8.	Kurbelwelle	( )	....
9.	Kurbelwellenlager	( )	....
10.	Pleuelstange	( )	....
11.	Kolben	( )	....
12.	Kolbenringe	( )	....
13.	Zündkerzen	( )	....
14.	Ventile	( )	....
15.	Ventilsitzringe	( )	....
16.	Kühler	( )	....

11. Kommen wir jetzt noch zur **Karosserie**. Die besteht ja auch wieder aus vielen einzelnen Teilen.

a) Was erscheint Ihnen hier persönlich wichtiger: die Karosserie als **Ganzes** oder bestimmte einzelne **Teile**?

Karosserie als Ganzes -------- ( ) ⇨ **WEITER FRAGE 12**

einzelne Teile -------------------- ( )

b) Und welche Teile sind das?

INT.: LISTE 2 VORLEGEN!

---

12. a) Auf dieser Liste sehen Sie nun eine ganze Reihe von Teilen, aus denen die Karosserie besteht. Welche Teile sagen Ihnen da etwas? Nennen Sie bitte wieder die jeweilige Nummer.

INT.: GENANNTE TEILE UNTER a) EINKREUZEN!

INT.: SKALA VORLEGEN!

---

b) Sagen Sie mir hier bitte auch noch anhand der Skala, wie wichtig Ihnen die einzelnen Teile auf der Liste sind. Das kleine Kästchen bedeutet **überhaupt nicht** wichtig, das große **sehr** wichtig.

INT.: BUCHSTABEN UNTER b) EINTRAGEN!

	a) sagt mir was	b) Buchstabe
1. Radhaus	( )	....
2. Kotflügel	( )	....
3. Türen	( )	....
4. Türscharniere	( )	....
5. Aufprallträger	( )	....
6. Motorhaube	( )	....
7. Kofferraumdeckel/Hecktür	( )	....
8. Seitenteile	( )	....
9. Dach	( )	....
10. Dachrahmenverstärkung	( )	....

11. Rahmen / Chassis ------------------------------ ( ) -----------------------------............

12. Stoßfängerträger ------------------------------ ( ) -----------------------------............

13. Seitenaufprallschutz in den Türen -------- ( ) -----------------------------............

13. a) Bitte sagen Sie mir noch einmal genau, welches Auto Sie fahren

> **(INT.: BEI MEHREREN AUTOS: QUOTE BEACHTEN!
> ES GEHT NUR UM DIESES AUTO!)**

Marke: ....   Typ **(GANZ GENAU!)**: ....

b) Ist bei diesem .... **(AUTOMARKE D. BEFR. EINSETZEN)** eigentlich alles von .... **(WIEDER MARKE EINSETZEN)**, oder stammen Teile von anderen Firmen?

Teile von anderen   alles von einem Hersteller
Firmen --------------------- ( )   (= Automarke) ---------------------- ( )
                                    ⇨ **INT.: WEITER FRAGE 19**

weiß nicht/bin nicht
sicher --------------------- ( )

14. a) Wie wichtig ist für Sie persönlich überhaupt die Frage, **was**, d. h. also **welche Teile** Ihres Autos von .... **(MARKE D. BEFR. EINSETZEN)** ist?

b) Warum sehen Sie das so?

> **INT.: SKALA VORLEGEN!**

c) Drücken Sie es bitte auch mit einem Kästchen aus, wie wichtig Ihnen dieser Punkt ist. Das kleine Kästchen bedeutet **überhaupt nicht** wichtig, das große **sehr** wichtig.

Buchstabe: ....

15. Kommen wir nun jetzt wieder zum Auto **als Ganzes**.

a) Was meinen Sie, was ist bei Ihrem Auto mit Sicherheit alles von .... **(MARKE D. BEFR. EINSETZEN)**?

b) Was noch?

16. Was schätzen Sie: Wieviel Prozent **der Teile** Ihres .... **(MARKE D.**
BEFR. EINSETZEN) sind von .... **(MARKE D. BEFR. EINSETZEN)**
und wieviel Prozent von anderen Firmen?

> **INT.: BEIDE KÄSTEN ZUSAMMEN MÜSSEN 100% ERGEBEN!**

☐ % vom eigenen   und   ☐ % von anderen
     Hersteller   Firmen
     (= Automarke)

17. Und was an Ihrem .... **(MARKE D. BEFR. EINSETZEN)** ist
wahrscheinlich von anderen Herstellern? Und von wem da? Nennen Sie bitte
die wichtigsten Teile.

> **INT.: JEWEILS DEN (VERMUTETEN) HERSTELLER DAZU ERFRAGEN!**

Fremdgefertigtes Teil   Hersteller

(1) .... ⇨ ....

(2) .... ⇨ ....

(3) .... ⇨ ....

(4) .... ⇨ ....

(5) .... ⇨ ....

(6) .... ⇨ ....

(7) .... ⇨ ....

(8) .... ⇨ ....

18. **a)** Wie stehen Sie dazu, daß diese Teile an Ihrem Auto nicht von ....
.... **(MARKE D. BEFR. EINSETZEN)** selbst sind? Können Sie das einmal
möglichst ausführlich erläutern?

> **INT.: SEHR WICHTIG!**

b) Wie sehen und **empfinden** Sie das **noch?**

```
(INT.: NOCHMAL AUF TEILE HINWEISEN, DIE D. BEFR. BEI
        FRAGE 17 ALS FREMDGEFERTIGT GENANNT HAT!)
```

c) Was würden Sie insgesamt sagen: Halten Sie es eher für einen Vorteil, daß manches von anderen Firmen ist, oder eher für einen Nachteil?

eher Vorteil ------------------ (   )   eher Nachteil --------------------- (   )

andere Meinung, und zwar:

```
INT.: SKALA VORLEGEN
```

d) Sagen Sie mir das jetzt bitte auch noch mit der Skala. Das kleine Kästchen bedeutet **sehr von Nachteil**, das große **sehr von Vorteil.**

Buchstabe: ....

19. Bringen wir es einmal auf den Punkt:

Was muß bei einem .... **(MARKE D. BEFR. EINSETZEN)** alles von .... **(MARKE D. BEFR. EINSETZEN)** sein, damit es für Sie noch ein .... **(MARKE D. BEFR. EINSETZEN)** ist?

```
INT.: AUSFÜHRLICH ERKLÄREN LASSEN!
```

20. a) Gehen wir noch anders an die Sache heran:

Könnte ein .... **(MARKE D. BEFR. EINSETZEN)** auch **völlig fremd- ge- fertigt**, also ganz von anderen Firmen hergestellt sein und trotzdem ein .... **(MARKE D. BEFR. EINSETZEN)** sein?

Ja --------------- (   )   Nein ------------- (   )

b) Warum sehen Sie das so?

```
┌─────────────────────────────────────────────────────────────┐
│               INT.: AUSFÜHRLICH! WICHTIG!                    │
└─────────────────────────────────────────────────────────────┘
```

21. a) Was ist also für Sie das Zentrale, was ein Auto zu einem ....
(MARKE D. BEFR. EINSETZEN) macht?

b) Was erwarten Sie von .... **(MARKE D. BEFR. EINSETZEN)** da noch?

22. a) Hier noch einmal eine ganz konkrete Frage: Wenn der **Motor** Ihres Wagens nicht von .... **(MARKE D. BEFR. EINSETZEN)** ist, sondern von einem anderen Hersteller, bleibt das Auto für Sie dann trotzdem ein ....
.... **(MARKE D. BEFR. EINSETZEN)**, oder wie sehen Sie das?

      bleibt ein ....**(MARKE D. BEFR. EINSETZEN)** ------------------------ ( )

      ist dann kein ....**(MARKE D. BEFR. EINSETZEN)** mehr ----------- ( )

      kommt darauf an -- ( )

b) Warum sehen Sie das so?

```
┌─────────────────────────────────────────────────────────────┐
│                    INT.: WICHTIG!                            │
└─────────────────────────────────────────────────────────────┘
```

c) Würden Sie das Auto dann noch kaufen?

      Ja --------------- ( )   Nein ------------ ( )

23.   Was macht denn aus Ihrer Sicht aus einem Motor einen ....
          (MARKE D. BEFR. EINSETZEN) -Motor? Was muß bei dem von
          .... **(MARKE D. BEFR. EINSETZEN)** sein, damit man ihn noch als
          .... **(MARKE D. BEFR. EINSETZEN)** -Motor bezeichnen darf?

24. a) Wie ist es jetzt mit der **Karosserie**: Wenn die nicht von .... **(MARKE
          D. BEFR. EINSETZEN)** ist, sondern von einem anderen Hersteller, bleibt das
          Auto für Sie dann trotzdem ein .... **(MARKE D. BEFR. EINSETZEN)**,
          oder wie sehen Sie das?

      bleibt ein .... **(MARKE D. BEFR. EINSETZEN)** ---------------------- ( )

      ist dann kein .... **(MARKE D. BEFR. EINSETZEN)** mehr --------- ( )

      kommt darauf an --- ( )

  b)   Warum sehen Sie das so?

+---+
| **INT.: WICHTIG!** |
+---+

  c)   Würden Sie das Auto dann noch kaufen?

      Ja --------------- ( )   Nein ------------ ( )

25.   Und was macht aus Ihrer Sicht aus einer Karosserie eine ....
          (MARKE D. BEFR. EINSETZEN) -Karosserie? Was muß bei der Karosserie von
          .... **(MARKE D. BEFR. EINSETZEN)** sein, damit man sie noch als
          .... **(MARKE D. BEFR. EINSETZEN)** -Karosserie bezeichnen darf?

26. a) Jetzt noch eine dritte Möglichkeit: Wie wäre es, wenn **Fahrwerk und Chassis**
          Ihres Wagens nicht von .... **(MARKE D. BEFR. EINSETZEN)**
          ist, sondern von einem anderen Hersteller wären, bleibt das Auto für Sie dann
          trotzdem ein .... **(MARKE D. BEFR. EINSETZEN)**, oder wie se-
          hen Sie das?

      bleibt ein .... **(MARKE D. BEFR. EINSETZEN)** ---------------------- ( )

      ist dann kein .... **(MARKE D. BEFR. EINSETZEN)** mehr --------- ( )

      kommt darauf an --- ( )

b) Warum sehen Sie das so?

> ```
> INT.: WICHTIG!
> ```

27. Was muß denn aus Ihrer Sicht bei Fahrwerk und Chassis von ....
(MARKE D. BEFR. EINSETZEN) sein, damit man es noch als ....
(MARKE D. BEFR. EINSETZEN) -Fahrwerk und -Chassis bezeichnen darf?

28. Kommen wir wieder zurück zum **Auto insgesamt**.

a) Bei was ist es Ihnen denn sogar lieber, wenn das bei Ihrem Auto **nicht** von
.... **(MARKE D. BEFR. EINSETZEN)** ist? Und warum?

> ```
> INT.: AUSFÜHRLICHE BEGRÜNDUNG!
> ```

b) Bei was vielleicht noch?

29. a) Hat Sie dieses Thema »Fremdfertigung« bei Ihrem Auto **vor** diesem Interview
schon einmal bewußt beschäftigt?

Ja --------------- ( )   Nein ------------ ( ) ⇨ **WEITER FRAGE 30**

b) Inwiefern?

c) Haben Sie beim Auto**kauf** darauf geachtet, daß bestimmte Teile von anderen
Herstellern sind? Bei welchen und warum?

> **INT.: GENAU ERKLÄREN LASSEN!**

> **INT.: LISTE 3 VORLEGEN!**

30. Wieviel Prozent sollten bei den folgenden Bereichen jeweils von
.... **(MARKE D. BEFR. EINSETZEN)** sein, damit Sie Ihr Auto noch
als .... **(MARKE D. BEFR. EINSETZEN)** akzeptieren bzw.
erleben?

Lesen Sie es ruhig einmal ganz durch, und dann sprechen wir über jeden
Punkt.

> **INT.: a) - g) VORLESEN UND JEWEILS DIE AUTOMARKE D. BEFR. UND
> DIE PROZENTZAHL EINSETZEN!**

[ ] **(MARKE D. BEFR. EINSETZEN)** von .... **(MARKE
D. BEFR. EINSETZEN)** sein?

aa) Und welche Teile sollten das vor allem sein?

b) Die Entwicklung, das Gesamtkonzept, die »Idee« des Autos sollte zu wieviel %
[ ] von .... **(MARKE D. BEFR. EINSETZEN)** sein?

c) Die Entwicklung der Pläne für die einzelnen Baugruppen sollten zu wieviel %
[ ] von .... **(MARKE D. BEFR. EINSETZEN)** sein?

d) Die Montage sollte zu wieviel % [ ] von .... **(MARKE D.
BEFR. EINSETZEN)** sein?

e) Die Verantwortung für die Qualität des Materials und der Verarbeitung sollte zu
wieviel % [ ] bei .... **(MARKE D. BEFR. EINSETZEN)**
liegen?

f) Die Verantwortung für die Montagequalität und das Endprodukt sollte zu wieviel % [ ] bei .... **(MARKE D. BEFR. EINSETZEN)** liegen?

g) Die Garantie und Serviceleistungen sollten zu wieviel % [ ] bei
.... **(MARKE D. BEFR. EINSETZEN)** liegen?

> **INT.: LISTE 4 VORLEGEN!**

31. a) Auf dieser Liste stehen verschiedene Bereiche und Teile. Was davon, glauben
Sie, ist bei Ihrem Auto alles von .... **(MARKE D. BEFR. EIN-
SETZEN)** gefertigt? Nennen Sie bitte die jeweilige Nummer.

> **INT.: IM SCHEMA UNTER a) EINKREUZEN!**

b) Einmal unabhängig davon, wer das jeweilige Teil herstellt: Bei welchen Teilen
legen Sie Wert darauf, daß die Idee, also Entwicklung und Pläne, von
.... **(MARKE D. BEFR. EINSETZEN)** wären?

> **INT.: IM SCHEMA UNTER b) EINKREUZEN!**

		(a) Ist von meinem Hersteller gefertigt	(b) Idee ist von meinem Hersteller
1.	Sitze	( )	( )
2.	Lenkung	( )	( )
3.	Motor	( )	( )
4.	Vergaser	( )	( )
5.	Einspritzanlage	( )	( )
6.	Auspuff	( )	( )
7.	Scheinwerfer/Leuchten, Batterie, Lichtmaschine	( )	( )
8.	Elektronik	( )	( )
9.	Räder und Reifen	( )	( )
10.	Karosserie	( )	( )
11.	Getriebe	( )	( )
12.	Innenausstattung	( )	( )
13.	Sicherheitsgurte	( )	( )
14.	Fahrwerk /Chassis	( )	( )
15.	Bremsen	( )	( )
16.	Heizungs-/Klimaanlage	( )	( )
17.	Vorder- und Hinterachse	( )	( )
18.	Katalysator	( )	( )
19.	Airbag	( )	( )
20.	ABS	( )	( )
21.	Instrumente	( )	( )

```
INT.: LISTE 5 VORLEGEN!
```

32. a) Ist hier etwas dabei, wo es Sie stören würde, wenn die **Idee und Pläne** nicht von .... **(MARKE D. BEFR. EINSETZEN)** wären?

```
INT.: UNTER a) EINKREUZEN!
```

b) Und ist da auch etwas dabei, wo es Sie stören würde, wenn die **Fertigung** nicht von .... **(MARKE D. BEFR. EINSETZEN)** wäre?

```
INT.: UNTER b) EINKREUZEN!
```

mich würde stören, wenn ...

		a) Idee und Pläne nicht von meinem Hersteller	b) Fertigung nicht von meinem Hersteller
1.	Radhaus	( )	( )
2.	Kotflügel	( )	( )
3.	Türen	( )	( )
4.	Türscharniere	( )	( )
5.	Aufprallträger	( )	( )
6.	Motorhaube	( )	( )
7.	Kofferraumdeckel/Hecktür	( )	( )
8.	Seitenteile	( )	( )
9.	Dach	( )	( )
10.	Dachrahmenverstärkung	( )	( )
11.	Rahmen/Chassis	( )	( )
12.	Stoßfängerträger	( )	( )
13.	Seitenaufprallschutz in den Türen	( )	( )
14.	Die Formgebung, das Styling	( )	( )

33. a) In der Automobilindustrie gibt es ja sogenannte Zulieferfirmen, bei denen Autohersteller bestimmte Teile kaufen. Sind Ihnen da irgendwelche Namen von Zulieferfirmen bekannt?

b) Denken Sie noch an die Bereiche Beleuchtung, Elektronik, Sitze, Radio etc. Fallen Ihnen da noch weitere Zulieferer ein?

```
                INT.: LISTE 6 VORLEGEN!
```

34. a) Wir gehen jetzt die einzelnen Teile/Baugruppen noch einmal durch, und Sie sagen mir zu jedem, ob es Ihnen lieber wäre, daß dieses Teil in Ihrem Auto von .... **(MARKE D. BEFR. EINSETZEN)** oder von einem Zulieferer gefertigt wäre oder ob Ihnen das egal ist.

```
              INT.: ZU JEDEM TEIL EINKREUZEN
```

	Lieber von eigenem Hersteller/Marke	Lieber von Zulieferer	Ist egal
1. Sitze	( )	( )	( )
2. Lenkung	( )	( )	( )
3. Motor	( )	( )	( )
4. Vergaser	( )	( )	( )
5. Einspritzanlage	( )	( )	( )
6. Auspuff	( )	( )	( )
7. Scheinwerfer/Leuchten, Batterie, Lichtmaschine etc.	( )	( )	( )
8. Elektronik	( )	( )	( )
9. Räder und Reifen	( )	( )	( )
10. Karosserie	( )	( )	( )
11. Getriebe	( )	( )	( )
12. Innenausstattung	( )	( )	( )
13. Sicherheitsgurte	( )	( )	( )
14. Fahrwerk/Chassis	( )	( )	( )
15. Bremsen	( )	( )	( )
16. Heizungs-/Klimaanlage	( )	( )	( )
17. Vorder- und Hinterachse	( )	( )	( )
18. Katalysator	( )	( )	( )
19. Airbag	( )	( )	( )
20. ABS	( )	( )	( )
21. Instrumente	( )	( )	( )

```
                INT.: LISTE 6 LIEGEN LASSEN!
```

34. b) Jetzt noch einmal unabhängig davon, wer das jeweilige Teil herstellt: Bei welchen Teilen legen Sie Wert darauf, daß die Idee, also Entwicklung und Pläne, von .... **(MARKE D. BEFR. EINSETZEN)** wären?

INT.: IM SCHEMA ANKREUZEN

Idee soll von meinem
Hersteller sein

1. Sitze -- ( )
2. Lenkung -- ( )
3. Motor -- ( )
4. Vergaser -- ( )
5. Einspritzanlage -- ( )
6. Auspuff -- ( )
7. Scheinwerfer/Leuchten, Batterie, Lichtmaschine ------------------------ ( )
8. Elektronik --- ( )
9. Räder und Reifen --- ( )
10. Karosserie -- ( )
11. Getriebe -- ( )
12. Innenausstattung -- ( )
13. Sicherheitsgurte -- ( )
14. Fahrwerk/Chassis --- ( )
15. Bremsen --- ( )
16. Heizungs-/Klimaanlage -- ( )
17. Vorder- und Hinterachse -- ( )
18. Katalysator --- ( )
19. Airbag --- ( )
20. ABS -- ( )
21. Instrumente -- ( )

34 c)

INT.: WENN ZULIEFERER Z. T. BEVORZUGT: Warum?

INT.: LISTE 7 VORLEGEN!

---

35. Hier stehen verschiedene Zulieferfirmen.

a) Nennen Sie mir bitte diejenigen, die Ihnen vom Namen her etwas sagen. Welche Nummern sind das?

INT.: IM SCHEMA EINKREUZEN!

---

b) Und welchen Eindruck haben Sie von diesen Firmen?

INT.: ZU ALLEN BEKANNTEN HERSTELLERN ERFRAGEN!

		(a) sagt mir was	(b) Eindruck		
			a) gut	b) nicht gut	c) weiß nicht
1.	Bosch	( )	( )	( )	( )
2.	Karmann	( )	( )	( )	( )
3.	Hella	( )	( )	( )	( )
4.	Teves	( )	( )	( )	( )
5.	Thyssen	( )	( )	( )	( )
6.	VDO	( )	( )	( )	( )
7.	Krupp	( )	( )	( )	( )
8.	Continental	( )	( )	( )	( )
9.	Pierburg	( )	( )	( )	( )
10.	Siemens	( )	( )	( )	( )
11.	Peguform	( )	( )	( )	( )
12.	SWF	( )	( )	( )	( )
13.	Lucas	( )	( )	( )	( )
14.	Metzler	( )	( )	( )	( )
15.	Rockwell Golde	( )	( )	( )	( )
16.	ZFK Friedrichshafen	( )	( )	( )	( )
17.	Sekurit	( )	( )	( )	( )
18.	Westfalia	( )	( )	( )	( )
19.	Filterwerk Mann + Hummel	( )	( )	( )	( )
20.	INA Wälzlager	( )	( )	( )	( )
21.	Degussa	( )	( )	( )	( )
22.	Fichtel + Sachs	( )	( )	( )	( )
23.	FAG Kugelfischer	( )	( )	( )	( )
24.	Hoesch	( )	( )	( )	( )
25.	Kolbenschmidt	( )	( )	( )	( )
26.	Draftex	( )	( )	( )	( )
27.	Dynamit Nobel	( )	( )	( )	( )
28.	Phoenix	( )	( )	( )	( )
29.	Michelin	( )	( )	( )	( )
30.	Grundig	( )	( )	( )	( )

36. Wie sehen Sie das insgesamt/zusammenfassend:

a) Können bestimmte Zulieferspezialisten den Wert Ihres Autos für Sie persönlich anheben, oder ist Ihnen das egal, weil Sie Ihrer Marke insgesamt vertrauen?

hebt Wert an ( )   ist mir egal ----- ( ) ⇨ **WEITER FRAGE 37**

```
                          INT.: SKALA VORLEGEN!
```

b) Drücken Sie es bitte noch mit einem Kästchen aus, wie sehr Zulieferspezialisten den Wert Ihres Autos für Sie persönlich anheben. Das kleine Kästchen bedeutet **sehr schwach** anheben, das große **sehr stark**.

Buchstabe: ....

c) Sollte .... **(MARKE D. BEFR. EINSETZEN)** das dann auch mehr herausstellen, wenn Teile von Spezialisten sind?

Ja ---------------- ( )   Nein ------------- ( )

✍ Bei welchen Teilen besonders?

37. Ein Autohersteller kann ja nicht nur von Zulieferspezialisten hinzukaufen, sondern auch von **anderen Autofirmen.**

a) Wie stehen Sie persönlich denn grundsätzlich dazu, wenn bei Ihrem Auto etwas von einem anderen Autohersteller ist?

```
        INT.: AUSFÜHRLICH ERKLÄREN UND BEISPIELE NENNEN LASSEN!
```

```
                          INT.: SKALA VORLEGEN!
```

b) Wie sehr würde Sie das insgesamt stören? Gar nicht stören wäre das kleinste Kästchen, sehr stören das größte.

Buchstabe: ....

38. a) Mit welcher anderen Marke würden Sie Ihr Auto am ehesten vergleichen?

Ich fahre einen .... **(MARKE D. BEFR. EINSETZEN)**

und würde mein Auto am ehesten mit .... vergleichen.

**INT.: ES DARF NICHT EIN ANDERES MODELL DER <u>GLEICHEN</u> MARKE SEIN,
SONDERN EINE <u>ANDERE MARKE</u>!
ALSO BMW - MERCEDES, VW - OPEL ETC.**

INT.: LISTE 8 VORLEGEN

---

b) Um diese Vergleichsmarke geht es jetzt bei der folgenden Frage. Bei welchen dieser Teile auf der Liste würde es Sie bei Ihrem Auto **stören**, wenn Sie nicht von .... **(MARKE D. BEFR. EINSETZEN)** sondern von .... **(INT.: VERGLEICHSMARKE AUS a) EINTRAGEN!)** wären?

Würde mich stören, wenn ... von .... **(VERGLEICHS-MARKE EINTRAGEN)** wären

1. Sitze --- ( )
2. Lenkung --- ( )
3. Motor --- ( )
4. Vergaser -- ( )
5. Einspritzanlage --- ( )
6. Auspuff --- ( )
7. Scheinwerfer/Leuchten, Batterie, Lichtmaschine ------------------------- ( )
8. Elektronik -- ( )
9. Räder und Reifen -- ( )
10. Karosserie -- ( )
11. Getriebe -- ( )
12. Innenausstattung -- ( )
13. Sicherheitsgurte -- ( )
14. Fahrwerk/Chassis -- ( )
15. Bremsen --- ( )
16. Heizungs-/Klimaanlage --- ( )
17. Vorder- und Hinterachse --- ( )
18. Katalysator --- ( )
19. Airbag -- ( )
20. ABS --- ( )
21. Instrumente --- ( )

INT.: LISTE 8 LIEGENLASSEN!

---

39. a) Jetzt einmal andersherum gefragt: Bei welchen Teilen Ihres Auto würden Sie es **gestatten**, daß sie von einem anderen Autohersteller sind und welche Autohersteller oder -marken würden Sie für diese Teile jeweils zulassen?

Würde ich akzeptieren von ...   Hersteller / Marke

1. Sitze ---   ....
2. Lenkung --   ....
3. Motor ---   ....
4. Vergaser ---   ....
5. Einspritzanlage --   ....
6. Auspuff ---   ....
7. Scheinwerfer/Leuchten, Batterie, Lichtmaschine ---------   ....
8. Elektronik --   ....
9. Räder und Reifen ---   ....
10. Karosserie --   ....
11. Getriebe --   ....
12. Innenausstattung ---   ....
13. Sicherheitsgurte ---   ....
14. Fahrwerk/Chassis ---   ....
15. Bremsen ---   ....
16. Heizungs-/Klimaanlage ---   ....
17. Vorder- und Hinterachse --   ....
18. Katalysator ---   ....
19. Airbag ---   ....
20. ABS ---   ....
21. Instrumente --   ....

b) Welchen Zukauf empfänden Sie für .... **(INT.: MARKE D. BEFR. EINSETZEN)** sogar als **Vorteil**?

INT.: BEI 39.a) ZIFFER DES TEILS/BEREICHS EINKRINGELN!

---

40. a) Welche anderen Autofirmen würden Sie als Zulieferer für Ihr Auto ablehnen?

INT.: BEGRÜNDUNG!

---

b) Wäre es für Ihre Akzeptanz ausschlaggebend, ob es sich bei den anderen Autoherstellern, von denen etwas gekauft wird, um inländische oder ausländische Hersteller handelt?

c) Inwiefern?

INT.: AUF UNTERSCHIEDE EINGEHEN!

d) Und wie sehen Sie das bei den Zulieferfirmen, über die wir zuerst gesprochen haben? Ich meine jetzt also nicht die anderen Autohersteller, sondern Zuliefer-Firmen wie Bosch usw. Würden Sie da einen Unterschied in der Akzeptanz machen zwischen inländisch und ausländisch? Inwiefern?

41. Lassen Sie uns zum Schluß noch ein paar Kombinationen der Fremdfertigung durchspielen, und Sie sagen mir dazu jeweils, ob Sie das für Ihre Marke und Ihr Auto ablehnen, akzeptieren oder sogar gut finden würden.

INT.: LISTE 9 VORLEGEN!

INT.: WELCHE MARKE FÄHRT D: BEFR:?		
Marke A1	( ) ⇨	WEITER FRAGE 41a 1)
Marke A2	( ) ⇨	WEITER FRAGE 41b 1)
Marke B1	( ) ⇨	WEITER FRAGE 41c 1)
Marke B2	( ) ⇨	WEITER FRAGE 41d 1)
Marke C	( ) ⇨	WEITER FRAGE 41e 1)
Marke D	( ) ⇨	WEITER FRAGE 41f 1)
Marke E	( ) ⇨	WEITER FRAGE 41g 1)
Marke F	( ) ⇨	WEITER FRAGE 41h 1)

```
INT.: DIE BEISPIELE EINZELN VORLESEN!
```

                                                    a) lehne   b) akzeptiere c) fände ich
                                                       ich ab   ich   sogar gut

a1.) Auf dem Motor steht A1 er wird
aber von ... hergestellt. ----------------------------- ( )------------ ( )----------- ( )

a2.) A1 hat für den ... und ...
jeweils das gleiche Fahrgestellkonzept. ---------- ( )------------ ( )----------- ( )

a3.) A1 bezieht vom Zulieferer das gleiche
Getriebe, das auch ... und ...
von diesem Zulieferer beziehen. -------------------- ( )------------ ( )----------- ( )

a4.) A1 entwickelt einen neuen ... und
läßt ihn komplett in Polen bauen. ---------------- ( )------------ ( )----------- ( )

a5.) A1 läßt den neuen ... komplett
woanders konzipieren und bauen. --------------- ( )------------ ( )----------- ( )

a6.) In den ... und den ... wird
das gleiche Getriebe eingebaut. -------------------- ( )------------ ( )----------- ( )

a7.) ... konzipiert und fertigt den
Motor für den neuen .... ------------------------ ( )------------ ( )----------- ( )

a8.) A1 und ... entwickeln und fertigen
gemeinsam eine Großraumlimousine. ------------ ( )------------ ( )----------- ( )

```
INT.: DIE BEISPIELE EINZELN VORLESEN!
```

                                                    a) lehne   b) akzeptiere c) fände ich
                                                       ich ab   ich   sogar gut

41. b1.) Auf dem Motor steht A2, er ist
aber von ... hergestellt. ----------------------------- ( )------------ ( )----------- ( )

b2.) ... und ... haben die
gleiche Karosserie. ----------------------------------- ( )------------ ( )----------- ( )

b3.) A2 bezieht vom Zulieferer das gleiche
Getriebe, das auch ... und ...
von diesem Zulieferer beziehen. -------------------- ( )------------ ( )----------- ( )

b4.) A2 entwickelt einen neuen ...
und läßt ihn komplett in Polen bauen. ---------- ( )------------ ( )----------- ( )

b5.) A2 läßt den neuen ... komplett
woanders konzipieren und bauen. --------------- ( )------------ ( )----------- ( )

b6.) In den ... und den ... wird
das gleiche Getriebe eingebaut. -------------------- ( )------------ ( )----------- ( )

b7.) ... konzipiert und fertigt den
Motor für den neuen .... ------------------------ ( )------------ ( )----------- ( )

b8.) A2 und ... entwickeln und fertigen

gemeinsam eine Großraumlimousine. ------------ ( )------------ ( )----------- ( )

INT.: DIE BEISPIELE EINZELN VORLESEN!

	a) lehne ich ab	b) akzeptiere ich	c) fände ich sogar gut

41. c1.) Auf dem Motor steht B1, er ist
aber von ... hergestellt. ----------------------------- ( )------------ ( )------------ ( )

c2.) B1 baut in den ... und ...
jeweils das gleiche Fahrgestell. ---------------------- ( )------------ ( )------------ ( )

c3.) B1 bezieht vom Zulieferer das gleiche
Getriebe, das auch ... und ...
von diesem Zulieferer beziehen. -------------------- ( )------------ ( )------------ ( )

c4.) B1 entwickelt einen neuen ...
und läßt ihn komplett in Polen bauen. ----------- ( )------------ ( )------------ ( )

c5.) B1 läßt den neuen ... komplett
woanders konzipieren und bauen. ---------------- ( )------------ ( )------------ ( )

c6.) In den ... und den ... wird
das gleiche Getriebe eingebaut. ------------------- ( )------------ ( )------------ ( )

c7.) ... konzipiert und fertigt den
Motor für den neuen .... ------------------------------ ( )------------ ( )------------ ( )

c8.) ... und ... entwickeln und fertigen
gemeinsam eine Großraumlimousine. ----------- ( )------------ ( )------------ ( )

INT.: DIE BEISPIELE EINZELN VORLESEN!

	a) lehne ich ab	b) akzeptiere ich	c) fände ich sogar gut

41. d1.) Auf dem Motor steht B2, er ist
aber von ... hergestellt. ----------------------------- ( )------------ ( )------------ ( )

d2.) B2 baut in den ... und ...
jeweils das gleiche Fahrgestell. ---------------------- ( )------------ ( )------------ ( )

d3.) B2 bezieht vom Zulieferer das gleiche
Getriebe, das auch ... und ...
von diesem Zulieferer beziehen. -------------------- ( )------------ ( )------------ ( )

d4.) B2 entwickelt einen neuen ...
und läßt ihn komplett in Polen bauen. ----------- ( )------------ ( )------------ ( )

d5.) B2 läßt den neuen ... komplett
woanders konzipieren und bauen. ---------------- ( )------------ ( )------------ ( )

d6.) In den ... und den ... wird
das gleiche Getriebe eingebaut. ------------------- ( )------------ ( )------------ ( )

d7.) ... konzipiert und fertigt den
Motor für den neuen .... ------------------------------ ( )------------ ( )------------ ( )

d8.) ... und ... entwickeln und fertigen
gemeinsam eine Großraumlimousine. ----------- ( )------------ ( )------------ ( )

```
INT.: DIE BEISPIELE EINZELN VORLESEN!
```

a) lehne   b) akzeptiere   c) fände ich
ich ab   ich   sogar gut

41. e1.) Auf dem Motor steht C, er ist
aber von ... hergestellt. ------------------ ( )------------ ( )------------ ( )

e2.) C baut in den ... und den ...
jeweils das gleiche Fahrgestell. ------------------ ( )------------ ( )------------ ( )

e3.) C bezieht vom Zulieferer das gleiche
Getriebe, das auch ... und ...
von diesem Zulieferer beziehen. ------------------ ( )------------ ( )------------ ( )

e4.) C entwickelt einen neuen ... und
läßt ihn komplett in Polen bauen. ------------------ ( )------------ ( )------------ ( )

e5.) C läßt die neue ... komplett
woanders konzipieren und bauen. ------------------ ( )------------ ( )------------ ( )

e6.) In den ... und den ... wird das
gleiche Getriebe eingebaut. ------------------ ( )------------ ( )------------ ( )

e7.) ... konzipiert und fertigt den
Motor für die neue .... ------------------ ( )------------ ( )------------ ( )

e8.) C und ... entwickeln und fertigen
gemeinsam eine Großraumlimousine. ------------ ( )------------ ( )------------ ( )

```
INT.: DIE BEISPIELE EINZELN VORLESEN!
```

a) lehne   b) akzeptiere   c) fände ich
ich ab   ich   sogar gut

41. f1.) Auf dem Motor steht D,
er ist aber von ... hergestellt. ------------------ ( )------------ ( )------------ ( )

f2.) D baut in den ... und den ...
jeweils das gleiche Fahrgestell. ------------------ ( )------------ ( )------------ ( )

f3.) D bezieht vom Zulieferer das
gleiche Getriebe, das auch ... und
... von diesem Zulieferer beziehen. ------------ ( )------------ ( )------------ ( )

f4.) D entwickelt ein neues ...
und läßt es komplett in Polen bauen. ------------ ( )------------ ( )------------ ( )

f5.) D läßt die neue ... komplett
woanders konzipieren und bauen. ------------------ ( )------------ ( )------------ ( )

f6.) In die ... und die ...
wird das gleiche Getriebe eingebaut. ------------ ( )------------ ( )------------ ( )

f7.) ... konzipiert und fertigt den Motor
für die neue .... ------------------ ( )------------ ( )------------ ( )

f8.) D und ... entwickeln und fertigen
gemeinsam eine Großraumlimousine. ------------ ( )------------ ( )------------ ( )

┌──┐
│   **INT.: DIE BEISPIELE EINZELN VORLESEN!**   │
└──┘

                                    a) lehne   b) akzeptiere c) fände ich
                                       ich ab   ich   sogar gut

41. g1.) Auf dem Motor steht E, er ist
        aber von ... hergestellt. ---------------------- ( )----------- ( )---------- ( )

g2.) E baut in den ... und den
        ... jeweils das gleiche Fahrgestell. ------------- ( )----------- ( )---------- ( )

g3.) E bezieht vom Zulieferer das gleiche
        Getriebe, das auch ... und ...
        von diesem Zulieferer beziehen. ------------- ( )----------- ( )---------- ( )

g4.) E entwickelt einen neuen ... und
        läßt ihn komplett in Polen bauen. ----------- ( )----------- ( )---------- ( )

g5.) E läßt den neuen ... komplett
        woanders konzipieren und bauen. ----------- ( )----------- ( )---------- ( )

g6.) In den ... und den ... wird das
        gleiche Getriebe eingebaut. ---------------- ( )----------- ( )---------- ( )

g7.) ... konzipiert und fertigt den
        Motor für den neuen .... ------------------- ( )----------- ( )---------- ( )

g8.) E und ... entwickeln und fertigen
        gemeinsam eine Großraumlimousine. -------- ( )----------- ( )---------- ( )

┌──┐
│   **INT.: DIE BEISPIELE EINZELN VORLESEN!**   │
└──┘

                                    a) lehne   b) akzeptiere c) fände ich
                                       ich ab   ich   sogar gut

41. h1.) Auf dem Motor steht F, er ist
        aber von ... hergestellt. ---------------------- ( )----------- ( )---------- ( )

h2.) F baut in den ... und den ...
        jeweils das gleiche Fahrgestell. ------------- ( )----------- ( )---------- ( )

h3.) F bezieht vom Zulieferer das gleiche
        Getriebe, das auch ... und ...
        von diesem Zulieferer beziehen. ------------- ( )----------- ( )---------- ( )

h4.) F entwickelt einen neuen ... und
        läßt ihn komplett in Polen bauen. ----------- ( )----------- ( )---------- ( )

h5.) F läßt den neuen ... komplett
        woanders konzipieren und bauen. ----------- ( )----------- ( )---------- ( )

h6.) In den ... und den ... wird das
        gleiche Getriebe eingebaut. ---------------- ( )----------- ( )---------- ( )

h7.) ... konzipiert und fertigt den
        Motor für den neuen .... ------------------- ( )----------- ( )---------- ( )

h8.) F und ... entwickeln und fertigen
        gemeinsam eine Großraumlimousine. -------- ( )----------- ( )---------- ( )

42. a) Noch eine letzte Frage: Wie stehen Sie zu folgenden Möglichkeiten, fänden Sie
die jeweils gut oder nicht so gut?

INT.: DER REIHE NACH VORLESEN!

	gut	nicht so gut

a. Das Autoradio wird erst beim
Händler gekauft und eingebaut. --------------- ( ) ------------------------ ( )-**b)**

b. Das Schiebedach wird erst beim
Händler einmontiert. ---------------------------- ( ) ------------------------ ( )-**b)**

c. Die Klimaanlage kann beim Händler
nachgerüstet werden. ---------------------------- ( ) ------------------------ ( )-**b)**

d. Der Händler liefert die Reifen, man
sucht sie sich dort aus. --------------------------- ( ) ------------------------ ( )-**b)**

e. Der Händler bietet spezielle Lackie-
rungen selbst an. --------------------------------- ( ) ------------------------ ( )-**b)**

b) Warum nicht?

43. a) Es gibt ja den Begriff »Made in Germany«. Auf manchen Produkten steht es sogar drauf. Was bedeutet das, was ist aus Ihrer Sicht damit gemeint?

b) Wie ist das bei einem Auto? Legen Sie da Wert darauf, ist Ihnen das wichtig?

STATISTIK

1. Alter: .... Jahre

2. Geschlecht: männlich ------------- (   )   weiblich ------------ (   )

3. Beruf/Status: Schüler --- (   )
                      Student --- (   )
                      Auszubildender --- (   )
                      Berufstätig -- (   )
                      Hausfrau -- (   )

4. Schulabschluß / derzeitiger Ausbildungsstand:
                      Hauptschule -- (   )
                      Realschule --- (   )
                      Gymnasium, Fachoberschule ---------------------------- (   )
                      (Fach-)Hochschule/Universität ------------------------- (   )

5. Haushaltsgröße/Wohnsituation:
   VORLESEN!   Noch bei Eltern wohnend ---------------------------------- (   )
                      Allein lebend/Single-Haushalt --------------------------- (   )
                      Mit Ehepartner/Partner lebend **ohne** Kinder --------- (   )
                      Mit Ehepartner/Partner lebend **mit** Kindern ---------- (   )

6. Wieviele Personen in Ihrem Haushalt haben ein eigenes Einkommen?
                      Anzahl: ....

```
                        INT.: LISTE E VORLEGEN
```

---

7. Wenn Sie einmal alles zusammenrechnen: Wie hoch ist dann das ungefähre mo-
natliche Nettoeinkommen, das Sie im Haushalt haben nach Abzug der Steuern
und Sozialversicherung? Nennen Sie einfach den entsprechenden Buchstaben in
der folgenden Liste.

A   unter 500,-- DM -- ( )

B   500,--   bis unter 1.000,-- DM -- ( )

C   1.000,-- bis unter 1.500,-- DM -- ( )

D   1.500,-- bis unter 2.000,-- DM -- ( )

E   2.000,-- bis unter 2.500,-- DM -- ( )

F   2.500,-- bis unter 3.000,-- DM -- ( )

G   3.000,-- bis unter 3.500,-- DM -- ( )

H   3.500,-- bis unter 4.000,-- DM -- ( )

I   4.000,-- bis unter 5.000,-- DM -- ( )

K   5.000,-- DM und mehr --- ( )

8.   Welche Automarke wird z. Zt. gefahren?

Marke ....   Typ/Modell ....

9.   Seit wann den Führerschein?   .... Jahre Führerscheinbesitz

10. Wohnort: PLZ: ....   Ort: ....

Interviewer-Nr.: ....

Interviewer-Erklärung: Ich versichere, das Interview ordnungsgemäß und
gemäß der Quotierung durchgeführt zu haben.

....
Ort, Datum   Unterschrift des Interviewers

Literaturverzeichnis

AAKER, D.A. (1988): Strategic Market Management, 2. Aufl., New York, NY 1988.

AAKER, D.A. (1989): Managing Assets And Skill: The Key To A Sustainable Competitive Advantage, in: California Management Review, (32), Winter, 2-1989, S. 91-106.

Aaker, D.A.; Keller, K.L. (1990): Consumer Evaluations of Brand Extensions, in: Journal of Marketing, (54), January 1990, S. 27-41.

ADAM, D. (1983): Kurzlehrbuch Planung, 2. Aufl., Wiesbaden 1983.

ADAM, D. (1993): Produktionsmanagement, 7. Aufl., Wiesbaden 1993.

ADELMAN, M.A. (1955): Concept and Statistical Measurement of Vertical Integration, in: NATIONAL BUREAU OF ECONOMIC RESEARCH (Hrsg.), Business Concentration and Pricing Policy, Princeton, NJ 1955, S. 281-322.

ADLER, P.S.; MCDONALD, D.W.; MACDONALD, F. (1992): Strategic Management of Technical Functions, in: Sloan Management Review, (34), Winter 1992, S. 19-37.

AHLERT, D. (1985): Distributionspolitik, Stuttgart 1985.

AJZEN, I.; FISHBEIN, M. (1980): Understanding Attitudes and Predicting Social Behavior, Englewood Cliffs, NJ 1980.

AKERLOF, G.A. (1970): The Market for »Lemons«: Qualitative Uncertainty and the Market Mechanism, in: Quarterly Journal of Economics, (84), 1970, S. 488-500.

ALBA, J.W.; HUTCHINSON, J.W. (1987): Dimensions of Consumer Expertise, in: Journal of Consumer Research, (13), March 1987, S. 411-454.

ALBA, J.W.; HUTCHINSON, J.W.; LYNCH, JR., J.G. (1991): Memory and Decision Making, in: ROBERTSON, T.S.; KASSARJIAN, H.H. (Hrsg.), Handbook of Consumer Behavior, Englewood Cliffs, NJ 1991, S. 1-49.

ALCHAIN, A.A; DEMSETZ, H. (1972): Production, Information Cost and Economic Organization, in: American Economic Review, (62), 1972, S. 777-795.

ALLEN, B.T. (1971): Vertical Integration and Market Foreclosiure: The Case of Cement and Concrete, in: Journal of Law and Economics, (14), 1971, S. 251-274.

ALSHULER, A.; ANDERSON, M.; JONES, D. ROOS, D.; WOMACK, J. (1984): The Future of the Automobile. The Report of MIT's International Automobile Program, Cambridge, MA 1984.

AMIN, A.; SMITH, I. (1991): Vertical Integration or Disintegration? The Case of UK Car Parts Industry, in: LAW, C.M. (Hrsg.), Restructuring the Global Automotive Industry. National and Regional Impacts, London 1991, S. 169-199.

AMIT, R.; SCHOEMAKER, P.J.H. (1993): Strategic Assets and Organizational Rent, in: Strategic Management Journal, (14), January 1993, S. 33-46.

ANDERSON, E.M. (1985): The Salesperson as Outside Agent or Empoyee: A Transaction Cost Analysis, in: Marketing Science, (4), 3-1985, S. 234-254.

ANDERSON, E.M. (1988): Transaction Costs as Determinants of Opportunism in Integrated and Independent Sales Force, in: Journal of Economic Behavior and Organization, (9), 1988, S. 247-264.

ANDERSON, E.M.; COUGHLAN, A.T. (1987): International Market Entry and Expansion via Independent or Integrated Channels of Distribution, in: Journal of Marketing, (51), 1-1987, S. 71-82.

ANDERSON, E.M.; SCHMITTLEIN, D.C. (1984): Integration of the Sales Force: An Empirical Examination, in: Rand Journal of Economics, (15), 3-1984, S. 385-395.

ANDERSON, E.M.; WEITZ, B.A. (1986): Make-or-Buy Decisions: Vertical Integration and Marketing Productivity, in: Sloan Management Review, (27), Spring 1986, S. 3-19.

ANDERSON, P.F. (1982): Marketing, Strategic Planning, and the Theory of the Firm, in: Journal of Marketing, (44), Spring 1988, S. 15-26.

ANDRITZKY, K. (1976): Die Operationalisierbarkeit von Theorien zum Konsumentenverhalten, Berlin 1976.

ANDRITZKY, K.; MERKLE, E. (1976): Neuere Ansätze zur Messung des Werbeerfolgs unter besonderer Berücksichtigung verhaltenswissenschaftlicher Aspekte, in: Zeitschrift für Betriebswirtschaft, (46), 1976, S. 571-588.

ANSOFF, H.I. (1958): A Model of Diversification, in: Management Science, (4), 1958, S. 392-412.

ANSOFF, H.I. (1966): Management Strategie, München 1966.

ANTRECHT, R. (1994): Was Japan von Deutschland lernt, in: Capital, (33), 1-1994, S. 100-105.

ANTRECHT, R.; LUBER, T. (1993): The Big Dream, in: Capital, (32), 10-1993, S. 148-155.

ARMOUR, H.O.; TEECE, D.J. (1980): Vertical Integration and Technological Innovation, in: Review of Economics an Statistics, (62), 1980, S. 470-474.

ARROW, K. J. (1974): The Limits of Organization, New York, NY 1974.

ARTHUR ANDERSEN & CO, SC (1993): QCT Product Development Survey – Automotive Industry, o.O. 1993.

ASSAEL, H. (1984): Consumer Behavior and Marketing Action, 2. Aufl., Boston, MA 1984.

ASSOCIATION DES CONSTRUCTEURS EUROPÉENS D'AUTOMOBILES ACEA (Hrsg.) (1994): Automobile manufacturers collaborate in the name of recycling efficiency, in: The European Automakers, ACEA Newsletter, Nr. 13, May 1994, S. 14.

ASSOCIATION DES CONSTRUCTEURS EUROPÉENS D'AUTOMOBILES ACEA (Hrsg.) (1994): Cooperative Automotive Research and Development: The Route to Optimisation, in: The European Automakers, ACEA Newsletter, October 1994, Nr. 16, S. 1-5.

ASSOCIATION DES CONSTRUCTEURS EUROPÉENS D'AUTOMOBILES ACEA (Hrsg.) (1994): Manufacture-Supplier Relationships, in: The European Automakers, ACEA Newsletter, Nr. 13, May 1994, S. 1-4.

ASSOCIATION DES CONSTRUCTEURS EUROPÉENS D'AUTOMOBILES ACEA (Hrsg.) (1994): Recycling, in: The European Automakers, ACEA Newsletter, March 1994, Nr. 11, S. 1-10.

ATTESLANDER, P.; BENDER, C.; CROMM; J.; GRABOW, B.; ZIPP, G. (1991): Methoden der empirischen Sozialforschung, 6. Aufl., Berlin 1991.

AXELROD, J.N. (1968): Attitude Measures that Predict Purchase, in: Journal of Advertising Research, (8), 1-1968, S. 3-17.

BACKHAUS, K. (1992): Investitionsgütermarketing, 3. Aufl., München 1992.

BACKHAUS, K.; ECHTERHAGEN, K.; FECHNER, H.; FISCHER-WINKELMANN, W.F.; SIEDT, H.G. (1979): Die allgemeine Theorie der Kaufentscheidung – Konzeption und empirischer Test, Opladen 1979.

BACKHAUS, K.; ERICHSON, B.; PLINKE, W.; WEIBER, R. (1994): Multivariate Analysemethoden. Eine anwendungsorientierte Einführung, 7. Aufl., Berlin 1994.

BACKHAUS, K.; MEYER, M. (1990): Integrierte Marketing-Logistik, in: KLICHE, M. (Hrsg.), Investitionsgütermarketing. Positionsbestimmung und Perspektiven, Wiesbaden 1990, S. 241-268.

BACKHAUS, K.; PILTZ, K. (1990): Strategische Allianzen – eine neue Form kooperativen Wettbewerbs?, in: BACKHAUS, K.; PILTZ, K. (Hrsg.), Strategische Allianzen, Zeitschrift für betriebswirtschaftliche Forschung, (42), Sonderheft 27, 1990, S. 1-10.

BACKHAUS, K.; WEISS, P.A. (1989): Kompetenz, in: Harvard Manager, (11), 1989, S. 107-114.

BAGOZZI, R.P. (1982): A Field Investigation of Casual Relations among Cognitions, Affect, Intentions, and Behavior, in: Journal of Marketing Research, (19), 1982, S. 562-583.

BAGOZZI, R.P. (1991): The Role of Psychophysiology in Consumer Research, in: ROBERTSON, T.S.; KASSARJIAN, H.H. (Hrsg.), Handbook of Consumer Behavior, 4. Aufl., Englewood Cliffs, NJ 1991, S. 124-172.

BALAKRISHNAN, S.; WERNERFELT, B. (1986): Technical Change, Competition and Vertical Integration, in: Strategic Management Journal, (7), 1986, S. 347-359.

BALDERJAHN, I. (1993): Marktreaktionen von Konsumenten. Ein theoretisch-methodisches Konzept zur Analyse der Wirkung marketingpolitischer Instrumente, Berlin 1993.

BARNES, I.R. (1955): Comment, in: NATIONAL BUREAU OF ECONOMIC RESEARCH (Hrsg.), Business Concentration and Pricing Policy, Princeton, NJ 1955, S. 322-330.

BARNET, R.J.; CAVANAGH, J. (1994): Global Dreams – Imperial Corporations and the New World Order, New York, NY 1994.

BARNEY, J.B (1991): Firm Resources and Sustained Competitive Advantage, in: Journal of Management, (17), 1991, S. 99-120.

BATTEYRI, P.Y. (1988): The Concept of Impartition Policies: A Different Approach to Vertical Integration Strategies, in: Strategic Management Journal, (9), 1988, S. 507-520.

BAUER, R.A. (1976): Consumer Behavior as Risk Taking, in: SPECHT, K.-G.; WISWEDE, G. (Hrsg.), Marketingsoziologie. Soziale Interaktionen als Determinanten des Marktverhaltens, Berlin 1976, S. 207-217.

BAUR, C. (1990): Make-or-Buy-Entscheidungen in einem Unternehmen der Automobilindustrie. Empirische Analyse und Gestaltung der Fertigungstiefe aus transaktionskostentheoretischer Sicht, München 1990.

BEARDEN, W.O.; WOODSIDE, A.G. (1977): Testing Variations of FISHBEIN's Behavioral Intention Model within a Consumer Behavior Context, in: Journal of Applied Psychology, (62), 3-1977, S. 352-377.

BEATTIE, A.E. (1982): Effects of Product Knowledge on Comparison, Memory, Evaluation, and Choice: A Model of Expertise in Consumer Decision-Making, in: MITCHELL, A.A. (Hrsg.), Advances in Consumer Research, (IX), AnnArbor, MI 1982, S. 336-341.

BECKER, J. (1992): Markenartikel und Verbraucher, in: in: DICHTL, E.; EGGERS, W. (Hrsg.), Marke und Markenartikel als Instrumente des Wettbewerbs, München 1992, S. 97-127.

BECKER, J. (1992): Marketing-Konzeption, 4. Aufl., München 1992.

BEHRENS, G. (1982): Das Wahrnehmungsverhalten des Konsumenten, Frankfurt a.M. 1982.

BEHRENS, G. (1991): Konsumentenverhalten, 2. Aufl., Heidelberg 1991.

BENKENSTEIN, M. (1989): PIMS-Based Strategic Planning – Academic Experience, in: MEFFERT, H.; WAGNER, H.; (Hrsg.), PIMS as a Concept of Strategic Management, Dokumentation des Workshops vom 07. Juni 1989, Dokumentationspapier Nr. 54 der Wissenschaftlichen Gesellschaft für Marketing und Unternehmensführung e.V., Münster 1989, S. 46-50.

BENKENSTEIN, M. (1992): Die Reduktion der Fertigungstiefe als betriebswirtschaftliches Entscheidungsproblem. Ein Beitrag zur Planung vertikaler Unternehmensstrategien unter besonderer Berücksichtigung der Quasi-Integration. Unveröffentlichte Habilitationsschrift, Münster 1992.

BENKENSTEIN, M. (1994): Die Gestaltung der Fertigungstiefe als wettbewerbsstrategisches Entscheidungsproblem – eine Analyse aus transaktions- und produktionskostentheoretischer Sicht, in: Zeitschrift für betriebswirtschaftliche Forschung, (46), 6-1994, S. 483-498.

BENKENSTEIN, M.; HENKE, N. (1993): Der Grad vertikaler Integration als strategisches Entscheidungsproblem – Eine transaktionskostentheoretische Interpretation, in: Die Betriebswirtschaft, (53), 1-1993, S. 77-91.

BERGIUS, R. (1972): Psychologie des Lernens, 2. Aufl., Stuttgart 1972.

BERLYNE, D.E. (1963): Motivational Problems Raised by Exploratory and Epistemic Behavior, in: KOCH, S. (Hrsg.), Psychology: The Study of a Science, Bd. V, New York, NY 1963, S. 284-325.

BEST, M. (1990): The New Competition. Institutions of Industrial Restructuring, Cambridge, MA 1990.

BESTE, T. (1933): Die optimale Betriebsgröße als betriebswirtschaftliches Problem, Leipzig 1933.

BETTMAN, J.R. (1973): Percieved Risk and its Components, in: Journal of Marketing Research, (10), 1973, S. 184-198.

BETTMAN, J.R. (1979): An Information Processing Theory of Consumer Choice, Reading, MA 1979.

BJUGGREN, P.-O. (1987): A Transaction Cost Approach to Vertical Integration. The Case of the Swedish Pulp and Paper Industry, in: Skandinaviska Enskilda Banken Quarterly Review, (1), 1987, S. 23-31.

BLEICHER, K. (1980): Kompetenz, in: GROCHLA, E. (Hrsg.), Handwörterbuch der Organisation, 2. Aufl., Stuttgart 1980, Sp. 1056-1064.

BLEICKER, U. (1983): Produktbeurteilung der Konsumenten, Heidelberg 1983.

BLOCH, P.H. (1981): An Exploration into the Scaling of Consumers' Involvement with a Product Class, in: MONROE, K.B. (Hrsg.), Advances in Consumer Research, (VIII), 1981, AnnArbor, MI 1981, S. 61-65.

BÖCKER, F. (1986): Präferenzforschung als Mittel marktorientierter Unternehmensführung, in: Zeitschrift für betriebswirtschaftliche Forschung, (38), 1986, S. 543-575.

BOLZ, J. (1992): Wettbewerbsorientierte Standardisierung der internationalen Marktbearbeitung. Eine empirische Analyse in europäischen Schlüsselmärkten, Darmstadt 1992.

BONCZEK, F.; HEUSNER, H.-W.; THEUVSEN (1994): Der Strukturwandel im Unternehmensbereich Fahrzeugtechnik des MANNESMANN-Konzerns: Darstellung am Beispiel des Werks Karben der VDO Adolf Schindling AG, in: FRESE, E.; MALY, W. (Hrsg.), Organisationsstrategien zur Sicherung der Wettbewerbsfähigkeit – Lösungen deutscher Unternehmungen, Zeitschrift für betriebswirtschaftliche Forschung, (46), Sonderheft 33, 1994, S. 177-196.

BOONE, C.; VERBEKE, A. (1991): Strategic Management and Vertical Disintegration: A Transaction Cost Approach, in: THEPOT, J.; THIETART, R.-A. (Hrsg.), Microeconomic Contributions To Strategic Management, New York, NY 1991, S. 185-205.

BORCHERT, M.; GROSSEKETTLER, H. (1985): Preis- und Wettbewerbstheorie, Stuttgart 1985.

BOUDREAUX, D.J.; SHUGHART, W.F. (1989): The Effects of Monetary Instability on the Extent of Vertical Integration, in: Atlantic Economic Journal, (16), 1989, S. 1-10.

BOWMAN, E.H. (1978): Strategy, Annual Reports and Alchemy, in: California Management Review, (21), Spring 1978, S. 70-83.

BRINK, H.-J. (1983): Strategische Beschaffungsplanung, in: Zeitschrift für Betriebswirtschaft, (53) , 2-1983, S. 1090-1113.

BROSIUS, G. (1988): SPSS/PC+. Basics and Graphics. Einführung und praktische Beispiele, Hamburg 1988.

BROSIUS, G. (1989): SPSS/PC+. Advanced Statistics and Tables. Einführung und praktische Beispiele, Hamburg 1989.

BRÜCK, F. (1995): Make versus Buy: The Wrong Decisions Cost, in: McKinsey Quarterly, (41), 1-1995, S. 28-47.

BRUCKS, M. (1986): A Typology of Consumer Knowledge Content, in: LUTZ, R.J. (Hrsg.), Advances in Consumer Research, (XIII), Provo, UT 1986, S. 58-63.

BRUCKS, M.; MITCHELL, A.A. (1981): Knowledge Structures, Production Systems and Decision Strategies, in: MONROE, K.B. (Hrsg.), Advances in Consumer Research, (VIII), 1981, AnnArbor, MI 1981, S. 750-757.

BUCKLIN, L.P. (1963): Retail Strategy and the Classification of Consumer Goods, in: Journal of Marketing, (27), 1-1963, S. 50-55.

BÜHNER, R. (1985): Rendite- und Risikovorteile der Auslandsdiversifikation, in: Zeitschrift für betriebswirtschaftliche Forschung, (37), 1985, S. 1019-1029.

BÜHNER, R. (1985): Strategie und Organisation – neuere Entwicklungen, in: Zeitschrift für Organisation, (58), 1989, S. 223-232.

BURGESS, A.R. (1984): Vertical Integration in Petrochemicals: Part 3. An Analysis of ten Companies, in: Long Range Planning, (17), 1984, S. 54-58.

BUZZELL, R.D. (1983): Is Vertical Integration Profitable?, in: Harvard Business Review, (61), January-February 1983, S. 92-102.

BUZZELL, R.D.; CHUSSIL, M.J. (1985): Managing for Tomorrow, in: Sloan Management Review, (26), Spring 1985, S. 3-14.

BUZZELL, R.D.; GALE, B.D. (1987): The PIMS Principles. Linking Strategy to Performance, New York, NY 1987.

CAMERON, K.S.; FREEMAN, S.J.; MISHRA, A.K. (1993): Downsizing and Redesigning Organizations, in: HUBER, G.P.; GLICK, W.H. (Hrsg.), Organizational Change and Redesign. Ideas and Insights for Improving Performance, New York, NY 1993, S. 19-65.

CASSON, M.; BARRY, D.; HORNER, D. (1986): The Shipping Industry, in: CASSON, M. (Hrsg.), Multinationals and World Trade: Vertical Integration and the Division of Labour in World Industries, London 1986, S. 343-371.

CAVES, R.E.; BRADBURD, R.M. (1988): The Empirical Determinants of Vertical Integration, in: Journal of Economic Behavior and Organization, (9), 1988, S. 265-279.

CHATTERJEE, S. (1991): Gains in Vertical Acquisitions and Market Power: Theory and Evidence, in: Academy of Management Journal, (34), 1991, S. 436-448.

CHATTERJEE, S.; LUBATKIN, M.; SCHOENECKER, T. (1992): Vertical Strategies and Market Structure: A Systematic Risk Analysis, in: Organization Science,(3), 1-1992, S. 138-156.

CHESNAIS, F. (1988): Technical Co-operation Agreements Between Firms, in: OECD/ DIRECTORATE FOR SCIENCE, TECHNOLOGY AND INDUSTRY (Hrsg.), STI-Review, 4-1988, S. 51-115.

CHEUNG, S.N.S. (1969): Transaction Cost, Risk Aversion, and the Choice of Contractual Arrangements, in: Journal of Law and Economics, (12), 1969, S. 23-42.

CHEUNG, S.N.S. (1983): The Contractual Nature of the Firm, in: Journal of Law and Economics, (26), 1983, S. 1-21.

CHI, M.T.H. (1983): The Role of Knowledge on Problem Solving and Consumer Choice Behavior, in: BAGOZZI, R.; TYBOUT, A. (Hrsg.), Advances in Consumer Research, (X), AnnArbor, MI 1983, S. 569-571.

CHILD, J. (1987): Information Technology, Organization, and the Response to Strategic Challenges, in: California Management Review, (30), Fall 1987, S. 33-50.

CLARK, K.B.; FUJIMOTO, T. (1992): Automobilentwicklung mit System. Strategie, Organisation und Management in Europa, Japan und USA, Frankfurt a.M. 1992.

COASE, R.H. (1937): The Nature of the Firm, in: Economica, New Series, (4), S. 386-405.

COASE, R.H. (1988): The Firm, the Market, and the Law, Chicago, IL 1988.

COASE, R.H. (1988): The Firm, the Market, and the Law, in: COASE, R.H., The Firm, the Market, and the Law, Chicago, IL 1988, S. 1-31.

COASE, R.H. (1988), The Nature of the Firm, in: COASE, R.H.: The Firm, the Market, and the Law, Chicago, IL 1988, S. 33-55.

COASE, R.H. (1988): The Problem of Social Cost, in: COASE, R.H., The Firm, the Market, and the Law, Chicago, IL 1988, S. 95-156.

COENENBERG, A.G. (1967): Möglichkeiten des Wirtschaftlichkeitsvergleichs zwischen Eigenfertigung und Fremdbezug von Vorratsgütern, in: Zeitschrift für Betriebswirtschaft, (37), 1967, S. 268-284.

COENENBERG, A.G.; FISCHER, T.M. (1991): Prozeßkostenrechnung – Strategische Neuorientierung in der Kostenrechnung, in: Die Betriebswirtschaft, (51), 1-1991, S. 21-38.

COMMONS, J.R. (1931): Institutional Economics, in: American Economic Review, (21), 1931, S. 648-657.

COOPER, R.; KAPLAN, R.S. (1988): How Cost Accounting Distorts Product Costs, in: Management Accounting, (69), 4-1988, S. 20-27.

COOPER, R.; KAPLAN, R.S. (1988): Measure Costs Right: Make the Right Decisions, in: Harvard Business Review, (66), 5-1988, S. 96-103.

COPELAND, M.T. (1923): Relations of Consumers Buying Habits to Marketing Methods, in: HBR, (1), 2-1923, S. 282-289.

COX, D.F. (1967): Risk Taking and Information Handling in Consumer Behavior, in: COX, D.F. (Hrsg.), Risk Taking and Information Handling in Consumer Behavior, Boston, MA 1967, S. 604-639.

COX, D.F. (1968): Research on Percieved Risk and Information Handling in Consumer Behavior, in: SOMMERS, M.S.; KERNAN, J.B. (Hrsg.), Explorations in Consumer Behavior, Austin, TX 1968, S. 138-182.

CRANDALL, R. (1968): Vertical Integration and the Market for Repair Parts in the United States Automobile Industry, in: Journal of Industrial Economics, (16), 1968, S. 212-234.

CROCKER, T.D. (1971): Externalities, Property Rights, and Transaction Costs: An Empirical Study, in: Journal of Law and Economics, (14), October 1971, S. 451-464.

CULLITON, J.W. (1942): Make or Buy: A Consideration of the Problems Fundamental to a Decision Whether To Manufacture or Buy Materials, Accessory Equipment, Fabricating Parts, and Supplies, Research Paper, Harvard Business School, Boston MA 1942.

CUNNINGHAM, S.M. (1967), The Major Dimensions of Risk, in: COX, D.F. (Hrsg.), Risk Taking and Information Handling in Consumer Behavior, Boston, MA 1967; S.82-108.

D'AVENI, R.A.; ILINITCH, A.Y. (1992): Complex Patterns of Vertical Integration in the Forest Products Industry: Systematic and Bankruptcy Risks, in: Academy of Management Journal, (35), 3-1992, S. 596-625.

D'AVENI, R.A.; RAVENSCRAFT, D. (1994): Economics of Integration versus Bureaucracy Costs: Does Vertical Integration improve Performance?, in: Academy of Management Journal, (37), 3-1994, S. 1167-1206.

DAHLMANN, C.J. (1979): The Problem of Externality, in: Journal of Law and Economics, (22), 1-1979, S. 141-162.

DARBY, M.R.; KARNI, E. (1973): Free Competition and the optimal amount of fraud, in: Journal of Law and Economics, (16), 1973, S. 67-86.

DAUM, M.; PIEPEL, U. (1992): Lean Production – Philosophie und Realität, in: io Management Zeitschrift, (61), 1-1992, S.40-47.

DAVIDSON, W.H.; MCFERTRIDGE, D.G. (1984): International Technology Transactions and the Theory of the Firm, in: Journal of Industrial Economics, (32), 1984, S. 253-264.

DAVIES, S. (1987): Vertikal Integration, in: CLARK, R.; MCGUINESS, T. (Hrsg.), The Economics of the Firm, Oxford 1987, S. 83-104.

DAY, G.S. (1972): Evaluating Models of Attitude Structure, in: Journal of Marketing Research, (9), 1972, S. 279-286.

DAY, G.S. (1984): Strategic Market Planning: The Persuit of Competitive Advantage, St.Paul, MN 1984.

DAY, G.S. (1990): Market Driven Strategy. Processes for Creating Value, New York, NY 1990.

DAY, G.S. (1994): The Capabilities of Market-Driven Organizations, in: Journal of Marketing, (58), 4-1994, S. 37-52.

DAY, G.S.; FAHLEY, L. (1988): Valuing Market Strategies, in: Journal of Marketing, (52), 3-1988, S. 45-57.

DAY, G.S.; WENSLEY, R. (1988): Assessing Advantage: A Framework for Diagnosing Competitive Superiority, in: Journal of Marketing, (52), April 1988, S. 1-20.

DEIMEL, K. (1989): Grundlagen des Involvement und Anwendung im Marketing, in: Marketing ZFP, (11), 3-1989, S. 153-161.

DEMES, H. (1989): Die pyramidenförmige Struktur der japanischen Automobilindustrie und die Zusammenarbeit zwischen Endherstellern und Zulieferern, in: ALTMANN, N.; SAUER, D. (Hrsg.), Systematische Rationalisierung und Zulieferindustrie. Sozialwissenschaftliche Aspekte zwischenbetrieblicher Arbeitsteilung, Frankfurt a.M. 1989, S. 251-297.

DERNBACH, W. (1994): Zurück zu globaler Wettbewerbsfähigkeit, in: Absatzwirtschaft, (37), 9-1994, S. 50-54.

DESHPANDÉ, R.; FARLEY, J.U.; WEBSTER, F.E.JR. (1993): Corporate Culture, Customer Orientation, and Innovativeness in Japanese Firms: A Quadrad Analysis, in: Journal of Marketing, (57), 1-1993, S. 23-37.

DEUTSCHE GESELLSCHAFT FÜR MITTELSTANDSBERATUNG (1989): Automobilzulieferindustrie: Positionen. Perspektiven. Strategien, Frankfurt a.M. 1994.

DICHTL, E. (1989): Produktauslegung und Fertigungstiefe als Determinanten der Wertschöpfung, in: SPECHT, K.-G.; SILBERER, G.; ENGELHARD, W.H. (Hrsg.), Marketing-Schnittstellen, Stuttgart 1989, S. 87-102.

DICHTL, E. (1991): Dimensionen der Produktqualität, in: Marketing ZFP, (13), 3-1991, S. 149-155.

DICHTL, E. (1991): Orientierungspunkte für die Festlegung der Fertigungstiefe, in: Wirtschaftswissenschaftliches Studium, (20), Februar 1991, S. 54-59.

DICHTL, E. (1992): Grundidee, Funktionen und Varianten des Markenartikels, in: Wirtschaftswissenschaftliches Studium, (21), Juni 1992, S. 270-274.

DICHTL, E. (1993): Produktionstiefe, in: WITTMANN, W.; KERN, W.; KÖHLER, R.; KÜPPER, H.-U.; WYSOCKI, K.v. (Hrsg.), Handwörterbuch der Betriebswirtschaft, 5. Aufl., Bd. 2, Stuttgart 1993, Sp. 3520-3524.

DICHTL, E. (1993): Produktionstiefe, in: WITTMANN, W.; KERN, W.; KÖHLER, R.; KÜPPER, H.-U.; WYSOCKI, K.v. (Hrsg.), Handwörterbuch der Betriebswirtschaft, 5. Aufl., Bd. 2, Stuttgart 1993, Sp. 3520-3528.

DICHTL, E. (1994): Strategische Optionen im Marketing. Durch Kompetenz und Kundennähe zu Konkurrenzvorteilen, 3. Aufl., München 1994.

DILLER, H. (1975): Die Diskriminanzanalyse als Analyseinstrument des Marktforschers, in: Marktforscher, 6-1975, S. 123-132.

DIRRHEIMER, M.J. (1981): Vertikale Integration in der Mineralöl- und Chemischen Industrie, Meisenheim a.G. 1981.

DIRRHEIMER, M.J. (1983): Vertikale Integration, Transaktionskostenvorteile und Wettbewerbspolitik, in: Zeitschrift für Energiewirtschaft, (7), 2-1983, S. 148-156.

DRUCKER, P.F. (1993): Post-Capitalist Society, New York, NY 1993.

DWYER, F.R.; OH, S. (1988): A Transaction Cost Perspective on Vertical Contractual Structure and Interchannel Strategies, in: Journal of Marketing, (52), 2-1988, S. 21-34.

DYER, J.H. (1994): Dedicated Assests: Japan's Manufacturing Edge, in: Harvard Business Review, (72), November-December 1994, S. 174-178.

ECCLES, R.G. (1981): The Quasifirm in the Construction Industry, in: Journal of Economic Behavior and Organization, (2), 1981, S. 335-357.

ECKARD, E.W. (1979): A Note on the Empirical Measurement of Vertical Integration, in: Journal of Industrial Economics, (28), 1979, S. 105-107.

ECKHARD, J. (1994): Das wichtigste Werkzeug ist ein leeres Blatt Papier, in: Handelsblatt, Nr. 252, 30./31.12.1994, S. 40.

ECKHARDT, J. (1994): Die Illusion von Freiheit und Abenteuern auf Rädern, in: Handelsblatt, Nr. 112, 14.06.1994, S. 14

ENGEL, J.F.; BLACKWELL, R.D.; MINIARD, P.W. (1993): Consumer Behavior, 7. Aufl., Orlando, FL 1993.

ETGAR, M. (1978): Effects of Forward Vertical Integration on Service Performance of a Distributive Industry, in: Journal of Industrial Economics, (26), March 1978, S. 249-255.

EVERITT, B.S. (1977): The Analysis of Contingency Tables, London 1977.

EVERLING, W. (1967): Der Vergleich zwischen Eigenfertigungs- und Fremdbezugskosten, in: Zeitschrift für das gesamte Rechnungswesen, (13), 2-1967, S. 31-35.

FAMA, E.F.; JENSEN, M.C. (1983): Separation of Ownership and Control, in: Journal of Law and Economics, (26), June 1983, S. 301-325.

FARQUHAR, P.H.; HAN, J.Y.; HERR, P.M.; IJIRI, Y. (1992): Strategies for Leveraging Master Brands. How to bypass the risks of direct extensions, in: Marketing Research, (4), September 1992, S. 32-42.

FARQUHAR, P.H.; HERR, P.M.; FAZIO, R.H. (1990): A Relational Model for Category Extensions of Brands, in: Advances in Consumer Research, (17), 1990, S. 856-860.

FEIGENBAUM, A.V. (1991): Total Quality Control, 3. Aufl., New York, NY 1991.

FERBER, R. (1966): Anticipatients Statistics and Consumer Behavior, in: The American Statistician, (20), October 1966, S. 20-24.

FISCHER, M. (1992): Der Transaktionskostenansatz und vertikale Integration, Arbeitspapier Nr. 4 aus dem Forschungsprojekt »Marketing und ökonomische Theorie« des Lehrstuhl für Betriebswirtschaftslehre, insbesondere Marketing, Universität Frankfurt a.M., Frankfurt a.M. 1992.

FISCHER, M. (1993): Distributionsentscheidungen aus transaktionskostentheoretischer Sicht, in: Marketing ZFP, (15), 4-1993, S. 247-258.

FISCHER, M. (1993): Make-or-Buy-Entscheidungen im Marketing. Neue Institutionenlehre und Distributionspolitik, Wiesbaden 1993.

FISCHER, M. (1994): Großes Fressen, in: Wirtschaftswoche, (48), Nr. 40, 30.09. 1994, S. 58-65.

FISHBEIN, M. (1963): An Investigation of the Relationships between Beliefs about an Object and the Attitude toward that Object, in: Human Relations, (16), 1963, S. 233-239.

FISHBEIN, M.; AJZEN, I. (1975): Belief, Attitude, Intention, and Behavior, Reading, MA 1965.

FISHER GARDIAL, S.F.; ZINKHAN, G.M. (1986): Situational Determinants of Buyer Behavior: A Middle-Range Theory Incorporating Familiarity and Involvement, in: LUTZ, R.J. (Hrsg.), Advances in Consumer Research, (XIII), Provo, UT 1986, S. 224-228.

FLEISS, J.L. (1981): Statistical Methods for Rates and Proportions, 2. Aufl., New York, NY 1981.

FORD, I.D.; COTTON, B.; FARMER, D.; GROSS, A.; WILKINSON, I. (1993): Make-or-buy-Decisions and their Implications, in: Industrial Marketing Management, (22), 1993, S. 207-214.

FORD, I.D.; FARMER, D. (1986): Make or Buy – A Key Strategic Issue, in: Long Range Planning, (19), 5-1986, S. 54-62.

FOSS, N.J. (1993): Theories of the Firm: Contractual and Competence Perspectives, in: Evolutionary Economics, (3), 2-1993, S. 127-144.

FRANZ, K.-P. (1990): Die Prozeßkostenrechnung im Vergleich mit der Grenzplankostenrechnung, in: HORVÁTH, P. (Hrsg.), Strategieunterstützung durch das Controlling: Revolution im Rechnungswesen?, Stuttgart 1990, S. 195-210.

FRESE, E.; WERDER, A.V. (1994): Organisation als strategischer Wettbewerbsfaktor – Organisationstheoretische Analyse gegenwärtiger Umstrukturierungen, in: FRESE, E.; MALY, W. (Hrsg.), Organisationsstrategien zur Sicherung der Wettbewerbsfähigkeit – Lösungen deutscher Unternehmungen, Zeitschrift für betriebswirtschaftliche Forschung, (46), Sonderheft 33, 1994, S. 1-27.

FREY, D. (1979): Einstellungsforschung: Neuere Ergebnisse der Forschung über Einstellungsänderungen, in: Marketing ZFP, (1), 1-1979, S. 31-45.

FREY, D.; STAHLBERG, D.; GOLLWITZER, P.M. (1993): Einstellung und Verhalten: Die Theorie des überlegten Handelns und die Theorie des geplanten Verhaltens, in: FREY, D.; IRLE, M. (Hrsg.) (1993): Theorien der Sozialpsychologie, Bd. I: Kognitive Theorien, 2. Aufl., Bern 1993, S. 361-400.

FURBOTN, E.G.; PEJOVICH, S. (1972): Property Rights and Economic Theory: A Survey of Recent Literature, in: Journal of Economic Literature, (10), 4-1972, S. 1137-1162.

GAMBINO, J.A. (1980): The Make-or-Buy Decision, New York, NY 1980.

GARDNER, B.B.; LEVY, S.J. (1955): The Product and the Brand, in: Harvard Business Review, (33), 2-1955, S. 33-39.

GARDNER, D.M. (1971): Is there a Generalized Price-Quality Relationship?, in: Journal of Marketing Research, (8), May 1971, S. 241-243.

GARVIN, D.A. (1987): Competing on the Eight Dimensions of Quality, in: Harvard Business Review, (57), 1987, S. 173-184.

GATES, S. (1989): Semiconductor Firm Strategies and Technological Cooperation: A Percieved Transaction Cost Approach, in: Journal of Engineering and Technology Management, (6), 1989, S. 117-144.

GATIGNON, H.; ANDERSON, E. (1988): The Multinational Corporation's Degree of Control over Foreign Subsidiaries: An Empirical Test of a Transaction

Cost Explanation, in: Journal of Law, Economics, and Organization, (4), 1988, S. 305-336.

GEMÜNDEN, H.G. (1985): Wahrgenommenes Risiko und Informationsnachfragen – Eine systematische Bestandsaufnahme der empirischen Befunde, in: Marketing, ZFP (7), 1-1985, S. 27-38.

GERHARDT, T.; NIPPA, M.; PICOT, A. (1992): Die Optimierung der Leistungstiefe, in: Harvard Manager, (14), 3-1992, S. 136-142.

GHEMAWAT, P. (1985): Building Strategy on the Experience Curve, in: Harvard Business Review, (63), March-April 1985, S. 53-59.

GIERSCH, H. (1994): Die Industrie und das Beschäftigungssystem im weltweiten Strukturwandel, in: ALFRED HERRHAUSEN GESELLSCHAFT FÜR INTERNATIONALEN DIALOG (Hrsg.), Arbeit der Zukunft, Zukunft der Arbeit, 2. Jahreskolloquium, 17./ 18. Juni 1994, Frankfurt a.M. 1994, S. 151-173.

GILBERT, E.S. (1968): On Discrimination Using Qualitative Variables, in: Journal of the American Statistical Association, (63), 1968, S. 1399-1412.

GILBERT, X.; STREBEL, P.J. (1985): Outpacing Strategies, in: IMEDE – Perspectives for Managers, (9), No. 2, Sept. 1985, o.S.

GILBERT, X.; STREBEL, P.J. (1987): Strategies to Outpace Competition, in: Journal of Business Strategy, (8), February 1987, S. 28-36.

GLOBERMANN, S. (1980): Markets, Hierarchies, and Innovation, in: Journal of Economic Issues, (16), S. 978.

GLOBERMANN, S.; SCHWINDT, R. (1986): The Organization of Vertically Related Transactions in the Canadian Forest Products Industries, in: Journal of Economic Behavior and Organization, (7), 1986, S. 199-212.

GOLDBERG, V.P.; ERICKSON, J.R. (1983): Quantity and Price Adjustment in Long-Term Contracts: A Case Study of Petroleum Coke, in: Journal of Law and Economics, (39), October 1987, S. 369-398.

GROSSEKETTLER, H. (1985): Wettbewerbstheorie, in: BORCHERT, M.; GROSSEKETTLER, H., Preis- und Wettbewerbstheorie, Stuttgart 1985, S. 113-335.

GRÜHSEM, S. (1994): Bei Skoda montiert der Zulieferer direkt am Band, in: Handelsblatt, Nr. 178, 14.09. 1994, S. 23.

GRÜHSEM, S. (1994): Fair geht vor. Autozulieferer im Strukturwandel, in: Handelsblatt, Nr. 109, 09.06. 1994, S. 12.

GRÜHSEM, S. (1994): Folgen auf Kurzarbeit nun Sonderschichten?, in: Handelsblatt, Nr. 83, 29./30.04.1994, S. 25

GRÜHSEM, S. (1994): Markenvielfalt unter der Motorhaube, in: Handelsblatt, Nr. 169, 01.09. 1994, S. 13.

GRÜHSEM, S. (1994): Schockwirkung, in: Handelsblatt, Nr. 148, 03.08. 1994, S. 2

GRUNERT, K.G. (1983): Die Ermittlung entscheidungsrelevanter Produktmerkmale beim Automobilkauf, in: DICHTL, E.; RAFFÉE, H.; POTUCEK, V. (Hrsg.), Marktforschung im Automobilsektor, Frankfurt a.M. 1983, S. 38-58.

GRUNERT, K.G. (1988): Kognitive Strukturen in der Konsumforschung. Entwicklung und Erprobung eines Verfahrens zur offenen Erhebung assoziativer Netzwerke, Heidelberg 1988.

HAHN, D. (1991): Strategic Management – Tasks and Challenges in the 1990s, in: Long Range Planning, (24), 1-1991, S. 26-39.

HAJOS, A. (1973): Wahrnehmungspsychologie, Stuttgart 1973.

HÅKANSON, H. (1989): Corporate Technological Behavior, Co-operation, and Networks, New York, NY 1989.

HAMEL, G.; PRAHALAD, C.K. (1990): The Core Competence of the Corporation, in: Harvard Business Review, (68), 3-1990, S. 79-91.

HAMEL, G.; PRAHALAD, C.K. (1995): Die Zukunft gestalten – schon heute, in: Harvard Business Manager, (17), 1-1995, S. 36-42.

HAMER, E. (1988): Zuliefererdiskriminierung, Minden 1988.

HAMMER, M.; CHAMPY, J. (1993): Reengineering the Corporation. A Manifesto for Business Revolution, New York, NY 1993.

HANSER, P. (1993): Marketing-Outsourcing, in: Absatzwirtschaft, (36), 8-1993, S. 34-39.

HARMON, R.L. (1992): Reinventing the Factory II. Managing the World Class Factory, New York, NY 1992.

HARMON, R.L.; PETERSON, L.D. (1990): Reinventing the Factory. Productivity Breakthrougs in Manufacturing Today, New York, NY 1990.

HARRIGAN, K.R. (1983): A Framework for Looking at Vertical Integration, in: Journal of Business Strategy, (3), February 1983, S. 30-37.

HARRIGAN, K.R. (1983): Strategies for Vertical Integration, Lexington, MA, USA 1983.

HARRIGAN, K.R. (1985): Exit Barriers and Vertical Integration, in: Academy of Management Journal, (28), 3-1985, S. 686-697.

HARRIGAN, K.R. (1985): Strategies for Intrafirm Transactions and Outside Sourcing, in: Academy of Management Journal, (28), 4-1985, S. 914-925.

HARRIGAN, K.R. (1985): Vertical Integration and Corporate Strategy, in: Academy of Management Journal, (28), 2-1985, S. 397-425.

HARRIGAN, K.R. (1986): Matching Vertical Integration Strategies to Competitive Conditions, in: Strategic Management Journal, (7), 1986, S. 535-555.

HARRIGAN, K.R. (1986): Quick Change Strategies for Vertical Integration, in: Planning Review, (14), September 1986, S. 32-37.

HARRIGAN, K.R. (1988): Managing Maturing Businesses. Restructuring Declining Industries and Revitalizing Troubled Operations, Lexington, MA 1988.

HARTUNG, J. (1991): Statistik. Lehr- und Handbuch der angewandten Statistik, 8. Aufl., München 1991.

HARTUNG, J.; ELPERT, B. (1992): Multivariate Statistik, 4. Aufl., München 1992.

HÄTTY, H. (1989): Der Markentransfer, Heidelberg 1989.

HAYES, R.H.; ABERNATHY, W.J. (1980): Managing our Way to Economic Decline, in: Harvard Business Review, (58), April 1980, S. 67-77.

HAYES, R.H.; PISANO, G.P. (1994): Beyond World-Class: The New Manufacturing Strategy, in: Harvard Business Review, (72), January 1994, S. 77-86.

HAYES, R.H.; WHEELWRIGHT, S.C. (1984): Restoring our Competitive Edge. Competing through Manufacturing, New York, NY 1984.

HEIDE, J.B.; JOHN, G. (1988): The Role of Dependence Balancing in Safeguarding Transaction-Specific Assets in Conventional Channels, in: Journal of Marketing, (52), 1-1988, S. 20-35.

HEINEMANN, G. (1993): Imagetransfer als Diversifikationsstrategie unter reduziertem Risiko, in: Thexis, (10), 5/6-1993, S. 32-37.

HEINEN, E.; DIETEL, B. (1991): Kostenrechnung, in: HEINEN, E. (Hrsg.), Industriebetriebslehre. Entscheidungen im Industriebetrieb, 9. Aufl., Wiesbaden 1991, S. 1157-1313.

HENNART, J.-F. (1986): The Tin Industry, in: CASSON, M. (Hrsg.), Multinationals and World Trade: Vertical Integration and the Division of Labour in World Industries, London 1986, S. 225-273.

HENNART, J.-F. (1991): The Transaction Cost Theory of Joint Ventures: An Empirical Study of Japanese Subsidiaries in the United States, in: Management Science, (37), 4-1991, S. 483-497.

HENNART, J.-F. (1991): The Transaction Cost Theory of the Multinational Enterprise, in: PITELIS, C.N.; SUGDEN, R. (Hrsg.): The Nature of the Transnational Firm, London 1991, S. 81-116.

HENTZE, J.; KAMMEL, A. (1992): Lean Production: Erfolgsbausteine eines integrierten Management-Ansatzes, in: Das Wirtschaftsstudium, (21), 8/9-1992, S. 631-639.

HERZIG, H. (1993): Outsourcing – Chancen und Grenzen, in: GEYER, D.; BAUER, A. (Hrsg.), Lean Marketing, Landsberg a.L. 1993, S. 167-187.

HESS, W.; TSCHIRKY, H.; LANG, P. (Hrsg.) (1989): Make or Buy: Neue Dimensionen der strategischen Führung, Zürich 1989.

HILLEBRAND, W.; LINDEN, F.A. (1993): Die Jagd ist auf, in: Manager Magazin, (23), 12-1993, S. 129-142.

HINTERHUBER, H.H.; VOGEL, A.A. (1986): Die strategische Analyse der vertikalen Integration und der Diversifikation, in: Journal für Betriebswirtschaft, (36), 2-1986, S. 52-75.

HOFER, C.W.; SCHENDEL, D. (1978): Strategy Fromulation, St. Paul, MN 1978.

HOFFMANN, K.; LINDEN, F.A. (1995): Modellwechsel, in: MM, (25), 6-1995, S. 39-46.

HOLTON, R.H. (1958): The Distinction between Convenience Goods, Shopping Goods, and Specialty Goods, in: Journal of Marketing, (23), July 1958, S. 53-56.

HONOLD, G. (1989): Vorwärtsintegration. Konzeption und Bewertung marktorientierter Integrationsstrategien, München 1989.

HORWITCH, M.; THIETART, R.A. (1987): The Effect of Business Interdependencies on Product R&D-Intensive Business Performance, in: Management Science, (33), 2-1987, S. 178-197.

HOWARD, J.A.; SHETH, J.N. (1969): A Theory of Buyer Behavior in: KASSARJIAN, H.H.; ROBERTSON T.S. (Hrsg.), Perspectives in Consumer Behavior, 1. Aufl., Glenview, IL 1969, S. 467-487.

HOWARD, J.A.; SHETH, J.N. (1969): The Theory of Buyer Behavior, New York, NY 1969.

HÜBNER, T. (1987): Vertikale Integration in der Automobilindustrie – Anreizsysteme und wettbewerbspolitische Beurteilung, Berlin 1987.

HÜTTNER, M. (1989): Grundzüge der Marktforschung, 4. Aufl., Berlin 1989.

HULL, C.L. (1952): A Behavior System: An Introduction to Behavior Theory Concerning the Individual Organism, New Haven, CT 1952.

HUTCHINSON, J.W. (1983): Expertise and the Structure of Free Recall, in: BAGOZZI, R.; TYBOUT, A. (Hrsg.), Advances in Consumer Research, (X), AnnArbor, MI 1983, S. 585-589.

IHDE, G.B. (19889, Die relative Betriebstiefe als strategischer Erfolgsfaktor, in: Zeitschrift für Betriebswirtschaft, (58), 1-1988, S. 13-23.

IKB DEUTSCHE INDUSTRIEBANK AG (Hrsg.) (1994): Starke Ertragseinbrüche in der Automobilzulieferer-Industrie, IKB-Branchenbericht Dezember 1994, Düsseldorf 1994.

JACOBY, J. (1984): Perspectives on Information Overload, in: Journal of Consumer Research (10), 1984, S. 432-435.

JACOBY, J.; KAPLAN, L.B. (1972): The Components of Percieved Risk, in: VENEKATESAN, M. (Hrsg.), Porceedings of the 3rd Annual Conference of the Association for Consumer Research, Chicago, IL 1972, S. 382-393.

JACOBY, J.; SPELLER, D.E.; KOHN, C.A. (1974): Brand Choice Behavior as A Function of Information Load, in: Journal of Marketing Research, (11), 1974, S. 63-69.

JACOBY, J.; SZYBILLO, G.J.; BUSATO-SCHACH, J. (1977): Understanding Customer Expectations of Service, in: Journal of Consumer Research, (3), March 1977, S. 209-216.

JAIN, A.K.; SRINIVASAN, N. (1990): An Empirical Assessment of Multiple Operationalizations of Involvement, in: GOLDBERG, M.E.; GORN, G.; POLLAY, R.W. (Hrsg.), Advances in Consumer Research, (XVII), Provo, UT 1990, S. 594-602.

JARILLO, J.C. (1988): On Strategic Networks, in: Strategic Management Journal, (9), 1988, S. 31-41.

JARILLO, J.C.; MARTINEZ, J.I. (1988): Case Study: Benetton S.p.A., Case Study der Harvard Business School, Boston, MA 1988.

JAUCH, L.R.; WILSON, H.K. (1979): A Strategic Perspective for Make or Buy decisions, in: Long Range Planning, (11), 1979, S. 56-61.

JAWORSKI, B.; KOHLI, A. (1993): Market Orientation: Antecedents and Consequences, in: Journal of Marketing, (57), 3-1993, S. 53-70.

JECK-SCHLOTTMANN, G. (1987): Anzeigenbetrachtung bei geringem Involvement, in: Marketing ZFP, (10), 1987, S. 33-43.

JENSEN, M.; MECKLING, W. (1976): Theory of the firm: Managerial behavior, agency costs, and ownership structure, in: Journal of Financial Economics, (3), October 1976, S. 305-360.

JOHN, G. (1984): An Empirical Investigation of some Antecedents of Opportunism in a Marketing Channel, in: Journal of Marketing Research, (21), 1984, S. 278-289.

JOHN, G.; WEITZ, B.A. (1988): Forward Integration into Distribution: An Empirical Test of Transaction Cost Analysis, in: Journal of Law, Economics, and Organization, (4), 2-1988, S. 337-355.

JOHN, G.; WEITZ, B.A. (1989): Salesforce Compensation: An Empirical Investigation of Factors Related to use of Salary Versus Incentive Compensation, in: Journal of Marketing Research, (26), 1989, S. 1-14.

JOHNSON, E.J.; RUSSO, J.E. (1984): The Organization of Product Information in Memory Identified by Recall Times, in: HUNT, H.K. (Hrsg.), Advances in Consumer Research, (V), AnnArbor, MI 1978, S. 79-86.

JOHNSTON, H.T.; KAPLAN, R.S. (1987), Relevance Lost: The Rise and Fall of Management Accounting, Boston, MA 1987.

JOHNSTON, R.; LAWRENCE, P.R. (1989): Vertikale Integration II: Wertschöpfungs-Partnerschaften leisten mehr, in: Harvard Manager, (11), 1-1989, S. 81-88.

JOSKOW, P.L. (1985): Vertical Integration and Long-Term Contracts: The Case of Coal-Burning Electric Generating Plants, in: Journal of Law, Economics, and Organization, (1), 1-1985, S. 33-80.

JOSKOW, P.L. (1987): Contract Duration and Relationship-Specific Investments: An Empirical Evidence from Coal Markets, in: American Economic Review, (77), 1987, S. 95-117.

JURAN, J.M.; GRYNA, F.M. (Hrsg.) (1988): JURAN'S Quality Control Handbook, 4. Aufl., New York, NY 1988.

JUSTER, F.T. (1966): Consumer Buying Intensions and Purchase Behavior, in: Journal of the American Statistical Association, (61), September 1966, S. 658-696.

KAAS, K.P.; FISCHER, M. (1993): Der Transaktionskostenansatz, in: Das Wirtschaftsstudium, (22), 8/9-1993, S. 686-693.

KAMATH, R.R.; LIKER, J.K. (1994): A Second Look at Japanese Product Development, in: Harvard Business Review, (72), November-December 1994, S. 154-170.

KAMINSKE, G.F.; MALORNY, C. (1994): Nutzeffekte können nur vermutet werden, in: FAZ, Nr. 225, 27.09.1994, Verlagsbeilage: Qualität, S. B8.

KANWAR, R.; OLSON, J.C.; SIMS, L.S. (1981): Toward Conceptualizing and Measuring Cognitive Structures, in: MONROE, K.B. (Hrsg.), Advances in Consumer Research, (VIII), 1981, AnnArbor, MI 1981, S. 122-127.

KAPFERER, J.N. (1992): Strategic Brand Management – New Approaches to Creating and Evaluating Brand Equity, London 1992.

KAPFERER, J.N.; LAURENT, G. (1985): Consumer's Involvement Profile: New Empirical Results, in: in: HIRSCHMANN, E.C.; HOLBROOK, M.B. (Hrsg.), Advances in Consumer Research, (XII), Provo, UT 1985, S. 290-295.

KAPPICH, L. (1989): Theorie der internationalen Unternehmenstätigkeit, München 1989.

KASSARJIAN. H.H. (1981): Low Involvement: A second Look, in: MONROE, K.B. (Hrsg.), Advances in Consumer Research, (VIII), 1981, AnnArbor, MI 1981, S. 31-34.

KATONA, G. (1960): Das Verhalten der Verbraucher und Unternehmer, Tübingen 1960.

KATONA, G. (1962): Der Massenkonsum, Düsseldorf 1965.

KAUFMANN, L. (1995): Strategisches Sourcing, in: Zeitschrift für betriebswirtschaftliche Forschung, (47), 3-1995, S. 275-296.

KAULMANN, T. (1987): Property Rights und Unternehmenstheorie. Stand und Weiterentwicklung der empirischen Forschung, München 1987.

KEITZ, B.V. (1986): Wahrnehmung von Informationen, in: UNGER, F. (Hrsg.), Konsumentenpsychologie & Markenartikel, Heidelberg 1986, S. 102-148.

KENNEDY, P. (1993): In Vorbereitung auf das 21. Jahrhundert, Frankfurt a.M. 1993.

KILGER, W. (1969): Entscheidungskriterien zur Wahl zwischen Eigenerstellung und Fremdbezug, in: BUSSE V. COLBE, W. (Hrsg.), Das Rechnungswesen als Instrument der Unternehmensführung, Bielefeld 1969, S. 76-121.

KLEIN, B. (1980): Transaction Cost Determinants of »Unfair« Contractual Arrangements, in: American Economic Review, Papers and Proceedings, (70), 1980, S. 356-362.

KLEIN, B. (1991): Vertical Integration as Organizational Ownership: The FISHER BODY – GENERAL MOTORS Relationship, in: WILLIAMSON, O.E.; WINTER, S.G. (Hrsg.), The Nature of the Firm. Origins, Evolution, and Development, New York, NY 1991, S. 213-226.

KLEIN, B.; CRAWFORD, R.G.; ALCHAIN, A.A. (1978): Vertical Integration, Appropriable Quasi-Rents, and the Competitive Contracting Process, in: Journal of Law and Economics, (21), 1978, S. 297-326.

KLEIN, S. (1989): A Transaction Cost Explanation of Vertical Control in International Markets, in: Journal of the Academy of Marketing Science, (17), 1989, S. 253-260.

KLEIN, S.; FRAZIER, G.L.; ROTH, V.J. (1990): A Transaction Cost Analysis Model of Channel Integration in International Markets, in: Journal of Marketing Research, (27), May 1990, S. 196-208.

KLEINALTENKAMP, M. (1987): Die Dynamisierung strategischer Marketing-Konzepte – Eine kritische Würdigung des »Outpacing Strategies«-Ansatzes von GILBERT und STREBEL, in: Zeitschrift für betriebswirtschaftliche Forschung, (39), 1987, S. 31-52.

KLIGGE, C.G. (1992): Strategische Beschaffung und Rückwärtsintegration. Konzeptionelle Grundlagen und ihre praktische Anwendung an einem Beispiel der Kleinserienfertigung, Frankfurt a.M. 1992.

KORDUPLESKI, R.E.; RUST, R.T.; ZAHORICK, A.J. (1993): Why Improving Quality Doesn't Improve Quality or Whatever Happened to Marketing?, in: California Management Review, (36), Spring 1993, S. 82-95.

KOTLER, P. (1971): Marketing Decision Making. A Model Building Approach, New York, NY 1971.

KOTLER, P. (1991): Marketing Management. Analysis, Planning, Implementation, and Control, 7. Aufl., Englewood Cliffs, NJ 1991.

KRAFCIK, J.F. (1988): Triumph of the Lean Production System, in: Sloan Management Review, (30), Fall 1988, S. 41-52.

KREIKEN, J. (1980): Effective Vertical Integration and Disintegration Strategies, in: GLUECK, W.F. (Hrsg.), Business Policy and Strategic Management, 3. Aufl., New York, NY 1980, S. 256-263.

KREILKAMP, E. (1987): Strategisches Management und Marketing, Berlin 1987.

KREMEYER, H. (1982): Eigenfertigung und Fremdbezug unter Finanzwirtschaftlichen Aspekten, Wiesbaden 1982.

KROEBER-RIEL, W. (1984) Zentrale Probleme auf gesättigten Märkten, in: Marketing ZFP, (7), März 1984, S. 210-214.

KROEBER-RIEL, W. (1986): Die inneren Bilder des Konsumenten, in: Marketing ZFP, (8), 1986, S. 81-96.

KROEBER-RIEL, W. (1988): Strategie und Technik der Werbung, Stuttgart 1988.

KROEBER-RIEL, W. (1990): Konsumentenverhalten, 4. Aufl., München 1990.

KROEBER-RIEL, W.; TROMMSDORFF, V (1973): Markentreue beim Kauf von Konsumgütern – Ergebnisse einer empirischen Untersuchung, in: KROEBER-RIEL, W. (Hrsg.), Konsumentenverhalten und Marketing, Opladen 1973, S. 57-82.

KRUGMAN, H.E. (1965): The Impact of Television Advertising: Learning without Involvement, in: Public Opinion Quarterly, (29), 1965, S. 349-356.

KRUGMAN, H.E. (1970): The Measurement of Advertising Involvement, in: BRITT, S.H. (Hrsg.), Psychological Experiments in Consumer Behavior, New York, NY 1970, S. 337-352.

KRUGMAN, H.E. (1977): Memory without Recall, Exposure without Perception, in: Journal of Advertising Research, (17), 4-1977, S. 7-12.

KRUSCHWITZ, L. (1971): Eigenfertigung oder Beschaffung? Eigenverwendung oder Absatz? Zweckmäßige Optimierungsmethoden für industrielle Entscheidungsalternativen, Berlin 1971.

KÜPPER, H.-U. (1985): Investitionstheoretische Fundierung der Kostenrechnung, in: Zeitschrift für betriebswirtschaftliche Forschung, (37), 1-1985, S. 26-46.

KUPSCH, P.; HUFSCHMIED, P. (1979): Wahrgenommenes Risiko und Komplexität der Beurteilungssituation als Determinante der Qualitätsbeurteilung, in: MEFFERT, H.; STEFFENHAGEN, H.; FRETER, H. (Hrsg.), Konsumentenverhalten und Information, Wiesbaden 1979, S. 225-257.

KUPSCH, P.; HUFSCHMIED, P.; MATHES, H.D.; SCHÖLER, K. (1978): Die Struktur von Qualitätsurteilen und das Informationsverhalten von Konsumenten beim Kauf langlebiger Gebrauchsgüter, Forschungsberichte des Landes Nordrhein-Westfalen, Nr. 2777/ Fachgruppe Wirtschafts- und Gesellschaftswissenschaften, Opladen 1978.

KUPSCH, P.; MATHES, H.D. (1977): Determinanten der Qualitätsbeurteilung beim Kauf langlebiger Gebrauchsgüter, in: Jahrbuch der Absatz- und Verbrauchsforschung, (23), 3-1977, S. 233-265.

KUSS; A. (1987): Information und Kaufentscheidung: Methoden und Ergebnisse empirischer Konsumentenforschung, Berlin 1987.

LABERENZ, H. (1988): Die prognostische Relevanz multiattributiver Einstellungsmodelle für das Konsumenten-Verhalten, Hamburg 1988.

LAFFER, A.B. (1969): Vertical Integration by Corporations, 1929-1965, in: Review of Economics and Statistics, (51), 1969, S. 91-93

LAMMING, R.C. (1994): Die Zukunft der Zulieferindustrie. Strategien der Zusammenarbeit: Lean Supply als Überlebenskonzept, Frankfurt a.M. 1994.

LASTOVICKA, J.W. (1979): Questioning the Concept of Involvement Defined Product Classes, in: WILKIE, W.L. (Hrsg.), Advances in Consumer Research, (VI), AnnArbor, MI 1979, S. 174-179.

LASTOVICKA, J.W.; GARDNER, D.M. (1978): Low Involvement versus High Involvement Cognitive Structures, in: HUNT, H.K. (Hrsg.), Advances in Consumer Research, (V), AnnArbor, MI 1978, S. 87-92.

LASTOVICKA, J.W.; GARDNER, D.M. (1979): Components of Involvement, in: MALONEY, J.C.; SILVERMAN, B. (Hrsg.), Attitude Research plays for High Stakes, Chicago, IL 1979; S. 53-73.

LAUX, H. (1988): Optimale Prämienfunktionen bei Informationsasymmetrie, in: Zeitschrift für Betriebswirtschaft, (58), 1988, S. 588-611.

LAVIDGE, R.J.; STEINER, G.A. (1961): A Model for Predictive Measurements of Advertising Effectiveness, in: Journal of Marketing, (25), 1961, S. 59-62.

LEHMANN, D.R. (1979): Searching for Important Attributes and Appropriate Levels, in: WILKIE, W.L. (Hrsg.), Advances in Consumer Research, (VI), AnnArbor, MI 1979, S. 280-283.

LEVIN, R.C. (1981): Vertical Integration and Profitability in the Oil Industry, in: Journal of Economic Behavior and Organization, (2), 1981, S. 215-235.

LEVY, D.T. (1985): The Transaction Cost Approach to Vertical Integration: An Empirical Examination, in: The Review of Economics and Statistics, (65), 1985, S. 438-445.

LINDSAY, D.B.; NORMAN, D.A. (1977): Human Information Processing. An Introduction to Psychology, 2. Aufl., New York, NY 1977.

LOKEN, B.; JOHN, D.R. (1993): Diluiting Brand Beliefs: When Do Brand Extensions Have a Negative Impact?, in: Journal of Marketing, (57), 7-1993, S. 71-84.

LOUDON, D.L.; DELLA BRITTA, A.J. (1993): Consumer Behavior. Concepts and Applications, 4. Aufl., New York, NY 1993.

LUBATKIN, M. (1987): Merger Strategies and Stockholder Value, in: Strategic Management Journal, (8), 1987, S. 39-53.

LUBATKIN, M.; ROGERS, R.C. (1989): Diversification, Systematic Risk, and Shareholder Return: A Capital Market Extension of RUMMELT's 1974 Study, in: Academy of Management Journal, (32), 1989, S. 454-465.

LUHMANN, N. (1989): Vertrauen. Ein Mechanismus der Reduktion sozialer Komplexität, 3. Aufl., Stuttgart 1989.

LÜRSSEN, J. (1988): Produktwissen und Kaufentscheidung: Einbeziehung des Produktwissens bei der Analyse von Kaufentscheidungen mit der Information-Display-Matrix, Frankfurt a.M. 1988.

LUTZ, R.J. (1977): An Experimental Investigation of Casual Relations among Cognitions, Affect, and Behavioral Intention, in: Journal of Consumer Research, (4), 1977, S. 197-208.

LUTZ, R.J. (1991): The Role of Attitude Theory in Marketing, in: KASSARJIAN, H.H.; ROBERTSON, T.S. (Hrsg.), Perspectives in Consumer Behavior, 4. Aufl., Englewood Cliffs, NJ 1991, S. 317-339.

MAC DONALD, J.M. (1985): Market Exchange of Vertical Integration: An Empirical Analysis, in: Review of Economics and Statistics, (67), 2-1985, S. 327-331.

MACHARZINA, K. (1993): Unternehmensführung. Das internationale Managementwissen. Konzepte – Methoden – Praxis, Wiesbaden 1993.

MACKENZIE, S.B.; LUTZ, R.J.; BELCH, G.E. (1986): The Role of Attitude toward the Ad as a Mediator of Advertising Effectiveness: A Test of Competing Explanations, in: Journal of Marketing Research, (23), May 1986, S. 130-143.

MACMILLAN, I.C.; HAMBRICK, D.C.; PENNINGS, J.M. (1986): Uncertainty and the Threat of Supplier Retaliation: Two Views of the Backward Integration Decision, in: Organization Studies, (6), 1986, S. 263-278.

MACNEIL, I.R. (1988): Contract Remedies. A Need for Better Efficiency Analysis, in: Journal of Institutional and Theoretical Economics/Zeitschrift für die gesamte Staatswissenschaft, (144), 1988, S. 6-30.

MADDIGAN, R.J. (1981): The Measurement of Vertical Integration, in: Review of Economics and Statistics, (63), 1981, S. 328-335.

MAHONEY, J.T.; PANDIAN, J.R. (1992): The Resource-Based View Within the Conversation of Strategic Management, in: Strategic Management Journal, (13), June 1992, S. 363-375.

MALONEY, G.J. (1992): The Choice of Organizational Form, in: Strategic Management Journal, (13), 1992, S. 559-584.

MÄNNEL, W. (1969): Grundprobleme der Wahl zwischen Eigenfertigung und Fremdbezug im Industriebetrieb, in: Betriebswirtschaftliche Forschung und Praxis, (21), 1969, S. 76-97.

MÄNNEL, W. (1971): Grundfragen des Kostenvergleichs zwischen Eigenfertigung und Fremdbezug, Teil I, in: Kostenrechnungspraxis, 4-1971, S. 147-154.

MÄNNEL, W. (1973): Die wirtschaftliche Bedeutung qualitativer Unterschiede zwischen Eigenfertigung und Fremdbezug, in: MÄNNEL, W. (Hrsg.), Entscheidungen zwischen Eigenfertigung und Fremdbezug in der Praxis, Berlin 1973, S. 63-103.

MÄNNEL, W. (1976): Beachtung der Qualität bei Entscheidungen zwischen Eigenfertigung und Fremdbezug, in: Die Betriebswirtschaft, (29), 1976, S. 1074-1077.

MÄNNEL, W. (1980): Produktions- und absatzwirtschaftliche Konsequenzen Qualitätspolitischer Entscheidungen im Rahmen der Beschaffung, in: Zeitschrift für betriebswirtschaftliche Forschung, (32), 1980, S. 1110-1129.

MÄNNEL, W. (1981): Die Wahl zwischen Eigenfertigung und Fremdbezug. Theoretische Grundlagen – Praktische Fälle, 2. Aufl., Stuttgart 1981.

MÄNNEL, W. (1983): Wenn sie zwischen Eigenfertigung und Fremdbezug entscheiden müssen ..., in: io Management Zeitschrift, (52), 1983, S. 301-307.

MÄNNEL, W. (1990): Entscheidungsorientierte Kostenvergleichsrechnngen für den kurzfristigen Übergang von der Eigenfertigung zum Fremdbezug, in: Kostenrechnungspraxis, 3-1990, S. 187-190.

MARKS, L.J.; OLSON, J.C. (1981): Toward a Cognitive Structure Conceptualization of Product Familiarity, in: MONROE, K.B. (Hrsg.), Advances in Consumer Research, (VIII), AnnArbor, MI 1981, S. 145-151.

MARKS, L.J.; OLSON, J.C. (1981): Toward a Cognitive Structure Conceptualization of Product Familiarity, in: MONROE, K.B. (Hrsg.), Advances in Consumer Research, (VIII), AnnArbor, MI 1981, S. 145-150.

MASTEN, S.E. (1984): The Organization of Production: Evidence from the Aerospace Industry, in: Journal of Law and Economics, (27), October 1984, S. 403-417.

MASTEN, S.E.; CROCKER, K.J. (1985): Efficient Adaptation in long Term Contracts: Take-or-Pay Provisions for Natural Gas, in: American Economic Review, (75), 1985, S. 1083-1093.

MASTEN, S.E.; MEEHAN, J.W.; SNYDER, E.A. (1989): Vertical Integration in the U.S. Auto Industry, in: Journal of Economic Behavior and Organization, (12), 1898, S. 265-273.

MAYER, A.; MAYER, R-U. (1987): Imagetransfer, Hamburg 1987.

MAZANEC, J. (1978): Strukturmodelle des Konsumverhaltens. Empirische Zugänglichkeit und praktischer Einsatz zur Vorbereitung absatzwirtschaftlicher Positionierungs- und Segmentierungsentscheidungen, Wien 1978.

McGRATH, M.E.; HOOLE, R.W. (1992): Manufacturing's New Economies of Scale, in: Harvard Business Review, (70), May-June 1992, S. 94-102.

MEFFERT, H. (1986): Marketing. Grundlagen der Absatzpolitik, 7. Aufl., Wiesbaden 1986.

MEFFERT, H. (1990): Klassische Funktionenlehre und marktorientierte Führung – Integrationsperspektiven aus Sicht des Marketing, in: ADAM, D. BACKHAUS, K.; MEFFERT, H.; WAGNER, H. (Hrsg.) (1990): Integration und Flexibilität. Eine Herausforderung für die Allgemeine Betriebswirtschaftslehre, 51. Wissenschaftliche Jahrestagung des Verbandes der Hochschullehrer für Betriebswirtschaftslehre e.V. 1989 in Münster, Wiesbaden 1990, S. 373-408.

MEFFERT, H. (1992): Marketingforschung und Käuferverhalten, 2. Aufl., Wiesbaden 1992.

MEFFERT, H. (1994): Erfolgreiches Marketing in der Rezession: Strategien und Maßnahmen in engeren Märkten, Wien 1994.

MEFFERT, H. (1994): Marketing-Management. Analyse – Strategie – Implementierung, Wiesbaden 1994.

MEFFERT, H.; BOLZ, J. (1994): Internationales Marketing-Management, 2. Aufl., Stuttgart 1994.

MEFFERT, H.; HEINEMANN, G. (1990): Operationalisierung des Imagetransfers. Begrenzung des Transferrisikos durch Ähnlichkeitsmessungen, in: Marketing ZFP, (13), 1-1990, S. 5-10.

MEIER, F.; WULFF, M. (1994): Computerindustrie – Faktisch Geiseln, in: Wirtschaftswoche, (48), Nr. 43, 21.10.1994, S. 65-68.

MELLEROWICZ, K. (1964): Markenartikel. Die ökonomischen Gesetze ihrer Preisbildung und Preisbindung, 2. Aufl., München 1963.

MIEBACH & PARTNER (1994): Die Automobil-Zulieferer in den 90er Jahren, o.O. 1994.

MILES, R.; SNOW, C. (1986): Organizations, New Concepts and New Forms, in: California Management Review, (29), Spring, 3-1986, S. 62-73.

MILLER, G.A. (1956): The Magic Number Seven, Plus or Minus Two: Some Limits on our Capacity for Processing Information, in: Psychological Review, (63), 2-1956, S. 81-97.

MILLER, J.G.; VOLLMAN, T.E. (1985): The Hidden Factory, in: Harvard Business Review, (55), 5-1985, 142-150.

MITCHELL, A.A. (1979): Involvement: A Potentially Important Mediator of Consumer Behavior, in: WILKIE, W.L. (Hrsg.), Advances in Consumer Research, (VI), AnnArbor, MI 1979, S. 191-196.

MITCHELL, A.A. (1982): Models of Memory: Implications for Measuring Knowledge Structures, in: MITCHELL, A.A. (Hrsg.), Advances in Consumer Research, (IX), AnnArbor, MI 1982, S. 45-51.

MONTEVERDE, K.; TEECE, D.J. (1982): Appropriable Rents and Quasi-Vertical Integration, in: Journal of Law and Economics, (25), October 1982, S. 321-328.

MONTEVERDE, K.; TEECE, D.J. (1982): Supplier Switching Cost and Vertical Integration in the Automobile Industry, in: Bell Journal of Economics, (13), 1982, S. 206-213.

MOORE, D.H. (1973): Evaluation of five Discrimination Procedures for Binary Variables, in: Journal of the American Statistical Association, (68), S. 399.

MORGAN, C.T.; KING, R.A. (1971): Introduction to Psychology, 4. Aufl. New York, NY 1971.

MULHERIN, J.H. (1986): Complexity in Long-term Contracts: An Analysis of Natural Gas Contractual Provisions, in: Journal of Law, Economics, and Organization, (2), 1986, S. 105-117.

MÜLLER, W. (1987): Strategisch zum Erfolg, in: Absatzwirtschaft, (30), 10-1987, S. 80-98.

MÜLLER-HAGEDORN, L. (1986): Das Konsumentenverhalten. Grundlagen für die Marktforschung, Wiesbaden 1986.

MUMMENDEY, H.D. (1991): Die Beziehung zwischen Verhalten und Einstellung, in: MUMMENDEY, H.D. (Hrsg.), Verhalten und Einstellung. Untersuchung der Einstellungs- und Selbstkonzeptänderung nach Änderung des alltäglichen Verhaltens, Berlin 1988, S. 1-26.

NAISBITT, J.; ABURDENE, P. (1990): Megatrends 2000. Ten new directions for the 1990's, New York, NY 1990.

NARAYANA, C.L.; MARKIN, R.J. (1975): Consumer Behavior and Product Performance: An Alternative Conceptualization, in: Journal of Marketing, (39), 4-1975, S. 1-6.

NEBL, T. (1992): Rationelle Form der Produktionsorganisation – Erfolgsfaktor im Wettbewerb, in: VEREIN DEUTSCHER INGENIEURE (Hrsg.), Neue Verfahren der schweißtechnischen Vorbereitung und Produktion, Tagungsbericht, Rostock 1992, S. 79-104.

NEBL, T. (1993): Wettbewerbsfaktor Produktionsorganisation, unveröffentlichtes Vortragsmanuskript, 4. Betriebswirtschaftliche Tage zu Schwerin, Schwerin 1993, o.S.

NEUMANN, J.V.; MORGENSTERN, O. (1953): Theory of Games and Economic Behavior, 3. Aufl., Princeton, NJ 1970.

NEUMANN, M. (1979): Industrial Organization. Ein Überblick über die quantitative Forschung, in: Zeitschrift für Betriebswirtschaft, (49), 7-1979, S. 645-660.

NEWMAN, L.M.; DOLICH, I.J. (1979): An Examination of Ego-Involvement as a Modifier of Attitude Changes Caused from Product Testing, in: WILKIE, W.L. (Hrsg.), Advances in Consumer Research, (VI), AnnArbor, MI 1979, S. 180-183.

NICOSIA, F.M. (1966): Consumer Decision Processes – Marketing and Advertising Implications, Englewood Cliffs, NJ 1966.

NIESCHLAG, R.; DICHTL, E.; HÖRSCHGEN, H. (1991): Marketing, 16. Aufl., Berlin 1991.

NIESSER, U. (1974): Kognitive Psychologie, Stuttgart 1974.

O.V. (1994): »Dann wird es bei uns eben keine Lenkungsfertigung mehr geben«. Das deutsche Kartellrecht und die Automobilindustrie, in: Frankfurter Allgemeine Zeitung, Nr. 118, 24.05.1994, S. 25.

O.V. (1994): Autohersteller verlagern ins Ausland, in: Handelsblatt, Nr. 165, 26./27.08. 1994, S. 1.

O.V. (1994): BMW und ROLLS-ROYCE kooperieren, in: Handelsblatt, Nr. 244, 19.12. 1994, S. 1.

O.V. (1994): Ein CADILLAC aus Rüsselsheim, in: Frankfurter Allgemeine Zeitung, Nr. 48, 26.02.1994, S. 12

O.V. (1994): Fernziel heißt Aufstieg zum Autogiganten, in: Handelsblatt, Nr. 138, 20.07.1994, S. 13.

O.V. (1994): KARMANN-KIA als beste Werbung für Korea-Autos, in: Handelsblatt, Nr. 237, 08.12.1994, S. 23.

O.V. (1994): MERCEDES-BENZ strebt eine Neuordnung der Produktion an, in: Handelsblatt, Nr. 22, 27.01.1994, S. 22.

O.V. (1994): Nur aus dem Ausland Impulse für den Automarkt, in: Frankfurter Allgemeine Zeitung, Nr. 198, 26.08. 1994, S. 13.

O.V. (1994): Pkw-Produktion von SAMSUNG genehmigt, in: Handelsblatt, Nr. 237, 08.12.1994, S. 23.

O.V. (1994): Volkswagen-Chef PIËCH: Standort Deutschland nicht in Frage stellen, in: Handelsblatt, Nr. 164, 25.08.1994, S. 1.

O.V. (1994): Wichtiges Jahr auf dem Weg zu neuer Stärke, in: Handelsblatt, Nr. 252, 30./ 31.12.1994, S. 24.

OAKLAND, J.S. (1993): Total Quality Management. The Route to Improving Performance, 2. Aufl., Oxford 1993.

OETINGER, B.V. (1989): »Make or Buy«: Flexibilität durch Wertschöpfungspartnerschaften, in: HESS, W.; TSCHIRKY, H.; LANG, P. (Hrsg.), Make or Buy: Neue Dimensionen der strategischen Führung, Zürich 1989, S 147-155.

OHMAE, K. (1990): Strategic Alliances in the Borderless World, in: BACKHAUS, K.; PILTZ, K. (Hrsg.), Strategische Allianzen, Zeitschrift für betriebswirtschaftliche Forschung, (42), Sonderheft 27, 1990, S. 11-20.

OLSON, J.C.; MUDERRISOGLU, A. (1979): The Stability of Responses Obtained be Free Elicitation: Implications for Measuring Attribute and Memory Structure, in: WILKIE, W.L. (Hrsg.), Advances in Consumer Research, (VI), AnnArbor, MI 1979, S. 269-275.

OSGOOD, C.E. (1957): A Behavioristic Analysis of Perception and Language as Cognitive Phenomena, in: BRUNER, J.S. (Hrsg.), Contemporary Approaches to Cognition, Cambridge, MA 1957, S. 75-119.

OSTER, S.M. (1990): Modern Competitive Analysis, New York, NY 1990.

OUCHI, W.G. (1980): Markets, Bureaucracies, and Clans, in: Administrative Science Quarterly, (25), 1980, S. 129-141.

PALAY, T.M. (1984): Comparative Institutional Economics: The Governance of Rail Freight Contracting, in: Journal of Legal Studies, (13), 1984, S. 265-287.

PARK, C.W. (1976): The Effects of Individual and Situation-related Factors on Consumer Selection of Judgement Models, in: Journal of Marketing Research, (13), May 1976, S. 150-163.

PELLEMANS, P.A. (1974): Investigations on Attitude and Purchase Intention toward the Brand, in: FARLEY, J.U.; HOWARD, J.A.; RING, W. (Hrsg.), Consumer Theory. Theory and Application, Boston, MA 1974, S. 115-129.

PENROSE, E.T. (1959): The Theory of the Growth of the Firm, London 1959.

PERRY, M.K. (1989): Vertical Integration: Determinants and Effects, in: SCHMA-LENSEE, R.; WILLIG, R.D. (Hrsg.), Handbook of Industrial Organization, Amsterdam 1989, S. 181-255.

PETER, J.P.; OLSON, J.C. (1993): Consumer Behavior and Marketing Strategy, 3. Aufl., Homewood, IL 1993.

PETERAF, M.A. (1993): The Cornerstones of Competitive Advantage: A Resource-Based View, in: Strategic Management Journal, (14), March 1993, S. 179-191.

PFEIFFER, W.; DÖGL, R. (1990): Das Technologie-Portfolio-Konzept zur Beherr-schung der Schnittstelle Technik und Unternehmensstrategie, in: HAHN, D.; TAYLOR, R. (Hrsg.), Strategische Unternehmensplanung – Stand und Entwicklungstendenzen, 5. Aufl., Heidelberg 1990, S. 254-282.

PFEIFFER, W.; WEISS, E. (1992): Lean Management. Grundlagen der Führung und Organisation industrieller Unternehmen, Berlin 1992.

PHELPS, J.H. (1981): Vertical Integration as a Source of Market Power – Interna-tionales Institut für Management und Verwaltung, Berlin 1981.

PICKERING, J.F. (1977): The Acquisition of Consumer Durables. A Cross Sectional Investigation, New York, NY 1977.

PICOT, A. (1982): Transaktionskostenansatz in der Organisationstheorie: Stand der Diskussion und Aussagewert, in: Die Betriebswirtschaft, (42), 1982, S. 267-284.

PICOT, A. (1989): Zur Bedeutung allgemeiner Theorieansätze für die betriebswirt-schaftliche Information und Kommunikation: Der Beitrag der Transakti-onskosten und Principal-Agent-Theorie, in: KIRSCH, W.; PICOT, A. (Hrsg.), Die Betriebswirtschaftslehre im Spannungsfeld zwischen Generalisierung und Spezialisierung, Wiesbaden 1989, S. 361-379.

PICOT, A. (1990): Strukturwandel und Wettbewerbsdruck, in: Zeitschrift für be-triebswirtschaftliche Forschung, (42), 1990, S. 119-134.

PICOT, A. (1991): Ein neuer Ansatz zur Gestaltung der Leistungstiefe, in: Zeit-schrift für betriebswirtschaftliche Forschung, (43), 4-1991, S. 336-357.

PICOT, A. (1991): Ökonomische Theorien der Organisation – Ein Überblick über neuere Ansätze und deren betriebswirtschaftliches Anwendungspotential, in: ORDELHEIDE, D.; RUDOLPH, B.; BÜSSELMANN, E. (Hrsg.), Ökonomische Theorie und Betriebswirtschaftslehre, Stuttgart 1991, S. 143-170.

PICOT, A. (1992): Marktorientierte Gestaltung der Leistungstiefe, in: REICHWALD, R. (Hrsg.), Marktnahe Produktion. Lean Production – Leistungstiefe – Time to Market – Vernetzung – Qualifikation, Wiesbaden 1992, S. 103-124.

PICOT, A.; DIETL, H. (1990): Transaktionskostentheorie, in: Wirtschaftswissen-schaftliches Studium, (19), 4-1990, S. 178-184.

PICOT, A.; FRANCK, E. (1993): Vertikale Integration, in: HAUSCHILDT, J.; GRÜN, O. (Hrsg.), Ergebnisse Empirischer betriebswirtschaftlicher Forschung. Zu einer Realtheorie der Unternehmung. Festschrift für EBERHARD WITTE, Stuttgart 1993, S. 179-219.

PICOT, A.; LAUB, U.; SCHNEIDER, D. (1989): Innovative Unternehmensgründungen: Eine ökonomisch-empirische Analyse, Berlin 1989.

PICOT, A.; REICHWALD, R. (1994): Auflösung der Unternehmung? Vom Einfluß der IuK-Technik auf Organisationsstrukturen und Kooperationsformen, in: Zeitschrift für Betriebswirtschaft, (64), 5-1994, S. 547-570.

PINE II, B.J. (1993): Mass Customization. New Frontier in Business Competition, Boston, MA 1993.

PINE II, B.J.; VICTOR, B.; BOYNTON, A.C. (1993): Making Mass Customization Work, in: Harvard Business Review, (71), September-October 1993, S. 108-119.

PLATZKÖSTER, M. (1990): Vertrauen – Theorie und Analyse interpersoneller politischer und betrieblicher Implikationen, Essen 1990.

POPPER, K.R.; ECCLES, J.C. (1987): Das Ich und sein Gehirn, München 1987.

PORTER, M.E. (1980): Competitive Strategy. Techniques for Analyzing Industries and Competitors, New York, NY 1980.

PORTER, M.E. (1985): Competitive Advantage. Creating and Sustaining Superior Performance, New York, NY 1985.

PORTER, M.E. (1991): Towards a Dynamic Theory of Strategy, in: Strategic Management Journal, (12), 1991, S. 95-117.

PORTER, M.E.; MILLAR, V.E. (1985): How Information gives you Competitive Advantage, in: Harvard Business Review, (63), July-August 1985, S. 149-160.

PRAHALAD, C.K.; HAMEL, G. (1990): The Core Competence of the Corporation, in: Harvard Business Review, (68), May-June 1990, S. 79-91.

PUNJ, G.N.; STAELIN, R. (1983): A Model of Consumer Information Search Behavior for New Automobiles, in: Journal of Consumer Research, (9), March 1983, S. 366-379ſ,.

QUINN, J.B.; HILMER, F.G. (1995): Strategic Outsourcing, in: McKinsey Quarterly, (41), 1-1995, S. 48-70.

RAJU, P.S.; REILLY, M.D. (1980): Product Familiarity and Information Processing Strategies, in: Journal of Business Research, (8), 1980, S. 187-212.

RAMSER, H.J. (1975): Fremdbezug oder Eigenfertigung als intertemporales Entscheidungsproblem, in: Zeitschrift für Betriebswirtschaft, (45), 1975, S. 407-420.

RAMSER, H.J. (1979): Eigenerstellung oder Fremdbezug von Leistungen, in: KERN, W. (Hrsg.), Handwörterbuch der Produktionswirtschaft, Stuttgart 1979, Sp. 435-450.

RAVENSCRAFT, D.J. (1982): Economics of Integration, Washington, D.C. 1982.

RAY, M.L. (1979): Involvement and other Variables Mediating Communication Effects as Opposed to Explaining all Consumer Behavior, in: WILKIE, W.L. (Hrsg.), Advances in Consumer Research, (VI), AnnArbor, MI 1979, S. 197-199.

READ, R.A. (1986): The Synthetic Fiber Industry, in: CASSON, M. (Hrsg.), Multinationals and World Trade: Vertical Integration and the Division of Labour in World Industries, London 1986, S. 196-223.

REED, R.; DEFILLIPPI, R. (1990): Casual Ambiguity, Barriers to Imitation, and Sustainable Competitive Advantage, in: Academy of Management Review, (15), 1-1990, S. 88-102.

REICHWALD, R; DIETEL, B. (1991): Produktionswirtschaft, in: HEINEN, E. (Hrsg.), Industriebetriebslehre. Entscheidungen im Industriebetrieb, 9. Aufl., Wiesbaden 1991, S. 395-622.

REITER, G. (1991): Strategien des Imagetransfers, in: Jahrbuch der Absatz- und Verbrauchsforschung, (37), 3-1991, S. 210-222.

RICHINS, M.L.; BLOCH, P.H. (1983): An Investigation of Cognitive Structure in a Shopping Content, in: BAGOZZI, R.; TYBOUT, A. (Hrsg.), Advances in Consumer Research, (X), AnnArbor, MI 1983, S. 555-558.

RIEBEL, P. (1964): Die Umgestaltung des Produktionsbereiches in wachsenden Industrieunternehmungen, in: Zeitschrift für betriebswirtschaftliche Forschung, (16), 4/5-1964, S. 210-233.

RIEBEL, P. (1981): Eigen- oder Fremdtransport. Die Antwort aus betriebswirtschaftlicher Sicht, 2. Aufl., Frankfurt a.M. 1981.

RIEDLINGER, P. (1989): Activity Accounting – Kostenrechnung für die moderne Fabrik, in: WILDEMANN, H. (Hrsg.), Die modulare Fabrik – Kundennahe Produktion durch Fertigungssegmentierung, 2. Aufl., München 1989, S. 49-67.

RIETZLE, W. (1994): Die neue Rolle der Arbeitgeber, in: ALFRED HERRHAUSEN GESELLSCHAFT FÜR INTERNATIONALEN DIALOG (Hrsg.), Arbeit der Zukunft, Zukunft der Arbeit, 2. Jahreskolloquium, 17./18. Juni 1994, Frankfurt a.M. 1994, S. 207-220.

RIORDIAN, M.H.; WILLIAMSON, O.E. (1985): Asset Specificity and Economic Organization, in: International Journal of Industrial Organization, (3), 1985, S. 365-378.

ROBERTSON, T.S. (1967): The Process of Innovation and the Diffusion of Innovations, in: Journal of Marketing, (31), 1-1967, S. 14-26.

ROGERS, E.M. (1983): Diffusion of Innovations, 3. Aufl., New York, NY 1962.

ROMME, A.G.L. (1990): Vertical Integration as Organizational Strategy Formation, in: Organization Studies, (10), 1990, S. 239-260.

ROMMEL, G. (1991): The Secret of German Competitiveness, in: McKinsey Quarterly, (37), 2-1991, S. 40-54.

ROMMEL, G. (1994): Outsourcing als Instrument zur Optimierung der Leistungstiefe, in: CORSTEN, H. (Hrsg.), Handbuch Produktionsmanagement. Strategie – Führung – Technologie – Schnittstellen, Wiesbaden 1994, S. 207-220.

ROMMEL, G.; BRÜCK, F.; DIEDRICHS, R.; KEMPIS, R.-D.; KLUGE, J. (1993): Einfach überlegen. Das Unternehmenskonzept, das die Schlanken schlank und die Schnellen schnell macht, Stuttgart 1993.

ROMMEL, G.; KEMPIS, R.-D.; KAAS, H.-W. (1994): Does Quality Pay?, in: McKinsey Quarterly, (40), 1-1991, S. 51-63.

ROSENBERG, M.J. (1956): Cognitive Structure and Attitudinal Affect, in: Journal of Abnormal and Social Psychology, (53), 1956, S. 367-372.

ROSENBERG, M.J. (1960): An Analysis of Affective-Cognitive Consistency, in: HOVLAND, C.I.; ROSENBERG, M.J. (Hrsg.), Attitude Organization and Change, New Haven, CT 1960, S. 15-64.

ROSENBERG, M.J.; HOVLAND, C.I. (1960): Cognitive, affective, and behavioral components of attitudes, in: ROSENBERG, M.J.; HOVLAND, C.I. (Hrsg.), Attitude Organization and Change, New Haven, CT 1960, S. 1-14.

ROSENSTIEL, L.V.; EWALD, G. (1979): Marktpsychologie, Bd. I: Konsumverhalten und Kaufentscheidung, Stuttgart 1979.

ROSENSTIEL, L.V.; NEUMANN, P. (1982): Eiführung in die Markt- und Werbepsychologie, Darmstadt 1982.

ROTHMAN, J. (1964): Intention: Planned Purchase, in: Journal of Marketing Research, (1), 1964, S. 22-25.

ROTHSCHILD, M.L. (1979): Advertising Strategies for High and Low Involvement Situations, in: MALONEY, J.C.; SILVERMAN, B. (Hrsg.), Attitude Research Plays for High Stake, 8th Attitude Research Conference of the American Marketing Association, Chicago, IL 1979, S. 75-83.

RUEKERT, R.W. (1992): Developing a Market Orientation: An Organizational Strategy Perspective, in: International Journal of Research in Marketing, (9), 1992, S. 225-245.

RUEKERT, R.W.; WALKER, O.C.; ROERING, K.J. (1985): The Organization of Marketing Activities: A Contingency Theory of Structure and Performance, in: Journal of Marketing, (49), 4-1985, S. 13-25.

RUMELT, R.P. (1974): Strategy, Structure, and Economic Performance, Cambridge, MA 1974.

RUMELT, R.P. (1982): Diversification Strategy and Profitability, in: Strategic Management Journal, (2), 1982, S. 359-369.

RUMELT, R.P.; SCHENDEL, D.; TEECE, D.J. (1991): Strategic Management and Economics, in: Strategic Management Journal, (12), 1991, S. 5-29.

RUSSO, J.E.; JOHNSON, E.J. (1980): What do Consumers Know about Familiar Products, in: OLSON, J.C. (Hrsg.), Advances in Consumer Research, (VII), AnnArbor, MI 1980, S. 417-423.

SACHS, L. (1992): Angewandte Statistik. Anwendung stochastischer Methoden, 7. Aufl., Berlin 1992.

SAUTER, F. (1985): Transaktionskostentheorie der Organisation, München 1985.

SCHANDRY, R. (1989): Lehrbuch Psychophysiologie, 2. Aufl., Weinheim 1989.

SCHARF, A. (1991): Konkurrierende Produkte aus Konsumentensicht. Erfassung und räumliche Darstellung unter besonderer Berücksichtigung der Korrespondenzanalyse, Frankfurt a.M. 1991.

SCHEURING, H. (1983): Make or Buy?, in: io Management Zeitschrift, (52), 11-1983, S. 434-437.

SCHNEIDER, D. (1989): Strategische Aspekte für das Controlling von Eigenfertigung und Fremdbezug, in: Controller Magazin, (14), 3-1989, S. 153-155.

SCHNETKAMP, G. (1982): Einstellungen und Involvement als Bestimmungsfaktoren des sozialen Verhaltens, Frankfurt a.M. 1982.

SCHRADER, S. (1993): Kooperation, in: HAUSCHILDT, J.; GRÜN, O. (Hrsg.), Ergebnisse empirischer betriebswirtschaftlicher Forschung. Zu einer Realtheorie der Unternehmung. Festschrift für EBERHARD WITTE, Stuttgart 1993, S. 221-254.

SCHULZ, R. (1972): Kaufentscheidungsprozesse des Konsumenten, Wiesbaden 1972.

SCHWAB, K.; SMADJA, C. (1994): Power and Policy: The New Economic World Order, in: Harvard Business Review, (72), November-December 1994, S. 40-50.

SCHWEIGER, G.; MAZANEC, J.; WIEGELE, O. (1976): Das Modell des »erlebten Risikos (»Percieved risk«): Struktur und Operationalisierungskonzepte, in: Der Markt, (60), 4-1976, S.93-102.

SEGER, F. (1992): Die schlanke Produktion (Lean Production), in: Wirtschaftswissenschaftliches Studium, (21), August 1992, S. 411-414.

SEITZ, K. (1994): Die neue Welt der Geo-Ökonomie, in: PEREN, F. (Hrsg.), Krise als Chance. Wohin steuert die deutsche Automobilwirtschaft?, Frankfurt a.M. 1994, S. 19-42

SELZNICK, P. (1957): Leadership in Administration, New York, NY 1957.

SHANK, J.K.; GOVINDARAJAN, V. (1988): Making Strategy Explicit in Cost Analysis: A Case Study, in: Sloan Management Review, (30), Fall 1988, S. 19-29.

SHERIF, M.; CANTRIL, H. (1947): The Psychology of Ego-Involvement. Social Attitudes and Identifications, New York, NY 1947.

SHERIF, M.; SHERIF, C.W. (1969): Social Psychology, 2. Aufl., New York, NY 1969.

SIEBERT, H.; RAUSCHER, M. (1985): Die vertikale Integration erdölexportierender Länder, Manuskript Nr. 197, Universität Konstanz, Konstanz 1985.

SIMON, H.A. (1945): Administrative Behavior, New York, NY 1945.

SIMON, H.A. (1957): Models of Man, New York, NY 1957.

SIRGY, M.J. (1981): Product Familiarity: Critical Comments on Selected Studies and Theoretical Extensions, in: MONROE, K.B. (Hrsg.), Advances in Consumer Research, (VIII), 1981, AnnArbor, MI 1981, S. 156-160.

SPIEGEL, B. (1961): Die Struktur der Meinungsverteilung im sozialen Feld, Bern 1961.

SPILLER, P. (1985): On Vertical Mergers, in: Journal of Law, Economics, and Organization, (1), 2-1985, S. 285-312.

SPREMANN, K. (1988): Reputation, Garantie, Information, in: Zeitschrift für Betriebswirtschaft, (58), 1988, S. 613-629.

SPSS INC. (Hrsg.) (1990): SPSS® Advanced Statistics™ User's Guide, Chicago, IL 1990.

SPSS INC. (Hrsg.) (1990): SPSS® Base System User's Guide, Chicago, IL 1990.

SPSS INC. (Hrsg.) (1990): SPSS® Reference Guide, Chicago, IL 1990.

STAHLBERG, D.; FREY, D. (1990): Einstellungen I: Struktur, Messung und Funktionen, in: STROEBE, W.; HEWSTONE, M.; CODOL, J.-P.; STEPHENSON, G.M. (Hrsg.), Sozialpsychologie. Eine Einführung, Berlin 1990, S. 144-170.

STALK, G. (1989): Zeit – Die entscheidende Waffe im Wettbewerb, in: Harvard Manager, (11), 1-1989, S. 37-46.

STALK, G.; EVANS, P.; SHULMAN, L.E. (1992): Competing on Capabilities: The New Rules of Corporate Strategy, in: Harvard Business Review, (70), March-April 1992, S. 57-69.

STALK, G.; HOUT, T.M. (1990): Competing Against Time. How Time-Based Competition Is Reshaping Global Markets, New York, NY 1990.

STAPEL, J. (1973): Predictive Attitudes, in: HOWARD, J.A.; OSTLUND, L.E. (Hrsg.), Buyer Behavior, New York, NY 1973.

STAUSS, B. (1994): Total Quality Management und Marketing, in: Marketing ZFP, (16), 3-1994, S. 149-159.

STEFFENHAGEN, H. (1979): Theorien des Käuferverhaltens und Absatztheorie – Probleme der Integration verhaltenswissenschaftlicher und traditioneller Konzepte, in: MEFFERT, H.; STEFFENHAGEN, H.; FRETER, H. (Hrsg.), Konsumentenverhalten und Information, Wiesbaden 1979, S.482-514.

STEINHAUSEN, D.; ZÖRKENDÖRFER, S. (1987): Statistische Datenanalyse mit dem Programmsystem SPSSx und SPSS/PC+, München 1987.

STIGLER, G.J. (1951): The Division of Labor is Limited by the Extent of the Market, in: Journal of Political Economy, (59), 1951, S. 185-193.

STIGLITZ, J.E. (1987): Principle and Agent, in: EATWELL, J.; MILGATE, M.; NEWMAN, P. (Hrsg.), The New Pulgrave: A Dictionary of Economics, Bd. 3, London 1987, S. 966-972.

STUCKEY, J. (1983): Vertical Integration and Joint Ventures in the Aluminium Industry, Cambridge, MA 1993.

SUJAN, M. (1985): Consumer Knowledge: Effects on Evaluation Strategies Mediating Consumer Judgements, in: Journal of Consumer Research, (12), June 1985, S. 31-46.

TAPON, F. (1989): A Transaction Cost Analysis of Innovations in the Organization of Pharmaceutical R & D, in: Journal of Economic Behavior and Organization, (12), 1989, S. 197-213.

TEECE, D.J. (1976): Vertical Integration in the U.S. Oil Industry, in: MITCHELL, E.J. (Hrsg.), Vertical Integration in the Oil Industry, National Energy Project, Washington, D.C. 1976, S. 105-189.

THE BOSTON CONSULTING GROUP (1993): The Evolving Competitive Challenge for the European Automotive Components Industry, Study for The Commission of the European Communities/Directorate General for Industry–III, Bruxelles, 1993.

THOMAS, W.L.; O'HARA, M.J.; MUSGRAVE, F.W. (1990): The Effects of Ownership and Investment upon the Performance of Franchise Systems, in: American Economist, 1990, S. 54-61.

TOLLE, E. (1994): Informationsökonomische Erkenntnisse für das Marketing bei Qualitätsunsicherheit der Konsumenten, in: Zeitschrift für betriebswirtschaftliche Forschung, (46), 11-1994, S. 926-938.

TOLLE, E.; STEFFENHAGEN, H. (1994): Kategorien des Markenerfolges und einschlägige Meßmethoden, in: BRUHN, M. (Hrsg.), Handbuch Markenartikel. Anforderungen an die Markenpolitik aus Sicht von Wissenschaft und Praxis, Stuttgart 1994, S. 1284-1303.

TROMMSDORFF, V. (1975): Die Messung von Produktimages für das Marketing. Grundlagen und Operationalisierung, Köln 1975.

TROMMSDORFF, V. (1993): Konsumentenverhalten, 2. Aufl., Stuttgart 1993.

TROMMSDORFF, V.; BLEICKER, U.; HILDEBRANDT, L. (1980): Nutzen und Einstellung, in: Wirtschaftsstudium, (9), 1980, S. 269-276.

TUCKER, I.B.; WILDER, R.P. (1977): Trends In Vertical Integration In The U.S. Manufacturing Sector, in: Journal of Industrial Economics, (26), September 1977, S. 81-94.

VENKATESAN, R. (1992): Strategic Sourcing: To make or not to make, in: Harvard Business Review, (70), November-December 1992, S. 98-107.

VENKATESAN, R. (1993): Make Or Buy: Die Stärken des Endprodukts schützen, in: Harvard Business Manager, (14), 2-1993, S. 98-108.

VERBAND DER AUTOMOBILINDUSTRIE E.V.-VDA (Hrsg.) (1993): Tatsachen und Zahlen aus der Kraftverkehrswirtschaft, 57. Folge - 1993, Frankfurt a.M. 1993.

VERBAND DER IMPORTEURE VON KRAFTFAHRZEUGEN E.V.-VDIK (Hrsg.) (1993): Bericht des Verbandes der Importeure von Kraftfahrzeugen e.V. 1992/93, Bad Homburg 1993.

VOLLMANN, T.; BRAZAS, M. (1993): Downsizing, in: European Management Journal, (11), 1-1993, S. 18-29.

WALKER, G.; POPPO, L. (1991): Profit Centers, Single-Source Suppliers, and Make-or-Buy Decisions, in: Administrative Science Quarterly, (32), 1987, S. 589-596.

WALKER, G.; WEBER, D. (1984): A Transaction Cost Approach to Make-or-Buy-Decisions, in: Administrative Science Quarterly, (29), 1984, S. 373-391.

WALKER, G.; WEBER, D. (1987): Supplier Competition, Uncertainty, and Make-or-Buy Decisions, in: Academy of Management Journal, (30), 3-1987, S. 589-596.

WARREN-BOULTON, F.R. (1978): Vertical Control with Variable Proportions, Cambridge, MA 1978.

WATSON, G.H. (1993): Benchmarking: vom Besten lernen, Landsberg a.L. 1993.

WEBER, A. (1993): Ein Zwei-Stufen Modell der Marktreaktion. Ein Instrument zur Analyse und Planung des Marketing-Mix-Einsatzes im wettbewerblichen Umfeld, Frankfurt a.M. 1993.

WEBSTER, F.E. (1992): The Changing Role of Marketing in the Corporation, in: Journal of Marketing, (56), 4-1992, S. 1-17.

WEIDLING, E. (1988). Zur Messung des Involvements, in: Werbeforschung & Praxis, (5), 1988, S. 165-166.

WEIGELT, K.; CAMERER, C. (1988): Reputation and Corporate Strategy: A Review of recent Theory and Applications, in: Strategic Management Journal, (9), 1988, S. 443-454.

WEILENMANN, P. (1984): Make or Buy, in: Die Unternehmung, (59), 1984, S. 207-229.

WEINBERG, P. (1980): Vereinfachung von Kaufentscheidungen bei Konsumgütern, in: Marketing ZFP, (2), 2-1980, S. 87-93.

WEINBERG, P. (1981): Das Entscheidungsverhalten der Konsumenten, Paderborn 1981.

WEINSTEIN, S.; APPEL, V.; WEINSTEIN, C. (1980): Brain-Activity Responses to Magazine and Television Advertising, in: Journal of Advertising Research, (20), 1988, S. 57-63.

WEISS, M. (1993): Planung der Fertigungstiefe. Ein hierarchischer Ansatz, Wiesbaden 1993.

WEISS, P.A. (1992): Die Kompetenz von Systemanbietern, Berlin 1992.

WEITZ, B.A.; WENSLEY, R. (1988)(Hrsg.): Readings in Strategic Marketing. Analysis, Planning, and Implementation, Chicago, IL 1988.

WERNERFELT, B. (1984): A Resource-Based View of the Firm, in: Strategic Management Journal, (5), March 1984, S. 171-186.

WILDEMANN, H. (Hrsg.) (1993): Lean Management, Frankfurt a.M. 1993.

WILDEMANN, H. (1982): Qualität – Das Ergebnis einer detaillierten Planung: Das japanische KANBAN-System, in: STAUDT, E.; BIETHAN, J. (Hrsg.), Der Betrieb im Qualitätswettbewerb, Berlin 1982, S. 87-99.

WILDEMANN, H. (1992): Qualitätsentwicklung in F&E, Produktion und Logistik, in: Zeitschrift für Betriebswirtschaft, (62), 1-1992, S. 17-41.

WILDEMANN, H. (1992): Unter Herstellern und Zulieferern wird die Arbeit neu verteilt, in: Harvard Manager, (14), 2-1992, S. 82-93.

WILDEMANN, H. (1993): Just-In-Time in Forschung & Entwicklung und Konstruktion, in: Zeitschrift für Betriebswirtschaft, (63), 12-1993, S. 1251-1270.

WILLIAMSON, O.E. (1975): Markets and Hirarchies: Analysis and Antitrust Implications. A Study in the Economics of Internal Organization, New York, NY 1975.

WILLIAMSON, O.E. (1985): Reflections on New Institutional Economics, in: Journal of Institutional and Theoretical Economics/Zeitschrift für die gesamte Staatswissenschaft, (141), 1985, S. 187-195.

WILLIAMSON, O.E. (1985): The Economic Institutions of Capitalism. Firms, Markets, Relational Contracting, New York, NY 1985.

WILLIAMSON, O.E. (1986): Economic Organization. Firms, Markets and Policy Control, New York, NY 1986.

WILLIAMSON, O.E. (1989): Transaction Cost Economics, in: SCHMALENSEE, R.; WILLIG, R.D. (Hrsg.), Handbook of Industrial Organization, Bd. 1, Amsterdam 1989, S.135-182.

WILLIAMSON, O.E. (1991): Comparative Economic Organization. Vergleichende ökonomische Organisationstheorie: Die Analyse diskreter Strukturalternativen, in: ORDELHEIDE, D.; RUDOLPH, B.; BÜSSELMANN, E. (Hrsg.), Ökonomische Theorie und Betriebswirtschaftslehre, Stuttgart 1991, S. 13-49.

WILLIAMSON, O.E. (1991): Strategizing, Economizing, and Economic Organization, in: Strategic Management Journal, (12), 1991, S. 75-94.

WIMMER, F.; ZERR, K. (1994): Systemplanung als Aufgabe des Systemmarketing. Von der technologie- zur marktorientierten Systemgestaltung informationstechnologischer Systeme, in: Marketing ZFP, (17), 4-1994, S. 221-233.

WIND, Y.J. (1982): Product Policy: Concepts, Methods, and Strategy, Reading, MA 1982.

WINDSPERGER, J. (1983): Transaktionskosten in der Theorie der Firma, in: Zeitschrift für Betriebswirtschaft, (53), 1983, S. 889-903.

WINTER, S.G. (1991): On Coase, Competence, and the Corporation, in: WILLIAM-
SON, O. E.; WINTER, S.G. (Hrsg.), The Nature of the Firm. Origins, Evolution, and Development, New York, NY 1991, S. 179-195.

WISWEDE, G. (1992): Die Psychologie des Markenartikels, in: DICHTL, E.; EGGERS,
W. (Hrsg.), Marke und Markenartikel als Instrumente des Wettbewerbs,
München 1992, S. 71-95.

WITTE, A. (1993): Integrierte Qualitätssteuerung im Total Quality Management,
Münster 1993.

WOMACK, J.P.; JONES, C.T.; ROOS, D. (1992): Die zweite Revolution in der Automobilindustrie. Konsequenzen aus der weltweiten Studie des MAS-
SACHUSSETTS INSTITUTE OF TECHNOLOGY, 7. Aufl., Frankfurt a.M. 1992.

WOMACK, J.P.; JONES, D.T. (1994): From Lean Production to the Lean Enterprise,
in: Harvard Business Review, (72), 2-1994, S. 93-103.

WRIGHT, M.; THOMPSON, S. (1986): Vertical Disintegration and the Life Cycle of
Firms and Industries, in: Managerial and Decision Economics, (7), 1986,
S. 141-144.

WRIGHT, P. (1975): Consumer Choice Strategies: Simplifying vs. Optimizing, in:
Journal of Marketing Research, (12), 1975, S. 61-67.

WRIGHT, P.L. (1975): Factors Affecting Cognitive Resistance to Advertising, in:
Journal of Consumer Research, (2), June 1975, S. 1-9.

ZAICHKOWSKY, J.L. (1985): Familiarity: Product Use, Involvement or Expertise?, in:
HIRSCHMANN, E.C.; HOLBROOK, M.B. (Hrsg.), Advances in Consumer Research, (XII), Provo, UT 1985, S. 296-299.

ZAICHKOWSKY, J.L. (1985): Measuring the Involvement Construct, in: Journal of
Consumer Research, (12), 1985, S. 341-352.

ZAICHKOWSKY, J.L. (1987): Involvement and the Price Cue, in: HOUSTON, M.
(Hrsg.), Advances in Consumer Research, (XV), Provo, UT 1987, S. 323-
327.

ZÄPFEL, G. (1989): Strategisches Produktions-Management, Berlin 1989.

ZEITHAML, V.A. (1988): Consumer Perception of Price, Quality, and Value: A
Means-End Model and Synthesis of Evidence, in: Journal of Marketing,
(52), 3-1988, S. 2-22.

ZIMMERMANN, H.J. (1981): Zum Nutzen empirischer Untersuchungen für normative Modelle, in: WITTE, E. (Hrsg.), Der praktische Nutzen empirischer
Forschung, Tübingen 1981, S. 271-303.

ZINK, K.J. (Hrsg.) (1992): Qualität als Managementaufgabe. Total Quality Management, 2. Aufl., Landsberg a.L. 1992.